정책자금연구

정책자금연구

초 판 1쇄 2021년 06월 11일

지은이 배장근
펴낸이 류종렬

펴낸곳 미다스북스
총괄실장 명상완
책임편집 이다경
책임진행 박새연, 김가영, 신은서, 임종익

등록 2001년 3월 21일 제2001-000040호
주소 서울시 마포구 양화로 133 서교타워 711호
전화 02) 322-7802~3
팩스 02) 6007-1845
블로그 http://blog.naver.com/midasbooks
전자주소 midasbooks@hanmail.net
페이스북 https://www.facebook.com/midasbooks425

ISBN 978-89-6637-920-0 03320

값 **120,000원**

미다스북스는 다음세대에게 필요한 지혜와 교양을 생각합니다.

정책자금연구

배장근 세무사

미다스북스

지은이 소개

배 장 근

세무법인 배 대표세무사

- **메일** ——— baejktax@naver.com
- **웹사이트** ——— www.baejktax.com
- **사무실 주소** ——— 서울 영등포구 여의도동 13-4 동우국제빌딩 10층

단국대학교 법학과를 졸업하고 이후 中國 上海 华东理工大学 Chinese class, 中國 西安 西北大學 Global class를 수료하였다. 온라인 마케팅 회사 대표를 역임한 후 2013년 제 50회 세무사 시험을 합격하였고, 세무법인 및 글로벌 기업의 세무담당자로 근무하며 실무 경험을 쌓았다. 이 후 젊은 감각과 패기로 배장근세무사사무소를 개업하여 운영하였으며, 2019년 11월 28일에는 대한민국 역대 최연소로 독립채산제가 아닌 원펌형태 세무법인의 대표세무사가 되었다. 대표세무사 역임 외에도 (사)한국무역진흥협회 수출입업종세무강사/자문위원, 외교통상부 산하 (사)동아시아청년연맹 감사/자문위원, 한국기업금융평가원의 세법/기업신용관리 전담교육강사로 활발한 활동을 하였으며, 양도소득세, 상속 및 증여세, 부가가치세, 종합소득세, 법인세 등의 절세 업무를 진행하여 많은 중소기업과 개인사업자들에게 세금 절감의 혜택을 주었다. 또한 기업체와 협회 등을 대상으로 절세 전략 및 재테크 강의를 제공하여 많은 이들이 세금에 대한 관심을 가질 수 있도록 활동하고 있다. 이 외에도 2021년 현재 대한민국의 세무법인 중 유일하게 정책자금 및 신용등급관리를 전문으로 수행하는 컨설팅사업부를 자체적으로 운영하며, 대한민국의 경제 주체이자 근간인 중소기업을 위해 국가정책자금 컨설팅, 기업신용등급관리, 각종 인증서, 기업부설연구소, 세무자문, 세무조사 대응, 해외 법인 결산 및 각종 세금 신고 등의 업무도 수행하고 있다.

- 충남 서산 서령고등학교 졸업
- 해병대 1015기 병장 만기 전역(1사단 23대대)
- 단국대학교 법학과 졸업
- 2013년 제 50회 세무사시험 합격
- 中國 上海 华东理工大学 Chinese class 수료
- 中國 西安 西北大學 Global class 수료
- 전) Evergreen(온라인 마케팅회사) 대표
- 전) 세무법인 지오
- 전) 그린트리세무컨설팅 팀장 세무사
- 전) 서울컨설팅파트너스 Tax Consultant
- 전) 독일의 세계1위 Gas&Plant 기업 Linde 한국지사 세무담당
- 전) 미국 IT기업 SigmaTEK 한국지사 세무담당
- 전) 배장근세무사사무소 대표
- 전) (사)한국무역진흥협회 수출입업종세무강사/자문위원
- 전) 외교통상부 산하 (사)동아시아청년연맹 감사/자문위원
- 전) 한국기업금융평가원 팀장/세무사
- 현) 한국세무사회인증 Naver지식인 전문상담세무사
- 현) 세무법인 배 대표세무사

지은이의 말

대한민국은 물적자원은 부족하지만 뛰어난 노동력과 기술력으로 세계적인 수출강국이 되었습니다. 즉, 원재료는 부족하지만 가공과 제조기술을 통해 제품을 생산하여 수출로 소득을 창출하는 국가입니다. 국가 경제가 대기업중심이라고는 하지만 그렇다고 중소기업의 비중이 작지 않습니다. 국가의 기업문화가 대기업 중심이며 이익을 대기업이 독점하는 구조일 뿐입니다. 2018년 말 기준으로 약 350만개의 중소기업이 운영중이며 약 1500만명이 중소기업에서 일을 하고 있습니다. 이 만큼 중소기업은 대한민국에서 빼놓을 수 없는 경제의 주체이자 국가경제의 근간입니다.

2000년대 후반부터 중국의 경제성장이 둔화되고 세계적인 경기침체가 이어지고 있습니다. 낙수효과는 실제 경제에서는 효과를 거두지 못한다는 것이 이론과 실질을 통해 입증되었고 우리나라는 대기업 중심이 아닌 중소기업 중심의 국가로의 탈바꿈을 시도중입니다. 하지만 중소기업의 현실은 열악하기에 이를 직시하고, 정부에서는 이전보다 공격적으로 중소기업을 지원하기 위한 다양한 정책을 시행하고 있습니다. 인건비보조, 4대보험료보조, 중소기업취업자에 대한 세금혜택, 중소기업에 대한 소득세 및 법인세 감면, 정책지원금, 정책보조금 등등 중소기업에게 많은 혜택을 주고 있습니다. 하지만 그중 가장 직접적으로 중소기업이 혜택을 느끼는 것은 국가 정책자금대출입니다. 국민의 세금으로 정책자금이 운영되기에 까다로운 측면도 많지만 국가에서 중소기업을 살리기 위해 운영하는 제도인 만큼 이점이 많습니다. 정책자금의 종류에따라 다르긴 하나, 일반적으로

1. 낮은 이자율 (1~4%)
2. 높은 대출한도 (담보없이 신용만으로)
3. 대부분 초기 (1~3년) 원금상환 부담이 없음 (기관과 대출 종류에따라 다름)
4. 추가자금 확보가 용이함
5. 추후 대출 만기시에도 연장가능성이 높음

이라는 시중은행권에서 대출을 받을때에는 상상을 할 수 없을 만큼 큰 혜택이 있습니다. 이 중 많이 쓰이며 널리 알려진 정책자금은

- 중소벤처기업부
- 소상공인 진흥공단
- 신용보증기금
- 기술보증기금
- 신용보증재단
- 한국무역보험공사

등이 있으며 이 외에도 여러 기관과 기관 내에서도 수많은 종류의 정책자금이 있습니다.

중소기업이 성공하려면 많은 것이 필요합니다. 뛰어난 아이템과 아이디어, 노력, 실력, 믿음직스런 동반자, 행운 등등. 하지만 스타트업의 대표로서, 그리고 세무사로서 제가 만났던 수많은 중소기업에게 가장 필요한 것은 자금 이었습니다. 쉽게 말해 세금은 벌어서 내면 됩니다. 소득세는 높은편이지만, 법인세는 실효세율이 7%대 입니다. 순이익 1억원 가정시 법인세는 7%인 700만원 가량입니다. 세금은 사후적인 문제이며, 현재도 수많은 중소기업 대표님들은 자금을 확보를 위해 고민중입니다. 이전에도 그랬고, 현재도 그렇고, 미래에도 그럴 것이지만 모든 자본주의 국가중에서도 특히 대한민국은 돈으로 돈을 버는 경제구조를 가진 국가 입니다. 그 부족한 자금을 가장 혜택이 큰 국가정책자금을 통해 해결하신다면 중소기업의 성공가능성은 비약적으로 높아질 것입니다.

시작할 때 창업자금, 운영할 때 운영자금, 성장할 때 시설자금, 수출할 때 무역자금, 사업을 전환할 때 사업전환자금, 긴급할 때 긴급운영자금 등, 사업에 실패하였다가 다시 시작할 때 재창업자금 등 자금에 관련한 모든 내용을 이 책에 담기 위해 노력하였습니다. 중소기업이 해당하는 다양한 범위의 다양한 자금 들에는 어떤 것들이 있는지, 어떤 요건으로 자금을 조달할 수 있는지, 그 외에 궁금했던 점이나 몰랐던 점들을 알려드리기 위해 이 책을 집필하였습니다. 사업을 운영하시는 많은 분들이 보시고 작으나마 도움을 얻기를 바랍니다.

목 차

- 지은이 소개 ——————— 004
- 지은이의 말 ——————— 006

1. 신용보증기금

Ⅰ. 개요 ——————————— 012

Ⅱ. 보증절차 ————————— 016

Ⅲ. 보증운용 ————————— 021

Ⅳ. 보증상품 ————————— 026

Ⅴ. 협약에 의한 특별보증 ———— 071

Ⅵ. 유동화회사보증 —————— 073

Ⅶ. 경영혁신중소기업(MAINBIZ) — 077

Ⅷ. 재기지원제도 ——————— 080

2. 기술보증기금(기술보증)

Ⅰ. 개요 ——————————— 082

Ⅱ. 보증지원절차 ——————— 096

Ⅲ. 보증운용정보 ——————— 101

Ⅳ. 재기지원보증제도 ————— 108

Ⅴ. 보증상품(창업 · 준비) ———— 111

Ⅵ. 도약 · 성장 ———————— 118

Ⅶ. R&D · IP · 기후금융 ———— 120

Ⅷ. 일자리 · 혁신성장지원 ——— 126

Ⅸ. 협약 · 상생 · 문화 ————— 128

3. 기술보증기금(기술금융)

Ⅰ. 기술금융이란? ——————— 134

Ⅱ. 평가이용안내 ——————— 135

Ⅲ. 기술평가 활용 ——————— 140

Ⅳ. 기술평가상품 ——————— 146

Ⅴ. 투 · 융자지원 ——————— 162

4. 농림수산업자신용보증기금

Ⅰ. 농림수산업자신용보증기금이란? 167
Ⅱ. 보증 대상 ——————— 169
Ⅲ. 보증 종류 ——————— 171
Ⅳ. 보증 한도 ——————— 178
Ⅴ. 보증료 ——————— 181
Ⅵ. 준비 서류 ——————— 183
Ⅶ. 신청 기관 ——————— 186
Ⅷ. 신청 절차 ——————— 188
Ⅸ. 용어 설명 ——————— 193

6. 소상공인시장진흥공단

Ⅰ. 정책자금 ——————— 375
Ⅱ. 지자체자금 ——————— 419
Ⅲ. 은행자금 ——————— 420
Ⅳ. 청년상인 육성 ——————— 430
Ⅴ. 고용보험료 지원 ——————— 432
Ⅵ. 프랜차이즈 ——————— 433
Ⅶ. 나들가게 ——————— 438

5. 중소기업진흥공단

Ⅰ. 정책자금융자 ——————— 194
Ⅱ. 중소기업 진단사업 ——————— 243
Ⅲ. 일괄지원 ——————— 246
Ⅳ. 수출마케팅 ——————— 270
Ⅴ. 기타 ——————— 288
Ⅵ. 수출인큐베이터 ——————— 339
Ⅶ. 사업신청 ——————— 371

7. 신용보증재단중앙회

Ⅰ. 주의사항 ——————— 440
Ⅱ. 사업자보증 ——————— 441
Ⅲ. 재보증 ——————— 461

목 차

8. 서울신용보증재단

Ⅰ. 신용보증 ——————— 463

Ⅱ. 자금지원 ——————— 498

Ⅲ. 경영지원 ——————— 551

9. 경기신용보증재단

Ⅰ. 신용보증 ——————— 558

Ⅱ. 경기도 중소기업육성자금 —— 624

Ⅲ. 사이버보증 ——————— 658

10. 부산신용보증재단

Ⅰ. 신용보증안내 ——————— 660

Ⅱ. 대상기업 ——————— 663

Ⅲ. 보증지원내용 ——————— 667

11. 인천신용보증재단

Ⅰ. 신용보증 ——————— 675

Ⅱ. 보증상품 안내 ——————— 687

12. 재무비율 기본 용어 해설 ———— 711

13. 신용등급이란? ———— 715

14. 신용등급별 분포 ———— 716

15. 기업부설연구소/전담부서 ———— 717

16. 벤처기업확인요건 ———— 721

- **맺음말** ———— 727

신용보증기금

Ⅰ. 개요

신용보증기금은 일반적으로 중소기업이 접할 수 있는 가장 접근성이 좋은 국가 보증기관이다. 다만, 더 작은 규모의 지역별 신용보증재단 (ex : 경기신용보증재단, 서울신용보증재단 등)이 있기때문에 중소기업 중에서도 업종과 회사의 규모(일반적으로 연간 매출액 기준)에 따라 보증이 불가능한 경우도 있다. 다만 규모가 작아 보증이 불가능한 경우에는 담당자가 "신용보증기금을 이용하기에는 규모가 작으니, 지역 신용보증재단에 접수를 해보라."라는 등의 방법을 안내해줄 것이다. 일반적으로 다른 기관대비 보증의 규모가 가장 크기 때문에 대출한도의 측면에서 가장 중요한 기관이다.

본격적으로 신용보증기금을 이용하기 위한 요건, 절차, 보증상품 및 기타사항에 대하여 알아보도록 하자.

1. 신용보증 이용안내

신용보증은담보능력이부족한기업에대하여신용보증기금이기업의신용도를심사하여신용보증서를제공함으로써금융회사로부터대출을받을수있도록하는제도입니다.

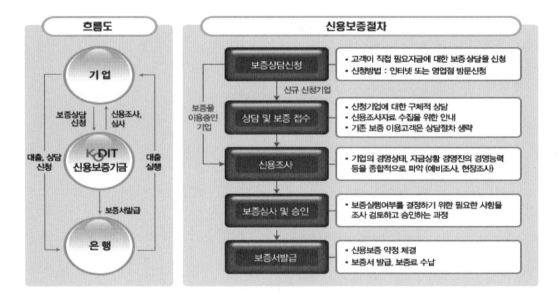

2. 신용보증 대상

신용보증기금은균형있는국민경제발전에기여하고국가경제의경쟁력강화를위하여일정한자격을갖춘기업에대하여보증지원을하고있습니다.

보증대상기업	개인 개업: 영리를 목적으로 사업을 영위하는 기업 법인 기업: 영리를 목적으로 사업을 영위하는 법인 기업 단체: 중소기업 협동조합법에 의한 중소기업협동조합 ※ 대기업 제한, 상장기업은 특정 자금에 한하여 제한적 허용
보증대상업종	신용보증은 업종별 제한없이 보증취급이 가능합니다. 다만, 도박·사행성게임, 사치, 향락, 부동산투기 등을 조장할 우려가 있는 업종에 대해서는 일부 보증지원이 제한될 수 있습니다. <u>보증제한업종 (표1)</u>
보증제한	신용상태가 악화되어 기업의 계속적 유지가 어려울 것으로 판단되는 기업에 대해서는 보증취급이 제한될 수 있습니다. ※ 보증제한은 일정한 요건과 절차를 거쳐야만 보증을 운용할 수 있도록 엄격히 운용하는 것을 의미합니다. <u>보증제한대상(표 2)</u>
보증금지	신보에 손실을 끼친 기업과 그 채무관계자에 대하여는 보증취급이 금지될 수 있습니다. ※ 보증금지는 보증취급이 불가능한 것을 말합니다. <u>보증금지대상(표 3)</u>

보증제한업종 (표1)

구분	세부업종 (제 9 차 표준산업분류)[주1]	예시
도박 및 게임 관련	기타 오락용품 제조업(C33409) 중 **도박기계 및 사행성, 불건전 오락기구 제조업** 장난감 및 취미용품 도매업(G46463) 중 **도박기계 및 사행성, 불건전 오락기구 도매업** 오락게임용구 및 장난감 소매업(G47640) 중 **도박기계 및 사행성, 불건전 오락기구 소매업** 기타 산업용 기계장비 임대업(L69390) 중 **도박기계 및 사행성, 불건전 오락기구 임대업** 게임 소프트웨어 제작업(J58211, J58219) 중 **도박 및 사행성, 불건전 게임 소프트웨어 제작업**	슬롯머신, 룰렛, 주사위, 경마, 릴, 메달게임 등을 카지노 및 성인용 게임장 등에 공급 되는 도박, 오락 기구 및 S/W 관련산업
	그 외 기타 분류안된 사업지원서비스업(N75999) 중 **경품용 상품권 발행업**	
	경마 및 경주장 운영업(R91113)	경마장, 경륜장
	전자게임장 운영업(R91221) 중 **성인용 게임장 운영업**	
	기타 갬블링 및 베팅업(R91249)	마권 발행소

구분	세부업종 (제 9 차 표준산업분류)[주1]	예시
향락 관련	일반유흥 주점업(I56211)[주2]	룸싸롱, 접객주점
	무도유흥 주점업(I56212)	나이트클럽
	무도장 운영업(R91291)	댄스홀, 콜라텍
	마사지업(S96122) 중 안마시술소	
부동산 관련[주4]	주거용 건물 임대업(L68111)	아파트 임대
	주거용 건물 공급업(L68121)[주3]	아파트 분양
	경영상담업(M71531) 중 부동산 컨설팅업	기획 부동산
기타	비디오물 감상실 운영업(J59142)	비디오방
	그외 기타 분류안된 오락관련 산업(R91241) 중 복권 판매업	
	점술 및 유사 서비스업(S96992)	
	그 밖에 위 업종을 변형하여 운영되는 도박, 향락 등 불건전 업종 및 부동산투기를 조장할 우려가 있는 업종	휴게텔, 전화방

주 1) 위 표준산업분류 업종 중 일부에 한정하여 제한하는 업종은 전체 매출액 중 해당 제한대상 매출액이 50%를 초과하는 경우에만 적용
주 2) 소주방, 호프집, 막걸리집 등 "간이주점업(I56219)"과 구분
주 3) 주거용 건물 공급업: 직접 건설활동을 수행하지 않고 건설업체에 의뢰하여주거용 건물을 건설하고 이를 분양/판매하는산업활동으로, "주거용 건물 건설업(F4111)"과 구분

보증제한대상 (표2)

1. 휴업중인 기업
2. 금융기관의 대출금을 빈번히 연체하고 있는 기업
3. 금융기관의 금융거래확인서 기준일 현재 연체중인 기업
4. 신용관리정보를 보유하고 있는 기업(대표자 및 실제경영자 포함)
5. 보증금지대상 제 1 호에 해당하는 기업의 연대보증인인 기업 및 제 2 호~4 호의 어느 하나에 해당하는 사람 이외의 연대보증인이 대표자 또는 실제경영자인 기업
6. 다음 각목에 해당하는 기업
   가. 신보가 보증채무를 이행한 후 구상채권의 변제를 받지 못한 기업 중 최종 보증채무일로부터 3 년 경과한 기업
   나. 기술보증기금, 신용보증재단, 산업기반신용보증기금이 보증채무를 이행한 후 채권을 회수하지 못한 기업
   다. 신보의 매출채권보험계정에서 보험금을 지급한 후 대위채권을 회수하지 못한 기업

7. 다음 각목의 어느 하나에 해당하는 사람이 대표자 또는 실제경영자로 되어 있는 기업
   가. 위 제 7 호의 기업이 법인기업인 경우 그 기업의 이사 또는 무한책임사원 중 신보법 시행령 제 25 조 각호에 해당 하는 자
   나. 위 제 7 호의 기업이 개인기업인 경우 그 개인
   다. 위 제 7 호의 기업의 실제경영자
8. 위 제 7 호 가목, 나목에 해당하는 기업의 연대보증인인 기업 및 제 8 호 각 목에 해당하는 사람 이외의 연대보증인이 대표자 또는 실제경영자인 기업
9. 허위자료 제출기업
10. 신보, 기보, 보증재단 및 산업기반신용보증기금의 보증부실(사고)기업

보증금지대상 (표3)

1. 신보가 보증채무를 이행한 후 구상채권을 변제받지 못한 기업으로서 부당하게 채무를 면탈하여 신보의 건전성을 훼손한 기업
2. 위 "1" 기업이 법인기업인 경우 그 기업의 과점주주인 이사등 또는 업무집행사원인 무한책임사원이 대표자 또는 실제경영자로 되어 있는 기업
3. 위 "1" 기업이 개인기업인 경우 그 개인이 대표자 또는 실제경영자로 되어 있는 기업
4. 위 "1" 기업의 실제경영자가 대표자 또는 실제경영자로 되어 있는 기업

3. 보증종류

보증종류	내용
대출보증	기업이은행으로부터각종운전및시설자금을대출받는데따른금전채무를보증 일반운전자금, 무역금융, 구매자금융, Network Loan, 할인어음, 설비자금, 기업행복카드보증,각종기술개발자금 등
지급보증의보증	은행이기업의채무를보증함에따라향후은행의대지급으로발생된기업의구상채무에대한보증 신용장 개설에 대한 지급보증의 보증 등
납세보증	기업이국세및지방세납세의무와관련하여세무관서또는지방자치단체에세금을분할납부, 징수유예를받고자할때 담보로이용되는보증
어음보증	기업이상거래의담보또는대금결제수단으로주고받는어음에대하여지급을보증 지급어음, 받을어음 및 담보어음에 대한 보증
제 2 금융보증	기업이제 2 금융회사또는기타대출기관으로부터대출받는데따른금전채무를보증 종합금융회사, 보험회사, 농수협, 중소기업창업투자회사, 상호신용금고, 한국농수산식품유통공사, 중소기업진흥공단 등
이행보증	기업이건설공사, 물품납품, 용역제공등을위한입찰참가또는계약체결시에납부하여야할각종보증금에갈음하여

보증종류	내용
	이용되는보증
	입찰보증금, 계약보증금, 차액보증금, 지급보증금, 하자보수보증금
	보증상대기관 : 정부, 지자체, 정부투자기관, 금융기관, 제 2 금융기관, 시설대여회사, 공공법인, 정부출자기관,
	상기기관과 계약을 체결한 원사업자, 사회간접시설에 대한 민간투자법에 의한 사업시행자
상거래담보용보증	중소기업이상거래계약과관련하여부담하는대금지급채무에대한보증

Ⅱ.보증절차

1.보증상담 신청

1)보증상담신청

- 보증상담신청은 보증을 이용하기 위한 첫번째 절차로써, 기업이 신용보증 이용의 의사를 신용보증기금에 전달하는 절차입니다.

> **신청방법**

- **인터넷보증상담신청** : 고객이 신보 홈페이지 [사이버영업점]을 통해 신용보증상담을 신청하는 방법
- **방문보증상담신청** : 고객이 영업점을 직접 방문하여 신용보증상담을 신청하는 방법
- 보증상담신청은 인터넷 또는 영업점 방문을 통해 할 수 있습니다.
- **인터넷보증상담신청**은 신보 홈페이지 회원가입 후 신청금액, 자금용도 등 간단한 사항만 입력하시면 보증상담신청을 하실 수 있습니다.
- **방문보증상담신청**은 전국의 신용보증기금 영업점에 설치된 고객용 PC 에서 신보 홈페이지 회원가입 절차없이 사업장 소재지, 신청금액 등 간단한 입력으로 보증상담신청을 하실 수 있습니다.

2)보증상담신청의 처리

- 기업이 인터넷보증상담신청한 경우에는 담당영업점 및 담당팀을 배정한 후, 신청한 기업체에 보증상담예정일자 등을 SMS(휴대폰 문자메세지) 또는 E-mail 을 통해 통지해 드립니다.
- 기업이 방문보증상담신청한 경우에는 영업점에서 상담 예약없이 직접 상담 또는 기타 보증에 관한 안내를 받으실 수 있습니다.
- 보증상담신청을 하신 후에는 신보 홈페이지의 [사이버영업점]에서 보증진행상태를 조회하실 수 있습니다.

2.상담 및 보증접수

1)보증상담 및 보증접수

- 신용보증을 상담 신청하는 기업의 신용관리정보내용을 파악하고 보증상담신청내용의 타당성 및 기본적인 신용상태등을 사전검토하는 업무절차입니다.

> **상담방법**

- **기업의 영업점 방문상담** : 보증상담신청 기업이 코딧의 영업점에 직접 방문하여 상담
- **직원의 기업체 방문상담** : 코딧의 직원이 보증상담신청 기업을 방문하여 상담
- **전화상담** : 영업점 방문없이 전화로 상담

- 저희 코딧은 고객의 편리를 위해 신용보증 상담 신청일 현재, 이미 코딧의 신용보증을 이용하고 계시는 기보증기업은 영업점방문상담절차를 생략하고 기업체 방문상담이나 전화상담을 실시하고 있습니다.
- 보증상담절차 또는 보증상담신청 접수 이후, 코딧의 내부 규정에 저촉되는 등 보증취급이 어렵다고 판단되는 경우에는 보증상담신청이 반려될 수 있습니다.

2) 준비 서류

신용보증에 필요한 서류는 다음과 같으며, 고객의 서류준비 불편을 최소화하기 위해 주요서류는 고객의 영업점 방문없이 코딧직원이 직접 자료를 수집하여 활용하고 있습니다.

코딧이 직접 수집하는 서류

신용조사자료	고객협조필요사항	
법인등기사항전부증명서 (舊 법인등기부등본) 부동산등기사항전부증명서 (舊 부동산등기부등본)	코딧에 소유부동산소재지 사전고지	
주민등록표등·초본 지방세납세증명 사업자등록증명 (국세)납세증명서	대표자 본인 이행정정보이용에 사전동의	사전동의서
금융거래확인서	금융거래확인서제공에 대한 사전동의	
납부내역증명 부가가치세과세표준증명 표준재무제표	온라인전송시스템(FIND SYSTEM, 한국기업데이터(주))을 이용하여 제출 (온라인전송시스템으로 전송하시면 신보는 실시간으로 자료를 확인할 수 있고, 고객은 세무서 및 영업점 방문시간을 줄일 수 있습니다.) 국세청발급자료제출절차안내	국세청발급자료제출
매입·매출처별 세금계산서합계표 재무제표	세무회계자료의 전자적제출에 사전동의	
주주명부(주식이동상황명세서) 임대차계약서사본(사업장,	고객이 팩스로 송부	

신용조사자료	고객협조필요사항
거주주택)	

※ 주 1) 거래세무사담당자와전화번호를반드시신보담당직원에게알려주십시오.

3.신용조사

1)예비조사

- **예비조사**는 현장조사에 앞서 조사대상 기업체에 대한 신용조사자료를 수집하고, 수집된 자료의 사전검토를 통해 현장조사시 중점 조사사항을 파악하는 **현장조사준비단계**를 말합니다.

> **예비조사 내용**

- 신용조사자료의 누락 및 위·변조여부 검토
- 조사 대상 기업의 개요 및 특성
- 보증심사 사항 저촉 여부
- 현장조사에서 중점 조사할 사항 점검 등

2) 현장조사

- **현장조사**는 조사대상기업의 본사(주사무소 포함) 및 주사업장을 방문하여 신용상태를 확인하는 단계의 조사를 말합니다.
- 저희 신용보증기금은 보증신청이 있는 경우, **현장조사를실시하는것을원칙**으로 하고 있습니다.

> **현장조사내용**

- 신용조사 자료와 관련 증빙자료와의 대사, 확인
- 대표자 등 경영진의 경영능력
- 가동 및 영업상황, 자금상황
- 예비조사에서 중점조사가 필요하다고 판단한 사항 등

4.보증심사

1) 보증심사

- **보증심사**는 보증신청에 대하여 신용조사를 통해 파악한 내용을 근거로 관련 규정 등에서 정하는 바에 따라 기업의 신용상태를 종합적으로 검토하여 보증실행여부를 판단하는 일련의 과정입니다.

> **보증심사 내용**

- 신용보증기금법령 및 관계규정상 보증대상이 되는지의 여부
- 신청기업이 권리능력이나 행위능력이 있는가에 대한 법률적인 검토
- 신청기업의 신용상태, 사업전망, 보증금액의 적정여부등을 종합적으로 검토

2) 보증심사방법

보증심사는 심사기준 보증금액 등에 따라 다음과 같이 구분합니다.

심사기준보증금액			
1억원이하	**3억원이하**	**10억원이하**	**10억원초과**
간이심사	일반심사	표준심사	심층심사

* 미래성장성성이우수한기업은심사방법을한단계완화

3)보증의 승인 및 거절

- 보증심사결과 보증을 승인한 경우에는 즉시 구두 또는 전화, SMS, 서면 등으로 승인 내용을 통지해 드리고 있습니다.
- 신용조사 및 보증심사결과 보증취급이 부적당하다고 판단되는 경우에는 보증거절 또는 보증 불승인될 수 있습니다.

5.보증서 발급

1)보증서발급

고객편의와위조방지등을위해보증서발급은전자보증서로채권기관에직접발급하고있습니다. 다만, 아직전자화되지않은경우에는서면보증서를발급합니다.

2)신용보증 약정체결

신용보증 약정체결

- 보증서를 발급할때에는 보증기업 및 연대보증인이 직접 작성한 신용보증약정서를 제출합니다.
- 고객님들의 편의를 위해 보증원금, 보증기간, 채권자, 보증종류 등의 필수기재사항이 모두 확정된 경우에는 상담시 또는 현장조사시에 미리 약정을 받을 수 있습니다.
- 약정시 제출서류는 신분증 사본, 인감증명서, 사전동의서 등이 있습니다.

신용보증 금액과 기한	보증료 납부
자금용도 준수의무	사전구상
통지의무	연대보증인
기타 유의사항	

※ *약정체결시 약정서사본을 교부하고 있습니다.*

6.기한연장

1)기한연장

- 저희 신보는 고객님께 기일관리를 위해 보증기한이 돌아오기 30일전에 **신용보증기한도래안내문을** 우편으로 보내드리고 있습니다.
- 기한연장 신청시 신보의 내부규정에 따라 장기보증 이용기업, 고액보증 이용기업 및 신용도가 취약한 기업 등은 연장이 불가하거나 일부해지 후 연장이 가능할 수도 있으니 사전에 영업점 담당자와 상의하시기 바랍니다.
- 영업점담당자는사이버영업점의우리회사담당자찾기를통해 쉽게 찾을 수 있습니다.

2)사이버 기한연장

- 저희 신보는 고객님의 편의를 위하여 아래조건을 충족하는 경우 영업점 방문절차 없이 홈페이지에서 공인 인증서를 이용한 전자서명으로 보증 기한연장을 신청하실 수 있습니다.

대상기업	「일반보증 1억원이하기업」 또는 「일반보증 1억원을초과하더라도 K12(SB6) 등급이상인기업」
보증종류	대출보증, 제2금융보증 (농·수협), 지급보증의보증
자금구분	보증기간 1년이내의운전자금보증
보증방법	개별보증
연대보증인	연대보증인이없는개인기업(동업기업제외)

3)녹취에 의한 기한연장 (무방문)

대상기업	연대보증인이없는개인기업, 일반보증 3억원이하기업
보증종류	대출보증, 제2금융보증(농·수협), 지급보증의보증
기한연장방법	신보기한연장센터에서고객과직접통화하여연장동의를여부를녹취
보증료납부방법	펌뱅킹(고객별가상계좌) 방식

Ⅲ.보증운용

보증의 운용에서 가장 중요한 것은 결국 보증금액과 연대보증유무이다. 보증한도를 일반적으로 업종, 매출액, 회사과 대표이사의 자산규모로 결정된다. 연대보증은 2018년 4월 정부의 지침에 따라 보증률을 제외한 금액에 대하여만 진행되는 것이 일반적이다. 과거와 대비하여 채무에 대한 주주의 연대보증이 사라졌거나 줄어들었기 때문에 회사 입장에서는 부담이 크게 줄어든 상황이다.

1. 보증한도

1) 보증한도

신보는 특정기업에 대한 과다한 보증을 방지하고, 보다 많은 기업에 보증을 분산지원하여 보증배분의 효율성과 기본재산 건전화를 도모하기 위해 같은 기업이 최대한 이용할 수 있는 보증한도를 규정하고있습니다.

2) 같은기업에 대한 일반 보증한도

- 신보과 기술보증기금의 일반보증을 합하여 30억원
  → 신용이 취약하거나 규정에서 따로 정하는 기업은 15억원 이내로 제한될 수 있습니다. 다만, 금융위원회가 국민경제상 특히 필요하다고 인정하는 자금 또는 기업의 경우에는 일반한도를 초과하여 이용하실 수 있습니다.

- <u>금융위원회가 인정하는 자금</u>
  - 담보 후취에 따른 보증해지 후 보증잔액이 [같은기업에 대한 일반보증한도] 이내로 예상되는 중소기업에 대한 시설자금보증
  - 중소기업협동조합이 받는 대출에 대한 보증
  - 기업의 구매자금융에 대한 보증
  - 이행보증
  - 무역금융에 대한 보증
  - 전자상거래대출보증
  - 전자상거래제2금융보증
  - 전자상거래담보용보증
  - 지식기반기업에 대한 보증
  - 수입신용장개설에 대한 보증(수출관련자금에 한함)
  - 발주서방식 Network Loan 보증
  - 녹색성장산업 영위기업에 대한 보증
  - 수출환어음 매입에 대한 보증
  - 수출환어음 담보대출에 대한 보증

보증심사등급별 최고보증한도

보증심사등급	최고보증한도
(1) K1등급	70억원
(2) K2등급	60억원
(3) K3등급 ~ K8등급, R2등급, SB1 ~ SB3등급	50억원
(4) K9등급이하, R1, R3, F1, F2, 무등급, SB4등급이하	30억원

※ 시설자금에대한보증은조건에따라 100 억원까지가능합니다.
※ 신보, 기술보증기금, 보증재단보증의합계액을기준으로합니다.

2. 부분보증

1)부분보증

부분보증은보증부대출에대한책임을보증기관과금융기관이일정비율로분담하는보증제도입니다.

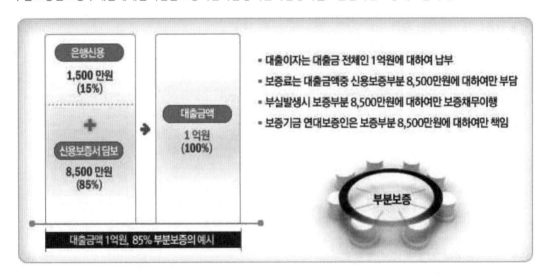

2) 부분보증비율

기업의 신용등급, 보증이용기간 등에 따라 기준보증비율을 차등하여 적용합니다.

기준보증비율

보증이용기간 10년이하	보증이용기간 10년초과

보증이용기간 10년이하	보증이용기간 10년초과
75%~85%	70%~80%

* 신용등급, 미래성장성등에따라기준보증비율차등적용
** "K1"등급에해당하는기업중거래소및코스닥상장기업, 총자산 100억원이상이면서매출액 300억원이상인기업은 50%를적용

적용예외

- 보증의 특성, 용도, 별도협약 등에 따라 기준과 다르게 적용할 수 있습니다.
- 창업기업, 수출기업, 녹색성장산업 영위기업, 우수기술기업에 대해서는 '17.6.30 일까지 보증비율 90%를 적용합니다.

3. 보증료

1) 보증료

보증료는 보증금액에 대하여 보증심사등급별 보증료율, 가산보증료율, 차감보증료율을 차례대로 적용하여 계산하며, 신용도 등의 변화에 연동하여 보증료 역시 변화할 수 있습니다.

2) 보증료운용

보증료율 운용체계

①보증심사등급별 보증요율	− CCRS 적용기업 : K1(0.6%) ~ K15(2.5%) − SBSS 적용기업 : SB1(1.1%) ~ SB10(2.5%) <u>등급별보증료율</u>	
②가산요율	보증비율미충족	0.2%p
	일부해지기준미충족	0.1~0.4%p
	장기분할해지보증해지미이행등	최대 0.5%p
	기타 (중소기업이외의기업등)	0.1%p ~ 0.6%p
③차감요율	0.5%p	최고일자리기업, 퍼스트펭귄기업, IPO100 후보기업, BEST 서비스기업
	0.4%p	좋은일자리기업, 가젤형기업, 신생기업보증

	0.3%p	평균상시근로자수가전년대비 30%이상증가한고용창출우수기업, 창업형예비가젤기업, 수출진입기업, 창업초기보증, 라이징스타기업, 우수경영혁신형기업중 10-100 선정기업, 유망서비스부문기업(60점이상), 특화서비스부문기업, 수출희망기업특례보증
	0.2%p	장애인기업, 평균상시근로자수가전년대비 20%이상증가한고용창출우수기업, 중소기업유동성지원특별보증, 수출확장기업, 수출주력기업, 수출스타후보기업, 창업성장보증, 혁신형중소기업(혁신역량공유및전파기업), 창업 3년이내기업, 프런티어스타기업, 우수경영혁신형기업중경영성과우수기업, 국내복귀기업, 지식재산보증, SMART 융합보증, V-Plus 보증, 장기분할해지보증
	0.1%p	고용창출우수기업, 창업5년이내여성기업, 국가유공자기업, 의사상자기업, 지역주력산업영위기업, 지역협력산업영위기업, 녹색성장영위기업, 물가안정모범업소, 전시대비중점관리업체로지정된기업, 회계투명성제고기업, 뿌리산업영위기업, 신성장동력산업영위기업, 혁신형중소기업, 창업 3년이상 5년이내기업, 유망서비스부문기업(60점미만), 전자상거래보증(K8등급이상)
④조정요율	차감	최대 0.2%p

※ 최종 적용 보증료율 = ①+②-③±④ = 0.5~3.0% (대기업은 최고 3.5%)

상한선	3.0% (대기업 3.5%)
하한선	0.5%

※ 보증료계산 : 보증금액 X 보증료율 X 보증기간 / 365日 (평년, 윤년에 상관없이 365로 나눔)

3) 연체보증료

- 기업이 납부기일내에 보증료를 납부하지 아니한 때 수납합니다.
- 연체보증료 = 보증료 X 10% X 연체기간 / 365 日

4) 위약금

- 보증받은 기업이 대출기한내에 대출을 상환하지 못한 때에 수납합니다.
- 위약금 = 대출이 상환될 때 까지, 계산된 보증료율에 0.5%를 가산하여 계산

5) 보증료 납부

- 보증료는 일시에 납부하는 것을 원칙으로 합니다.

- 보증기간이 1년을 초과하는 때에는 1년마다 분할하여 보증료를 납부할 수 있습니다.
- 신용카드 또는 체크카드를 이용하여 납부하실 수 있습니다. (현재는 BC카드, 삼성카드, NH카드)
- 법인은 법인카드, 개인은 대표자 명의의 카드만 사용 가능합니다.
- 출금이체 동의서 작성 후 영업점에서 수납을 대행할 수 있습니다. (펌뱅킹 수납서비스)

6) 보증료 환급

- 보증기간내에 대출금을 미리상환하신 경우에는 상환일 다음날 이후의 보증료는 환급받으실 수 있습니다.
- 보증료의 환급은 현금 또는 예금계좌로 송금 받으실 수 있습니다.
- 즉시 환급받으실 수 없는 경우에는 신보에서 미환급보증료 계정으로 보관하고 있어 언제라도 청구하실 수 있습니다.

4. 담당구역

1) 보증담당 구역

기업의 보증거래 편의를 도모하고 취급 영업점간 보증업무가 너무 한쪽에 치우치지 않게 하여 업무능률을 높이고 보다 빠른 업무 서비스를 위해 각 지역별로 독점적 또는 공동으로 보증을 취급할 수 있는 영업점을 지정하여 운영하고 있습니다.

2) 원칙

- 신용보증은 보증기업의 주된 사업장 소재지를 담당하는 영업점에서 취급함을 원칙으로 합니다.
- 같은 기업에 대한 보증은 1개의 영업점에서 담당합니다.

5. 연대보증인

1) 연대보증 입보

(1) 연대보증인

신용보증제도는 기업의 신용을 담보로 보증서를 발급하는 제도로써 기업의 실제경영자를 제외하고는 연대보증을 세우지않는 것을 원칙으로 합니다.

(2) 입보대상자

입보대상자

기업형태	연대보증대상자
개인기업	연대보증 미운용 실제경영자가 주채무자로서 신용보증채무를 부담. 다만, 실제경영자가 대표자가 아닌 경우에는 사업자등록증상의 (공동)대표로 등록한 후 주채무자로 운용
법인기업	실제경영자

기업형태	연대보증대상자
	「창업기업에 대한 연대보증 입보면제 업무처리방법」및 「우수기업에 대한 연대보증 입보면제 업무처리방법」에 따라 보증을 지원 하는 경우, 실제경영자의 연대보증 입보면제
공통	채무관계자가 운영하는 기업에 대한 회생지원보증의 경우 기존 구상권기업 채무관계자

(3) 서명날인

연대보증을 설때에는 본인이 직접 이름을 쓰고 도장을 찍어야 하며, 코딧 신용보증기금 직원은 직접 자필한 사실을 확인하고 있습니다. 다만, 다음의 경우에는 도장을 찍지 아니하고 자필 서명 만으로 대신할 수 있습니다.

- 개인인 경우
- 도장을 찍는 제도가 없는 국가 국적의 외국인, 국외 장기 체류자 및 재소자인 경우

2) 연대보증 변경

(1) 연대보증인 변경

- 연대보증인의 교체나 면제를 요청하실 때에는 연대보증인 변경사유, 변경내용, 보증책임 범위등을 기재한 후 보증책임이 면제되는 구연대보증인을 제외한 보증이용업체 및 신·구 연대보증인 모두 직접 이름을 쓰고 인감도장을 찍어서 신청하여야 합니다.
- 신용보증기금은 연대보증인의 교체와 면제사유의 타당성, 신용보증 해지에 미치는 영향, 이해관계자 전원의 동의여부, 입보기준 부합여부등을 종합적으로 검토하여 교체 및 면제 여부를 판단합니다.
- 연대보증인 교체 또는 면제시에는 최초 보증기한이 도래되는 시점에서 보증책임을 면제함을 원칙으로 합니다.
- 신용보증기금에 협의없이 일방적인 교체나 면제 통보는 그 효력이 발휘될 수 없으니, 연대보증인 변경 사유가 발생한 때에는 보증기업과 상의하여 담당영업점에 문의하시기 바랍니다.

IV.보증상품

보증상품은 가장 일반적인 창업자금에서부터 시설자금까지 상황과 규모에 맞게 적절한 상품을 선택해야한다. 여러 보증상품을 동시에 이용하는 것이 불가능한 것은 아니나 일반적으로 굉장히 힘들기때문에 전략적으로 접근해야 한다. 심지어 신용이 좋지않는 회생/파산 이력이 있는 개인사업자의 대표와 법인 대표자도 받을 수 있는 보증상품이 있기 때문에 '난 안될거야!'라고 속단하기에 속 이르다는 것을 인지하고 보증상품을 살펴보는 것이 좋을것이다.

1. 보증상품 목록보기

1) 보증상품

보증상품	상품
일반운전자금	기업일반자금보증 (기업일반자금대출, 종합통장대출, 할인어음 등)
창업자금	유망창업기업성장지원프로그램 퍼스트펭귄형 창업기업 보증
구매자금	구매자금용보증
시설자금	일반시설자금보증 태양광발전 시설자금보증 선박금융 시설자금
비금융상품	이행보증 담보어음보증 상거래담보보증
전자상거래	전자상거래보증 전자싱거래담보보증
사회적경제기업 보증프로그램	사회적기업 나눔보증 프로그램 협동조합 희망보증 프로그램 마을기업 두레보증 프로그램 자활기업 초록보증 프로그램
지식재산보증	지식재산 보증
M&A 보증	M&A 보증
고용창출기업보증	고용창출기업보증 가젤형기업 우대보증 고용의질 우수기업 보증

보증상품	상품
SMART 융합보증	SMART 융합보증 SMART 공장 협약보증
수출중소기업 종합지원프로그램	수출희망기업 특례보증 수출진입기업 보증 수출확장기업 보증 수출주력기업 보증 수출스타기업 육성 프로그램 국내복귀기업 보증
유망·특화서비스기업에 대한보증	유망서비스기업 보증 특화서비스기업 보증 BEST 서비스기업 보증지원 프로그램

협약에 의한 특별보증

협약에의한 특별보증	금융기관특별출연 대기업 · 금융기관특별출연 기타협약자금

2. 일반운전자금

1) 상품개요

기업일반자금보증은 원재료의 구매, 생산, 판매활동 등 기업 운영에 소요되는 자금에 대한 보증지원상품입니다.

2) 대상기업

일반기업 (사치,향락성 등 업종 영위기업 제외)

3) 대상채무

기업이 금융기관 등으로부터 받는 대출금 등

대출금의 종류

- **개별대출금** : 기업일반자금대출, 중소기업자금대출 등 만기일시상환 방식
- **한도성대출금** : 종합통장대출, 당좌대출, 할인어음 등 일정한도를 부여하는 방식

4) 보증기간

- ● 단기대출(1 년), 장기대출 (만기 3 년이상 장기분할해지보증)

장기분할해지보증

- **장기분할해지보증이란?**
  단기위주의 기업대출을 장기로 전환하고 기업의 상환능력에 따라 상환약정방식 또는 해지약정방식을
  선택하는 분할해지구조를 갖는 보증상품입니다.
  ☞ "상환약정방식"은 채권자와 기업간 약정에 의해 대출금을 상환하는 방식
  ☞ "해지약정방식"은 신용보증기금과 기업간 약정에 의해 신용보증을 해지하는 방식
- **대상채무** : 금융기관 등의 운전자금대출금(종합통장대출 등 한도성 대출금 제외)

3. 창업자금

1) 유망창업 성장지원프로그램

(1) 상품개요

- 창업초기기업의 성장단계별로 "예비창업보증→신생기업보증→창업초기보증→창업성장보증"으로 구분하여
  지원하는 맞춤형 보증 프로그램

[유망창업기업 성장지원 프로그램 구성체계]

구분	예비창업보증	신생기업보증	창업초기보증	창업성장보증
지원대상	창업전 6개월	창업후 3년내	창업후 3~5년	창업후 5~7년
보증한도	10억원(시설포함)	10~20억원	30억원	30억원
보증료	0.7%p 차감	0.4%p 차감	0.3%p 차감	0.3%p 차감
보증비율	100%	95~100%	95%	90%
비금융지원	경영컨설팅 필요시 지원			

(2) 상품종류

- 예비창업보증 : 창업이전 예비창업자가 창업을 위해 소요되는 부족자금을 사전심사를 통해
  보증예정통지를 받은 후,
  　　　　　　실제 창업이후에 해당 자금을 지원받는 보증
- 신생기업보증 : 창업 후 3년 이내의 유망창업기업에게 적용되는 보증
- 창업초기보증 : 창업 후 3~5년 이내의 유망창업기업에게 적용되는 보증
- 창업성장보증 : 창업 후 5~7년 이내의 유망창업기업에게 적용되는 보증

(3) 대상기업

창업일(개업 또는 설립일)로부터 보증신청 접수일까지의 기간이 7년 이내인 창업기업 중 아래 3가지 유형에 속하는 기업

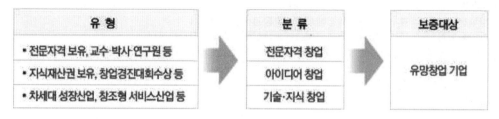

(4) 대상채무

운전자금* 및 시설자금

* 인건비, 원자재구입비용, 마케팅비용, 임차료, 제세공과금및그밖의부대비용

(5) 보증한도 및 우대사항

상품구분	보증한도	우대사항	
		보증료	보증비율
예비창업보증	10 억원(시설포함)	0.7%p 차감	100%
신생기업보증	10~20 억원(운전자금)	0.4%p 차감	95~100%
창업초기보증	30 억원(운전자금)	0.3%p 차감	95%
창업성장보증	30 억원(운전자금)	0.3%p 차감	90%

※ 신청기업이청년창업기업*에해당하는경우, 최저보증료율인 0.3% 고정보증료율이적용됨

* **청년창업기업 기본요건** : ①대표자(실제경영자포함)의연령이만 17 세~만 39 세이하, ②창업후 7 년이내기업, ③신청건포함일반보증금액(기보, 재단보증포함) 3 억원이하④보증금지, 보증제한또는선별지원대상이아닌기업

(6) 기타 우대사항

신청기업이 " 창업교육" 또는 "경영 컨설팅" 등 비금융 지원 요청 시 우선지원

2) 퍼스트펭귄형 창업기업 보증

(1)상품개요

창업 후 5년 이내의 창조적 아이디어와 기술력을 보유한 유망창업기업 중 미래 성장성이 기대되는 핵심 창업기업을 별도로 발굴·선정하여 최대 30억원까지 보증을 지원하고 각종 우대도 최고 수준으로 지원하는 제도

[퍼스트펭귄형 창업기업보증 구성체계]

구분			1차년도	2차년도	3차년도
업력			창업후 5년내		
대상기업			제조업또는신성장동력산업영위기업, 유망서비스부문대상업종중신보의 "퍼스트펭귄기업창업유형별평가"결과 80점이상		
보증한도	총한도		총지원가능한도 30억원		
	Credit Line	신규설정	3년간지원한도 → Min(30억원, 3년차추정매출액×1/2)		
		연차별 한도	Min(20억원, 1년차추정매출액, 소요자금)	Min(25억원, 2년차추정매출액)	Min(30억원, 3년차추정매출액 ×1/2)
보증료율			0.7% 고정보증료율		
보증비율			100%	95%	90%
비금융지원			– 투자옵션부보증, 보증연계투자 요청시 우선 지원 – 유동화회사보증 취급시 편입·금리 우대 – 전문 경영컨설팅 및 Job-Matching 서비스 제공		

(2)선정절차

영입점 또는 영업본부내 창조금융센터의 자체발굴 또는 기업의 자체공모를 통해 신청·접수된 기업 중 영업본부 심의위원회 심의를 거쳐 퍼스트펭귄기업 최종 선정

(3)대상기업

- 창업 후 5년 이내의 「유망창업기업 성장지원 프로그램」 적용대상 기업 중 아래 요건을 모두 충족하는 기업을 대상으로 영업본부 심의위원회 심의를 거쳐 퍼스트펭귄기업으로 최종 선정된 기업

《요건》

- 사업개시일로부터 보증신청 접수일까지의 기간이 5년 이내인 유망창업기업

- 제조업,신성장동력산업,유망서비스 부문 대상 업종 중 어느 하나에 해당하는 산업을 영위하는 기업 중 신보의 "퍼스트펭귄기업 창업유형별 평가"점수 80 점 이상인 기업

(4)보증한도

- 3 년간 총 지원한도 : 최대 30 억원

- 연차별 지원한도 : 1 년차 20 억원, 2 년차 25 억원, 3 년차 30 억원

(5)우대사항

금융부문 우대사항

구분	1차년도 (T_1:설정후 1년내)	2차년도 (T_2:설정후 2년내)	3차년도 (T_3:설정후 3년내)
보증료율	0.7% 고정보증료율		
보증비율	100%	95%	90%

※ 퍼스트펭귄기업이청년창업기업에해당할경우 0.3% 고정보증료율적용

비금융부문 우대사항

- 전문 경영컨설팅, 잡매칭, 투자옵션부 보증, 보증연계투자 등 우선지원, 유동화회사보증 취급시 편입·금리 우대

(6)전담조직 :전국 8개 영업본부 내 스타트업지점

지역	관할지점	지역	관할센터
서울서부(제주,경기일부포함)	서울서부스타트업지점	충청지역	대전스타트업지점
서울동부(강원, 경기일부포함)	서울동부스타트업지점	대구·경북지역	대구스타트업지점
경기지역	경기스타트업지점	부산·경남지역	부산스타트업지점
인천지역(경기일부포함)	인천스타트업지점	호남지역	광주스타트업지점

(KODIT보증상품)

보증상품

보증상품	상품
일반운전자금	기업일반자금보증 (기업일반자금대출, 종합통장대출, 할인어음 등)

보증상품	상품
창업자금	유망창업기업성장지원프로그램 퍼스트펭귄형 창업기업 보증
구매자금	구매자금용보증
시설자금	일반시설자금보증 태양광발전 시설자금보증 선박금융 시설자금
비금융상품	이행보증 담보어음보증 상거래담보보증
전자상거래	전자상거래보증 전자상거래담보보증
사회적경제기업 보증프로그램	사회적기업 나눔보증 프로그램 협동조합 희망보증 프로그램 마을기업 두레보증 프로그램 자활기업 초록보증 프로그램
지식재산보증	지식재산 보증
M&A보증	M&A 보증
고용창출기업보증	고용창출기업보증 가젤형기업 우대보증 고용의질 우수기업 보증
SMART융합보증	SMART 융합보증 SMART 공장 협약보증
수출중소기업 종합지원프로그램	수출희망기업 특례보증 수출진입기업 보증 수출확장기업 보증

보증상품	상품
	수출주력기업 보증 수출스타기업 육성 프로그램 국내복귀기업 보증
유망·특화서비스기업에 대한보증	유망서비스기업 보증 특화서비스기업 보증 BEST 서비스기업 보증지원 프로그램

협약에 의한 특별보증

협약에의한 특별보증	금융기관특별출연 대기업 · 금융기관특별출연 기타협약자금

4. 구매자금

1) 상품개요

상업어음 이용을 줄이는 대신 구매기업이 금융회사 등으로부터 대출받아 납품대금을 결제할 수 있도록 하는 금융결제수단에 대한 보증지원상품입니다.

2) 보증지원기본구조

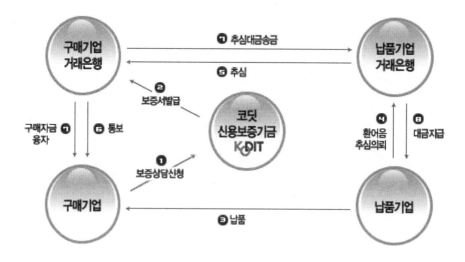

3) 대상기업

중소기업

4) 대상채무

- 기업구매자금대출 : "금융기관 기업구매자금대출 취급세칙" 의 구매자금
- 기업구매전용카드대출 : 구매기업이 납품대금을 기업구매전용카드로 결제하고 동 결제자금을 금융회사 (농,수협 포함) 및 신용카드업자로부터 대출받는 자금

5) 보증한도

최고 70억원

5. 시설자금

1)시설자금보증

(1) 상품개요

시설자금보증은 사업의 확장, 신설 등을 위해 사업용공장, 고정적인 기업 설비의 취득 등에 소요되는 시설 자금 지원을 위한 보증상품입니다.

(2) 대상기업

사업장 신축, 분양 등 시설 및 설비를 준비중인 일반기업

(3) 대상채무

기업이 토지, 건물, 사업용공장, 기계 등을 구입 및 조성에 사용되어지는 시설자금에 대한 대출금

(4) 보증한도

소요자금 범위내 (최고 100억원)

(5) 보증비율

준공 또는 시설취득 후 보증 전액해지조건의 경우 100%까지 가능

(6) 보증료

준공 또는 시설취득 후 50%이상 해지 : 0.1%p 할인

(7) 보증기간

금융기관 시설자금 대출기간 이내

2) 태양광발전시설자금보증

(1) 상품개요

태양광발전사업자가 상업용 태양광발전소 신축을 위해 필요한 시설자금을 지원하는 보증상품입니다.

상품구조도

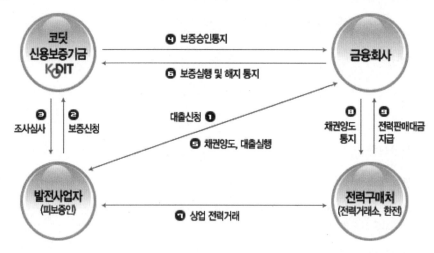

(2) 대상기업

태양광발전사업 영위를 위한 사업자로 발전사업 허가 및 개발행위 허가를 받은 중소기업

(3) 대상채무

상업용 태양광발전소 신축에 소요되는 시설자금 대출금

(4) 보증한도

최고 70억원

3) 선박금융 시설자금

(1) 상품개요

수상화물운송업, 선박임대업 등을 영위하는 기업이 선박의 취득 등을 소요되는 시설자금 지원을 위한 보증상품입니다.

(2) 대상선박

총톤수 20톤 이상의 기선 및 범선, 부선

(3) 대상채무

신조선, 중고선 도입, 선박구조개선 등을 위해 사용되는 시설자금에 대한 대출금

(4) 보증한도

- 소요자금의 80%이내 금액

- 최고 70 억원

6. 수출중소기업 종합지원 프로그램

1) 수출중소기업 종합지원 프로그램

(1) 상품개요

수출실적을 보유하고 있거나, 수출실적은 없더라도 수출을 희망하는 중소기업의 수출역량 단계에 따라 구분하여 지원하는 맞춤형 보증 프로그램

(2) 대상기업

지원대상	세부요건
수출희망기업특례보증	수출을 희망 또는 준비 중인 중소기업으로서 '수출희망기업 지원 타당성 평가' 점수가 80 점 이상인 기업
수출진입기업보증	당기 또는 최근 1 년간 수출실적 US$100 만 미만(별도 지정한 서비스업 영위기업은 US$30 만 미만) 수출실적은 없으나, 신용장 또는 수출계약서 등을 보유 중인 기업
수출확장기업보증	당기 또는 최근 1 년간 수출실적 US$100 만 이상 US$500 만 미만(별도 지정한 서비스업은 US$30 만 이상 US$150 만 미만) 중소기업청 선정 수출유망중소기업, 해외규격인증획득 지원사업 참여기업, 중소기업 브랜드 지원사업 참여기업 한국무역보험공사 수출 관련 환변동보험 가입기업
수출주력기업보증	당기 또는 최근 1 년간 수출실적 US$500 만 이상(별도 지정한 서비스업은 US$150 만 이상)

별도 지정한 서비스업

업종코드 (대분류)	분류명	업종코드 (대분류)	분류명
E	수도, 하수및폐기물처리, 원료재생업	J	정보통신업
M	전문, 과학및기술서비스업	N	사업시설관리, 사업지원및임대서비스업

업종코드 (대분류)	분류명	업종코드 (대분류)	분류명
P	교육서비스업	Q	보건업및사회복지서비스업
R	예술, 스포츠및여가관련서비스업	S	협회및단체, 수리및기타개인서비스업

(3) 주요 지원 내용

단계	수출희망기업특례보증	수출진입기업보증	수출확장기업보증	수출주력기업보증
지원대상	수출을 희망 또는 준비 중인 기업 (수출희망기업지원타당성평가점수 80 점이상)	연 수출실적 US$100 만 미만 등 (별도지정서비스업은 US$30 만미만)	연 수출실적 US$100 만 ~ $500 만 등 (별도지정서비스업은 US$30 만 ~ $150 만)	연 수출실적 US$500 만 이상 (별도지정서비스업은 US$150 만이상)
대상채무	운전자금	운전자금또는시설자금		
기업당한도	최대 3 억원	30 억원 (최고보증한도대상보증은 70 억원)		
매출액한도	사정특례	매출액의 1/2~1/4	매출액의 1/2~1/3	매출액의 1/2
보증료	0.3%p 차감		0.2%p 차감	
보증비율	100%	90% 이상		
비금융지원	경영컨설팅필요시지원			

2) 수출스타기업 육성 프로그램

(1) 상품개요

글로벌 수출 선도기업(수출스타기업)으로 성장할 수 있는 잠재력을 갖춘 수출스타후보기업에 대하여 3년간 지원할 보증한도를 설정하여 집중 지원하는 프로그램

【수출스타기업 육성 프로그램 구성체계】

구분		1 차년도	2 차년도	3 차년도
지원대상		당기 또는 최근 1 년간 수출실적이 US$500 만 이상 US$1,000 만 미만인 수출주력기업 중 신보가 선정한 수출스타후보기업		
보증 한도	3 년간 지원한도	Min(70 억원*, 3 차년도추정매출액의 1/2) * 일반보증한도대상보증은 30 억원이내로운용		
	연차별최대 지원한도	3 년간지원한도×4/6	3 년간지원한도×5/6	3 년간지원한도
보증료		0.2%p 차감		

구분	1 차년도	2 차년도	3 차년도
보증비율	90% 이상		
기타지원	경영컨설팅, 투자옵션부보증, 보증연계투자등요청시우선지원		

(2) 수출스타후보기업 선정절차

- 영업점 또는 영업본부를 통해 신청·접수된 기업 중 수출스타후보기업 심의위원회 심의를 거쳐 수출스타후보기업 최종 선정

대상기업발굴		심사·평가·선정		지원계획수립
추천 (영업점) 자체발굴/공모(영업본부)	>	현장평가(영업본부) 최종심사(심의위원회)	>	경영목표 확정 보증한도 설정

(3) 수출스타후보기업의 졸업

- 수출스타후보기업이 다음 어느 하나에 해당하는 경우에는 수출스타후보기업에서 졸업
  - – 기업규모가 중소기업의 범위 초과
  - – 보증한도 설정 후 3년 경과
  - – 당기 또는 최근 1년간 수출액이 US$1,000 만 이상

(4) 수출스타기업 보증

수출스타후보기업 졸업 기업 또는 보증이용기간이 1년 이상인 기업 중 당기(최근) 1년간 수출액이 US$1,000만 이상인 기업은 수출스타기업으로 선정하여 우대 지속

3) 국내복귀기업 보증

(1) 상품개요

해외진출기업이 해외사업장을 청산·양도 또는 축소하고, 사업장을 국내로 이전하는 경우 지원하는 보증상품

(2) 대상기업

「해외진출기업의 국내복귀 지원에 관한 법률」에 따라 산업통상자원부로부터 국내복귀기업으로 선정된 기업
* 산업통상자원부에서 발행한 국내복귀기업 선정확인서를 통해 확인

(3) 대상채무

국내 사업장 설치 또는 운영에 소요되는 운전자금 및 시설자금

(4) 우대사항

부분보증비율 90% 이상 적용, 보증료율 0.2%p 차감

7. 유망·특화서비스기업 보증

1) 유망서비스기업 보증

(1) 상품개요

고용 및 부가가치 창출 효과가 높고 경쟁력 확보에 따른 성장 잠재력이 높은 유망서비스 부문 영위 기업을 지원하는 보증상품

(2) 대상기업

- 다음의 8개 유형에 해당하는 업종을 영위하는 유망서비스기업

유형	대상업종
①문화·콘텐츠	대상업종
②보건·의료	대상업종
③교육	대상업종
④소프트웨어	대상업종
⑤물류	대상업종
⑥관광	대상업종
⑦ R&D·지식	대상업종
⑧환경·사업서비스	대상업종

(3) 우대사항

- 유망서비스 유형별 평가* 점수에 따라 우대 수준을 차등하여 적용
  * 기업의 미래경쟁력, 고용창출, 성장가능성 등을 종합적으로 평가

구분	60점미만기업	60점이상기업	BEST 서비스기업 (80점이상중선정)
부분보증비율	90%	90%	90%
보증료	0.1%p 차감	0.3%p 차감	0.5%p 차감
매출액한도	추정매출액의 1/4 ~ 1/6	추정매출액의 1/3 ~ 1/4	추정매출액의 1/2

2) BEST 서비스기업 보증지원 프로그램

(1) 상품개요

- 서비스업 영위기업 중 신보가 선정한 BEST 서비스기업(성장성이 유망하고 고용창출능력이 우수한 기업)이 우량 중견기업으로 성장할 수 있도록 금융 및 비금융 서비스를 제공하는 맞춤형 프로그램

【BEST 서비스기업 보증지원 프로그램 구성체계】

구분		1차년도	2차년도	3차년도
지원대상		창업 후 3년이 경과한 유망서비스기업 중 신보가 선정한 BEST 서비스기업		
보증한도	3년간 지원한도	Min(30억원, 3차년도추정매출액의 1/2)		
	연차별최대 지원한도	3년간지원한도×4/6	3년간지원한도×5/6	3년간지원한도
보증료		0.5%p 차감		
보증비율		90% 적용		
기타지원		경영컨설팅, 투자옵션부보증, 보증연계투자등요청시우선지원		

(2) BEST 서비스기업 선정절차

- 영업점 또는 영업본부를 통해 신청·접수된 기업 중 영업본부 심의위원회 심의를 거쳐 BEST 서비스기업 최종 선정

대상기업발굴		심사·평가·선정		지원계획수립
추천 (영업점) 자체발굴/공모(영업본부)	>	현장평가(영업본부) 최종심사(심의위원회)	>	경영목표 확정 보증한도 설정

3) 특화서비스기업 보증

(1) 상품개요

경제적 기여도가 높고 신산업 영역으로서 정책적으로 지원이 필요한 수출기여형 및 핀테크형 서비스기업을 지원하는 보증상품

(2) 대상기업

수출기여형 : 다음 어느 하나에 해당하는 서비스업 또는 도소매업 영위기업

- 아래의 방법으로 외화를 직접 획득하는 기업

외화획득방법

외화획득방법
주한국제연합군이나그밖의외국군기관에대한서비스의제공
관광
서비스의해외진출 (선박및항공기의외국항행용역포함)
외국인(외국기업포함) 으로부터외화를받고재화와서비스를공급
외국인으로부터외화를받고공장건설등에필요한서비스를국내에서공급
외국인으로부터외화를받고외화획득용시설기재를외국인과임대차계약을맺은국내업체에인도
외화를받고선박및항공기에필요한서비스를제공
무역거래자가외국수입업자로부터수수료를받고하는수출알선
외국인환자의유치
외국인전용판매장등에서재화와용역을공급

외국인 또는 외국기업을 대상으로 한 매출액이 당기 매출액의 10% 이상

핀테크형 : 핀테크 관련 서비스 업종을 영위하고, 핀테크 사업영역과 관련하여 소요되는 자금을 신청한 기업

핀테크관련업종	표준산업분류 코드	핀테크사업영역
시스템소프트웨어개발공급업	J58221	금융회사 업무를 위한 전산시스템의 개발 공급 구축 (리스크관리 등) • 금융관련 소프트웨어의 개발 공급 (지급, 결제, 회계, 송금 등) • 빅데이터, 신용정보 데이터 등 금융 관련 데이터의 분석 • 금융거래 관련 보안 솔루션, 보안시스템의 개발, 공급
응용소프트웨어개발공급업	J58222	
컴퓨터프로그래밍서비스업	J62010	
컴퓨터시스템통합자문및구축서비스업	J62021	

핀테크관련업종	표준산업분류 코드	핀테크사업영역
포털및인터넷정보매개서비스업	J63120	
데이터베이스및온라인정보제공업	J63991	
기타금융지원서비스업	K66199	• 선불전자지급수단 발행, 관리 • 간편 결제서비스의 운영 • 금융정보 제공 플랫폼 운영

(3) 우대사항

부분보증비율 90% 적용, 보증료율 0.3%p 차감

8. 비금융상품

1) 이행보증

(1) 상품개요

중소기업, 중견기업 및 대기업이 건설공사계약, 납품계약, 용역계약을 위한 계약(입찰 포함)에 수반하여 부담하는 각종 보증금의 지급채무에 대한 보증상품입니다.

(2) 대상채무

상품	대상채무
이행입찰	경쟁입찰시의 『입찰보증금』의지급채무에대한보증
이행계약	계약체결에대한 『계약보증금』의지급채무에대한보증
이행차액	예정가와낙찰가차액에대해부담하는 『차액보증금』의지급채무에대한보증
이행지급	발주처가공급하는선급금등의지급에대하여부담하는 『지급보증금』의지급채무에대한보증
이행하차	일정기간동안하자보수또는보완책임을부담하는 『하자보수보증금』의지급채무에대한보증

(3) 보증한도

• 최고 70억원

상품	보증급액	한도금액
행입찰	입찰명세서에명시되어있는금액또는입찰금액에대한입찰보증금률해당액	입찰금액

상품	보증급액	한도금액
이행계약	계약(예정)금액에대한계약보증금율해당액	계약금액의 30%
이행차액	예정금액-낙찰금액(계약금액)	【예정가격 - 낙찰(계약)금액】 × 200%
이행하차	계약금액에대한하자보증금률해당액	계약금액의 30%
이행지급	주계약에따른지급보증소요금액	주계약에서정한금액과운전자금보증한도중적은금액

(4) 보증비율

100%(고정비율)

(5) 보증료

- 이행입찰보증 0.1%(최소보증료 5,000 원), 이행계약·차액·하자보증 0.6%(최소보증료 5,000 원)

- 이행지급보증은 일반적인 보증과 같이 신용등급별 보증료율이 적용됩니다.

(6) 보증상대처

- 정부 : 민주평화통일자문회의, 국회, 대법원, 헌법 또는 정부조직법 기타 법률에 의하여 설치된 중앙행정기관

- 지방자치단체 : 서울특별시, 광역시, 도, 시, 군 및 그 소속기관

- 공공기관 : 『공공기관의 운영에 관한 법률』에 의한 공공기관

- 금융위원회가 정하는 자
  (금융위원회가 정하는 자 상세 내역)
  1. 한국은행, 금융감독원 및 은행법의 적용을 받는 금융회사
  2. 신용보증기금 업무방법서에서 정한 제 2 금융회사와 여신전문금융업법에 의한 여신전문금융회사
  3. 지방공기업법 제 2 조에 따른 도시철도공사
  4. 산업집적활성화 및 공장설립에 관한 법률 제 30 조제 2 항제 3 호의 규정에 의한 산업단지관리공단
  5. 사립학교법 제 10 조의 규정에 의하여 설립된 의과 및 치과대학 부속병원
  6. 지방공기업법 및 지방공사 시·도의료원 설치에 관한 조례에 의하여 설립된 지방공사 시·도 의료원
  7. 상공회의소법에 의하여 설립된 상공회의소 및 대한상공회의소
  8. 초·중등교육법 제 3 조 및 고등교육법 제 3 조의 규정에 따른 국공립학교 및 사립학교법에 따른 사립학교
  9. 한국사학진흥재단법에 의한 한국사학진흥재단
  10. 방송법에 의한 한국방송공사
  11. 한국교육방송공사법에 의한 한국교육방송공사
  12. (주)포스코
  13. (주)케이티
  14. (주)케이티엔지
  15. 정부, 지방자치단체, 공공기관운영에 관한 법률에 의한 공공기관 및 위 "1"에서 "14"까지의 기관과 건설공사, 물품의 공급 또는 용역제공을 위한 계약을 체결한 자가 하도급거래공정화에 관한 법률 제 2 조 제 2 항에서 정한 원사업자가 되는 경우의 원사업자
  16. 정부, 지방자치단체, 공공기관운영에 관한 법률에 의한 공공기관과 건설공사, 물품의 공급 또는 용역 제공을 위한 계약을 체결한 중소기업협동조합법에 의한 중소기업협동조합
  17. 정부,지방자치단체, 공공기관운영에 관한 법률에 의한 공공기관이 출자, 출연하거나 특별법에 의하여 설립된 법인

제20호 외감법인의 상대처 적격 여부는 금융감독원 전자공시시스템(http://dart.fss.or.kr) 및 공익법인 결산서류등공시시스템(http://npoinfo.nts.go.kr)을 통하여 확인하고, 공시시스템에 등록되어 있지 않은 경우 사업자등록증과 재무제표를 제출 받음

2) 담보어음보증

(1) 상품개요

중소기업이 상거래와 관련하여 담보목적으로 발행한 어음상의 채무에 대한 보증상품입니다.

(2) 담보어음보증 흐름도

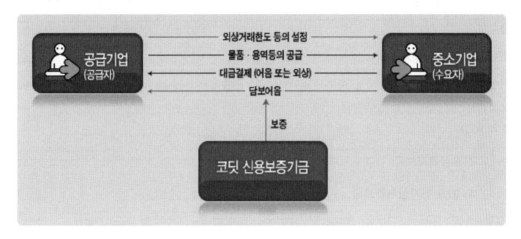

(3) 대상어음

- 중소기업이 상거래와 관련하여 담보목적으로 발행한 어음

(4) 대상채무

물품 및 용역의 제공에 수반하여 발생한 대금 지급채무

(5) 보증비율

100%(고정)

(6) 보증상대처

정부 및 지방자치단체, 공공기관, 상장법인, 「주식회사의 외부감사에 관한 법률」 적용대상기업 등

3) 상거래담보보증

(1) 상품개요

물품 및 용역을 제공하는 상거래에 수반하여 발생한 외상매입채무에 대한 보증상품입니다.

(2) 대상채무

물품 및 용역의 제공에 수반하여 발생하는 지급 채무

(3) 대상기업

중소기업

(4) 보증비율

100%(고정)

(5) 보증상대처

정부 및 지방자치단체, 공공기관 및 정부가 출자한 법인, 상장법인, 「은행업감독규정」에 따른 주채무계열 기업군, 중소기업협동조합, 외부감사대상기업 등

9. 전자상거래

1) 전자상거래보증

(1) B2B 전자상거래보증

- 신용보증기금에서는 기업간(B2B) 전자상거래에 따르는 채무를 보증하기 위해 2001 년 9 월 『전자상거래보증제도』를 도입하여 시행하고 있습니다.
- 온라인상에서 이루어지는 비대면 거래의 대금 회수 불확실성을 제거하여 전자상거래를 활성화하고 기업 금융거래의 투명성을 높이기 위하여 도입한 제도입니다.
- B2B 전자상거래보증에는 **전자상거래대출보증(제 2 금융보증)**과 **전자상거래담보용보증**이 있습니다.

(2) 전자상거래보증 이용효과

- 비대면 거래로 발생하는 결제의 불확실성 제거
- 대금 결제의 유연성 확보
- 유리한 거래조건 확보

(3) 전자상거래보증에 대한 우대지원

- 전자상거래 활성화를 위해 전자상거래보증은 일반보증에 비해 우대 지원하고 있습니다.

구분	전자상거래보증	일반보증
최고보증한도	70 억원	30 억원

구분	전자상거래보증	일반보증
보증한도	최근 1 년매출액의 1/2 (담보용보증) 최근 1 년매출액의 1/3, 1/4, 1/6 (대출보증, 제 2 금융보증)	최근 1 년매출액의 1/3, 1/4, 1/6
보증료	0.1%p 할인(K8 등급이상)	0.5% ~ 3.0%

2) 전자상거래 담보용보증

(1) 전자상거래 담보용보증

- 대기업 등의 고정거래처와 외상 방식으로 전자상거래를 하는 경우, 거래처에 대하여 부담하는 외상대금 지급채무를 보증하는 제도로서, 부동산 담보, 은행의 지급보증서 등을 대체할 수 있는 보증상품입니다.

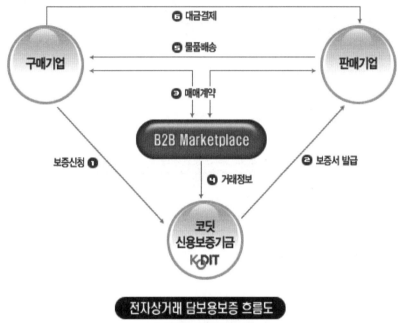

전자상거래 담보용보증 흐름도
1~2 절차는 최초 1회만 발생

판매자 입장에서 유리한 점

- 구매기업의 채무 불이행 시 기존 오프라인 담보어음보증은 어음만기 경과 전에는 보증채무를 이행하지 않으나 전자상거래 담보용 보증은 보증기한 전에도 보증채무 이행이 가능

- 보증서 기간 만료 시 보증기간 연장을 위해 구 보증서를 반납하는 절차 불필요

10. 사회적경제기업 보증프로그램

1) 사회적기업 나눔보증

(1) 사회적기업 나눔보증 프로그램

- **대상기업** :
  - 「사회적기업 육성법」에서 규정한 **사회적기업**
  - 지방자치단체에서 지정한 예비사회적기업으로서 중소기업
  - 정부 부처에서 지정한 예비사회적기업으로서 중소기업
- **대상자금** :
  사업을 위한 **운전자금** 및 사업장 **임차자금, 시설자금**
- **보증한도** : 사회적경제기업 보증 운용 프로그램 보증금액 기준 같은 기업당 **3억원** 이내
- o 운전자금 : 최근 1년간 매출액의 1/2 또는 향후 1년간 예상매출액의 1/2
  (1억원 이하는 매출액 검토 제외)
- o 시설자금 : 해당 시설의 필요자금 범위내

  ※ 기보, 재단거래업체지원가능
- **보증료** : 연 0.5%
- **보증비율** : 100% 전액보증
- **보증기간** : 5년 이상 장기 운용 원칙(협의 조정 가능), 근보증의 경우 1년 이내 운용
- **취급부점 : 신용보증기금사회적경제팀 (대표번호 : 1588-6565)**

구분	보증관할구역 (주사업장소재지기준)	문의처
서울서부사회적경제팀	서울서부, 제주	02-710-4926
서울동부사회적경제팀	서울동부, 강원	02-2141-3304
경기사회적경제팀	경기	031-230-1528
인천사회적경제팀	인천	032-450-1658
부산경남사회적경제팀	부산, 경남, 울산	051-678-6080
대구경북사회적경제팀	대구, 경북	053-430-4671
호남사회적경제팀	광주, 전남, 전북	062-607-9271
충남사회적경제팀	대전, 충남, 충북, 세종	042-539-5608

- - 보증상담 및 신청방법 : 설명회, 박람회 등 현장상담·신청접수

- **보증취급기간** : 2012.03.02 ~ 보증재원 소진시까지
- **협약은행(금리우대)** : 국민은행, 신한은행, 우리은행, 기업은행

(2) 제출서류 목록

- 신용보증에 필요한 서류는 다음과 같으며, 고객의 서류준비 불편을 최소화하기 위해 주요서류는 고객의 영업점 방문 없이 신보직원이 직접 자료를 수집하여 활용하고 있습니다.

신청서류	고객협조필요사항
주주명부 임대차계약서사본 (사업장, 거주주택)	고객이팩스로송부(원본은현장출장시제출및확인)
사회적기업: "사회적기업인증서" 예비사회적기업: "예비사회적기업지정서"	고객이직접발급하여팩스로송부 (원본은현장출장시제출)
사업계획서	고객직접작성후팩스송부 (원본은현장출장시제출) 서식바로가기

신보수집자료	고객협조필요사항
법인등기사항전부증명서 부동산등기사항전부증명서	소유부동산소재지고지 =>신보직접발급
주민등록표등본·초본 사업자등록증명 지방세 납세증명서 4대보험 보험료 납부(완납) 증명	대표자본인이행정정보이용에사전동의
금융거래확인서	사전동의 =>신보직접발급 (전산발급불가금융기관에한하여직접제출)
국세 납세증명서 납부내역증명(최근 3개년) (주민등록번호 기준 발급) 부가가치세과세표준증명(최근 3개년)	세무사사무실(또는신청기업)에서국세청홈택스서비스(www.hometax.go.kr)에신청한후 발급번호를신보에고지또는세무사사무실이직접신보에팩스송부(홈택스서비스미이용시 세무서에서직접발급후제출)*
매입·매출처별 세금계산서합계표 (전년도 및 금년)	세무회계자료의전자적제출에사전동의 =>신보직접수집 (세무사미거래신고자료직접 팩스송부)

신보수집자료	고객협조필요사항
재무제표(최근 2개년)	

※ 거래세무사담당자와전화번호를반드시신보담당직원에게알려주십시오.

2) 협동조합 희망보증

(1) 협동조합 희망보증 프로그램(협동조합)

- **대상기업 :** 아래의 요건을 모두 충족하는 협동조합
  ① 「협동조합기본법」에 의한 '협동조합'('사회적협동조합'을포함)
  ② 소매업, 유망서비스업을 영위하는 경우에는 요건㉮을 충족
  주) 소매업 : 협동조합의매입(고정자산매입은제외) 중소속조합원으로부터의매입비중이 50% 이상인경우에한함
  유망서비스업자세히보기

- **보증한도 :** 사회적경제기업 보증 운용 프로그램 보증금액 기준 같은 기업당 3억원 이내
- **운전자금한도사정 :** 아래 "매출액 한도"와 "출자금 한도" 중 적은 금액에서 기보·재단의 운전자금보증금액을 차감한 금액
  (50백만원 이하는 한도 사정 생략 가능)
- o 매출액 한도 : 다음 중 선택 적용
  ① 최근 1년간 매출액× 1/2
  ② 향후 1년간 추정매출액 × 1/2
- o 출자금 한도 : 출자금의 3배
- **보증료 :** 연 0.5%
- **대상자금 :** 운전자금 및 시설자금
- **보증비율 :** 100% 전액보증
- **보증기간 :** 5년 이상 장기 운용 원칙(조정 가능), 근보증의 경우 1년 이내 운용
- **취급부점 :** 신용보증기금사회적경제팀 (대표번호 : 1588-6565)

구분	보증관할구역 (주사업장소재지기준)	문의처
서울서부사회적경제팀	서울서부, 제주	02-710-4926
서울동부사회적경제팀	서울동부, 강원	02-2141-3304
경기사회적경제팀	경기	031-230-1528
인천사회적경제팀	인천	032-450-1658

구분	보증관할구역 (주사업장소재지기준)	문의처
부산경남사회적경제팀	부산, 경남, 울산	051-678-6080
대구경북사회적경제팀	대구, 경북	053-430-4671
호남사회적경제팀	광주, 전남, 전북	062-607-9271
충청사회적경제팀	대전, 충남, 충북, 세종	042-539-5608

- **보증취급기간 :** 2013.09.30 ~ 보증재원 소진시까지
- **협약은행(금리우대) :** 국민은행, 기업은행, 신한은행, 우리은행

(2) 제출서류 목록

- 신용보증에 필요한 서류는 다음과 같으며, 고객의 서류준비 불편을 최소화하기 위해 주요서류는 고객의 영업점 방문 없이 신보직원이 직접 자료를 수집하여 활용하고 있습니다.

신청서류	고객협조필요사항
임대차계약서사본 (사업장, 거주주택) 정관 사본 조합원 명부(출자지분내역 포함) 조합설립신고필증 사본 이사회의사록 사본(본건 차입 결의)	고객이팩스로송부(원본은현장출장시제출및확인)
사업계획서(협동조합원 사업자용)	고객직접작성후팩스송부 (원본은현장출장시제출)

신보수집자료	고객협조필요사항
법인등기사항전부증명서 부동산등기사항전부증명서	소유부동산소재지고지 =>신보직접발급
주민등록표등본·초본	대표자본인이행정정보이용에사전동의

신보수집자료	고객협조필요사항
사업자등록증명 지방세 납세증명서 4대보험 보험료 납부(완납) 증명	
금융거래확인서	사전동의 =>신보직접발급 (전산발급불가금융기관에한하여직접제출)
국세 납세증명서 납부내역증명(최근 3개년) (주민등록번호 기준 발급) 부가가치세과세표준증명(최근 3개년)	세무사사무실(또는신청기업)에서국세청홈택스서비스(www.hometax.go.kr)에신청한후 발급번호를신보에고지또는세무사사무실이직접신보에팩스송부(홈택스서비스미이용시 세무서에서직접발급후제출)* <u>국세청홈택스서비스이용절차</u>
매입·매출처별 세금계산서합계표 (전년도 및 금년) 재무제표(최근 2개년)	세무회계자료의전자적제출에사전동의 =>신보직접수집 (세무사미거래신고자료직접 팩스송부)

※ 거래세무사담당자와전화번호를반드시신보담당직원에게알려주십시오.

(3) 협동조합 희망보증 프로그램 (협동조합원 사업자)

- **대상기업** : '협동조합 희망보증 프로그램(협동조합)'의 대상기업 요건 중 ①,②를 모두 충족하는 협동조합에 가입한 조합원으로서, 소상공인시장진흥공단으로부터 정책자금(협업화자금) 지원대상으로 선정된 사업자
- **보증한도** : 사회적경제기업 보증 운용 프로그램 보증금액 기준 같은 기업당 50백만원 이내
- **운전자금한도사정** : "최근 1년간 매출액×1/2"에서 기보·재단의 운전자금보증금액을 차감한 금액 (30백만원 이하는 한도 사정 생략 가능)
- **보증료** : 연 0.8%
- **대상자금** : 운전자금 및 시설자금
- **보증비율** : 100% 전액보증
- **보증기간** : 5년 이상 장기 운용 원칙(조정 가능), 근보증의 경우 1년 이내 운용
- **취급부점** : 신용보증기금사회적경제팀 (대표번호 : 1588-6565)
  -

구분	보증관할구역 (주사업장소재지기준)	문의처
서울서부사회적경제팀	서울서부, 제주	02-710-4926
서울동부사회적경제팀	서울동부, 강원	02-2141-3304

구분	보증관할구역 (주사업장소재지기준)	문의처
경기사회적경제팀	경기	031-230-1528
인천사회적경제팀	인천	032-450-1658
부산경남사회적경제팀	부산, 경남, 울산	051-678-6080
대구경북사회적경제팀	대구, 경북	053-430-4671
호남사회적경제팀	광주, 전남, 전북	062-607-9271
충청사회적경제팀	대전, 충남, 충북, 세종	042-539-5608

- **보증취급기간 :** 2013.09.30 ~ 보증재원 소진시까지
- **협약은행(금리우대) :** 국민은행, 기업은행, 신한은행, 우리은행

(4) 제출서류 목록

- 신용보증에 필요한 서류는 다음과 같으며, 고객의 서류준비 불편을 최소화하기 위해 주요서류는 고객의 영업점 방문 없이 신보직원이 직접 자료를 수집하여 활용하고 있습니다.

신청서류	고객협조필요사항
임대차계약서사본 (사업장, 거주주택) 정관 사본 조합원 명부(출자지분내역 포함) 조합설립신고필증 사본 이사회의사록 사본(본건 차입 결의)	고객이팩스로송부(원본은현장출장시제출및확인)
사업계획서(협동조합원 사업자용)	고객직접작성후팩스송부 (원본은현장출장시제출) 서식바로가기

신보수집자료	고객협조필요사항

신보수집자료	고객협조필요사항
법인등기사항전부증명서 부동산등기사항전부증명서	소유부동산소재지고지 =>신보직접발급
주민등록표등본·초본 사업자등록증명 지방세 납세증명서 4대보험 보험료 납부(완납) 증명	대표자본인이행정정보이용에사전동의
금융거래확인서	사전동의 =>신보직접발급 (전산발급불가금융기관에한하여직접제출)
국세 납세증명서 납부내역증명(최근 3개년) (주민등록번호 기준 발급) 부가가치세과세표준증명(최근 3개년)	세무사사무실(또는신청기업)에서국세청홈택스서비스(www.hometax.go.kr)에신청한후 발급번호를신보에고지또는세무사사무실이직접신보에팩스송부(홈택스서비스미이용시 세무서에서직접발급후제출)* 국세청홈택스서비스이용절차
매입·매출처별 세금계산서합계표 (전년도 및 금년) 재무제표(최근 2개년)	세무회계자료의전자적제출에사전동의 =>신보직접수집 (세무사미거래신고자료직접 팩스송부)

※ 거래세무사담당자와전화번호를반드시신보담당직원에게알려주십시오.

3) 마을기업 두레보증· 자활기업 초록보증

(1) 마을기업 두레보증 프로그램

- **대상기업 :** 행정안전부장관이 지정한 마을기업
- **대상자금 :** 사업을 위한 운전자금 및 사업장 임차자금, 시설자금
- **보증한도 :** 사회적경제기업 보증 운용 프로그램 보증금액 기준 같은 기업당 1억원 이내
- **운전자금한도사정 :** "최근 1년간 매출액 또는 향후 1년간 추정매출액의 1/2"에서 기보·재단의
  운전자금보증금액을 차감한 금액
  (30백만원 이하는 한도 사정 생략 가능)
- **보증료 :** 연 0.5%
- **보증비율 :** 100% 전액보증
- **보증기간 :** 5년 이상 장기 운용 원칙(조정 가능), 근보증의 경우 1년 이내 운용
- **취급부점 :** 신용보증기금사회적경제팀 (대표번호 : 1588-6565)

구분	보증관할구역 (주사업장소재지기준)	문의처
서울서부사회적경제팀	서울서부, 제주	02-710-4926

구분	보증관할구역 (주사업장소재지기준)	문의처
서울동부사회적경제팀	서울동부, 강원	02-2141-3304
경기사회적경제팀	경기	031-230-1528
인천사회적경제팀	인천	032-450-1658
부산경남사회적경제팀	부산, 경남, 울산	051-678-6080
대구경북사회적경제팀	대구, 경북	053-430-4671
호남사회적경제팀	광주, 전남, 전북	062-607-9271
충청사회적경제팀	대전, 충남, 충북, 세종	042-539-5608

- **보증취급기간 :** 2017.10.25 ~ 보증재원 소진시까지
- **협약은행(금리우대) :** 국민은행, 기업은행, 신한은행, 우리은행

(2) 제출서류 목록

- 신용보증에 필요한 서류는 다음과 같으며, 고객의 서류준비 불편을 최소화하기 위해 주요서류는 고객의 영업점 방문 없이 신보 직원이 직접 자료 수집하여 활용하고 있습니다.

신청서류	고객협조필요사항
주주명부 임대차계약서사본 (사업장, 거주주택)	고객이팩스로송부(원본은현장출장시제출및확인)
마을기업지정서	고객직접 발급하여팩스로송부 (원본은현장출장시제출)
사업계획서	고객직접 작성후 팩스로송부 (원본은현장출장시제출)

신보수집자료	고객협조필요사항
법인등기사항전부증명서 부동산등기사항전부증명서	소유부동산소재지고지 =>신보직접발급

신보수집자료	고객협조필요사항
주민등록표등본·초본 사업자등록증명 지방세 납세증명서 4대보험 보험료 납부(완납) 증명	대표자본인이행정정보이용에사전동의
금융거래확인서	사전동의 =>신보직접발급 (전산발급불가금융기관에한하여직접제출)
국세 납세증명서 납부내역증명(최근 3개년) (주민등록번호 기준 발급) 부가가치세과세표준증명(최근 3개년)	세무사사무실(또는신청기업)에서국세청홈택스서비스(www.hometax.go.kr)에신청한후 발급번호를신보에고지또는세무사사무실이직접신보에팩스송부(홈택스서비스미이용시 세무서에서직접발급후제출)* <u>국세청홈택스서비스이용절차</u>
매입·매출처별 세금계산서합계표 (전년도 및 금년) 재무제표(최근 2개년)	세무회계자료의전자적제출에사전동의 =>신보직접수집 (세무사미거래신고자료직접 팩스송부)

※ 거래세무사담당자와전화번호를반드시신보담당직원에게알려주십시오.

(3) 자활기업 초록보증 프로그램

- **상기업 :** 국가 또는 지방자치단체 명의의 인정서를 보유한 자활기업
- **대상자금 :** 사업을 위한 운전자금 및 사업장 임차자금, 시설자금
- **보증한도 :** 사회적경제기업 보증 운용 프로그램 보증금액 기준 같은 기업당 1억원 이내
- **운전자금한도사정 :** "최근 1년간 매출액 또는 향후 1년간 추정매출액의 1/2"에서 기보·재단의
  운전자금보증금액을 차감한 금액
  (30백만원 이하는 한도 사정 생략 가능)
  ※본건을 포함하여 사회적기업 나눔보증, 협동조합 희망보증, 마을기업 두레보증, 자활기업 초록보증을
  합산한 금액

- **보증료 :** 연 0.5%
- **보증비율 :** 100% 전액보증
- **보증기간 :** 5년 이상 장기 운용 원칙(조정 가능) , 근보증의 경우 1년 이내 운용
- **취급부점 :** 신용보증기금사회적경제팀 (대표번호 : 1588-6565)

구분	보증관할구역 (주사업장소재지기준)	문의처
서울서부사회적경제팀	서울서부, 제주	02-710-4926

구분	보증관할구역 (주사업장소재지기준)	문의처
서울동부사회적경제팀	서울동부, 강원	02-2141-3304
경기사회적경제팀	경기	031-230-1528
인천사회적경제팀	인천	032-450-1658
부산경남사회적경제팀	부산, 경남, 울산	051-678-6080
대구경북사회적경제팀	대구, 경북	053-430-4671
호남사회적경제팀	광주, 전남, 전북	062-607-9271
충청사회적경제팀	대전, 충남, 충북, 세종	042-539-5608

- **보증취급기간 :** 2017.10.25 ~ 보증재원 소진시까지
- **협약은행(금리우대) :** 국민은행, 기업은행, 신한은행, 우리은행

(4) 제출서류 목록

- 신용보증에 필요한 서류는 다음과 같으며, 고객의 서류준비 불편을 최소화하기 위해 주요서류는 고객의 영업점 방문 없이 신보직원이 직접 자료를 수집하여 활용하고 있습니다.

신청서류	고객협조필요사항
주주명부 임대차계약서사본 (사업장, 거주주택)	고객이 팩스로 송부(원본은 현장출장시 제출 및 확인)
자활기업인정서 자활기업신고필증	고객이 직접 발급하여 팩스로 송부 (원본은 현장출장시 제출)
사업계획서	고객직접 작성후 팩스로 송부 (원본은 현장출장시 제출)

신보수집자료	고객협조필요사항

신보수집자료	고객협조필요사항
법인등기사항전부증명서 부동산등기사항전부증명서	소유부동산소재지고지 =>신보직접발급
주민등록표등본·초본 사업자등록증명 지방세 납세증명서 4대보험 보험료 납부(완납) 증명	대표자본인이행정정보이용에사전동의
금융거래확인서	사전동의 =>신보직접발급 (전산발급불가금융기관에한하여직접제출)
국세 납세증명서 납부내역증명(최근 3개년) (주민등록번호 기준 발급) 부가가치세과세표준증명(최근 3개년)	세무사사무실(또는신청기업)에서국세청홈택스서비스(www.hometax.go.kr)에신청한후 발급번호를신보에고지또는세무사사무실이직접신보에팩스송부(홈택스서비스미이용시 세무서에서직접발급후제출)* 국세청홈택스서비스이용절차
매입·매출처별 세금계산서합계표 (전년도 및 금년) 재무제표(최근 2개년)	세무회계자료의전자적제출에사전동의 =>신보직접수집 (세무사미거래신고자료직접 팩스송부)

※ 거래세무사담당자와전화번호를반드시신보담당직원에게알려주십시오.

11. 고용창출기업 보증

1) 고용창출기업 보증

(1) 상품개요

- 고용창출기업의 성장단계(신규창출단계→양적성장단계→질적성장단계)별로 구분하여 지원하는 맞춤형 보증지원상품

고용창출기업 보증 구성체계

구분	고용창출 우수기업보증	고용창출 특례보증	청년고용기업 특례보증	가젤형기업 우대보증	고용의질 우수기업보증
대상기업	고용창출효과가 우수한기업	고용창출효과가 우수한기업	청년에대한 고용창출효과가 우수한기업	3년*연속고용또는 매출이 20%이상 증가한기업	우수한일자리를 안정적으로 유지하는기업

구분	고용창출 우수기업보증	고용창출 특례보증	청년고용기업 특례보증	가젤형기업 우대보증	고용의질 우수기업보증
보증료	0.1%~0.3%p 차감	0.7% 고정보증료율	0.7% 고정보증요율	0.3%~0.4%p 차감	0.4%~0.5%p 차감

* 창업형예비가젤기업은 2년연속고용또는매출이 20%이상증가한기업

(2) 상품종류

- **고용창출우대보증**
  - 고용창출 우수기업 평가표에 의한 평가 결과 종합평점이 60점 이상인 중소기업으로 상시근로자 수가 직전년도 대비 10%이상 증가한 기업
- **고용창출특례보증**
  - 다음의 중소기업*으로서 보증신청 접수일로부터 최근 6개월 이내 또는 향후 6개월 이내 신규 고용창출(예정)기업에 신규 고용 인력의 인건비를 직접 지원(1인당 3천만원, 전문인력·장애인 5천만원)
  - o 혁신형 중소기업
  - o 가젤형 기업
  - o 고용의 질 우수기업
  - o 신보 잡클라우드를 통한 보증신청기업
  - o 워크넷을 활용한 보증신청기업(고용노동부 운용)
  - o 유망서비스 부문 기업
  - o 특화서비스 부문 기업
  - o BEST 서비스기업

- **청년고용기업특례보증**
  - 다음의 중소기업**으로서 보증신청 접수일로부터 최근 6개월 이내 또는 향후 6개월 이내 신규 고용창출(예정)기업에 신규 고용 인력의 인건비를 직접 지원(1인당 5천만원)
  - o 혁신형 중소기업
  - o 가젤형 기업
  - o 고용의 질 우수기업
  - o 제조업 영위기업
  - o 신성장동력산업 영위기업
  - o 특화서비스부문
  - o 유망서비스업 부문 영위기업
  - o 유망창업기업
  - o 신보 잡클라우드를 통한 보증신청기업
  - o 워크넷을 통한 보증신청기업

2) 가젤형기업 우대보증

(1) 상품개요

고성장 기업의 지속 육성을 위한 성장단계별 맞춤형 보증지원 상품

(2) 상품종류

- 고용창출형 창업형 예비 가젤기업 우대보증
- 고용창출형 가젤기업 우대보증
- 성장촉진형 창업형 예비 가젤형기업 우대보증
- 성장촉진형 가젤형기업 우대보증

(3) 대상요건

구분	창업형예비가젤기업	가젤기업
업력	당기결산일 기준 2년초과(창업후 5년이내)	당기결산일 기준 3년초과(창업후 5년이내)
당기매출액	40억원 이상	50억원 이상
선정요건	최근 2개년 연속 - (고용창출형) 고용 20% 증가 - (성장촉진형) 매출 20% 증가	최근 3개년 연속 - (고용창출형) 고용 20% 증가 - (성장촉진형) 매출 20% 증가
유효기간	선정후 1년	선정후 3년
지원내용	보증료 0.3%p 차감	보증료 0.4%p 차감

3) 고용의질 우수기업 보증

(1) 상품개요

우수한 일자리를 안정적으로 유지하는 중소기업에 대한 보증지원 상품

(2) 대상요건 (다음 요건을 모두 충족)

구분	고용의질우수기업*
선정요건	비상장 중소기업 또는 코넥스 상장기업 설립 후 공모 마감일 기준 3년 초과

구분	고용의질우수기업*
	당기 매출액 100 억원 이상 (다만, 도소매업은 150 억원 이상, 서비스업은 70 억원 이상) 공모 마감일 현재 상시근로자수가 30 명 이상인 기업 (다만, 직전년도 대비 상시근로자 수가 10% 이상 감소한 기업 제외) 외감 대상기업은 최근 결산년도 감사의견이 '적정'일 것 당기 순이익을 시현한 기업 업종별 부비율 상한선 이내인 기업 당기말 자본총계가 납입자본금보다 큰 기업 (다만, 개인기업은 자기자본 전액잠식이 아닌 기업) 신보의 기업가치평가등급이 "FV-4" 이상인 기업

* 최고일자리기업은공모마감일현재좋은일자리기업을대상으로함

(3) 선정절차

신보 홈페이지 등을 통해 공모 신청·접수된 기업 중 좋은일자리기업 심의위원회를 거쳐
"좋은일자리기업"으로 선정하고, 최고일자리기업 심의위원회 심의를 거쳐 "최고일자리기업"을 최종 선정

대상기업발굴	• 공모및추천

심사·평가·선정	• 서류접수·심사 • 현장평가 • 최종심사(심의위원회)

(4) 우대사항

구분	좋은일자리기업	최고일자리기업
보증료율	0.4%p 차감	0.5%p 차감
보증비율	90%	90%
비금융지원	- 전문경영컨설팅및 Job-Matching 서비스제공 - 유동화회사보증취급시편입·금리우대	

12. 지식재산보증

1) 상품개요

우수 지식재산 창출기업에 대한 연구개발(R&D), 기술거래, 사업화 및 활용촉진에 필요한 소요 자금을 지원하는 보증

지식재산보증 개요

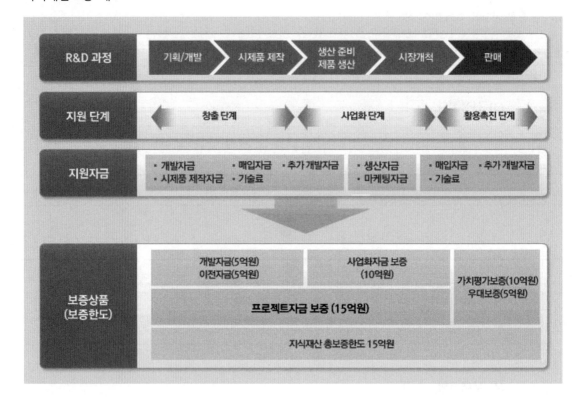

2) 상품종류

- 개발자금 보증 : 연구개발비, 기자재 구입비 또는 시제품 제작비 등 개발단계에서 소요되는 자금에 대한 보증
- 이전자금 보증 : 지식재산 보유자로부터 지식재산을 이전 받거나, 이전 받은 지식재산의 기술 완성을 위한 추가 연구개발에 소요되는 자금에 대한 보증
- 사업화자금 보증 : 원부자재 구입비, 생산비, 마케팅 비용 등 사업화단계에서 소요되는 자금에 대한 보증
- 프로젝트자금 보증 : 개발단계부터 사업화단계까지 소요되는 자금을 일괄 지원하는 보증
- 가치평가 보증 : 당해 지식재산을 활용하여 제품 및 서비스의 생산, 마케팅 등에 소요되는 자금을 지원하는 보증

- 우대 보증 : 지식재산을 활용하여 사업을 영위하거나 그 밖에 사업 확장 또는 지식재산 재창출 등을 위해 소요되는 자금을 지원하는 보증

3) 대상자금

개발및사업화에소요되는운전자금및시설자금

개발자금보증	이전자금보증	사업화자금보증	프로젝트자금보증	가치평가보증	우대보증
연구개발비[주) 시험생산시설 건설비 등	지식재산 이전비 연구개발비등	생산비용, 마케팅비용 생산시설 건설비 등	개발자금 보증 + 사업화자금 보증	생산비용, 마케팅비용	사업확장, 지식재산재창출

주) 인건비, 연구기자재비, 재료비, 위탁연구개발비, 시제품제작비등

4) 대상기업

대상자금	대상기업
개발자금보증	지식재산을개발하고자하는기업
이전자금보증	지식재산을이전하고자하는기업
사업화자금보증	지식재산을사업화하고자하는기업
가치평가보증	지식재산을보유하고있고이를사업에활용하고있는기업
우대보증	

5) 대상과제

단계소요자금 지원	거래단계소요자금 지원	사업화단계 소요자금지원	개발부터사업화단계까지 全과정 소요자금지원	활용촉진단계자금 지원
발자금보증	이전자금보증	사업화자금보증	프로젝트자금보증	가치평가보증우대보증
체 R&D 부 R&D	특허, 실용신안권, 디자인권등이전과제	①자체 R&D 성공과제 ②정부 R&D 성공과제 ③산업재산권등사업화과제[주)	개발자금보증대상과제 + 사업화자금보증대상과제 (R&D 과제개발성공시지원)	①가치평가보증 : 기술평가기관으로부터가치평가를받은 IP ②우대보증 : 기술력평가점수 70 점또는 SMART3 B 등급이상

- 주)산업재산권(특허권, 실용신안권, 디자인권, 상표권), 저작권, 신지식재산권(컴퓨터 프로그램 및 소프트웨어, 반도체 회로배치 설계 등)
- 정부 및 정부 공인기관으로부터 인증받은 기술(NET, 전력신기술 등), 기술평가기관(발명진흥회, 중진공 등)으로부터 기술평가인증을 받은 기술
- 국내 대학, 공공연구기관, 기술거래기관으로부터 이전받은 기술

6) 보증한도

구분		개발자금보증	사업화자금 보증	프로젝트자금 보증	이전자금보증	가치평가보증	우대보증
보증한도		5 억원	10 억원	15 억원	5 억원	10 억원	5 억원
한도사정	운전	소요자금이내	**아래금액중적은금액** 사업화과제 생산준비자금과 최초 매출시현 예상일로부터 향후 6 개월간 소요자금 합산금액 최초 매출시현 예상일로부터 향후 1 년간 추정매출액의 1/2	개발자금보증 + 사업화자금보증	**<매입자금>** 2 억이하:매매대금 (로열티) 2 억초과:min(매매대금, IP 가치평가금액) **<추가개발자금>** 소요자금	**아래금액중적은금액** 당해 지식재산의 가치평가금액(최대 10 억원)을 기준으로 지식자산평가 등급별로 차등 적용하여 산출한 금액 보증신청 접수일 익월부터 향후 1 년간 추정매출액의 1/2	**아래금액중적** 지식재산 보유 × 지식재산 보증한도 × 지식자산평가 등급별 차등률 보증신청 접수 익월부터 향후 1 년간 추정매출액의
	시설	소요자금이내	(좌동)		해당없음	해당없음	해당없음

7) 우대사항

- 보증료 : 0.2%p 차감운용
- 보증비율 : 기준 보증비율에서 5%~10% 우대 (90%~100%)
- 보증한도 : 운전자금보증한도 계산시 운전자금 보증금액에서 지식재산창출보증 금액을 제외

13. M&A 보증

1) 상품개요

기업이성장과경쟁력향상을위하여다음과같이합병,
주식인수및영업양수를진행하는과정에서소요되는자금에대한보증

- 합병 : 대상기업이 청산절차를 거치지 않고 소멸하면서 권리,의무가 포괄적으로 주도기업에 이전되는 행위
- 주식인수 : 주도기업이 대상기업의 주식을 舊株취득, 新株인수 등의 방법으로 인수하여 경영권을 획득하는 행위
- 영업양수 : 영업의 전부 또는 독립된 사업부문을 영업의 동질성을 유지하면서 관련 자산,부채 일체를 포괄적으로 이전받는 것

M&A보증 구조

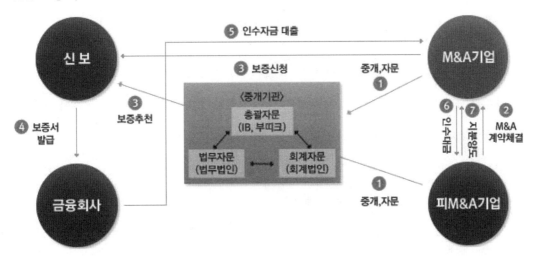

2) 보증대상기업

• M&A 기업 및 피 M&A 기업은 다음과 같이 중소·중견기업에 해당하는 상법상 회사(주식회사, 유한회사 등) 및 개인기업으로 한정

o 합병 : 상법상 회사간 합병만 인정하고, 피 M&A 기업이 채무초과기업 * 인 경우는 제외

o 주식인수 : 피 M&A 기업이 주식회사인 경우에만 가능

o 영업양수 : 피 M&A 기업이 채무초과기업인 경우는 제외

　　* 기업의총부채가총자산을초과하여기업의순자산이부의상태인기업

• M&A 기업 및 피 M&A 기업이 관계기업이거나 신보에서 따로 정하고 있는 보증금지기업 또는 보증제한기업에 해당할 경우 보증대상기업에서 제외

(보증금지대상)

1. 신보가 보증채무를 이행한 후 구상채권을 변제받지 못한 기업으로서 부당하게 채무를 면탈하여 신보의 건전성을 훼손한 기업
2. 위 "1" 기업이 법인기업인 경우 그 기업의 과점주주인 이사등 또는 업무집행사원인 무한책임사원이 대표자 또는 실제경영자로 되어 있는 기업
3. 위 "1" 기업이 개인기업인 경우 그 개인이 대표자 또는 실제경영자로 되어 있는 기업
4. 위 "1" 기업의 실제경영자가 대표자 또는 실제경영자로 되어 있는 기업

(보증제한대상)

1. 휴업중인 기업
2. 금융기관의 대출금을 빈번히 연체하고 있는 기업

3. 금융기관의 금융거래확인서 기준일 현재 연체중인 기업
4. 신용관리정보를 보유하고 있는 기업(대표자 및 실제경영자 포함)
5. 보증금지대상 제 1 호에 해당하는 기업의 연대보증인인 기업 및 제 2 호~4 호의 어느 하나에 해당하는 사람 이외의 연대보증인이 대표자 또는 실제경영자인 기업
6. 다음 각목에 해당하는 기업
   가. 신보가 보증채무를 이행한 후 구상채권의 변제를 받지 못한 기업 중 최종 보증채무일로부터 3 년 경과한 기업
   나. 기술보증기금, 신용보증재단, 산업기반신용보증기금이 보증채무를 이행한 후 채권을 회수하지 못한 기업
   다. 신보의 매출채권보험계정에서 보험금을 지급한 후 대위채권을 회수하지 못한 기업
7. 다음 각목의 어느 하나에 해당하는 사람이 대표자 또는 실제경영자로 되어 있는 기업
   가. 위 제 7 호의 기업이 법인기업인 경우 그 기업의 이사 또는 무한책임사원 중 신보법 시행령 제 25 조 각호에 해당 하는 자
   나. 위 제 7 호의 기업이 개인기업인 경우 그 개인
   다. 위 제 7 호의 기업의 실제경영자
8. 위 제 7 호 가목, 나목에 해당하는 기업의 연대보증인인 기업 및 제 8 호 각 목에 해당하는 사람 이외의 연대보증인이 대표자 또는 실제경영자인 기업
9. 허위자료 제출기업
10. 신보, 기보, 보증재단 및 산업기반신용보증기금의 보증부실(사고)기업

3) 보증대상채무

- M&A 기업이 금융회사로부터 M&A 소요자금(피 M&A 기업에게 현금으로 지급하는 M&A 대금과 중개기관 등에 지급하는 수수료를 포함)을 차입하는데 따른 대출금
- 다음의 요건을 모두 갖춘 M&A 에 소요되는 자금에 한정
- ㅇ 피 M&A 기업과 계약을 통하여 진행되는 국내기업간 M&A
- ㅇ 경영권 획득이 수반되는 합병, 주식인수 및 영업양수
- ㅇ 피 M&A 기업의 기술, 자산 등을 활용하여 최소한 1 년 이상 영업할 것이 예정되어 있는 M&A

4) 보증한도 및 우대사항

구분	주요내용
보증한도	· 같은기업에대한보증한도이내에서다음중적은금액으로운용 ① M&A 소요자금의 50~80%(M&A 기업의 미래성장기업군별로 차등 적용) ② M&A 기업 자기자본의 3 배 ③ 인수예정인 피 M&A 기업 지분에 대한 평가금액
우대사항	· M&A 보증금액은장기,고액보증의기준이되는금융성운전자금에서제외

5) 기타

- M&A 기업 준수사항

- o M&A 완료 후 피 M&A 기업의 기술, 자산 등은 최소 1년간 매각 금지

- o 1년 경과 후 M&A 보증의 정상적 해지 전에 대상기업 등을 매각할 필요가 있는 경우 사전에 신보의 서면동의 필요

- 보증신청

- o M&A 계약(M&A 계약 체결을 위한 양해각서 포함)을 체결하고 M&A 계약서상 잔금일로부터 1개월 이전에 신청

- 보증의향서 및 보증확약서

- o 신보에서 정한 요건에 해당할 경우 보증의향서(LOI, Letter Of Intent) 및 보증확약서(LOC, Letter Of Commitment)
발급 가능

14. 투자옵션부보증

1) 상품개요

미래 성장성이 높은 창업초기 기업에 대하여 투자전환이 가능한 옵션권이 부여된 보증을 Seed Money로 지원한 후, 기업의 경영성과 등에 따라 투자 전환을 결정하는 투·융자 복합금융상품

투자옵션부보증 구조

2) 보증대상기업

설립 후 5년 이내인 비상장 중소기업으로 미래 신성장 산업을 영위중인 주식회사
- 신용보증규정에 따른 보증금지, 제한기업 및 기술보증기금으로부터 투자옵션부보증을 지원받은 기업은

제외

3) 보증지원내용

보증한도	같은 기업당 최대 10억원 (신용보증규정에서 정하는 일반보증한도와 최고보증한도 이내)
보증기한	5년으로 운용
보증비율	100% 전액 보증
보증료율	0.5% 고정 보증료율 적용
투자옵션	행사기간 내 보증부대출 상환자금의 전부 또는 일부를 신보가 납입하고 기업이 발행하는 신주(상환전환우선주)를 정해진 행사가격으로 인수하는 권한 부여
계약조건	(행사기간) 보증취급 후 1년 경과시점부터 4년간 (행사가격) 기업가치 및 할증배수를 감안하여 결정

4) 취급절차

구분		보증 신청·상담		보증 조사·심사·승인		보증 발급		사후관리		투자전환 심사
취급조직	>	영업점또는 창업성장지점	>	창업성장지점	>	영업점또는 창업성장지점	>	영업점또는 창업성장지점	>	투자금융센터 및창업성장지점

15. SMART 융합보증

1) SMART융합보증

(1) 상품개요

전통산업, 중소기업 등 ICT(정보통신기술)활용도가 낮은 분야에 ICT와 과학기술을 접목하여 새로운 부가가치 창출을 지원하는 보증상품

(2) 대상기업

ICT, 과학기술 기반의 H/W, S/W 등을 도입하거나, 융합제품(품목)을 생산하는 기업

(3) 대상채무

(융합설비투자자금) ICT 또는 과학기술이 접목된 아래의 어느 하나에 해당하는 H/W, S/W 및 이와 관련한 부대설비 등(이하 "융합설비"라 함)을 도입하는데 소요되는 운전 및 시설자금(사업장 신축 또는 매입 자금은 대상 채무에서 제외)
- 경영정보화, 생산인프라, 물류, 교통, 에너지, 보안, 의료 관련 설비

(4) 우대사항

- 보증료 0.2%p 차감
  - 그 밖에 다음*의 요건을 모두 충족하는 자동화·정보화 등 관련 융합설비
- ○ ICT 또는 과학기술에 기반한 설비
- ○ 생산성·서비스 향상, 품질혁신, 생산공정 개선 등 업무효율을 도모할 수 있는 설비
- ○ 네트워크, 모바일기기 또는 스마트기기와 연동되어 작동하는 설비
- ○ 공정관리, 판매관리 등 영업상황에 대한 모니터링 기능을 갖춘 설비
- **(융합제품생산자금)** 아래의 어느 하나에 해당하는 융합제품(품목)을 생산하거나 마케팅하는데 소요되는 운전 및 시설자금(사업장 신축 또는 매입 자금은 대상 채무에서 제외)

- ○ 정부, 지자체 및 「기술의 이전 및 사업화 촉진에 관한 법률」상 공공연구기관*에서 보증신청 접수일로부터 2년 이내에 성공 판정을 받은 융합 R&D 기술**을 적용하여 생산하는 제품(융합 R&D 성공 판정을 받아 보증신청 접수일 현재 해당 제품을 생산하고 있는 기업에 한함)
  - 국공립 연구기관
  - 「과학기술분야 정부출연연구기관 등의 설립·운영 및 육성에 관한 법률」 제8조제1항에 따라 설립된 정부출연 연구기관
  - 「특정연구기관 육성법」 제2조를 적용받는 특정연구기관
  - 「고등교육법」 제2조에 따른 학교(대학, 전문대학, 기술대학 등)
  - 그 밖에 「민법」 또는 다른 법률에 따라 설립된 연구개발과 관련된 법인·단체로서 기술의 이전 및 사업화를 촉진하기 위하여 대통령령으로 정한 기관

    ** 보증신청 기업이 단독으로 보유하고 있는 기술에 한함(다만, 산학연 공동기술개발사업에 참여하여 개발한 공동보유 기술은 보증 대상으로 운용)

- ○ 정부 및 유관기관*의 융합판별 평가에서 적정 판정을 받은 기술을 적용하여 생산하는 제품(적정 판정을 받아 보증신청 접수일 현재 해당 제품을 생산하고 있는 기업에 한함)
  - * 국가산업융합지원센터, 중소기업융합중앙회, 중소기업기술정보진흥원

- ○ 「산업융합촉진법」 제11조에 의거 적합성 인증을 받은 산업융합 신제품(보증신청 접수일 현재 해당 제품을 생산하고 있는 기업에 한함)

- ○ 「산업융합촉진법」 제22조에 의거 산업융합 선도기업으로 선정된 기업이 생산하는 산업융합 제품(산업융합 선도기업으로 선정되어 보증신청 접수일 현재 해당 제품을 생산하고 있는 기업에 한함)

- ○ 정부 선정 "융합산업 품목"(보증신청 접수일 현재 해당 품목을 생산하고 있는 기업에 한함)

- ○ 정부 선정 "융합산업 품목"(보증신청 접수일 현재 해당 품목을 생산하고 있는 기업에 한함)

- ○ 정부 선정 "중소기업 유망 핵심 기술"을 적용하여 생산하는 제품 (보증신청 접수일 현재 해당 제품을 생산하고 있는 기업에 한함)

2) SMART공장 협약보증

(1) 상품개요

전통산업, 중소기업 등 ICT(정보통신기술)활용도가 낮은 분야에 ICT와 과학기술을 접목하여 새로운 부가가치 창출을 지원하는 보증상품

(2) 대상기업

스마트공장 추진단으로부터 SMART공장 사업 참여기업 또는 SMART공장 구축기업으로 확인받은 기업

(3) 대상채무

- **(융합설비투자자금)** ICT 또는 과학기술이 접목된 H/W, S/W 및 이와 관련한 부대설비 등을 도입하는데 소요되는 운전 및 시설자금(사업장 신축 또는 매입 자금은 대상 채무에서 제외)
- **(융합제품생산자금)** 융합제품(품목)을 생산하거나 마케팅에 소요되는 운전 및 시설자금

(4) 우대사항

- 보증비율 90% 적용
- 보증료차감(0.2%p) & 3년간 보증료지원(0.2%p)

3) 에너지지장장치 (ESS) 사업 금융지원 협약보증

(1) 상품개요

전통산업, 중소기업 등 ICT(정보통신기술)활용도가 낮은 분야에 ICT와 과학기술을 접목하여 새로운 부가가치 창출을 지원하는 보증상품

(2) 대상기업

한국에너지공단으로부터 "에너지저장장치(ESS) 사업 추진 확인서"를 받은 에너지저장장치(ESS) 생산기업 또는 에너지저장장치(ESS)를 도입하고자 하는 기업

(3) 대상채무

- **(융합설비투자자금)** 에너지저장장치(ESS)의 도입에 필요한 운전자금 및 시설자금
- **(융합제품생산자금)** 에너지저장장치(ESS)의 생산에 소요되는 운전자금 및 시설자금

(4) 우대사항

- 보증비율 90% 적용
- 보증료차감(0.2%p) & 3년간 보증료지원(0.2%p)
-

Ⅴ.협약에의한 특별보증

1. 금융기관 특별출연

1) 추진배경

특별출연금을 바탕으로 미래성장동력 창출 중소기업에 대한 금융지원을 확대

2) 업무협약주요내용

특별출연금을 재원으로 출연 금융기관에 대하여 적정 운용배수 내 신용보증 공급

3) 특별출연 협약보증 주요내용

- **대상기업** : 출연 금융기관이 추천한 중소기업
- **대상자금** : 각종 운전자금 및 시설자금
- **운용기한** : 출연금 대비 협약보증 한도 공급시 또는 대위변제로 인해 출연금이 소진될 때 까지

4) 우대사항

신용보증기금	금융기관
보증비율 100% 적용	대출금리우대
보증료 0.2% 차감적용	대출절차간소화

2. 대기업 특별출연

1) 동반성장 협약보증

(1) 추진배경

대·중소기업간 상생협력 네트워크 구축과 동반성장 지원

(2) 업무협약 기본구조

대기업이 신보에 특별 출연하며, "금융성 보증"과, "비금융성 보증" 두가지 프로그램으로 운영

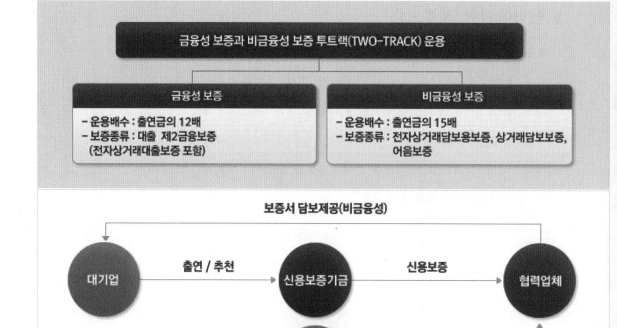

(3) 대상기업 및 대상채무

- 대기업이 추천하는 협력 중소기업
- 운전자금 (유동성지원 특별보증 제외)

(4) 우대사항

- 금융성 보증 : 보증비율 90%, 보증료 0.3% 차감
- 비금융성 보증 : 보증료 0.3% 차감

(5) 보증운용기한

- 출연기업별 보증총량한도 소진 또는 대위변제로 특별출연금 소진 시까지

VI.유동화회사보증

1) 제도개요

- 중소기업 및 중견기업이 회사채 발행 등을 통해 직접금융시장에서 자금을 조달할 수 있도록
  신용보증기금에서 지원하는 보증제도
  – 개별기업이 발행하는 회사채 등을 유동화회사(SPC)가 매입하여 유동화자산(기초자산)을 구성한 후,
  이를 기초로 유동화증권 발행
  – 유동화증권은 선순위증권과 후순위증권으로 분리하여 발행
- ○ **선순위증권** * 신보가 보증하여 기관투자자에게 매각
- ○ **후순위증권** * 신보의 보증 없이 개별기업이 매입
- 유동화증권 발행일에 기업은 회사채 발행대금을 수취하며, 이후 매 3개월 단위로 이자를 납부하고,
  3년 뒤 원금을 상환
  (만기 후 차환 가능)
  – 기업은 장기(3년)고액(5억원 이상)의 안정적인(고정금리)자금 조달 가능

유동화회사보증의 구조

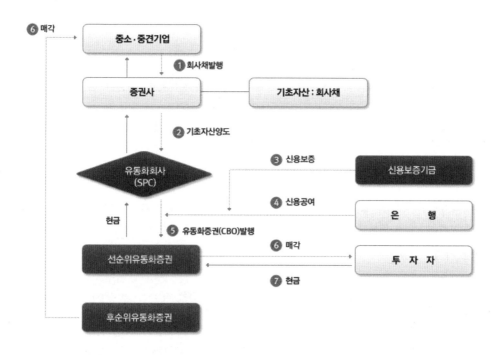

일반보증과 유동화회사보증의 차이점

구분	일반보증(대출보증)	유동화회사보증(회사채)

구분	일반보증(대출보증)	유동화회사보증(회사채)
지원금액	최고 70억원이내	최고 250억원이내
자금출처	금융회사(은행)에서대출	직접금융시장에서자금조달 (은행이매개되지않음)
보증료	신용등급별年 0.5%~2.5%	없음 (다만, 회사채발행금액의연율1% 수준의후순위증권매입)
금리	변동금리	고정금리
자금성격	- 단기자금(1년이내) - 만기후연장가능	- 장기자금 (3년이내) - 만기후차환가능

2) 편입대상

편입대상 기업

중소기업	CPA 감사보고서보유 : 신보의보증심사등급 K10 이상
	CPA 감사보고서미보유 : 신보의보증심사등급 K9 이상
중견기업	신용평가회사의회사채등급 BB- 이상

- (주) 중견기업 : 「중소기업기본법」상 중소기업 범위를 초과하고, 「독점규제 및 공정거래에 관한 법률」 제 14 조제 1 항에 따른 상호출자제한기업집단에 속하지 않는 기업

편입 제한 기업

채무불이행기업및 신용상태취약기업	보증금지기업, 보증제한기업, 회생·구조조정절차 진행 기업
	업종별 부채비율 상한선 초과기업
	당기 결산서에 대한 CPA 감사의견이 "부적정" 또는 "의견거절"인 기업
	회사채등급 BB+(신보의 보증심사등급 K7) 이하로 EBITDA 이자보상배율이 최근 2 개년 계속하여 "1" 미만인 기업
	신보의 기업가치평가시스템에 의한 기업가치가 "0"이하인 기업 또는 기업가치평가 등급이 "FV-10"인 기업
재무구조개선	회생절차, 구조조정절차 졸업 후 2 년 미경과 기업

대상기업	•	기업구조조정업을 영위하는 기업이 최대주주인 기업
지원타당성이 낮은업종및기업	•	금융업 영위 기업

3) 편입한도

신용등급별 편입한도

중견기업	회사채등급	BBB이상	BBB-	BB+	BB	BB-	B+
	편입한도	250	220	170	120	70	50
중소기업	보증심사등급	K5이상	K6	K7	K8	K9	K10
	편입한도	150	120	70	50	40	30

- (주 1) 신보, 기보 및 보증재단의 일반보증+투자금액+유동화회사보증 기초자산 편입금액(이번 신청건 포함)을 합산한 금액 기준
- (주 2) CPA 감사보고서가 없는 기업은 최고 50억원을 초과할 수 없음

매출액 한도

업종	미래성장기업군	회사채등급	매출액한도
1. 제조업영위기업 2. 유망서비스부문기업 3. 특화서비스부문기업	I·II	BB+등급이상	- 추정매출액의 1/3 - 최근 1년간매출액의 1/3, 또는최근 4개월매출액 - 당기매출액의 1/3
	III·IV	BB등급이하	- 추정매출액의 1/4 - 최근 1년간매출액의 1/4, 또는최근 3개월매출액 - 당기매출액의 1/4
그밖의업종영위기업	I·II	BB+등급이상	- 추정매출액의 1/4 - 최근 1년간매출액의 1/4, 또는최근 3개월매출액 - 당기매출액의 1/4
	III·IV	BB등급이하	- 추정매출액의 1/6 - 최근 1년간매출액의 1/6, 또는최근 2개월매출액 - 당기매출액의 1/6

자기자본 및 차입금한도

자기자본한도	회사채등급이 BB 이하인기업(미래성장기업군 III·IV군)의경우자기자본의 3배이내
차입금한도	이번편입금액을포함한총차입금이당기매출액또는최근 1년간매출액범위이내

- (주) 매출액 및 자기자본한도는 신보, 기보 및 보증재단의 운전자금보증금액(이행보증은 이행지급보증만 포함), 투자금액, 유동화회사보증 기초자산 편입금액(이번 신청건 포함)을 합산한 금액 기준

4) 발행금리

- 중소기업 : 신용등급별로 3.02% (K1 등급) ~ 4.92% (K10 등급) 수준
- 중견기업 : 신용등급별로 3.12% (A 등급) ~ 4.82% (BB- 등급) 수준

  - 상기금리수준은
2018.08.31.일자한국금융투자협회에서공시한시가평가수익률기준으로발행시점의수익률에따라변동될수있음

  - 후순위채연율 1~1.5% 범위내에서별도인수 (중소기업은연 0.9~1.2%)

5) 연대보증인

실제경영자 1인 연대 입보 원칙
(다만, 법인기업의 실제경영자로서 대표자에 해당하는 자가 여러명인 경우 실제경영자에 해당하는 대표자 전원 입보)
단, 회사채등급 BB+등급 이상인 상장 중견기업 또는 회사채등급 BBB-등급 이상인 중견기업은 연대입보 생략 가능

6) 신청절차

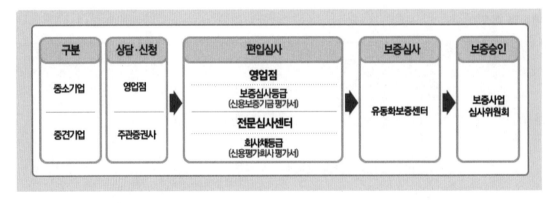

VII.경영혁신형중소기업(MAINBIZ)

1) 개요 및 대상기업

경영혁신이란?

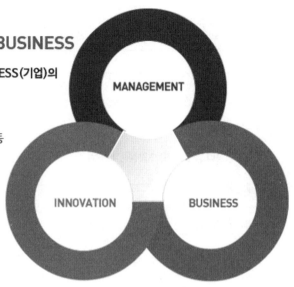

MANAGEMENT + INNOVATION + BUSINESS

MANAGEMENT(경영), INNOVATION(혁신), BUSINESS(기업)의
합성어로 중소기업청으로부터 경영혁신형 중소기업으로
인증 받은 기업을 지칭합니다.

제품 및 공정 중심의 기술혁신과 달리 마케팅 및 조직혁신 등
비기술 분야의 경영혁신형 중소기업을 육성하기 위해
중소기업기술혁신 촉진법 제 15조 3항에 의거하여
도입된 제도입니다.

바로가기 ▶ http://www.mainbiz.go.kr

◉ 목적

- 경영혁신 활동을 통해 새로운 성장 동력을 갖춘 중소기업을 발굴하여 우수기업으로 육성
- 경영혁신형 중소기업에 대한 기술, 자금, 판로 등을 연계지원 함으로써 전통제조업 및 서비스산업의 경영혁신 촉진 지원

평가대상기업

> 대상은 중소기업기본법 제2조 규정에 의한 중소기업 중 **업력이 3년 이상인 기업**으로 한다.
> 다만 게임, 도박, 사행성, 불건전 소비업종에 해당하는 다음 각호의 어느 하나에 해당되는 기업은 제외한다.

업종	한국표준산업분류
불건전 영상게임기 제조업	C33402 중
도박게임장비 등 불건전, 오락용품 제조업	C33409 중
담배중개업	G46102 중
주류, 담배도매업	G46331, G46333
숙박업 및 주점업 (단, 관광진흥법에 의한 관광숙박업은 지원가능)	I55 ~ 56
불건전 게임소프트웨어 개발 및 공급업	J5821 중

위의 규정에도 불구하고 다음 각 호에 해당하는 중소기업은 메인비즈 인증을 신청할 수 없다.

- ✓ 1. 연체, 국세체납 등으로 인하여 신용관리정보대상자로 규제를 받고 있는 기업
- ✓ 2. 어음교환소로부터 거래정지처분을 받은 기업
- ✓ 3. 파산, 회생절차개시, 개인회생절차 개시 신청이 있거나 청산에 들어간 기업
- ✓ 4. 부채비율이 1,000%이상인 경우
- ✓ 5. 기업이 완전자본잠식 상태에 있는 경우 (단, 법정관리, 화의 기업의 경우 법원의 화의 및 회사정리인가결정을 받은 후 법원에 제출한 화의계획안 또는 정리계획안의 채무변제계획을 정상적으로 이행하고 있는 업체는 예외)

2) 선정절차

(1) 확인신청

- 신청대상 : 중소기업 기본법상의 중소기업으로서 신청일 현재 설립후 업력이 3년 이상인 기업으로 정상가동 중인 기업
- 신청방법 : 확인을 받고자 하는 중소기업이 온라인을 통해 기업정보, 상업정보, 재무정보 등 기본사항을 입력하고 신청

(2) 온라인자가진단

신청 중소기업이 직접 '경영혁신형 중소기업 평가지표'에 따라 온라인 자가진단을 실시
 * 자가진단 결과 600점 이상(1,000점 만점)인 중소기업을 현장평가대상으로 선정

(3) 경영혁신형 중소기업 확인

신보의 평가직원이 신청기업의 현장을 방문하여 '경영혁신형 중소기업 평가지표'에 따라 평가실시

(4) 중소기업경영혁신능력 평가

평가점수	1,000 ~ 700	700 미만

확인여부	경영혁신중소기업	탈락

- 평가결과 700 점 이상인 기업을 경영혁신 중소기업으로 선정하여 메인비즈 확인서 발급

(5) 유효기간 연장 안내

- 경영혁신형 중소기업의 선정 유효기간은 3 년으로, 유효기간 만료 90 일전부터 만료후 30 일 전까지 재선정 절차를 통해 기간연장

기업등록신청,
자가진단작성등에관한문의사항은저희코딧신용보증기금영업점에문의하시거나중소기업청의경영혁신형중소기업 확인사이트에서직접처리하시면됩니다.

3) 지원제도

(1) 금융지원

- 보증료율 및 신용보험료율 우대 등 보증지원 우대
- 경영혁신형 중소기업 금리우대 지원
- 중소기업진흥공단 정책자금 (예 : 개발기술 사업화자금) 우대

(2) 중소기업청 지원사책 우대

- 중소기업 기술개발사업 평가시 가점부여
- 판로 및 수출지원

(3) 타부처 주요 지원사업 참여시 우대

경영혁신과 관련 있는 타부처 지원사업의 경영혁신형 중소기업의 우대

(4) 혁신형중소기업 방송광고 지원

- 방송광고요금 할인
- 조달청 물품구매적격심사 우대

Ⅷ.재기지원제도

1. 재기지원보증

1) 상품개요

실패한 기업주(신보 단독채무자)의 기술 및 경험이 사장되지 않도록 재기를 지원하기 위해 정책적으로 마련 된 지원제도입니다.

2) 대상기업

- 실패한 기업 : 신보가 보증채무를 이행한 후 구상채권의 변제를 받지 못한 기업
- 재도전 기업주가 대표자, 무한책임사원, 실제경영자인 기업
  * 재도전기업주란실패한기업의구상채무에대하여변제책임이있는구상채권의주채무자, 연대보증인등을말함

3) 대상채무

- (회생지원) 구상채무를 정상대출로 전환하기 위한 신규채무
- (신규지원) 구상채무를 정상대출로 전환하기 위한 신규채무 + 추가 신규자금(운전자금 및 시설자금)

4) 우대사항

보증한도 우대, 보증비율 우대, 보증료 우대 등

2. 재창업지원보증

1) 상품개요

실패한 기업주(다중채무자)의 기술 및 경험이 사장되지 않도록 신용회복위원회 주관으로 재기를 지원하는 제도입니다.

2) 지원절차

- 세부사항은 신용회복위원회 홈페이지(www.ccrs.or.kr)의 중소기업인 재창업지원 제도 안내 참조

3) 신청방법

신청서류를 지참하여 가까운 신용회복위원회 지부 방분

4) 대상기업

- 실패한 중소기업인*이 사업재기를 위해 사업재기를 위해 대표자(대표이사 포함)로서 재창업하여 운영하는 신설기업**으로, 신용회복위원회에서 재창업자금 지원을 위해 사업성평가를 의뢰한 기업

- 다만, 아래의 어느 하나에 해당되는 기업은 보증대상에서 제외

  - 신용조사서의업종분류가「중소기업진흥에관한법률」에따라중소기업청이공고하는
  '중소기업청소관중소기업정책자금융자계획'의융자제외대상업종에해당

  - 재창업지원신청전에실패한업종이비영리업종, 사치향락업종, 음식업, 숙박업, 소매업, 금융업, 보험업, 부동산업, 공공행정, 국방및사회보장행정, 가구내고용및자가소비생산활동, 국제및외국기관에해당.

  - 재창업일*로부터신용회복위원회재창업자금신청일까지의기간이 5 년초과
  * (개인기업) 사업자등록증상개업일 (법인기업) 법인등기사항전부증명서상설립일

5) 대상채무

운전자금 및 시설자금(임차자금 포함)

6) 보증한도

같은기업당 30 억원 이내(단, 운전자금은 10 억원 이내)
* 신보, 기보, 재단의보증금액합산기준

7) 우대사항

보증한도 우대, 보증비율 우대, 보증료 우대 등

기술보증기금(기술보증)

I. 개요

기술보증기금은 신용보증기금의 한 부서에서 기관으로 독립한 보증기관으로 신용보증기금과의 차이점은 큰틀에서는 업종과 보증한도에서 차이가 있다. 신용보증기금이 모든 중소기업에게 보증을 서주는 기관이라면 기술보증기금은 기관명칭에서 느껴지듯 기술을 기반으로한 제조기업, IT기업, 서비스기업 등에 특화된 보증기관이다. 이러한 업종을 영위하는 기업들은 기술보증기금과 신용보증기금이 경쟁관계에 있다는 것을 알아두고, 보증의 연장 및 회사의 성장에 따라 보증규모가 커질 경우 양쪽기관을 모두 접촉하여 좋은 조건의 기관을 선택할 수 있으며, 이러한 방법으로 최대한의 자금을 확보할 수 있다. 일반적인 경우 위에서술한 업종의 경우 기술보증기금을 이용하는 것이 보증규모 및 금리 면에서 조금이나마 유리한 경우가 대부분이다.

1.보증이용안내

1) 보증제도란?

- 보증제도는 담보능력이 미약한 기업이 보유하고 있는 무형의 기술을 심사하여 우리 기금이 기술보증서를 발급하여 드림으로써 금융기관 등으로부터 자금을 지원받을 수 있는 제도입니다. 따라서 우수한 기술력을 바탕으로 건전한 기업활동을 통하여 성실하게 노력하시는 기업은 저희 기술보증기금을이용함으로써 자금조달에 따르는 담보문제를 손쉽게 해결할 수 있으며 저희 기술보증기금과 더불어 성장할 수있을것 입니다.

2) 보증업무의 흐름

단계별	취급자	주요내용
STEP.01 보증신청	신청기업	**인터넷 (홈페이지내 사이버영업점)에서 신청** 기보 영업점을 통해서도 신청가능
STEP.02 상담	영업점 평가담당자	**고객과의 상담을 통하여 기술사업내용, 보증금지・제한 해당여부 등을 검토하여 계속진행 여부 결정 및 서류준비 안내** '기술력 사전점검 체크리스트'를 통하여 기술사업의 주요내용 파악
STEP.03 접수/조사자료 수집	영업점 평가담당자	**기술사업계획서 등 제출** 여타 필요서류는 고객의 협조를 받아 기금직원이 직접 수집 신속한 보증처리를 위하여 상담일로부터 보증처리과정 모니터링 실시
STEP.04 기술평가/조사	영업점 평가담당자	**신청기업으로부터 수집한 자료 등을 예비검토 후 현장평가를 실시** 기술개발 능력, 제품화 능력, 생산 능력 및 경영상태, 자금상태 등을 확인
STEP.05 심사・승인	영업점 심사 및 평가담당자	**기업의 기술력, 사업전망, 경영능력, 신용상태 등을 통합적으로 검토 후 승인**
STEP.06 보증서 발급	영업점 평가담당자	**보증약정후 전자보증서를 채권기관에 전자발송**

2. 보증신청자격

1) 신청자격 해당기업

- 신기술사업을 영위하는 중소기업

- 중소기업 이외의 기업으로 신기술사업을 영위하는 상시종업원 1,000인 이하이고, 총자산액이 1,000억원이하인 기업

- 산업기술연구조합

* 상기대상기업중 "은행업감독규정"에 의한 주채무계열 소속기업은 보증대상에서 제외됩니다.

다만, 기업 구매자금대출, 기업구매전용카드대출 및 무역금융에 대한 보증에 대하여는 상위 30대 계열기업군 소속기업만 제외됩니다.

2) 신기술사업이란?

-상품개발 및 공정개발을 위한 연구사업

- 연구개발의 성과를 기업화, 제품화하는 사업

- 기술도입 및 도입기술의 소화 개량사업

- 다른법령에서 규정된 기술개발사업

- 기타 생산성향상, 품질향상, 제조원가절감, 에너지절약 등 현저한 경제적 성과를 올릴 수 있는 기술을 개발 또는 응용하여 기업화, 제품화하는 사업

* 업종별 제한은 없으나, 제조, IT, 연구 및 개발, 기술 서비스업종 등이 주로 해당되며, 여타업종 영위기업도 상기 신기술사업을 영위하는 경우 보증대상 입니다.

3) 보증금지기업

다음에 해당하는 기업에 대하여는 보증을 금지하고 있습니다.

1 부당하게 채무를 면탈하여 기금의 건전성을 훼손한 자

2 제1호의 자가 대표자(실제경영자 포함)로 되어 있는 기업

3 제1호의 자가 법인인 경우 그 법인의 이사, 업무집행자 또는 업무집행사원 중 다음 각 목의 어느 하나에 해당하는 사람이 경영하는 기업 또는 이들이 대표자로 되어 있는 기업

가. 주주 또는 유한책임사원 1명과 「국세기본법 시행령」제1조의2제1항제1호부터 제3호까지의 어느 하나에 해당하는 관계에 있는 사람의 소유주식 또는 출자액의 합계액이 그 법인의 발행주식 총액 또는 출자 총액의 100분의 50 초과하는 이사 또는 업무집행자

나. 업무집행사원인 무한책임사원

4) 보증제한기업

다음에 해당하는 기업에 대하여는 신규보증을 제한하고 있습니다.

1 휴업중인 기업

2 보증금지기업의 연대보증인인 기업

3 보증금지기업의 연대보증인인 사람이 대표자(실제경영자 포함)로 되어 있는 법인기업

4 신용관리정보대상자인 기업

5 다음 각 목의 어느 하나에 해당하는 자가 신용관리정보대상자인 기업

가. 대표자

나. 실제경영자

다. 관계기업 중 주력기업

6 파산·회생절차개시의 신청 또는 채무불이행자 명부등재의 신청이 있거나 청산에 들어간 기업

7 금융회사 대출금을 빈번하게 연체하고 있는 기업

8 "금융부조리 관련 기업"으로서 보증제한기간이 경과하지 아니한 기업

9 우리기금, 신용보증기금 및 신용보증재단의 보증사고기업(사고처리유보기업 포함)

10 우리기금 보증사고기업(사고처리유보기업 포함)의 연대보증인인 기업

11 우리기금 보증사고기업(사고처리유보기업 포함)의 연대보증인이 대표자(실제경영자 포함)로 되어 있는 기업

12 다음 각 목의 어느 하나에 해당하는 기업

가. 기금이 보증채무를 이행한 후 채권을 변제받지 못한 기업 중 보증금지기업에 해당하지 않는 기업

나. 신용보증기금이 보증채무를 이행한 후 채권을 변제받지 못한 기업

다. 신용보증재단이 보증채무를 이행한 후 채권을 변제받지 못한 기업

라. 유동화회사보증의 개별회사채 발행기업 또는 대출기업으로서 사채인수계약서 또는 대출약정서에서 정하는 기한의 이익 상실사유가 발생하여 채무불이행상태에 있는 기업

13 다음 각 목의 어느 하나에 해당하는 사람이 대표자(실제경영자 포함)로 되어 있는 기업

가. 위 "12호" 기업이 법인기업인 경우 그 기업의 이사, 업무집행자 또는 업무집행사원 중 보증금지기업 3호 각 목의 어느 하나에 해당하는 사람

나. 위 "12호" 기업이 개인기업인 경우 그 개인(공동경영자 포함)

다. 위 "12호" 기업의 실제경영자

14 위 "12호" 기업의 연대보증인인 기업 또는 연대보증인인 사람이 대표자(실제경영자 포함)로 되어 있는 법인기업

3. 중점지원 대상기업

　　　1) 기술혁신선도형 중소기업이란?

- 기술력이 있고 미래 성장 가능성이 높은 차세대 핵심기업 및 신기술의 채택이나 기술혁신으로 경쟁력을 확보하여 기술혁신을 선도.파급하는 기업 또는 성장할 가능성이 높은 기업을 의미

- 우리기금의 중점지원 대상기업으로 보증심사방법 등에서 우대하여 보다 손쉽게 보증지원 받을 수 있는 기업

　　　2)대상기업

　- 벤처ㆍ이노비즈기업

　- 다음 업종 영위기업중 기술사업평가등급 B 이상인 기업

　　　10대 차세대 성장동력산업

　　　미래성장유망산업(6T)

　　　조세특례제한법 시행령에 따른 기술집약산업

　　　17대 신성장동력산업

　　　산업통상자원부 발표 '그린에너지산업 발전전략' 관련산업

신에너지및재생에너지개발·이용·보급촉진법 등에서 정하고 있는 신·재생에너지 관련산업

녹색성장산업 (한국환경산업기술원 환경정책자금 융자승인받은 기업 포함)

부품·소재전문기업등의 육성에관한 특별조치법에 따른 부품·소재업종

혁신형 지식서비스산업 및 선도콘텐츠산업

기술인증 획득기업

기술개발사업 수행기업 또는 기술력 인정기업

기술관련상 수상기업

　3) 우대지원내용

우선적으로 보증지원

보증비율 우대(90%이상 단, 창업후 7년이내 限)

4. 기보 전담보증 영역

　1) 벤처기업 또는 INNO-BIZ기업은 기보에서 전담하여 보증지원하고 있습니다.

구 분	전담영역 운용
가. 기보 또는 신보의 보증거래가 없는 기업	기보에서만 보증가능
나. 기보만 거래중인 기업	기보에서만 보증가능
다. 기보와 신보에 동시 거래중인 기업	기보에서만 보증가능
라. 신보만 거래중인 기업 (단, 창업후 5년내이고 기보가 기술평가보증을 한 경우)	신보와 계속거래 가능 (단 신보에서 기보로 수관한 보증에 한하여 기보 거래가능)

　2) 창업 5년 이내 기술혁신선도형기업(벤처기업, INNO-BIZ기업 이외)에 대해서는 우리기금의 기술평가보증을 우선 적용합니다.

구 분	전담영역 운용
가. 기보가 먼저 기술평가보증하고 있는 기업	기보에서만 보증가능
나. 신보가 먼저 보증하고 있던 기업	신보와 계속거래 가능

구 분	전담영역 운용
(단, 이들기업에 대해 기보가 기술평가보증을 지원할 경우)	(단 신보에서 기보로 수관한 보증에 한하여 기보 거래가능)

3) 일반보증(비신기술사업자에 대한 보증)은 신보가 전담합니다.

구 분	전담영역 운용
기보 단독거래 또는 기보,신보 동시 거래기업	신보에서만 보증가능, 기보의 보증은 모두 신보로 이전

5. 보증관할

　　1) 영업점별 관할 구역

보증은 보증신청기업의 "주된 사업장(공장 등) 소재지"를 관할하는 우리기금 해당 영업점에서 취급함을 원칙 으로 합니다.

　　2) 관할구역외 보증취급

우리기금 타영업점 관할구역에 소재하더라도 일정한 사유에 해당되는 경우 영업점별 관할구역 검색하기에는 관할구역외 영업점에서도 보증취급을 할 수 있습니다.

　　3) 영업점별 관할구역

영업점명	관 할 구 역
부산지점	・전국
가산지점	・서울특별시 ・경기도 광명시

영업점명	관 할 구 역
강남지점	• 서울특별시
구로지점	• 서울특별시 • 경기도 광명시
서울지점	• 서울특별시
서초지점	• 서울특별시 • 경기도 과천시, 구리시, 남양주시, 하남시
송파지점	• 서울특별시 • 경기도 구리시, 남양주시, 하남시, 광주시, 가평군, 양평군
종로지점	• 서울특별시 • 경기도 구리시, 남양주시, 가평군, 양평군
인천중앙지점	• 인천광역시 • 경기도 시흥시(시화공단지역 제외)
부평지점	• 인천광역시

영업점명	관 할 구 역
	·경기도 시흥시(시화공단지역 제외), 부천시
인천지점	·인천광역시 ·경기도 시흥시(시화공단지역 제외)
김포지점	·인천광역시 서구, 강화군 ·경기도 김포시
부천지점	·인천광역시 계양구, 부평구 ·경기도 부천시, 시흥시(시화공단지역 제외)
성남지점	·경기도 성남시, 이천시, 광주시
수원지점	·경기도 수원시 ·경기도 화성시 진안동, 능동, 기산동, 반정동, 병점동, 반월동, 배양동, 기안동, 황계동, 송산동, 안녕동, 반송동, 석우동, 영천동, 청계동, 오산동, 동탄면, 정남면, 봉담읍
시화지점	·경기도 안산시, 시흥시
안산지점	·경기도 안산시, 시흥시

영업점명	관 할 구 역
안양지점	• 경기도 안양시, 과천시, 시흥시(시화공단지역 제외), 군포시, 의왕시, 광명시
의정부지점	• 서울특별시 도봉구, 노원구 • 경기도 의정부시, 동두천시, 남양주시, 포천시, 양주시, 연천군, 가평군 • 강원도 철원군
일산지점	• 경기도 파주시, 고양시
평택지점	• 경기도 평택시, 오산시, 안성시 • 충청남도 천안시, 아산시
화성지점	• 경기도 화성시
용인지점	• 경기도 용인시, 이천시, 여주시
오산지점	• 경기도 오산시, 평택시 • 경기도 화성시 진안동, 능동, 기산동, 반정동, 병점동, 반월동, 배양동, 기안동, 황계동, 송산동, 안녕동, 반송동, 석우동, 영천동, 청계동, 오산동,동탄면, 정남면, 봉담읍
판교지점	• 경기도 성남시

영업점명	관 할 구 역
강릉지점	• 강원도 강릉시, 동해시, 태백시, 속초시, 삼척시, 평창군, 정선군, 고성군, 양양군, 횡성군
원주지점	• 강원도 원주시, 횡성군, 영월군, 평창군 • 경기도 이천시, 여주시 • 충청북도 제천시, 단양군
춘천지점	• 강원도 춘천시, 홍천군, 철원군, 화천군, 양구군, 인제군 • 경기도 가평군
청주지점	• 충청북도 청주시, 보은군, 괴산군 • 세종특별자치시
충주지점	• 충청북도 충주시, 제천시, 괴산군, 음성군, 단양군
진천지점	• 충청북도 진천군, 청주시 청원구, 음성군, 증평군, 괴산군
대전지점	• 대전광역시 • 충청남도 계룡시, 공주시, 보령시, 논산시, 금산군, 부여군, 청양군 • 충청북도 옥천군, 영동군 • 세종특별자치시

영업점명	관 할 구 역
대전동지점	• 대전광역시 • 충청남도 논산시, 금산군 • 충청북도 옥천군, 영동군
천안지점	• 충청남도 천안시, 아산시 • 경기도 안성시 • 세종특별자치시
아산지점	• 충청남도 천안시, 아산시, 보령시, 서산시, 서천군, 청양군, 홍성군, 예산군, 태안군, 당진시
전주지점	• 전라북도 전주시, 김제시, 정읍시, 남원시, 완주군, 부안군, 고창군, 순창군, 임실군, 무주군, 진안군, 장수군
익산지점	• 전라북도 익산시, 군산시, 김제시, 부안군 • 충청남도 서천군
광주지점	• 광주광역시 • 전라남도 나주시, 담양군, 곡성군, 화순군, 함평군, 영광군, 장성군, 장흥군 • 제주특별자치도
광주서지점	• 광주광역시 • 전라남도 나주시, 영광군, 함평군, 장성군

영업점명	관 할 구 역
목포지점	• 전라남도 목포시, 나주시, 장흥군, 강진군, 해남군, 영암군, 무안군, 함평군, 영광군, 완도군, 진도군, 신안군
순천지점	• 전라남도 순천시, 여수시, 광양시, 구례군, 고흥군, 보성군
대구지점	• 대구광역시 • 경상북도 안동시, 영주시, 의성군, 군위군, 청송군, 영양군, 고령군, 성주군, 칠곡군, 봉화군, 경산시, 영천시, 청도군
대구북지점	• 대구광역시 • 경상북도 안동시, 영주시, 봉화군, 의성군, 군위군, 칠곡군
대구서지점	• 대구광역시 • 경상북도 고령군, 성주군, 칠곡군 • 경상남도 거창군, 합천군, 창녕군
경산지점	• 대구광역시 • 경상북도 경산시, 영천시, 청도군
구미지점	• 경상북도 구미시, 김천시, 상주시, 문경시, 성주군, 칠곡군, 예천군

영업점명	관 할 구 역
포항지점	ㆍ경상북도 포항시, 경주시, 영천시, 청송군, 영양군, 영덕군, 울진군, 울릉군
녹산지점	ㆍ부산광역시 ㆍ경상남도 창원시 진해구, 거제시
동래지점	ㆍ부산광역시 ㆍ경상남도 양산시
사상지점	ㆍ부산광역시
사하지점	ㆍ부산광역시 ㆍ경상남도 거제시
김해지점	ㆍ부산광역시 강서구 ㆍ경상남도 김해시, 밀양시
양산지점	ㆍ경상남도 양산시 ㆍ부산광역시 기장군 ㆍ울산광역시 울주군

영업점명	관 할 구 역
진주지점	• 경상남도 진주시, 통영시, 사천시, 거제시, 의령군, 고성군, 남해군, 하동군, 산청군, 함양군, 거창군, 합천군, 함안군
창원지점	• 경상남도 창원시, 밀양시, 의령군, 함안군, 창녕군, 김해시 진영읍 및 진례면
마산지점	• 경상남도 창원시, 함안군, 의령군, 창녕군, 통영시, 거제시, 고성군
울산지점	• 울산광역시 • 경상북도 경주시

Ⅱ. 보증지원절차

1. 보증신청 및 상담

　　1) 보증신청

-신청기업의 업종, 보증받고자 하는 채무의 내용, 신청금액 등이 우리기금이 정한 기준에 적합하다고 판단 되면 보증신청이 가능 합니다.

- 우리기금에 보증을 신청하고자 할 때에는 "홈페이지 사이버영업점" 또는 "영업점"을 통해 신청합니다.

　　2) 상담

-보증을 신청하는 기업의 기술사업 내용과 보증신청금액 등을 확인하는 보증업무의 첫 번째 절차입니다.

-상담과정에서는 보증이용절차, 보증의 활용방법, 내게 꼭 맞는 보증 및 대출상품 등 에 대해 자세히 설명함 으로써 기업의 이해를 돕고 보증지원의 적정성에 대한 기초적인 확인·점검을 합니다.

-고객과의 상담을 통해 기술사업 내용, 보증금지·제한기업 해당여부 등을 확인하여 계속진행 여부를 결정하고 준비서류를 안내합니다.

-상담시 다음의 서류를 미리 준비하시면 더욱 효과적인 상담이 될 수 있습니다.

　　　3) 상담시 준비서류

-사업자등록증 사본(법인기업의 경우 법인등기부등본 포함)

-기타 사업계획서 등 기업현황 설명자료 등

-특허 등 기술관련자료

2. 보증심사방법

-보증심사는 보증신청에 대하여 보증지원여부를 결정하기 위해 필요한 사항을 검토하는 일련의 과정으로서 보증신청기업에 대하여 보증 대상이 되는지 여부와 신청기업의 기술력, 신용상태, 사업전망, 보증신청금액의 적정여부 등을 검토, 심사하여 보증지원여부를 결정하고 있습니다.

-우리기금은 '05.2월 세계최초로 기술성,시장성,사업성 등 기술력을 평가하여 금융지원할 수 있는 기술평가 시스템을 개발하였으며, '07.2.1일부터는 기술금융 활성화를 위해 모든 보증신청건에 대해 반드시 기술평가를 거쳐 심사하도록 보증심사체계를 개편하여 운영중에 있습니다.

-보증신청기업은 기술평가모형(KTRS, KTRS-SM, KTRS-BM)에 의한 기술평가절차를 거쳐 기술력을 검증받아야 하며, 기술사업평가등급이 일정등급 이상인 기업은 기술평가보증으로 지원합니다.

　　　1) 기술평가모형 적용방법

보증신청기업에 대하여 현장방문(본평가)후 기업의 성장단계에 따라 아래와 같이 구분하여 평가합니다.

평가 모형 구분	대상기업
KTRS	창업후 5 년초과기업
KTRS-SM	창업후 5 년이내인 기업

평가 모형 구분	대상기업
KTRS-BM	창업후 5년초과기업으로서 당기매출액 10억원이하인 기업

2) 기술평가보증 주요 검토항목

대항목	중항목	소항목(평가항목)
경영주 역량	기술경영능력	기술수준
		관리능력
		경영진인적구성 및 팀웍
기술성	연구개발 능력	기술개발추진 능력
		기술개발현황
	기술(제품)의우수성	기술혁신성
		기술완성도 및 확장성
시장성	기술(제품)의 시장성	시장현황
		경쟁요인
		경쟁력
사업성	기술(제품)의생산성	제품화역량
	수익성	수익전망

3. 보증지원금액의 결정

기업별로 보증해 드릴 수 있는 보증지원 금액의 결정은 보증의 용도와 보증상대처 및 기업의 기술평가등급(기업평가등급)등에 따라 결정됩니다.

1) 운전자금보증

-운전자금(기술개발) 소요자금사정표"에 의한 보증금액 사정

기술사업평가등급	사정한도액
등급과는 상관 없이	소요자금의 100%

2) 소요자금 사정방식

-총원가 기준방식 : 기술사업단위 소요자금 사정시 적용

-매출액 기준방식 : 기업단위 소요자금 사정시 적용

-자산 기준방식 : 1회전기간 사정이 곤란한 경우 적용

3) 시설자금보증

-당해 시설의 소요자금 범위내

4. 보증한도

우리기금이 같은 기업에 대하여 보증해 드릴 수 있는 보증한도는 최고30억원(최고한도)이내이고, 아래의 대상보증(최고한도초과대상보증)은 최고한도에 불구하고 보증지원가능하며, 기업의 신용도, 기술력, 사업성을 우리기금의 심사내용을 감안하여 보증지원 가능금액을 결정합니다.

1) 최고한도초과 보증대상

1보증한도 50억원 대상보증

-산업기술연구조합의 대출에 대한 보증

- 기술평가센터에서 평가한 기술가치평가금액에 대한 보증

-기업구매자금대출 및 기업구매전용카드대출에 대한 보증

-기금이 따로정하는 기술집약형 중소기업에 대한 보증

2) 보증한도 70억원 대상보증

-무역금융 및 중소기업의 한국수출입은행 수출자금관련대출에 대한 보증

- 수출용원자재 수입을 위한 수입신용장발행에 대한 보증

-기업구매자금대출 및 기업구매전용카드대출에 대한 보증

-기금이 따로정하는 기술집약형 중소기업에 대한 이행보증 및 전자상거래담보보증

-벤처·이노비즈기업

-다음 업종 영위기업중 기술사업평가등급 BB등급 이상인 기업

    10대 차세대 성장동력산업

    미래성장유망산업(6T)

조세특례제한법 시행령에 따른 기술집약산업

17대 신성장동력산업

산업통상자원부 발표 '그린에너지산업 발전전략' 관련산업

녹색성장산업

- 기술인증 획득기업

-기술개발사업 수행기업 또는 기술력 인정기업

-기술관련상 수상기업

-수출환어음 담보대출과 수출환어음 매입에 대한 보증

-핵심분야 보증중 우수기술기업과 녹색성장산업 영위기업에 대한 보증

3) 보증한도 100억원 대상보증

-중소기업에 대한 주담보후취후 보증전액 또는 일부 해지조건의 시설자금보증. 다만, 일부해지조건의 경우 일부해지후 같은 기업당 보증금액이 최고한도 30억원 (기금이 따로 정하는 기술집약형 중소기업의 경우 50억원) 이내인 경우에 한함

4) 유의사항

- 위에서 정한 같은 기업에 대한 보증한도는 아래 등급별 보증한도를 초과하지 못합니다. 다만 신청건이 시설자금보증인 경우에는 전액 또는 일부해지 후 같은 기업당 보증금액으로 적용할 수 있습니다.

구분	기술사업평가등급	보증한도
1	D	
2	CCC,CC,C	10 억원
3	-	20 억원
4	B	30 억원
5	BB	40 억원

구분	기술사업평가등급	보증한도
6	BBB	50 억원
7	A	60 억원
8	AAA,AA	70 억원

▶같은 기업에 대한 보증한도는 기금보증금액을 기준으로 하되, 신청건이 시설자금보증인 경우에는 전액 또는 일부해지 후 같은기업당 보증금액으로 운용한다.

5. 약정체결 및 보증서 발급

1) 약청체결

-보증약정 체결시에는 보증신청기업의 대표자 및 연대보증인이 직접 신용보증약정서에 서명 및 날인하셔야 합니다.

-약정 체결시 준비물

인감도장 및 인감증명서(또는 본인서명사실확인서)

주민등록증

이사회입보결의서 사본(법인기업이 연대보증인이 될 경우)

2) 보증서 발급

약정체결 및 보증료를 납부하시면 신용보증서를 발급하여 드립니다. 현재 우리기금은 대부분의 은행과 전자보증제도를 시행하고 있습니다.이에 따라 보증서 실물이 발급되지 않는 경우도 있습니다.

Ⅲ. 보증운용정보

1. 보증료

- 보증서를 발급하게 되면 보증금액에 아래의 보증료율 산출체계에 의해 결정된 보증료율을 곱한 금액을 보증료로 납부하셔야 합니다. 아울러 보증료율은 기업의 신용등급에 따라 결정되며, 기업체 및 보증상품의 특성 등에 따라 가산 및 차감 됩니다.

1) 보증료율 산출체계

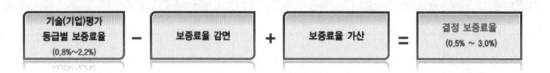

2) 보증료율 감면 대상

구분	보증한도
가. 기금특화영역에 대한 보증	-0.3%-이내
1.기술평가보증(B 등급이상)	-0.1%p
2.기금주관 창업교육 수료자(수료일로부터 3 년이내)	-0.2%p
3. 창업후 5 년이내 창업보육센터 입주기업	-0.1%p
나. 정부시책분야에 대한 보증	-0.4%p 이내
1. 벤처·이노비즈기업	-0.2%p
2. 장애인기업*	-0.3%p
3. 지방기술유망기업	-0.3%p
4. 지역주력산업 영위기업	-0.1%p
5. 미래창조과학부장관이 지정한 첨단기술기업에 대한 보증	-0.2%p
6. 에너지절약시설* 도입자금에 대한 보증	-0.2%p
7. 신기술사업자로서 5 년이내 여성창업기업*	-0.1%p
8. 비상대비자원관리법에 의한 중점관리지정기업	-0.1%p
9. 일자리창출기업**	-0.4%p
10. 재해경감 우수 인증기업에 대한 보증	-0.1%p
11. 녹색성장산업 영위기업	-0.2%p
12. 가족친화 인증기업	-0.1%p
13. 고령친화우수사업자 지정기업	-0.1%p
14. 외부감사 대상이 아닌 중소기업이 외부감사 수감	-0.1%p
15. 산업통상자원부 선정 "World Class 300" 기업	-0.2%p
16. 고용노동부 선정 "고용창출 100 대 우수기업"	-0.2%p
17. 신성장동력산업 영위기업 중 "고부가가치 서비스산업 영위기업"	-0.2%p
18. 산업통상자원부 선정 "글로벌 전문 후보기업"	-0.2%p

구분	보증한도
다. 상품영역에 대한 보증	-0.2%p 이내
1. Network Loan 보증	-0.2%p
2. 전자상거래보증	-0.2%p
3. 공공구매론협약보증	-0.2%p
라. 기타영역에 대한 보증	-0.1%p 이내
1. 경영혁신형기업에 대한 보증	-0.1%p
2.혁신마일리지 우수기업(경영혁신 마일리지 1,000 점 이상)***	-0.1%p
마. 한시적 협약·특례 등에 대한 보증	-0.5%p 이내
1. 대외협약·특례보증으로서 이사장이 따로 정하는 보증	-0.5%p 이내

* 장애인기업, 에너지절약시설, 여성기업의 범위는 「장애인기업 활동 촉진법」, 「조세특례제한법」 시행령 제22조의2제1항, 「여성기업 지원에 관한 법률」에 따름

** 일자리창출기업 : 「일자리창출기업에 대한 보증운용기준」에 따름

*** 보증료 감면 1건당 경영혁신 마일리지 1,000점 차감

3) 보증료율 가산 대상

구분	가산사유	가산요율
공통	**1. 고액보증기업** 　가. 보증금액이 15 억원 초과 30 억원 이하 기업 　나. 보증금액이 30 억원 초과 기업	 +0.1%p +0.2%p
	2. 장기이용기업 　가. 보증이용기간이 5 년 초과 15 년 이하 기업 　나. 보증이용기간이 10 년 초과 15 년 이하 기업 　다. 보증이용기간이 15 년 초과 기업	 +0.1%p +0.2%p +0.3%p
	3. 중소기업이외의 기업 　가. 중소기업 졸업후 1 년 이하 　나. 중소기업 졸업후 1 년 초과 2 년 이하 　다. 중소기업 졸업후 2 년 초과 3 년 이하 　라. 중소기업 졸업후 3 년 초과 5 년 이하	 +0.1%p +0.2%p +0.3%p +0.4%p

구분	가산사유	가산요율
	마. "가"호 내지 "라"호를 제외한 중소기업이외의 기업	+0.5%p
	4.「보증기업 경영개선지원기준」에 따른 "경영개선지원보증"	+0.1% p
기한연장, 기보증 회수보증	5.「부분보증운용기준」의 보증비율인하 대상보증으로서 보증비율인하가 불가능한 경우	+0.2%p
	6.신용도하락기업("중소기업 경쟁력강화 프로그램"의 분할해지 약정체결기업 제외), 보증제한 대상업종 영위기업 　가. 당초보증금액의 10%미만 해지 　나. 당초보증금액의 10%이상 20%미만 해지 　다. 당초보증금액의 20%이상 해지	 +0.3%p +0.2%p +0.1%p
	7."중소기업 경쟁력강화 프로그램"의 분할해지 약정체결기업 　가. 약정체결 거부 　나. 약정이행율 30% 이상 　다. 약정이행율 30% 이상 70% 미만 　라. 약정이행율 70% 이상 100% 미만 　마. 약정이행율 100% 이상	 +0.5%p +0.4%p +0.3%p +0.2%p -
	8. 장기분할해지보증의 분할상환금에 대한 기보증회수보증	+0.3%p
	9. 금융부조리 관련기업이 보증해지계획 미이행시	+0.3%p

▶ 제1호, 제2호의 보증금액은 기금의 금융성운전자금보증을 기준으로 판단

▶ 기금의 "기간별 금융성운전자금 가중평균 보증금액"이 "업종별 금융성운전자금 평균보증금액"의 2배를 초과하는 기업의 금융성운전자금 보증을 대상으로 하며, 보유일수를 합산하여 판단

▶ 가산사유가 복수인 경우에는 해당 가산율을 모두 합산합니다.

2. 보증비율

 -부분보증제도는 한정된 보증재원으로 보다 많은 중소기업을 지원하고, 보증기관과 금융기관이 신용위험을 일정부분 상호 분담하기 위해 도입된 제도입니다.

- 신규보증의 보증비율은 85%를 적용합니다.

-예외운용

　핵심분야 보증과 수출관련자금 : 90%(단, 수출중소기업에 대해서는 수출관련자금으로 한정)

회생지원보증 : 전액보증

별도로 협약을 체결하여 취급하는 경우 : 별도협약에서 정한 비율

따로 정하는 특례조치에 따른 보증 : 특례조치에서 정한 비율

3. 연대보증인

- 보증제도는 물적담보 없이 신용을 공여하는 제도이며, 우리기금이 보증을 해드리는 재원은 정부의 출연금입니다. 따라서, 경영주의 도덕적 해이를 방지하고, 책임경영을 통한 기업의 건전한 발전을 유도하기 위해 기업경영을 직접 책임지는 자로한정하여 연대보증 입보대상자로 운용하고 있습니다.

1) 입보대상자

-기업의 건전한 책임경영을 유도하고 보증의 건전성을 도모하기 위하여 2012.5월 이후 신규보증에 대해서는 입보대상자를 "기업경영에 책임있는 자"로 제한하여 운영함.

대상기업	입보대상자
개인기업	- 사업자등록증상 공동대표인 실제경영자
법인기업	- 아래 각호의 어느 하나에 해당하는 실제경영자 1인 　　1. 대표이사, 무한책임사원 　　2. 최대주주 　　3. 본인 또는 특수관계인을 포함한 주식지분이 30%이상인 자 - 다만, 대표자인 실제경영자가 2인 이상인 경우에는 전원 입보하되 보증채무를 1/n로 분담

※ 지하경제 양성화 및 투명한 거래질서 확립을 위해 직함, 지분율 등을 통해 드러나지 않은'실제경영자'에 대한 연대보증은 2013.7.1부터 전면 금지

4. 전자보증제도

1) 전자보증제도란?

-기금과 은행간에 인터넷을 기반으로 한 전산시스템 구축을 통하여 고객이 보증업무 관련서류를 양기관에 직접 방문하여제출하던 것을 전자문서 송.수신 방식으로 대체하여 보증이 이루어지는 제도입니다.

- 전자보증을 이용하시면 보증신청, 보증서발급, 조건변경업무, 금융거래확인서 발급, 고객에 대한 각종통지 등을 전자적방식으로 수행하게 됨으로서 기술보증 관련서류 제출에 따른 불편을 해소할 수 있을 뿐만 아니라 One-stop 보증서비스를 받을 수 있습니다.

2) 업무절차

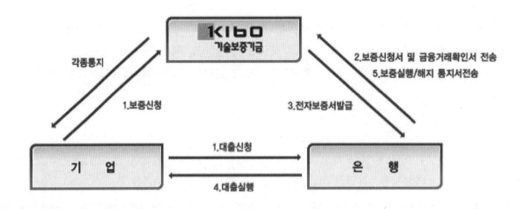

3) 대상업무

-기금 발급서류 전자화

　보증서, 조건변경통지서

- 은행 발급서류 전자화

　보증부대출예정확인서, 금융거래확인서, 보증실행·해지통지서

4) 전자보증 협약기관 현황 (18개)

구 분	기관명
협약기관 ('14 년 2 월 기준)	국민, 경남, 광주, 기업, 농협, 대구, 부산, 수협, 신한, 우리, 하나, 외환, 전북, 제주, 산업, 한국씨티, 스탠다드차타드, 중소기업진흥공단

5. 한도거래보증제도

- 한도거래보증제도는 1년에 1회의 신용조사와 보증심사를 거쳐 기업의 연간 자금계획을 감안하여 기술보증한도를 미리 설정해 놓고동한도범위내에서 한도거래 기간동안 보증신청이 있을 때 신용조사 및 보증심사 절차를 생략하고 즉시 보증해 드리는 제도입니다. 한도거래제도를 이용하시면 연간 이용가능한 보증한도를 미리 알 수 있어 기업운영에 필요한 자금계획의 수립이 용이하고 자료제출의 번거로움과연대보증의 자서날인 등을 1회로 끝낼 수 있어 금융활용상의 불편요인이 크게 해소되고, 필요시 언제든지 보증을 이용하실 수 있는 등 여러 가지편리한 점이 많습니다.

　　　　1) 한도거래보증 대상기업

　-기술평가등급이 "B"등급 이상이고, 재무등급이 "B0"등급 이상인 기업

　-기금의 보증금지기업 및 보증제한기업에 해당하지 않는 기업

　-최종 대차대조표의 자기자본 전액잠식이 아닌 기업

　　　　2) 한도거래 대상보증

　-대출보증, 비은행대출보증, 지급보증의 보증, 상거래담보보증, 어음보증(담보어음에 한함), 이행보증

　　　　3) 한도거래의 보증한도

　-한도거래기업의 설정한도액은 기업의 기술사업평가등급 및 연간자금계획 등을 감안하여 결정하고 최고 30억원까지 운용할 수 있으며, 아래의 경우는 30억원을 초과하여 한도를 설정할 수 있습니다.

대상보증	보증한도
1. 무역금융 및 중소기업의 한국수출입은행 수출자금관련대출에 대한 보증 2. 수출용원자재 수입을 위한 수입신용장 발행에 대한 보증 3. 기술집약형 중소기업에 대한 이행보증과 전자상거래담보보증 4. 핵심분야 보증중 우수기술기업과 녹색성장산업 영위기업에 대한 보증	70 억원
5. 기업구매자금대출 및 기업구매전용카드대출에 대한 보증 6. 기술집약형 중소기업에 대한 보증	50 억원

4) 한도거래기간

- 한도거래기간은 1년 이내를 원칙으로 하나, 우리기금의 "Kibo A+ Members"인 경우에는 2년이내에서 탄력적으로 운용할 수 있으며, 기간이 만료되었을 때는 신규절차에 의하여 한도액 및 한도거래기간을 재설정하시면 됩니다.

6. 보증업무처리공개시스템

- 대고객 서비스 향상 및 기금업무의 투명성을 제고하고자 우리기금 홈페이지를 통하여 온라인영업점 회원등록후공인증서에 의한 본인확인후, 보증업무 진행현황을 조회 가능하게 하고, 이를 고객의 e-mail로 자동 발송하는 제도 입니다.

1) 보증진행현황 내용

-기본현황

보증접수일자, 관할영업점 담당자, 진행상황

- 보증진행예정일

사업장 방문예정일, 심사완료예정일

- 기타안내

추가요청자료

IV. 재기지원보증제도

1. 재도전 기업주 재기지원보증

- 우수한 기술력과 건전한 기업가 정신을 갖춘 실패한 기업주(기보 단독채무자)가 영위하는 기업에 대해 채무조정 또는 회생지원보증과 함께 신규보증을 지원하는 제도입니다.

1) 지원대상기업

-실패한 기업 : 기보가 보증채무를 이행한 후, 구상채권의 변제를 받지 못한 기업

-재도전 기업주*가 별도로 영위하는 기업

* 실패한 기업의 대표자, 실제경영자, 무한책임사원

2)지원대상 제외기업

-실패한 기업 또는 재도전 기업주가 "금융질서문란정보"를 보유한 경우

-재기지원보증 신청기업이 기금 포함 여타 채권자에 채무변제 의무(다중채무자) 보유

-기타 자세한 사항은 영업점 담당자 문의

3) 지원제도 주요내용

-채무조정 : 채무감면, 분할상환 등의 방법으로 채무를 조정

-회생지원보증 : 구상채무를 정상대출로 전환하기 위한 보증

-신규보증 : 사업영위를 위한 신규보증(운전자금 또는 시설자금)

4) 지원절차

영 업 점		재 기 심 사 위 원 회		영 업 점
상담 · 기업조사 기술평가 · 보증심사 (도덕성평가표 첨부)	❯	재기지원 심의 · 승인 (도덕성평가 포함)	❯	채무조정 또는 회생지원보증 및 신규보증 실행　(사후관리 실시)

5) 보증한도

-평가등급 등을 감안하여 내규에 따라 결정

2. 재창업 재기지원보증

- 우수한 기술력과 사업성을 갖춘 실패한 기업주(단독채무자 또는 다중채무자)가 재창업을 할수 있도록 신용회복과 함께 재창업 신규보증을 지원하는 제도입니다.

1) 지원대상기업 (재창업일로부터 5년 이내)

-실패한 중소기업 경영자*가 운영하는 기업으로 실패기업 관련 채무의 신용회복절차가 완료 또는 정상적으로 진행중인 경우(신용관리정보 등록 제외)

* 개인기업 대표자, 법인기업 대표이사 또는 실제경영자

2) 지원대상 제외기업

-재창업지원 신청 전에 실패한 업종이 비영리업종, 사치향락업종, 음식업, 숙박업, 소매업, 금융업, 보험업, 부동산업, 공공행정, 국방 및 사회보장행정, 가구내 고용 및 자가소비생산활동, 국제 및 외국기관에 해당

-재창업 재기지원보증 제한업종*을 운영하는 기업

   * 주류, 담배도소매업, 부동산업, 금융보험업 등 중소벤처기업부 공고에 따른 중소기업 정책자금 융자제외 대상 업종

-   실패 중소기업에 대한 보증채무와 주채무 합계 금액이 30억원 초과 등

-기타 자세한 사항은 영업점 담당자 문의

3) 지원제도 주요내용

-신용회복지원 : 상각채권 또는 연체기산일로부터 1년이상 경과한 채권의 원금 최대 75%까지 감면

-신규보증 : 사업영위를 위한 신규보증(운전자금 또는 시설자금)

4) 지원절차

신용회복위원회	신용회복위원회	영 업 점	재창업지원위원회 (신용회복위원회)	영 업 점
재창업지원 신청 (신용회복지원)	사업성평가 의뢰	사업성평가 (재창업보증 신청·접수)	재창업지원 결정	재창업보증 실행 (사후관리)

5) 보증한도

-같은기업당 30억원 이내(단, 신규운전자금은 10억원 이내)

-세부사항 신용회복위원회 홈페이지(www.ccrs.or.kr)의 중소기업인 재창업지원 제도 안내 참조

Ⅴ. 보증상품[창업·준비]

1. 예비창업자 사전보증

- 일자리창출 방안으로 구직에서 창직·창업으로의 창업분위기 조성 및 기업생애주기별 기술금융 생태계 구축하는 제도 입니다.

1) 지원대상

- 창업준비단계에서 기술평가를 실시하여 창업자금 지원가능금액을 제시, 창업 즉시 당초 제시한 창업자금 보증 지원합니다.

- 창업정보를 제공하는 창업 멘토링 지원 병행

- 일반창업 (우수기술·아이디어를 보유한 예비창업자)

  지식재산권 사업화·신성장산업 창업 예정인 자

  지식문화, 이공계챌린저, 기술경력·뿌리창업, 첨단·성장연계 창업 예정인 자

  정부·지방자치단체·공공기관 등에서 주관하는 창업교실, 창직·창업인턴 수료 및 창업경진

  대회 입상자, 예비창업자 지원사업(시제품 제작지원 등)에 선정된 자, 창조경제타운 추천 우수

  아이디어 사업화 주체 등

- 전문가창업 (교수, 연구원, 기술사, 기능장 및 특급기술자)

  교수 :「고등교육법」제14조(교직원의 구분)제2항에 의한 교원 (교수, 부교수, 조교수)

  연구원 :「기술의 이전 및 사업화 촉진에 관한 법률」제2조(정의)제6호에 의한

  '공공연구기관'에서 근무한 연구원

  기술사 및 기능장 :「국가기술자격법」제9조(국가기술자격의 등급 및 응시자격)에 의한

  기술사 및 기능장

  전공, 해당기술 분야 종사기간 등을 고려 시 '특급기술자'로 판단되는 자

2) 지원절차

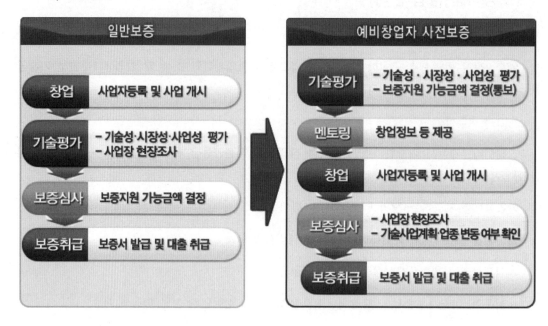

3)대상자금

- 창업초기 소요되는 운전자금(창업자금 등) 및 시설자금(사업장 임차자금 등)

4) 기술평가

- 기술사업계획서를 기초로 예비창업자의 기술경험(지식)수준, 기술개발역량,

  기술혁신성(완성도) 등을 종합적으로 평가

- 기술평가료 : 200,000원 (기술평가 신청·접수시 납부)

  ※ 단 신청금액이 1억원 이하인 경우 기술평가료 면제

5) 보증지원한도

창업분야	CCC 등급	B,BB 등급	BBB 등급	A 등급이상
일반창업	1 억원	3 억원	5 억원	
전문가창업	1 억원	3 억원	7 억원	10 억원

6) 보증비율·보증료 등

- 100% 전액보증

- 0.7%p 보증료감면

2. 청년창업기업 우대 프로그램

- 고용없는 성장 시대에 기술력을 보유한 젊은 인재들의 활발한 창업 유도와 청년창업 활성화로 우리 경제의 미래성장 잠재력을 확충하기 위해 만련된 제도입니다.

1) 대상기업

- 창업후 5년 이내로, 경영주가 만 17~39세 이하인 기술창업기업

2) 대상자금

-창업 및 운영을 위한 운전자금, 사업장 임차자금 및 시설자금

3) 같은기업당 지원한도

- 보증금액 3억원 이내

4) 우대지원내용

- 보증료 : 연0.3% 고정요율 적용

(창업후 5년 초과 및 경영주 나이 만 39세 초과시 산출 보중료율 적용)

- 부분보증비율 : 95% 적용

(창업후 1년 이내 기업 또는 보증금액 1억원이하는 100% 적용 가능)

3. 맞춤형 창업성장 프로그램

- 기술력 기반 창업활성화와 일자리 창출을 도모하기 위한 수요자 중심의 맞춤형 창업성장 지원 제도입니다.

1) 대상기업

- 창업 후 7년 이내 기업으로서 맞춤형 창업성장분야 해당기업

분야	지원대상(해당 업종 등)
지식문화창업	지식문화산업(지식기반 서비스업, 문화콘텐츠산업) 영위기업
이공계챌린저 창업	대표자(실제경영자 포함)가 이공계 출신자인 제조업 영위 기업
기술경력·뿌리창업	대표자(실제경영자 포함)가 만 40~59세 이하이고, 동업계 경력 10년 이상인 제조업(뿌리산업* 포함) 영위기업 * 뿌리산업 : 주조·금형·용접·열처리·표면처리·소성가공 등
첨단·성장연계 창업	다음 중 어느 하나에 해당하는 기업 - 산업통상자원부 "첨단기술 및 제품의 범위"에 의한 첨단기술·제품 확인기업(나노융합, 디스플레이 등) - 지식기반 제조업 영위기업 - 신성장산업 영위기업 - 중소기업청 창업지원사업 선정자 및 선정기업(선정일로부터 2년 이내)

※ 지식재산권 별로 추가한도 적용가능

- 대상자금

  창업 및 운영을 위한 운전자금, 사업장 임차자금 및 시설자금

  2) 우대지원내용

- 보증비율: 90%(창업 후 1년 이내 100%)

- 보증료

  창업 후 3년 이내: 0.4%p 감면(1억원까지 1.0% 고정 보증료율)

  창업 후 7년 이내: 0.3%p 감면(1억원까지 1.0% 고정 보증료율)

4. 마이스터 기술창업보증

  - 사업화 가능한 숙련된 기술을 확보하고 있는 대·중견기업내 기술경력 창업자의 창업을 유도하기 위한 지원 프로그램 입니다.

1) 대상기업

- 경영주가 신청기술 분야 5년 이상의 대·중견기업 기술경력(연구기술 또는 기술 생산 분야) 보유 중이거나, 대·중견기업 스핀오프 창업기업으로 우수기술(예비)창업기업 추천 받은 기업 중 아래 해당기업

- 대·중견기업 재직 중이거나 퇴직한 자로서, 창업예정인 예비창업자

- 창업기업으로서, 실제경영자가 대·중견기업 퇴직한 자인 기업

2) 우대사항

연대보증 면제 신창업보증 적용 가능

- 보증료: 0.7%p 감면(1억원까지 1.0% 고정 보증료율)

- 스핀오프(Spin-off)창업기업의 경우 사전한도 부여가능

- 보증연계투자 지원 대상기업으로 우선 추천

- 기술 경영컨설팅 지원 등

5. 프론티어 벤처기업보증

- 프론티어 벤처기업 보증은 기업의 미래성장 가능성이 높은 우수벤처기업을 육성하는데 목적을 두고 운영중인 제도입니다.

1) 대상기업

- 아래 요건을 모두 충족하는 기업

창업 후 3년 이내인 벤처기업

신성장산업등을 영위

- 기술사업평가등급 BBB이상인 기업 또는 BB등급 중 기술성부문득점(벤처)이 70점이상

2) 우대사항

- 보증비율: 95%(창업 후 1년이내 100%)

- 보증료감면: 0.5%

3) 기타사항

- 심의위원회를 통해 대상기업을 선정하게 됩니다.

6. 우수기술 사업화지원

1) 대상기업

- 아래 요건을 모두 충족하는 기업

창업 후 7년 이내 기업

대학의 이공계(의대포함) 교수, 석·박사 연구원이 창업한 기업 또는 연구기관의

이공계 석·박사 연구원이 창업한 기업 등

2) 우대사항

- 보증비율: 90%(창업후 1년 이내 100%)

- 고정보증료: 0.5%

- 기술평가료 면제

- 투자지원: 보증연계투자 우선추천

- 이노비즈(INNO-BIZ)기업 선정평가 우선진행

- 상장지원: 전문 심화컨설팅 무상지원

- 전담코칭, 홍보지원 등

7. 원클릭보증

- 고객이 영업점 방문 없이 온라인상에서 마우스 클릭만으로 보증결과를 예측할 수 있는 빅데이터 기반 보증상품

1) 지원대상

- 아래 요건을 모두 충족하는 창업 후 5년 이내 개인기업

1 기보, 신보, 지역신용보증재단의 보증잔액이 없는 기업

② 기술기반 제조업, 소프트웨어업 등 원클릭보증 대상 업종 영위기업

③ 관계기업이 없는 기업

④ 공동대표가 없는 기업

　　2) 대상자금

- 운전자금

　　3) 보증지원한도

- 같은 기업당 최대 5천만원

　　4) 지원절차

· 고 객

회 원 가 입	원 클 릭 보 증 신 청	보 증 가 능 여 부
사이버 영업점 회원가입	· 신청대상확인 및 정보이용동의 · 신용도 및 기술력 자가점검	즉시 확인

· 기 보

접 수	확 인	발 급
원클릭보증 접수	현장조사 및 자가진단내용 확인	보증서 발급

　　5) 보증비율·보증료 등

- 0.7%고정(청년창업기업인 경우 0.3% 적용 가능)

- * '18년 말까지 시범운용기간으로, 고정보증료율 0.5%적용

VI. [도약·성장]

1. Kibo-Star벤처기업 보증

 - 벤처기업내 글로벌 경쟁력을 갖춘 한국형 히든챔피언 선정 및 육성을 하기위한 보증제도 입니다.

1) 대상기업

 - 아래 요건을 모두 충족하는 기업

창업 후 3년 초과한 벤처기업

기술사업평가등급 A 이상

자기자본 20억원 이상 등

2) 우대사항

- 보증비율: 95%

- 고정보증료: 0.5%

- 투자지원: 보증연계투자 우선추천 및 벤처캐피탈 등의 투자유치 지원

- 이노비즈(INNO-BIZ)기업 선정평가 우선진행

- 상장지원: 전문 심화컨설팅 무상지원

- 전담코칭, 홍보지원 등

3) 기타사항

- 심의위원회를 통해 대상기업 선정

기술사업계획에 대한 경영주 스피치 실시

2. 기술융합기업 우대보증

 - 기술·산업융합을 진행 중이거나 융합성과를 활용·사업 중인 혁신형 중소기업을 지원하는 제도 입니다.

1) 대상기업

- 아래 요건을 모두 충족하는 기업

  대내외 기술융합 측정·판정 결과, 기술융합을 진행 중이거나, 융합제품을 양산중인 기업

  기술융합진행정도에 따라 기술융합개발보증 및 기술융합사업보증으로 구분하여 지원

  기술융합개발보증 : 융합진행(기술도입, 연구개발) 중인 기업 대상

  기술융합사업보증 : 융합완료 후 사업화/양산중인 기업 대상

  2) 우대사항

- 보증료감면: 0.3%p

- 심사완화: 신용도 유의기업 판별기준 완화

3. 기업인수보증

 - 기업인수·합병(M&A) 과정에서 소요되는 자금에 대한 보증 지원으로 중소기업의 구조조정 촉진 및 기술사장 방지를 위한 제도

  1) 대상기업

- 기업인수·합병을 추진중인 기업

  2) 우대사항

- 기업인수 이후 수반되는 기술개발,설비도입, 사업화자금을 일괄 지원

4. 수출기업 지원

 - 수출기업의 원재료 구입을 위한 금융기관의 무역금융에 대하여 보증해 드리는 제도입니다.

  1) 대상기업 및 내용

대 상	내 용

대 상	내 용
- 30대 주채무계열 소속기업 제외한 기업에 대한 무역금융	- 최고한도 초과대상으로 같은 기업당 70억원 까지 보증지원
- 수출기업 지원 잠정조치 　• 수출실적이 연간 매출액의 10% 이상인 수출중소기업 　• 수출실적이 없거나 미미한 경우에도 신용장, 수출계약서 등을 보유하여 향후 수출이 예상되는 기업	- 보증비율 우대 (85% → 90%) - 신용도 유의사항 적용 완화 　(사유발생 : 1년 → 6월, 　　지점장 전결 확대 : 1억원 → 3억원)

Ⅶ. [R&D·IP·기후금융]

1. R&D보증

R&D보증은 아이디어 단계부터 사업화에 이르기 까지 전주기에 걸친 R&D금융 Matching을 통해 체계적인 R&BD금융을 지원하는 상품 입니다.

1) 대상기업

- 개발단계 및 사업화 준비단계

　R&D 평가표에 의한 등급이 "B등급 이상" 및 경제성 분석 결과 "경제성이 인정된 기업"

- 사업화단계

　최근 5년 이내 정부·지자체·공공기관 지원 R&D과제 성공기업

　기업이 자체수행한 R&D과제 성공기업(기보의 성공판정 기준 충족시)

　최근 5년 이내 이전된 기술을 활용하여 R&D를 추진하는 기업

- 지원내용

　개발단계 : 기술개발(R&D) 중에 있는 신청기술의 개발자금

　사업화준비단계 : 개발완료 후 시제품 제작에 소요되는 자금

　사업화단계 : 개발완료 과제의 사업화 및 제품양산에 필요한 운전 및 시설자금

2) 지원내용

- 개발단계 : 기술개발(R&D) 중에 있는 신청기술의 개발자금

- 사업화준비단계 : 개발완료 후 시제품 제작에 소요되는 자금

- 사업화단계 : 개발완료 과제의 사업화 및 제품양산에 필요한 운전 및 시설자금

3) 지원절차

단계별	주요내용
STEP.01 보증신청	**인터넷 (홈페이지내 온라인영업점)에서 신청** 영업점 방문을 통해서도 신청가능
STEP.02 예비검토	**고객과의 면담결과에 따라 보증금지·제한 해당여부, 기보증액,** **기술사업내용등을 검토하여 계속진행 여부결정, 절차안내**
STEP.03 기술사업계획서 제출	기술사업계획서 등 제출 여타 필요서류는 고객의 협조를 받아 기금직원이 직접 수집
STEP.04 기술평가	**신청기업으로부터 수집한 자료 등을 예비검토 후, 현장평가를 실시** 기술개발 능력, 제품화 능력, 생산 능력 등을 확인
STEP.05 심사·승인후 보증서 발급	**기업의 기술력, 사업전망, 경영능력, 신용상태 등을 통합적으로 검토 후** **승인시 보증약정 후 보증서 발급**

4) 유의사항

- 기술평가료

(개발단계 & 사업화준비단계) 800,000원

(기업당 기금 보증금액 5억원 이하로서 보증금액 1억원 이하 기업은 200,000원)

(사업화단계) 200,000원

5) 보증료

- 기업의 기술사업평가등급에 따라 결정되며, 0.5% ~3.0% 내외

- 보증료율 산출체계

6) 우대내용

- 부분보증 비율 우대

    개발단계 및 사업화준비단계 : 95%~100% 부분보증

    사업화단계 : 85%~95% 부분보증(협약은행의 경우)

- 보증료 : 0.3%p 감면

- 은행과의 협약에 의해 취급하는 사업화자금의 경우 금리 및 대출취급조건 우대

    ※ 협약은행 : 기업, 국민 우리은행, 농협중앙회

    ※ 금리우대 : 영업점장 전결로 최대 1.5%P ~ 1.8%P 감면 가능

7) 문의처 (담당자)

- 기술보증기금 전 영업점 (1544-1120)

2. 특허기술가치평가보증

 - 특허기술의 사업화 이전단계의 우수한 기술을 조기 발굴하여, 사업화 촉진을 위한 금융지원 제도로써 등록된 특허기술의 기술가치평가를 통해 산출된 기술가치금액이내에서 보증지원을 하고 있는 제도입니다

1) 대상기업

- 등록된 특허권을 사업화하는 중소기업으로 특허청과의 협약에 의해 기술가치금액을

    산정한 기업

- 특허권은 개인기업은 대표, 법인기업은 법인이 보유한 경우에 한함(전용실시권자 포함)

2) 우대사항

- 지원한도

기보증금액에 불구하고 기술가치평가금액 이내(기업당 최대 10억 한도)

3) 기술평가료 지원

- 특허청의 기술평가수수료 지원결정시 5백만원까지 지원

3. 지식재산(IP) 평가보증

- 지식재산("Intellectual Property" 또는 "IP") 평가보증 개요

지식재산(IP)의 가치를 평가한 후, 가치금액 범위내에서 보증 지원해주는 상품 입니다.

1) 대상기술

- 특허권, 저작권 등 인간 창조활동으로 만들어낸 무형자산으로 재산적 가치가

실현될 수 있는 지식재산

* 산업재산권(특허권,실용신안권,디자인권,상표권), 저작권(저작권,저작인접권),

신지식재산권(산업저작권,첨단산업재산권,정보재산권,신상표권) 등

2) 우대내용

- 부분보증 비율 : 90% ~ 95%

- 보증료 감면 : 0.3% ~ 0.5%

3) 담보설정

- 특허권, 실용신안권, 컴퓨터프로그램저작권은 지식재산의 타기업 이전방지를 위해 담보취득(근질권)

4) 기술평가료

- 2,000천원 ~ 5,000천원

5) 평가료 지원 연계상품

- 금융기관과의 '지식재산(IP) 협약보증'

기금은 기술가치평가를 통해 보증서와 기술가치평가서를 제공하고, 은행은 평가료

지원 및 보증부대출 취급

* 협약금융기관이 기금에 출연하여 협약보증에 수반되는 기술가치평가료(건당 5백만원)를

지원

- 특허청과의 '특허기술가치평가보증'

등록된 특허기술의 사업화를 위해 기술가치평가를 거쳐 산출된 기술가치금액 이내에서

지원하는 보증

기술평가료 5,000천원 중 특허청이 보증금액에 따라 3,500천원~4,5000천원까지 차등 지원

4. 지식재산(IP) 인수보증

 - 지식재산("Intellectual Property" 또는 "IP") 인수보증 개요

 지식재산(IP)을 인수·사업화하는 기업을 지원하는 보증

   1) 대상기업

 - 지식재산(IP)의 사업화를 위하여, 매매, 실시권 허락 등의 방법으로 지식재산(IP)의 인수를 추진중인 기업

   2) 대상자금

 - 대상기업이 금융기관 등으로부터 융통하는 지식재산(IP) 인수부터 사업화까지 全단계에 소요되는 자금

구 분		지원대상 자금의 범위
1 단계	지식재산(IP) 인수자금	착수금, 기술료 또는 기술매매대금
2 단계	기술완성화자금	(기술개발자금) 기술인수후 추가 개발에 소요되는 개발자금 (시제품제작자금) 디자인, 금형(목형), 재료비, 성능인증에 소요되는 자금
3 단계	양산자금	사업화 또는 제품양산에 소요되는 시설 또는 운전자금

3) 지원절차

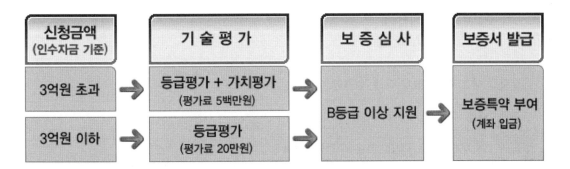

4) 우대내용

- 부분보증 비율 : 95%

- 보증료 감면 : 0.3%

5) 문의처

- 기술보증기금 기술평가센터 및 기술융합센터

5. 기후기술보증

- 본 제도는 파리협약에 의한 신기후체제 발효('16.11)에 따라 국내외 온실가스 감축 및 기후변화 적응사업에 기여할 기후기술 중소기업 육성에 목적을 두고 시행된 제도 입니다.

1) 대상기업

- 기후기술 개발 및 사업화를 추진 중인 중소기업으로 기술사업평가등급 B 이상인 기업

2) 우대사항

- 보증료 감면: 0.2%

VIII. [일자리·혁신성장지원]

1. 일자리창출 지원(굿잡보증)

1) 굿잡보증 대상기업 및 우대사항

- 대상기업

일자리 창출기업으로서 아래 요건에 해당하는 기업

과거 1년전 대비 상시근로자 20% 이상 증가

최근 1년 이내 비정규직의 정규직 전환, 경력단절여성 재고용, 장애인,

특성화고 또는 마이스터고 졸업자 고용, 일자리안정자금수혜

상시근로자 30인 이상 유지 등

- 우대사항

보증비율: 90-95%

보증료감면: 0.3-0.4%p

* 고용유형별 우대내용이 상이

2)고용창출 한도가산 대상기업 및 우대사항

- 대상기업

최근 6개월 이내 정규직을 신규고용한 신기술사업자인 중소기업

- 우대사항

신규고용 인력의 연령, 기술수준에 따라 1인당 3~5천만원씩 최대 5억원까지 지원

2. 4차산업혁명 지원 프로그램

- 경제구조 변화에 따라 기존산업의 성장속도가 둔화되고 있어 미래 주력산업인 신성장 분야를 적극 지원함으로, 사물인터넷·인공지능 등 제4차 산업혁명을 주도할 기술·기업 육성에 목적을 두는 제도 입니다.

1) 대상기업

- 제4차 산업혁명 관련 영위기업

  핵심기업(기술사업 평가등급 BBB 이상)

  일반기업(기술사업 평가등급 B 이상)

  2) 핵심기업 우대지원 및 추가인센티브

- 우대지원

  보증비율 95%

  보증료율 0.3% 감면

- 추가 인센티브

  보증연계투자 우선 추천

  Kibo-Star벤처기업 우선 선정

  3) 일반기업 우대지원

- 우대지원

  * 보증비율 90%

  * 보증료율 0.2% 감면

3. 스마트공장 지원 프로그램

  - 양적 투입 위주의 제조업 성장방식의 한계를 극복하고, 부가가치 증대를 위해 제조업과 IT·서비스를 융합한 스마트 산업혁명을 주도할 기술·기업 육성에 목적을 두고 운영중인 제도 입니다.

1) 대상기업

  - 신성장산업을 영위하면서 스마트공장 보급사업에 참여 및 공급기업

    참여기업: 스마트공장 보급사업 신청기업으로 확인된 기업

    공급기업: 스마트공장 보급사업 참여기업에 납품이력 보유 기업 등

2) 우대사항

　- 우대보증

　　보증비율: 90%

　　보증료감면: 0.2%p

　- 협약보증(우리, 기업은행)

　　보증비율: 95%

　　보증료감면: 0.2%p

　　보증료지원(은행): 0.2%p

　　(보증료지원 협약보증)

IX. [협약·상생·문화]

1. 신재생에너지 상생협약보증

　- 신재생에너지 산업을 국가의 성장동력 산업으로 육성하여 우리 경제의 미래성장 잠재력을 확충하기위한 목적을 둔 제도상품 입니다.

　　1) 대상기업

　- 신재생에너지 분야 제조활동 또는 발전사업을 영위하거나 신재생에너지설비 설치를 하는 중소기업으로 상생협약보증 관련 추천위원회로부터 추천을 받은 중소기업

　　2) 우대사항

　- 보증비율: 90%

　- 보증료감면: 0.3%

　　3) 협약체결 및 취급은행

- 기업은행,신한은행,우리은행

2. 유관기관 협약지원

      1) 금융기관 협약 우대보증

- 금융기관 협업을 통해 일자리창출기업과 혁신성장분야기업 등의 금융부담 완화 및 효율적 보증 지원을 하기위한 제도입니다.

  - 특별출연 대상기업

    창업 후 7년 이내 기업으로서 아래 해당 기업

    신성장산업 영위기업

    청년창업기업

    일자리창출기업

    기술력 우수기업 등

    * 은행별 지원대상 및 지원방법 상이

  - 특별출연 우대사항

    보증비율 우대

    보증료 감면: 0.2%p(5년간)

    성과보증료 면제

    금리우대

    협약은행: 신한, 국민, 하나, 우리, 농협은행

 - 보증료 지원 대상기업

    신성장산업 영위기업

    청년창업기업

    일자리창출기업

    수출중소기업 등

    * 은행별 지원대상 및 지원방법 상이

- 보증료지원 우대사항

    보증료 지원(은행): 0.2%p

    금리우대

    협약은행: 기업, 신한, 국민, 하나, 우리, 대구, 농협은행

        2) INNO-BIZ 금융지원 협약보증

  - 대상기업

    INNO-BIZ 기업

  - 우대사항

  - 보증비율: 100%, 금리우대

  - 협약은행

    산업, 기업, 우리, 하나, 외환, 신한, 국민, 부산, 경남, 대구, 한국씨티, SC, 전북, 농협, 광주은행

        3) 여신심사용 기술평가인증 보증

  - 대상기업

    협약금융기관이 여신심사를 목적으로 기술평가를 의뢰한 기업

3. 대·중소기업 상생협약보증

- 대기업과 중소기업의 동반성장을 위하여, 대기업의 추천을 받은 중소협력업체에 유동성을 지원하는 제도 입니다.

        1) 대·중소기업 상생보증 개요

  - 대·중소기업 상생협약보증 운영절차

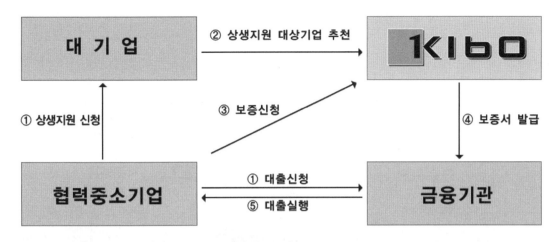

2) 주요내용

구 분	상생보증 주요내용
재 원	대기업 특별출연금
보증지원규모	대기업 특별출연금 × 10~15 배수
지원대상	대기업 추천 협력기업
대상자금	- 자금용도 : 운전 및 시설자금 - 기업당 지원한도 : 대기업 추천금액 이내* * 제규정에서 정하는 보증한도 초과 불가
우대사항	- 보증비율 : 신규 취급 시 100% - 보증료감면 : 0.3%p
협약기한	보증지원한도 소진시까지

4. 정책자금 One-Stop지원

 - 기금이 정책자금 지원신청을 접수하여 기술성·사업성 평가를 통한 1회의 심사만으로 지원대
상기업의 선정뿐만 아니라 보증지원 가능금액을 결정하고, 자금관리주체 및 위탁관리기관에서는
기금의 평가결과를 토대로 별도 심사절차 없이(또는 기본요건 심사) 정책자금을 지원해주는 제도
입니다.

1) 이용절차

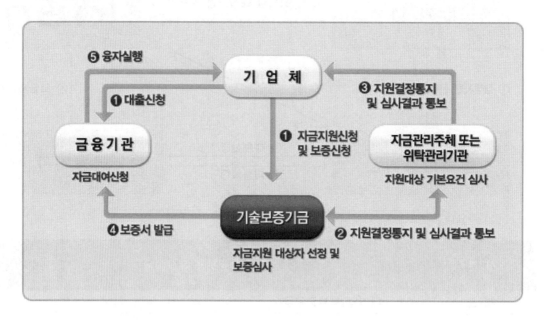

2) 상품 및 대상기업

- 정보통신진흥기금 응용기술개발지원사업 (미래창조과학부)

  대상기업 : S/W, 컴퓨팅, 차세대통신네트워크, 정보통신미디어, 전자정보디바이스

  등 IT 및 IT기반 융합분야 기술개발기업

- 방송발전기금 프로그램제작비융자사업 (한국전파진흥원)

  대상기업 : 방송사업자(지상파, SO, PP, 위성방송, DMB 등)

- 중소·벤처기업 창업 및 육성자금 (지방자치단체)

  대상기업 : 벤처기업, 기술창업기업 등 지자체*가 요청한 기업

  * 자체가 요청한 기업

  (부산, 광주, 인천, 대전, 경기, 충남, 전남, 전북, 경북, 부천, 울산, 강원, 서울, 대구, 경산, 김해)

5. 문화산업완성보증

  - 문화산업 완성보증은 문화콘텐츠 제작에 필요한 자금을 업무협약 금융회사로부터 대출 받을

수 있도록 보증 지원하고, 문화콘텐츠 제작을 완성하여 인도시 수령하는 판매대금이나 관련 수익금으로 대출금을 상환하는 제도 입니다

　　1) 대상기업

- 문화콘텐츠* 제작기업

　* 문화콘텐츠 : 만화, 애니메이션, 캐릭터, 디지털콘텐츠, 음악, 영화, 방송, 게임, 공연

- 최대 보증지원 금액

　* 프로젝트당 최고 50억원

　　2) 주요 보증조건

- 판매대금 및 수익금에 대하여 완성보증부 대출금 우선상환

- 선판매대금 채권양도

　　3) 지원절차

　　4) 업무협약 금융회사

- 수출입은행, 기업은행, 국민은행, 우리은행, 하나은행

기술보증기금(기술금융)

Ⅰ.기술금융이란?

기술금융이란 창업, R&D, 사업화 등 기술혁신 과정에서 필요한 자금을 기술평가를 통해 공급하는 기업금융의 형태로서, 지원방법 및 회수조건 등에 따라 투·융자와 보증, 출연, 복합금융 등으로 구분되며, 기보의 기술평가보증이 대표적인 상품 입니다.

▶ 기술혁신단계와 중소기업의 성장과정

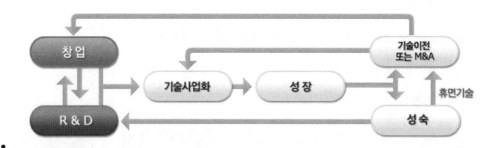

▶ 기보의 단계별 맞춤형 평가 · 자금지원

기술평가는 기술금융 공급자와 수요자간 정보 비대칭성과 불확실성 해소를 위해 반드시 필요한 핵심적인 사업으로서 기보는 국내 최고의 기술평가인프라를 바탕으로 창업(준비) 단계부터 위기/재도전 단계에 걸친 다양한 성장단계별 기술금융상품과 연결시키는 기술금융종합지원기관입니다.

구분	창업준비 단계	도약 단계	성장·성숙 단계	위기·재도전 단계
기술금융	예비창업자 사전보증	고부가서비스프로젝트 보증	이노비즈기업 협약보증	긴급경영안정보증
	청년창업 특례보증	예비스타벤처기업 육성특례보증	금융기관 특별출연 협약보증	경영개선지원보증
	맞춤형 창업지원 프로그램	기술·산업융합 보증 *		유동성지원 (Fast-Track)
	특허창업 특례보증	지식재산(IP) 금융지원 *		프로그램 공동워크아웃기업 보증
	R&D 개발자금* / R&D사업화 준비자금*	R&D 사업화 자금 *		재창업 재기지원보증 *
		일자리 창출기업 지원 *		재도전기업주 재기지원 보증
		문화산업완성보증	상생협약보증	
		보증연계 투자		
	투자옵션부보증(4월)	시설자금 특례보증		
	전문인력 창업보증(6월)	수출중소기업에 대한 우대보증 *		
		유동화회사 보증		
		우선상환조건부 프로젝트 보증(10월)		
기술평가·컨설팅	새싹기업 성공창업강좌	벤처기업확인 평가	기술이전·M&A중개	중소기업 건강관리 프로그램
		이노비즈기업 확인평가		
	벤처창업교실	기술가치 평가 (기술이전·거래)		
	창업멘토링 프로그램	기술평가 인증 (투·융자 참고용)		
		녹색인증평가		
		R&D과제의 경제성·사업성 평가		

Ⅱ. 평가이용안내

1. 기술평가의 정의

대상 기술의 기술성, 시장성, 사업타당성 등을 분석하고 결과를 금액, 등급, 의견 등으로 표현하는 기술보증기금의 대표적인 평가시스템 입니다.

- 기술평가는 본래 기술수준 등 기술자체에 대한 평가를 표현한 용어지만, 기술과 기업(사업)간의 밀접한 관련성으로 인해서 최근에는 상기의 의미로 해석이 되고 있습니다

- 기술가치평가는 기술평가와 가치평가가 결합된 용어로서, 기술적인 요소를 기반으로 시장에서

의 가치를 평가 하는 것을 의미하며, 협의로는 기술을 금액으로 표현하는 것이고 광의로는 기술을 금액, 등급, 의견으로 표현 하는것으로 정의가 되어 있습니다.

1) 기술평가의 필요성

- 기업에 대한 정량화된 평가는 주로 신용평가를 통해서 이루어지고 있으나, 초기기업 또는 기술혁신형 기업의 경우 신용평가등급(재무등급) 산출이 불가능하거나 낮게 산출되므로 시장에서 제대로 평가 받지 못하고 있는 상황입니다. 따라서 이들 기업은 기술평가를 통해서 정보 비대칭성을 줄이면서 정책적인 지원을 위한 판단 기능으로서 기술평가 가 유용한 수단이 되고 있습니다.

2) 기술평가의 유형

- 기술평가는 평가목적이나 용도에 따라 "기술가치평가","기술사업타당성 평가","종합기술평가" 등으로 운용 되고 있습니다.

평가 구분	정의	세부평가종류
기술가치 평가	당해 기술에 의하여 현재 시현되고 있거나 장래에 시현될 기술의 가치를 평가하여 평가결과를 금액으로 표시	- 벤처기업 현물출자 특례대상 산업재산권 등의 평가 - 외국인 출자 산업재산권 등의 평가 - 기술의 담보가치를 산정하기 위한 평가 - 기술이전·거래 기준가격 산정을 위한 평가 - 기술사업의 이전·양수도를 위한 평가 등
기술사업 타당성평가	기업이 특정기술 또는 아이디어를 신규로 사업화하거나 현재 추진중인 기술사업의 투자를 확대하고자 하는 때에 당해 사업의 기술성 및 사업타당성을 평가	- 벤처기업 확인, INNO-BIZ 선정평가 - 발명의 사업성평가 - 정부, 지자체 또는 금융기관 등의 자금지원 대상자 선정을 위한 평가 - 금융기관 등의 여신심사용 기술평가 - 기술이전·거래 등을 위한 평가 - R&D 평가 - 보증지원을 위한 평가 등
종합 기술평가	기업이 보유하고 있는 모든 기술을 경영환경, 사업전망 등 기업의 실체와 연계하여 종합적으로 평가	- 금융기관, 벤처캐피탈 또는 엔젤투자자 등의 투자용 평가 - 벤처기업의 코스닥시장 상장을 위한 평가 - 주식가치평가 등

3) 기술평가의 범위

- 기술평가 범위는 평가대상 기술의 기술성, 시장성, 사업성을 종합적으로 검토하고 있습니다.

기술성	시장성	사업성
- 기술의 수준 - 기술의 활용성 - 기술이 파급성 - 제품생산 가능성 등	- 시장규모 및 특성 - 동업계 현황 - 시장수요전망	- 경쟁력 - 사업추진능력 - 재무구조 등

2. 기술평가절차

▶ 신청·접수

■ 등록 산업재산권 관련기술, 컴퓨터 프로그램법에 의한 등록 프로그램 등 모든 무형의 기술 또는 기술보유기업, 예비창업자, 비사업자 모두 신청 가능(기술의 권리 보유자가 상이할 경우 동의 필요)

■ 신청자료 기술평가서식

- 기술평가신청서
- 기술사업계획서 (평가종류에 따라 양식이 다소 다르므로 평가종류를 확인한 후 해당양식을 사용 요망)
- 기타 특허등록원부 등 기술의 권리관계를 증명할 수 있는 자료
  ▶ 기술평가보증을 위한 신청 시에는 추가자료 발생하므로 기술평가보증 절차안내를 참고
  ○ 평가보증

⌄

▶ 예비평가

■ 신청인의 평가접수 자료 등을 활용하여 예비평가표에 의거 아래 사항 등을 검토하여 평가진행 여부를 판단

- 접수자료의 적정여부
- 특정자금지원사업의 지원대상요건 해당 여부
- 기술성, 시장성 및 사업성 등에 관한 개략적인 사항

■ 평가종류 또는 목적에 따라 생략 가능

⌄

▶ 본평가

■ 현장조사

- 기술개발 조직 및 인력, 기술개발 실적 등 기술개발능력
- 제품개발계획 및 진척도, 제품의 완성도 등 기술의 제품화 능력
- 생산설비 보유현황 및 가동상태, 공정관리, 품질관리 등 생산화능력
- 제장부 또는 증빙서류 등과의 상호비교를 통한 접수자료의 사실여부 등

■ 보완조사

- 인쇄매체, 인터넷 등을 통한 관련자료 수집
- 거래처, 동업계 또는 금융기관 등을 통한 조회
- 대내외 각종 기술정보 및 산업동향정보의 조회

■ 기타 운영사항

- 필요시 전문연구기관 등의 시험.분석 관련 자료제출
- 예비창업자 또는 업무협약에 의한 일괄평가 등은 현장조사 생략 가능

▶ 평가완료

■ 평가자가 기술평가 절차에 의해 기술평가를 완료하면, 기금에서 정한 소정의 양식에 의한 기술평가서 또는 기술평가인증서에 의해 평가결과를 신청인에게 통보

3. 기술평가료

기술평가료는 기술평가업무처리에 대한 수수료 성격으로서 **평가투입인력, 처리기간, 업무난이도** 등을 고려하여 결정되며,정형화된 평가 및 유관기관과의 협약 등에 따라 일정금액을 정하여 운영하는 정액평가료와 평가신청인과의 평가수행계약시 '**계약평가료산출표**' 에 의해 비용을 정하는 계약평가료로 구분됩니다.

1) 정액평가료

정액평가료는 평가신청을 접수하는 때에 수납하며, 예비평가료를 차감한 정액평가료 잔여액(본평가료)은 평가를 완료한 후에 수납하시면 됩니다.

평가종류		예비평가료	본평가료	수수료	고객 납부금액
벤처 확인 평가	기술보증평가	220,000	-	110,000	330,000
	연구개발기업	220,000	-	110,000	330,000
	예비벤처기업	220,000	-	110,000	330,000
이노비즈 선정평가	신규선정평가	770,000	-	-	770,000
	기한연장평가	440,000	-	-	440,000
기술평가보증		-	200,000	-	200,000
기술평가인증			1,000,000		1,000,000

* 상기평가료는 부가가치세(VAT) 포함된 금액이고, 지식재산(IP)보증 및 R&D보증 등 고난이도

평가가수반되는 기술평가보증의 경우는 평가료를 달리 운용되고 있습니다.

** 상기 기술평가보증관련 평가료는 부가세법상 금융.보험 용역의 범위에 해당하는 면세대상

입니다.

  2) 계약평가료

계약평가료는 평가신청을 접수하는 때에 전액 수납함을 원칙으로 하되, 개별계약 등에 의하여 수납시기, 납부방법 등을 달리정하여 운영되는 경우에는 그에 따라 수납을 하시면 됩니다.

항 목	산 출 기 준

인건비	- 인건비는 기금직원이 평가자로 위탁평가·기술자문·심의에 따른 외부자문위원을 활용
	  하는 경우 외부인건비로 구분
	
	- 산출방법
	
	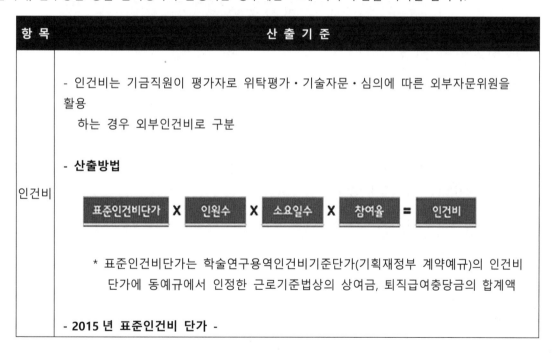
	
	  * 표준인건비단가는 학술연구용역인건비기준단가(기획재정부 계약예규)의 인건비
	    단가에 동예규에서 인정한 근로기준법상의 상여금, 퇴직급여충당금의 합계액
	
	- 2015년 표준인건비 단가 -

항 목	산 출 기 준			
	내부인력의 인건비 구분	외부인력의 인건비 구분	기준단가 (인건비/일)	비고
	팀장	특급기술자	401,559	책임연구원
	팀원	고급기술자	307,910	연구원
	-	중급기술자	205,828	연구보조원
	-	초급기술자	154,376	보조원

경 비	- **직접경비** 　• 평가에 직접 소요되는 국외출장비, 시험·연구분석 등 　• 기술평가에 직접 소요되는 회의비 - **간접경비** 　• 평가관련 관리업무비(= 인건비 × 경비집행율*) 　　* 2015년 경비집행율 : 24.36%

합 계 산 출 액

Ⅲ.기술평가 활용

1. 자금조달

　　1) 보증대출

(1) 운전·시설자금

　- 신기술사업자 지원사업用 평가

　　기업이 보유한 기술사업에 대한 기술평가 결과에 따라 운전·시설자금 대출에 대한

　　보증서를 발급

(2) R&D 자금

　- R&D 보증用 평가

추진중인 R&D에 대한 사업화타당성과 경제성을 평가하여 R&D 소요자금에 대한

보증서를 발급

- 정부출연연계 R&D 보증用 평가

추진중인 R&D에 대한 사업화타당성과 경제성을 평가하여 R&D 소요자금에 대한

보증서를 발급

- R&D 프로젝트보증用 평가

개발부터 사업화 성공에 이르기까지 R&D 전 주기에 소요되는 자금을

일괄평가·심사하고, 한도거래 설정하여 자금을 지원

(3) 창조기업 지원자금

- 기술융합기업 우대보증用 평가

기술융합을 진행 중이거나 융합제품을 양산 중인기업에 대하여 기술평가를 통해

기술도입, R&D사업화, 양산자금에 대한 보증서를 발급

(4) 기술이전·M&A 자금

- 기술이전보증·기업인수보증用 평가

인수되는 기업·기술에 대한 가치평가를 실시 하고 인수자금·개발사업화 자금에 대하여

보증서를 발급

(5) 콘텐츠 제작 자금

- 문화산업완성보증用 평가

보증서 발급을 통해 콘텐츠 제작대금을 조달하고, 콘텐츠 판매대금이나 수익금으로

대출금을 상환 하는 제도

※ 온라인게임, 드라마, 방송애니, 극장영화,기타공연, 모바일게임 등 11개 장르

(6) 지식재산(IP) 사업화자금

- 지식재산(IP) 평가보증, 특허기술가치평가보증, 금융기관과의 지식재산(IP) 협약보증用 평가

지식재산의 미래가치를 평가하여 기술의 가치 금액만큼 보증서를 발급

- 지식재산(IP) 인수보증用 평가

지식재산을 인수·사업화하는 기업에 지식재산(IP) 도입 및 사업화자금을 지원

- 지식재산(IP)담보대출用 평가

기보에서 지식재산의 미래가치를 평가하면, 협약은행에서 이를 기반으로 IP담보대출을 지원

※ 특허청과의 협약을 통해 기술평가료를 지원

- 지식재산(IP) 투자보증用 평가

우수한 IP 보유 기업이 발행하는 사채(CB, BW)에 대해 기술가치금액 범위내에서

기보가 보증하고, 협약투자기관이 인수

(7) 예비창업자 준비자금

- 예비창업자 사전보증用 평가

창업이전 기술평가를 실시하여 창업자금, 지원가능금액을 사전 제시해주고, 창업 후 보증 취급

2) 기술평가인증대출

(1) 여신심사용 기술평가인증서

- 여신심사用 기술평가(인증서)

기보가 평가결과(평가등급, 의견 등)를 기재한 기술평가인증서를 제공하면, 금융기관이

이를 참고하여 신용대출을 실행

- 보증서와 기술평가인증서를 결합한 상품 (1+1 협약보증)

은행과의 협약에 의해 보증서와 함께 기술평가인 증서를 제공하고, 은행은 보증 대출과

신용대출을 동시에 취급

3) 투자유치

(1) 투자심사용 기술평가인증서

- 기보의 직접투자用 기술평가(인증서)

영업점이 실시한 기술평가 결과를 기보의 직접 투자 심사에 활용

창투사 등의 직접투자用 기술평가 (인증서) 기보가 평가결과(평가등급, 의견 등)를 기재한

기술평가인증서를 제공하면, 창투사 등이 투자대상기업 발굴 및 투자심사에 활용

4) 정책자금

(1) 정책자금 지원기업 선정

- 정부 R&D 자금 선정用 평가

정부 R&D 지원사업의 연구비 지원기업 선정을 위해, 기보가 기술평가를 통해 사업화

가능성이 뛰어난 기업을 선별

정부·지자체의 정책자금 선정用 평가 정부·지자체의 정책자금 지원기업 선정을 위해,

기보가 기술평가를 통해 사업화 가능성이 뛰어난 기업을 선별

(2) 정부 R&D 지원과제 선정

- R&D 경제성 평가

정부 R&D 지원사업의 과제 선정을 위해, 기보가 기술평가를 통해 사업화가능성과

경제성이 뛰어난 R&D사업을 선별

2. 인증취득

1) 벤처기업 인증

- 벤처기업 확인 평가

평가대상 기술·기업의 기술·시장·사업성을 종합 평가하여 벤처기업 요건 충족여부를

판정

2) INNO-BIZ 인증

- INNO-BIZ 선정 평가

평가대상 기업의 기술혁신시스템과 개별기술에 대한 평가를 통해 INNO-BIZ 기업요건

충족여부를 판정

   3) 녹색인증

- 녹색기술인증 평가

  기술의 우수성과 녹색성(에너지·자원 활용의 효율성, 녹색성장 기여도)을 평가하여

  녹색기술인증 대상을 선별

- 녹색사업인증 평가

녹색 사업의 녹색기술 활용성, 환경기대효과, 정책 적합성을 평가하여 녹색사업

인증 대상을 선별

- 녹색전문기업 확인

인증 받은 녹색기술에 의한 기업의 매출비중을 확인하여 녹색전문기업 여부를 확인

- 녹색기술제품 확인

  녹색기술 인증확인, 제품생산 가능여부, 품질경영, 제품성능을 평가하여 녹색기술제품

  여부를 확인

3. 기술자산 활용

   1) 현물출자

- 벤처기업 현물출자用 산업재산권 등의 평가

  벤처기업에 출자되는 기술에 대한 가치평가를 통해 산정된 가액을 법원의 인가에 의해

  기업의 장부가액으로 인정

- 외국인 출자用 산업재산권 등의 평가

  외국인이 보유한 기술을 국내 출자시, 출자되는 기술에 대한 가치평가를 통해 산정된

  가액을 현물출자액으로 인정

- 기술지주회사 설립 현물출자用 산업재산권 등의 평가

대학(산학협력단)이 기술지주회사 설립시, 출자되는 기술에 대한 가치평가를 통해 산정된

가액을 현물출자액으로 인정

　　2) 기술이전·M&A

- 기술이전·거래 참조用 평가

기술 이전·거래시 당사자의 의뢰에 의해 가치 평가를 실시하고, 기술의 객관적 가치를

산정 및 제시

　　3) 기타 가치평가

- 기타 기술가치평가

가치평가를 통해 산정된 기술가치 금액을 담보가치, 소송가액 산정 등 다양한 용도로

활용 가능

- 콘텐츠가치평가, 주식가치평가

기업이 보유한 콘텐츠 및 주식에 대한 가치평가를 실시하여 가액을 산정

4. 기술전략 컨설팅

　　1)기술사업타당성 분석

- 기술사업타당성 평가

추진 중인 기술사업에 대한 기술적·경제적 타당성을 평가

　　2) 기술전략수립 지원

- R&D 기획지원사업

기업이 개발하고자 하는 신기술에 대한 개발타당성·시장성·성공가능성을

분석 및 평가하고,사업전략 수립 등 R&D 기획을 지원

- R&D 기획멘토링

중소기업형 제품과 서비스의 융·복합을 통한 고부가가치의 시장지향적 신제품·신상품

개발을 지원하여 새로운 중소기업형 비즈니스모델 발굴 및 중소기업 경쟁력 향상을 촉진

   3) 기타 평가

- 우수기업 선별을 위한 기술평가(인증서)

  대한민국기술대상, WorldClass300 등 우수기술 기업 지정을 위한 선별 평가

- 코스닥시장 상장을 위한 전문평가

  정부가 정하는 신성장동력산업 업종 영위기업 중 기술력과 성장성을 인정받아 상장하고자

  하는기업에 대한 기술평가

- 기술관련 요건 판정을 위한 평가

  대덕특구의 첨단기술기업확인 등 기술과 관련한 특정요건 충족여부 판정을 위한 평가

VI.기술평가상품

1. 기술가치평가

기술가치평가는 당해 기술에 의하여 현재 시현되고 있거나 장례에 시현될 기술의 가치를 금액으로 평가하는 제도

   1) 상품내용

- 벤처기업 현물출자 특례대상 산업재산권 등의 평가 (벤처기업육성에관한특별조치법

  제6조제2항 : '대통령령이 정하는 기술평가기관'이 산업재산권 등의 가격을 평가한 경우

  그 평가내용은 상법 제299조의2와 제422조의 규정에 의하여 공인된 감정인이 감정한

  것으로 본다)

- 외국인 출자 산업재산권 등의 평가(외국인투자촉진법 제30조제4항)

- 기술의 담보가치를 산정하기 위한 평가

- 기술이전·거래 기준가격 산정을 위한 평가

- 기술관련사업의 이전·양수도 등을 위한 평가

- 기타 기술 또는 기술사업 관련 평가

2) 평가내용 및 목적

근거 법령	평가 내용	평가 목적
벤처기업육성에관한특별조치법(제 6 조) 및 외국인투자촉진법(제 30 조)	산업재산권 등의 가격 결정	벤처기업에 대한 현물출자, 외국인의 현물출자
기술이전촉진법(제 8 조)	기술이전거래용 기술가치평가	기술이전 및 사업화
산업기술혁신촉진법(제 38 조)	기술평가 및 기술에 대한 투자촉진사업	산업통상자원부령 산업기술혁신에 관한 사업
기술신용보증기금법(제 28 조)	당해기술과 관련된 기술성, 시장성, 사업성 등을 종합적으로 평가	정책수행 및 금융지원
발명진흥법(제 21 조)	발명의 조속한 사업화를 위한 기술성·사업성 평가	발명기술의 사업화

3) 평가방법

- 기술가치 산정을 위한 평가방법 : 수익접근법*, 시장접근법과 비용접근법

 * 수익접근법- 기술로부터 발생되는 미래현금흐름의 현재가치의 합계로서 기술가치를 평가하는 방법으로 기술의 수익창출 능력을 자본화함으로써 기술의 공정시장가치를 구하는 방법

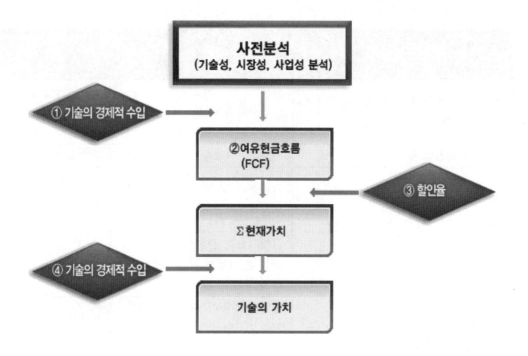

4) 지원절차

5) 유의사항

- 기술평가료 : 평가인력, 평가기간, 평가범위, 업무난이도 또는 업무위탁용역비용 등 종합적으로 고려하여 개별산출

6) 문의처(담당자)

- 기술보증기금 본부평가센터 및 중앙기술평가원

2. 녹색인증평가

녹색인증은 저탄 녹색성장 기본법 과 녹색인증제 운영요령 에 따라 녹색산업에 대한 민간자본 유입을 위하여 해당 기술 또는 사업이 유망 녹색분야인지 여부를 확인하는 제도입니다.

1) 녹색인증 구분

구분	인증 및 확인대상
녹색기술 인증	사회·경제 활동의 전 과정에 걸쳐 에너지와 자원을 절약하고 효율적으로 사용하여 온실가스 및 오염물질의 배출을 최소화하는 기술
녹색사업 인증	녹색산업설비·기반시설의 설치·공사, 녹색기술·산업의 응용·보급·확산 등 녹색성장과 관련된 경제활동으로서 경제적·기술적 파급효과가 큰 사업
녹색전문기업 확인	창업 후 1년이 경과된 기업으로서 인증받은 녹색기술에 의한 직전년도 매출액 비중이 총매출액의 20%이상인 기업
녹색기술제품 확인	저탄소녹색성장기본법 제 32 조 2 항에 따라 인증된 녹색기술을 적용한 제품으로 판매를 목적으로 상용화한 제품

2) 녹색인증 수행기관

- 전담기관(인증서 신청접수/발급) : 한국산업기술진흥원

- 평가기관(기보 등 총11개)

  기술보증기금, 한국산업기술평가관리원, 한국에너지기술평가원, 한국환경산업기술원,

  국토교통과학기술진흥원, 한국해양과학기술진흥원, 한국산업기술진흥협회,

  농림수산식품기술기획평가원, 한국방송통신전파진흥원, 한국콘텐츠진흥원,

  한국문화관광연구원

3) 녹색인증 지원절차

구분	녹색기술/녹색사업 인증	녹색전문기업/녹색기술제품 확인
STEP.01 평가의뢰 접수	중앙기술평가원이 한국사업기술진흥원(전담기관)으로부터 일괄 접수	좌동
STEP.02 서류검토	서류검토 후 "신청서류검토서" 작성 * 구비서류 미비시 보완 요청	
STEP.03 평가위원	5 인이상으로 (현장평가인력 포함) 구성 (단, 연장 평가의 경우 2 인 이상 3 인이내	생략

구분	녹색기술/녹색사업 인증	녹색전문기업/녹색기술제품 확인
구성		
STEP.04 현장평가 주 1)	현장실사 후 "녹색 기술/사업 현장평가표" 작성	녹색기술제품 확인의 경우, 현장평가 실시
STEP.05 평가위원회 개최*	- "녹색기술(사업) 서류평가표"에 의한 평가위원의 서류평가 * 필요시 신청기업 발표평가 병행	생략
STEP.06 평가표 (또는 검토표) 작성	- "녹색인증 종합평가표" (연장평가시 "녹색인증 연장종합평가표") 작성	"녹색전문기업 확인검토서/ 녹색기술제품 현장평가표" 작성
STEP.07 인증추천 등	평가결과에 따라 적합(인증추천) 및 부적합 통보	좌동
STEP.08 평가결과 관리	중앙기술평가원은 평가의뢰 접수후 30 일(연장평가 20 일)이내 전담기관에 회보여부를 관리(정부출연금 관리 포함)	좌동

주1) 연장평가의 경우 현장평가 생략 가능.

4) 유의사항

- 인증수수료 (기술평가료)

구분	인증 및 확인대상	연장신청	
녹색기술 인증	신청 기술당 100 만원	기술수준 변경	신청 기술당 50 만원
		기술수준 동일	-
녹색사업 인증	신청 사업당 150 만원	신청 사업당 75 만원	
녹색전문기업 확인	-	-	
녹색기술제품 확인	신청 건당 30 만원	기술수준 변경	신청 건당 30 만원
		기술수준 동일	
녹색기술인증과 녹색기술제품을	신청 건당 120 만원	기술수준 변경	신청 기술당 80 만원
		기술수준 동일	

구분	인증 및 확인대상		연장신청
동시에 신청			

5) 문의처(담당자)

- 기술보증기금 중앙기술평가원

3. 기타 기술평가사업

1) 중소기업 R&D기획지원사업

중소기업 R&D기획지원사업은 중소기업청의 매년 시행하는 「중소기업 R&D기획역량 제고」사업에 의거, 중소기업이 개발하고자 하는 신기술에 대하여 개발타당성 분석, 시장성 조사, 성공가능성 평가, 사업전략 수립 등의 R&D기획을 지원하여 R&D 및 사업화 성공률을 제고하는 사업입니다.

(1) 우수과제는 중기청 기술개발사업에 자동 연계 지원 제공됨

- 혁신과제 : 이노비즈(Inno-Biz)기업, 벤처기업, 기업부설연구소 보유기업중 하나에 해당하는 기업

- 창업과제 : 창업 후 7년 이하이고, 상시 근로자수 50인 이하 또는 매출액 50억원 이하 중소기업

(2) 지원분야

- 사업화 실현 가능성 및 성장 가능성이 높은 신제품 개발 기술

- 중소기업 미래 성장 유망 20대 전략분야의 시장초기기술 또는 고위험-고수익이 기대되는 기술(혁신과제)

(3) R&D 기획지원 규모 및 조건

- 지원규모* : 2015년 50억원(1차: 25억원 100개 과제)

     * 지원규모는 매년 사업시행시마다 달라질 수 있음.

- 지원조건

  혁신과제 : 총 평가비용의 70% (최대 2,100만원 한도)

  창업과제 : 총 평가비용의 80% (최대 2,400만원 한도)

(4) 신청기간 및 방법

- 신청기간 : 중소기업청 시행계획 공고에 의함

- 신청방법 : 중소기업청 기술개발사업 종합관리시스템(www.smtech.go.kr)을 통한 온라인 접수

(5) 선정과제에 대한 R&D기획지원

- 중소기업이 제외한 기술의 실현가능성, 제품화 및 시장전망, 향후 사업전략, 필요한 기술개발과정 등 기술성·사업성에 대한 R&D기획을 지원

- 선정기업의 임직원, 기획기관의 해당분야 전문가 등이 프로젝트팀을 구성하여 합동으로 R&D기획을 수행하고, 최종보고서는 참여 기획기관이 작성

(6) 연계지원 평가결과 우수과제의 지원

- 연계지원 평가위원회에서 우수과제로 선정된 과제는 '16년도 중소기업청 R&D사업으로 지원범위 내에서 연계지원(단, 연계지원사업의 지원자격요건을 충족해야 함)

혁신과제 : 단독기술개발은 혁신기업기술개발사업(최대 2년/5억원), 공동기술개발은

융복합기술개발사업에 연계(산연과제, 최대 2년/6억원)

창업과제 : 창업성장기술개발사업에 연계(최대 1년/2억원)

(7) 지원절차

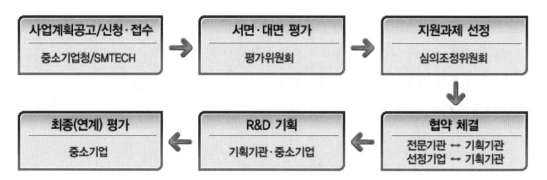

2) R&BD 기획멘토링 (중소기업청 기업 서비스연구개발사업)

(1) 개요

- 중소기업형 제품과 서비스의 융·복합을 통한 고부가가치의 시장지향적 신제품·신상품 개발을 지원하여 새로운 중소기업형 비즈니스모델 발굴 및 중소기업 경쟁력 향상을 촉진

- 중소기업이 1년 이내에 개발 가능한 고부가가치 시장지향적 신제품·신상품 개발 과제를 선정,

선정과제에 대해 과제 기획, 사업화 컨설팅 및 멘토링, 보증 연계지원 등의 사업화 연계를 지원

(2) 사업세부내용

- 사업추진절차 : 기금은 과제선정기업에 대한 멘토링 기관으로 참여

- 지원규모 : 155억원, 109개과제 (매년 지원규모가 변동됨)

- 지원조건

구분	개발기간 및 금액	정부출연금 비중	방식
제품서비스	최대 1 년, 2 억원	75%이내	자유응모 지정공모
지식서비스	최대 1 년, 1.5 억원	75%이내	자유응모

- 멘토링 프로그램 : 제품서비스는 멘토링 프로그램 신청이 의무이며, 멘토링 기관은 주관기관 선택

멘토링 기관	멘토링 분야	멘토링 내용
기술보증기금	R&BD 기획멘토링	- 기술역량분석 - 기술컨설팅 및 시장컨설팅 - 기술금융지원(가능시)
한국벤처 캐피탈협회	투자유치 전략수립 및 IR	- 비즈니스모델, 사업화전략 분석 및 컨설팅 - IR 지원 제공
KOTRA	해외사업 타당성분석 및 파일럿테스트	- 해외시장조사 및 마케팅 방안, 전략수립 - 사업타당성 분석
KT & 한국생산성	모바일기반 서비스 기술 및 사업화	- 모바일 앱 기획 및 개발 멘토링 - 제품 개발 및 사업화 멘토링

멘토링 기관	멘토링 분야	멘토링 내용
본부	멘토링	- 사후관리(판매채널 및 마케팅 연계)
(주)윕스	특허전략	- 특허 및 지식재산권 관리전략 기획, 연구개발 기획, 시장관리전략 기획

기금의 R&BD기획멘토링은보증연계지원을적극적으로검토

- 멘토링수수료 : 8백만원(VAT포함)

  * 각선정업체의과제사업비내에서지출

    3) 문의처

- 기술보증기금 기술평가센터, 중앙기술평가원 및 기술융합센터

4. 코스닥 기술상장특례 평가

코스닥 기술성장기업 상장특례 평가
기술력이 뛰어난 유망기술기업이 기술평가를 활용해 코스닥시장에 진입할 수 있는 기회를 부여하는 제도

    1) 기술성장기업 상장특례 대상기업

- 한국거래소의 코스닥시장 상장규정중 기술성장기업 요건에 따라 기술력과 성장성을 인정받아 상장하고자 하는 기업

- 전문평가기관* 중 2개 기관으로부터의 기술평가결과가 일정등급 이상**일 경우 기술성장기업으로 상장예비심사 청구자격이 부여

    * 기술보증기금, NICE평가정보, 한국기업데이터

    ** A등급이상(단, ㉮기관 평가등급이 BBB이나, ㉯기관의 평가등급이 A이상일 경우는 인정)

    2) 기술성장기업 상장특례 심사

- 상장특례 요건

- 요건 면제　① 설립후 경과연수(3년 이상)
　　　　　　② 경영성과(법인세차감전계속사업이익 있을 것)
　　　　　　③ 이익규모 등(ROE, 당기순이익, 매출액, 시가총액 등)

- 요건 완화　① 기업규모(자기자본 10억원 이상)
　　　　　　② 자본상태(자본잠식률 10% 미만)

- 상장예비심사 절차

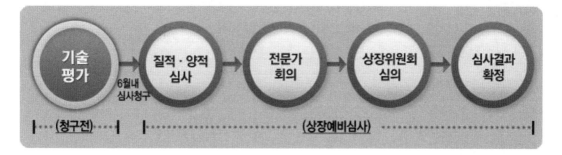

3) 기술평가(기술보증기금)

- 기술평가절차

| 평가신청 및 평가료납부 | o 신청기업은 주관사를 경유하여 기술평가를 신청
  −신청서류는 평가신청서(거래소양식)와 기술사업계획서(기보양식)
o 평가신청시 주관사는 평가수수료를 납부 |

| 서류검토 및 평가일정조정 | o 기보는 사업계획서 검토후 평가에 필요한 서류를 요청(주관사 경유)
  −예비검토시 필수서류는 현장평가전 제출요청하고 일부는 현장평가시 수집가능
o 주관사와 신청기업 실사일정을 조정 |

| 현장평가
(1차평가) | o 업체관계자와 현장평가 진행(주관사 참여) |

| 대면평가
(2차평가) | o 업체관계자와 대면평가 진행(주관사 참여)
  −장소는 기업, 주관사와 협의하여 선정(기보 회의실 등) |

| 평가결과통보 | o 평가신청후 4주이내 한국거래소와 신청기업(주관사 경유)에 평가결과 통보 |

- 평가수수료(기술평가료) : 1천만원(부가세 별도)

  주관사가 기술보증기금의 지정계좌에 입금하고, 기술보증기금은 상장주관사로 세금계산서 발급

- 신청서류 양식

종 류	내 용
① 기술평가신청서	-신청필수서류

종 류	내 용
② 기술사업계획서(기타목적용)	-신청필수서류
③ 이해관계 부존재 확인서	-평가기관과 신청기업간의 이해관계확인을 위한 서류(거래소규정)

- 업무담당자

기술보증기금 중앙기술평가원

5. 코넥스 기술상장특례 평가

코넥스 기술평가사업 상장특례 평가
기술력이 뛰어난 유망기술기업이 기술평가를 활용해 코넥스시장에 진입할 수 있는 기회를 부여하는 제도

  1) 기술평가기업 상장특례 대상기업

 - 한국거래소의 코넥스시장 상장규정중 기술성장기업 요건에 따라 기술력과 성장성을 인정받아 상장하고자 하는 기업

 - 기술평가기관* 중 1개 기관으로부터의 기술평가결과가 일정등급 이상**일 경우 기술평가기업으로 상장심사 청구자격이 부여

  * 기술보증기금, NICE평가정보, 한국기업데이터

  ** BB등급이상

  2) 기술평가기업 상장특례 심사

 - 상장특례 요건

● 요건 면제   지정자문인 선임 면제

● 요건 완화   ① 거래소가 지정하는 기관투자자(지정기관투자자)가 20%이상 지분보유(1년 이상)
② 지정기관투자자의 특례상장 및 지분매각 제한동의

- 상장예비심사 절차

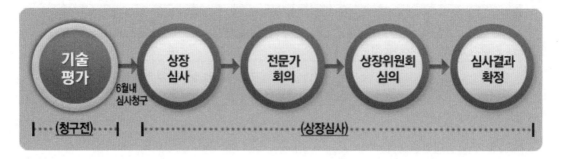

3) 기술평가(기술보증기금)

- 기술평가절차

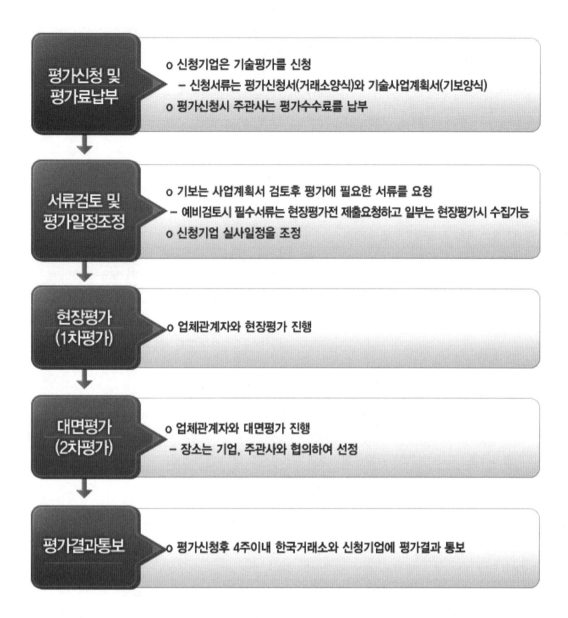

| 평가신청 및 평가료납부 | o 신청기업은 기술평가를 신청
– 신청서류는 평가신청서(거래소양식)와 기술사업계획서(기보양식)
o 평가신청시 주관사는 평가수수료를 납부 |

| 서류검토 및 평가일정조정 | o 기보는 사업계획서 검토후 평가에 필요한 서류를 요청
– 예비검토시 필수서류는 현장평가전 제출요청하고 일부는 현장평가시 수집가능
o 신청기업 실사일정을 조정 |

| 현장평가
(1차평가) | o 업체관계자와 현장평가 진행 |

| 대면평가
(2차평가) | o 업체관계자와 대면평가 진행
– 장소는 기업, 주관사와 협의하여 선정 |

| 평가결과통보 | o 평가신청후 4주이내 한국거래소와 신청기업에 평가결과 통보 |

- 평가수수료(기술평가료) : 5백만원(부가세 별도)

 기술보증기금의 지정계좌에 입금하고, 기술보증기금은 세금계산서 발급

- 신청서류 양식

종 류	내 용
① 기술평가신청서	-신청필수서류

종류	내용
② 기술사업계획서(기타목적용)	-신청필수서류
③ 이해관계 부존재 확인서	-평가기관과 신청기업간의 이해관계확인을 위한 서류(거래소규정)

- 업무담당자

  기술보증기금 중앙기술평가원

6. 혁신형중소기업 기술금융지원 사업

혁신형중소기업 기술금융지원사업은 담보력이 부족한 혁신형 중소기업을 대상으로 기술평가 전문기관의 기술성·사업성 평가를 통해 금융기관이 사업화자금을 대출하거나 정부정책자금 신청이 가능하도록 지원함으로써, 혁신형 중소기업의 성장 지원 및 개발기술의 사업화를 촉진하는 사업

1) 지원대상기업

- "중소기업기본법"에 의한 중소기업으로서 신청일 현재 다음 각호의 1에 해당하는 기업

구 분	내역
1.벤처기업	"벤처기업육성에관한특별조치법"상의[벤처기업]
2.이노비즈기업	"중소기업기술혁신촉진법"상의 [이노비즈기업]
3.신기술인증기업	정부로부터 NEP, NET, 전력신기술, EE, GS, GR, GQ, 환경마크, K 마크 등 인증을 받은 기업으로서, 인증 유효기간 내의 기업
4.특허·실용신안권 보유기업	특허권 및 실용신안권 보유기업(선등록된 실용신안권의 경우 유지결정을 받은 것이어야 함)
5.연구개발기업	"기술개발촉진법"상의 기업부설연구소를 보유한 기업으로서, 연간 연구개발비가 5 천만원 이상이고 연간 총매출액에 대한 연구개발비의 비율이 100 분의 5 이상인 기업
6.정부지원 R&D 성공기업	"국가연구개발사업의관리등에관한규정"의 제 2 조제 1 호*가 정하는 사업을 수행한 기업으로서, 최종평가결과 성공판정을 받고, 최종평가 후 2 년 이내의 기업 *"국가연구개발사업"이라 함은 중앙행정기관이 법령에 근거하여 연구개발과제를 특정하여 그 연구개발비의 전부 또는 일부를 출연하거나 공공기금 등으로 지원하는 과학기술분야의 연구개발사업으로서 "정부출연연구기관 등의 설립·운영에 관한 법률" 및

구 분	내역
	"과학기술분야 정부출연연구기관 등의 설립·운영에 관한 법률"에 의하여 설립된 정부출연연구기관 및 "특정연구기관 육성법"의 적용을 받는 연구기관의 기본사업을 제외한 사업을 말한다
7.혁신형중소기업	금융기관에서 따로 정하는 혁신형 중소기업에 준하는 기업
8.기술평가인증기업	기술이전촉진법상 기술평가기관으로부터 기술평가인증을 받은 기술을 보유한 기업

　　2) 상품내용

- 담보력이 부족한 혁신형 중소기업에 대한 기술성·사업성 평가를 통해 투자 및 융자 지원

　투자기구에 의한 사업화자금 투자심사용 평가

　코넥스 및 한국장외시장(K-OTC) 공시 제공용 평가

　　3) 지원절차

- 금융기관 사전상담 -> 온라인포탈사이트(www.tf.or.kr)신청 -> 평가계약 체결(부가세수납) -> 기술평가 - > 코넥스 등에 평가서 송부

　　4) 유의사항

- 기금이 기술평가시 정부가 기술평가비용의 일부를 지원함

기술평가기관	기술평가비용	정부지원금	신청기업부담금
기술보증기금	200 만원	150 만원	50 만원(부가세)

- 평가비용지원은 기업당 사업기간내(사업공고일로부터 1년) 1회로 제한

　동일 기술에 대해 평가비용을 이미 지원받은 경우 평가비용 재지원을 하지 않는 것을

　원칙으로 함

　　5) 문의처(담당자)

- 기술보증기금 전 영업점(1544-1120)

V.투·융자지원

1. 보증연계투자

- 기술성 및 사업성이 우수한 기술혁신형 중소기업에 보증과 연계하여 기금이 직접 투자함으로써 기술혁신형 중소기업의 직접금융활성화를 위하여 도입한 보증·투자연계 복합상품입니다.

1) 대상기업

- 아래 요건을 모두 충족하는 중소기업

설립후 5년 이내의 기술혁신선도형기업

단, 정책적 지원 필요성이 인정되는 기업(R&D, 신성장산업 영위기업)은 업력제한 없음

기보와 보증 거래중이거나 보증과 투자를 동시 신청하는 기업

법상 벤처기업 또는 기술혁신형 중소기업(이노비즈 기업)

투자용 기술평가등급 요건 및 투자한도

투자용 기술평가등급	투 자 한 도
TI 5 등급	투자금액 10 억 이하, 투자와 보증통합한도 50 억 이하
TI 4 등급 이상	투자금액 30 억 이하, 투자와 보증통합한도 100 억 이하

2) 투자업무 취급절차

상담접수		신용조사 기술평가		투자심사 조건협상		투자심사 위원회		투자실행 (계약체결)		동향관리 IPO 지원
영업점 벤처투자센터	▶	영업점 벤처투자센터	▶	벤처투자센터	▶	벤처투자센터	▶	벤처투자센터	▶	벤처투자센터

3) 투자심사 주요내용

- 기술평가 절차를 기반으로 기업의 기술성·시장성·사업성 및 수익성 등 투자타당성을 종합적으로 심사

4) 투자방식

- 주식(보통주,우선주)인수

- 전환사채, 신주인수권부사채 인수

    5) 문의

- 기술보증기금 고객센터 ☎ 1544-1120

2. 투자옵션부보증

  - 창업기업에 대하여 보증부대출로 Seed Money를 우선 제공한 후, 성장도약 단계에서 보증부대출을 투자로 전환할 수 있는 옵션이 부여된 복합금융상품 입니다.

    1) 대상기업

- 설립후 5년 이내의 법인기업으로서 기술사업평가등급 BB등급 이상이 기술혁신선도형 기업

    2) 지원내용

- 지원한도 : 업체당 10억원

- 보증비율 : 전액보증(100%)으로 운용

- 보 증 료 : 0.5% 고정료율 적용

  * 단, 옵션행사기한(5년) 경과 후에는 일반 보증료율 적용

- 옵션행사가격 결정 : 후속투자유치 여·부 등에 따라 옵션행사시 주식인수가격산정

- 옵션행사시기 및 방법 : 보증실행 후 3개월 또는 1년이 경과한 시점부터 4년간 가능

- 투자전환시 발행되는 신주 : 전환상환우선주

    3) 취급절차

상담접수	기업조사·기술평가	보증서 발급 (투자옵션계약 체결)	투자옵션 행사 여·부 심사 및 신주발행
영 업 점 ❯	영 업 점 ❯	영 업 점 ❯	영업점 / 투자팀

    4) 문의

- 기술보증기금 고객센터 ☎ 1544-1120

3. 벤처투자연계보증

- 벤처투자기관이 투자한 기술중소기업의 기술개발·사업화 등에 필요한 자금을 후속으로 공급하여 중소기업의 Scale-up을 지원하는 우대보증상품 입니다.

    1) 대상기업

 - 벤처투자기관이 투자한 법인설립 후 3년 경과 기술혁신선도형기업

    2) 지원내용

 - 벤처투자기관 투자금액의 1/2 이내에서 운전자금보증금액 사정특례 적용

 - 보증비율 : 창업기업 전핵보증(100%), 비창업기업 90% 부분보증

 - 보 증 료 : 0.5%p 감면

    3) 취급절차

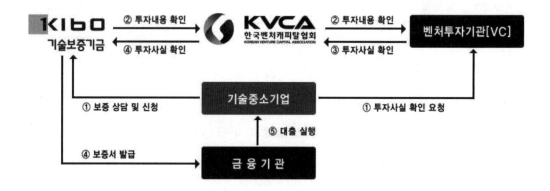

    4) 문의

 - 기술보증기금 고객센터 ☎ 1544-1120

4. 기술평가인증서

    1) 투·융자 심사용 인증서

(1) 도입목적

  - 2004년 7월 정부의 중소기업 경쟁력 강화 종합대책」에 따라 신뢰성 있는 기술 평가 시스템을 구축.확산 하여 이를 기반으로 한 기술금융 시스템을 강화

- 금융기관 등에 재무 상황 이외의 합리적이고 충실한 기업 및 기술정보를 제공함으로써 혁신 선도형 중소기업에 대한 기술금융 지원 활성화 여건 조성 개별기술 또는 기업의 기술력 등을 기금이 정한 기준에 의하여 평가한 후 그 결과가 금융기관 등에서 융자, 투자, 보증, 기술거래 및 M&A 등에 활용될 수 있도록 평가 용도, 평가등급(금액), 용도, 유효기간 등을 명시하여 다수의 이해관계자에게 증명 하는 제도

(2) 제도개요

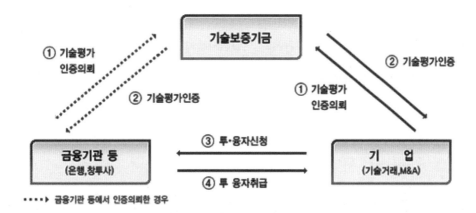

- 개별기술 또는 기업의 기술력 등을 기금이 정한 기준에 의하여 평가한 후 그 결과가 금융기관 등에서 융자, 투자 , 보증, 기술거래 및 M&A 등에 활용될 수 있도록 평가 용도, 평가 등급(금액), 용도, 유효기간 등을 명시하여 다수의 이해관계자에게 증명 하는 제도

  2) 혁신형중소기업 지원사업

(1) 제도개요

(2) 주요 사업내용

 - 기술평가기관은 기술평가모형을 활용하여 기술평가서를 제공

   기보 : 자체 개발모형 활용

   기술거래소, 발명진흥회, 한국과학기술정보연구원 : 기술평가표준모형 활용

 - 금융기관은 신용대출 지원

   협약 금융기관: 국민은행, 기업은행, 신한은행, 우리은행(2008년 3월 현재)

   금융기관은 기술평가기관의 기술평가서와 여신심사를 토대로 신용대출 지원

 - 정부는 기술평가비용의 일부를 지원

   평가비용(200만원) 중 정부에서 평가비용 150만원 보조(기보외 평가기관은

   평가비용(400만원) 중 정부에서 평가비용 350만원 보조)

(3) 대상기업

구분	내 역
벤처기업	"벤처기업육성에관한특별조치법"상의 [벤처기업]
이노비즈기업	"중소기업기술혁신촉진법"상의 [이노비즈기업]
신기술인증기업	정부로부터 NEP, NET, 전력신기술, EE, GS, GR, GQ, 환경마크, K 마크 등 인증을 받은 기업으로서, 인증 유효기간 내의 기업
특허·실용신안권보유기업	특허권 및 실용신안권 보유기업(선등록된 실용신안권의 경우 유지결정을 받은 것이어야 함)
연구개발기업	기술개발촉진법"상의 기업부설연구소를 보유한 기업으로서, 연간 연구개발비가 5 천만원 이상이고 연간 총매출액에 대한 연구개발비의 비율이 100 분의 5 이상인 기업
정부지원 R&D 성공기업	국가연구개발사업의관리등에관한규정"의 **제 2 조제 1 호***가 정하는 사업을 수행한 기업으로서, 최종평가결과 성공판정을 받고, 최종평가 후 2 년 이내의 기업 ▶ "국가연구개발사업"이라 함은 중앙행정기관이 법령에 근거하여 연구개발 과제를 특정하여 그 연구 개발비의 전부 또는 일부를 출연 하거나 공공기금 등으로 지원하는 과학기술분야의 연구개발사업으로서 "정부출연연구기관 등의설립·운영에 관한

구분	내 역
	법률" 및 "과학기술분야 정부출연연구기관 등의 설립·운영에 관한 법률"에 의하여 설립된 정부출연연구기관 및 "특정 연구기관 육성법"의 적용을 받는 연구기관의 기본사업을 제외한 사업을 말한다
혁신형중소기업	금융기관에서 따로 정하는 혁신형 중소기업에 준하는 기업

▶ 신기술인증기업, 특허·실용신안권 보유기업, 정부지원R&D성공기업 등의 경우, 해당기술(신기술인증 기술 특허·실용 신안권, 기술개발지원과제)과 본 사업의 평가대상기술 간의 동일성이 인정되어야 함

농림수산업자신용보증기금

Ⅰ. 농림수산업자신용보증기금이란?

담보력이 미약한 농림수산업자에게 신용보증서를 발급함으로써

농림수산업 발전에 필요한 자금을 원활하게 대출 받을 수 있도록 도와드리는 기관입니다.

1. 보증서 발급절차

2. 농림수산업자 신용보증제도의 기능

농림수산업자의 신용력 보완

담보력이 미약한 농림수산업자의 신용을 보증함으로써 원활한 자금 융통을 지원합니다.

금융기관의 대출회수위험의 해소

금융기관에 대하여 최종적인 담보책임을 농신보가 부담함으로써 금융기관의 대출회수위험을 해소시켜 주는 역할을 합니다.

경제 정책적 목적 수행

농림수산업자 신용보증제도는 농림수산업부문의 정책적 자금이 금융기관을 통하여, 농림수산업자에게 신속하고 효율적으로 지원될 수 있도록 하는 촉매제 역할을 합니다.

Ⅱ. 보증 대상

농림수산업에 종사하는 개인, 단체 또는 법인으로서

**농림수산업 발전을 위한 사업자금이 필요한 경우에는 누구나
보증이용이 가능합니다.**

(단, 기금의 보증여력 부족 시에는 일정대상자에 대하여 보증지원을 제한할 수 있습니다.)

1. 보증 대상

- **농업인**
  스스로 농업을 경영하거나 농업에 종사하시는 분

- **어업인**
  어업을 경영하거나 어업에 종사하시는 분

- **임업인**
  임업에 종사하시는 분

- **원양어업자**
  상시근로자 수가 150 명 이하인 원양어업을 영위하시는 분

- **농업기계 사후관리업소**
  농업기계에 대한 사후관리를 업으로 하시는 분

- **농림수산단체**
  1.
  「농업협동조합법」, 「수산업협동조합법」, 「산림조합법」, 「엽연초생산협동조합법조합」에
  의한 조합 및 그 중앙회
  2. 「농어업경영체 육성 및 지원에 관한 법률」에 의한 영농조합법인 및 농업회사법인
  3. 「농어업경영체 육성 및 지원에 관한 법률」에 의한 영어조합법인 및 어업회사법인
  4. 「수산업법」에 의한 어업자 중 상시근로자수가 150 인 이하인 어업을 영위하는

법인

5. 종자생산업을 하시는 분

6. 농업인, 어업인, 임업인, 원양어업자가 의결권의 과반수를 보유하는
농림수산물생산단체 (법인포함)

- **농림수산물유통 · 가공업자**

  1. 농업인, 어업인, 임업인, 원양어업자 (법인제외)

  2. 농업인, 어업인, 임업인, 원양어업자가 의결권의 과반수를 보유하는 농림수산물
  유통 · 가공단체

  3. 중소기업으로서 농림수산물 가공업을 영위하시는 분

  4. 민간 미곡종합처리장 사업을 하시는 분

  5. 소비자생활협동조합

  6. 사단법인 한살림

  7. 식육판매업자

  8. 사단법인 한국생협연대

- **농림수산물 등의 수출업자**

  중소기업으로서 농림수산물 또는 그 가공제품을 수출하시는 분

- **농림수산용 기자재 제조업자**

  중소기업으로서 농림수산업의 생산에 필요한 다음의 기자재를 생산하시는 분

  1. 비료 · 농약 · 농업기계 · 사료 및 시설자재 등 농림업에 필요한 기자재

  2. 어선 · 어구 등 수산업에 필요한 기자재

- **천일염 제조업자**

  천일염을 제조하시는 분

- **농림어업을 경영할 의사가 있는 자**

  1. 귀농어업인

  2. 후계농어업인

  3. 임업후계자

2. 보증제한 사유

보증신청인이 다음의 경우에 해당하는 때에는 보증이용이 제한될 수 있습니다.

- 금융기관에서 대출금(상거래채무 포함)을 연체 중이신 분
- 전국은행연합회의 신용관리대상자로 등록되어 있으신 분 (법인 대표자 또는 신용관리대상자에 해당하는 경우 포함)
- 과거 우리 기금에서 보증한 대출금을 상환하지 못하신 분 및 그 대출금에 대해 연대보증을 하신 분
- 우리 기금의 설립 및 운영취지에 맞지 않는 사업을 하시는 분 또는 사업자금
- 기타 기금이 별도로 정한 보증제한 사유에 해당하는 경우

※ 건전한 농림수산업의 발전을 도모하고 농림어업인이 필요한 자금을 공평하고 균형있게 지원을 받을 수 있도록 하기 위해서 우리기금에서는 보증서를 발급 받기 전에 이미 대출을 받으신 경우 그 대출에 대한 보증은 제한하고 있습니다.

Ⅲ. 보증 종류

농신보에서 지원하는 보증대상자금은

보증대상자에게 융통되는 농림어업용 자금입니다.

- **농림수산업 발전에 필요한 자금**
  - 농업인에게 융통되는 영농자금, 과수 등의 식재·육성자금, 축산자금, 잠업자금 등
  - 어업인에게 융통되는 영어자금·어선건조자금 등
  - 임업인에게 융통되는 조림자금·묘포설치자금 등
- **원양어업에 필요한 자금**
  원양어업자에 융통되는 원양어업 필요 자금
- **천일염 제조에 필요한 자금**
  천일염제조업자에게 융통되는 염제조에 필요한 자금
- **농업기계사후관리업소에 필요한 자금**
  - 농업기계사후관리업소에게 융통되는 농업기계사후관리시설의 설치
  - 농업기계사후관리용 부품의 확보에 필요한 자금

- **농림수산단체의 설립 목적 달성에 필요한 자금**

  당해 단체의 설립목적 달성에 필요한 자금. (다만, 종자생산업체의 경우에는 정책자금에 한한다.)

- **농림수산물 유통/가공에 필요한 자금**

  농림수산물 유통·가공업자에게 융통되는 농림수산물 유통·가공에 필요한 자금 (다만, 소비자생활협동조합, (사)한살림, 식육판매업자 및 (사)한국생협연대의 경우 정책자금에 한한다.)

- **농림수산물 등의 수출에 필요한 자금**

  농림수산물 또는 그 가공제품을 수출하는 자에게 융통되는 농림수산물과 그 가공제품의 수출에 필요한 자금

- **농림수산용기자재 제조에 필요한 자금**

  농림수산업의 생산에 필요한 기자재를 생산하는 자에게 융통되는 농림수산물기자재의 제조에 필요한 자금

- **농림어업을 경영할 의사가 있는 자에게 필요한 자금**

  농림어업을 경영할 의사가 있는 자에게 융통되는 정착과 창업에 필요한 정책자금

1. 농신보 보증종류

농신보에서는 일반보증과 함께 정부정책에 부응한 다양한 형태의 보증을 운용하고 있습니다.

일반보증

농어업인의 영농(어)활동에 필요한 자금을 지원하는 일반적인 보증

우대보증

보증제도별로 선정한 대상자들에게 보증한도, 보증요율 등을 우대해주는 보증

특례보증

정부정책적으로 지원되는 보증으로 별도 한도를 부여하고 보증지원기준을 완화하여 지원하는 보증

2. 농신보 보증제도

보증종류	보증제도명	주요 내용
일반보증	일반보증	대상자 : 농림수산업에 종사하는 개인·법인 보증한도 : 개인·단체 10 억원,법인 15 억원
	상거래채무 신용보증	대상자 : 농림수산업에 종사하는 개인·법인 - 농·축협,수협,산림조합과의 상거래로 부담하는 금전채무 - 농기계 또는 양식어업 장비의 임차료 보증한도 : 개인·단체 10 억원,법인 15 억원
	농수산식품우수기술자 신용보증	대상자 : 농업기술실용화재단 우수기술 확인서 제출업체 - 창업 1 년이내 95%, 창업 1 년초과 90%보증 - 일반법인대비 보증료율 0.2%포인트 인하
	농산물산지유통센터 신용보증	대상자 : 농림수산사업시행지침에 의거 선정된 농림수산단체·법인 보증한도 : 30 억원
	수출·규모화 사업자 신용보증	대상자 : 농림수산사업시행지침의 '수출 및 규모화 사업'대상자로 선정된 농림수산사업자 보증한도 : 30 억원
	기술혁신형중소기업(INNO-BIZ) 신용보증	대상자 : 중소기업청장으로부터 기술혁신형중소기업으로 선정되어 확인서를 발급받은 법인 보증한도 : 30 억원
	축사시설현대화사업자 신용보증	대상자 : 농림수산사업시행지침의 '축사시설 현대화 사업'중 이차보전방식 지원대상자 선정자 보증한도 : 개인·단체 30 억원, 법인 50 억원
	모태펀드 투자기업 신용보증	대상자 : 농수산식품 모태펀드 투자 농림수산식품법인 보증한도 : 30 억원 일반법인대비 보증료율 0.2%포인트 인하
	대형 농어업경영체신용보증	대상자 : 양식시설 현대화사업자,첨단온실 신축지원사업자 보증한도 : 개인·단체 30 억원, 법인 50 억원
	민간미곡종합처리장사업자신용보증	대상자 : 미곡종합처리장을 설치·운영하는 영농조합법인, 농업회사법인 및 일반사업자 보증한도 : 개인 30 억원, 법인 50 억원

보증종류	보증제도명	주요 내용
	AI 관련 계열화사업자 신용보증	대상자 : AI 발생지역 경영안정자금 지원지침에서 정한 계열화 사업자 보증한도 : 30 억원
	노후어선현대화사업대상자 신용보증	대상자 : 연근해노후어선 현대화사업자 중 대형선망어업 및 기선권현망어업 대상자 보증한도 : 개인·단체 30 억원, 법인 50 억원
	원양어업경영자금 신용보증	대상자 : 원양어업경영자금 지원사업 대상자(국적선사에 한함) 보증한도 : 30 억원
	원양어선현대화사업대상자 신용보증	대상자 : 원양어선 현대화사업 대상자 보증한도 : 개인 30 억원, 법인 50 억원
우대보증	농어촌발전 선도농어업인 신용보증	보증대상 : 농어업인후계자, 선도농어가, 신지식 농어업인, 전통식품명인, 농정 등 포장자로서 수상일로부터 5 년 이내인 자 대상자금 : 선도농어업인 지정증서 또는 확인 자료에 명시된 지정분야 및 업종에 소요되는 정책자금 보증한도 : 「창업관련 보증」을 합산하여 최대 2 억원 이내 보증 비율 : 90%(농어업후계자 창업지원 특례 95%)
	청장년 귀농어창업 신용보증	보증대상 : 정부의 사업지침에서 선정된 자 중 보증신청일 현재 창업 5 년 이내인 만 55 세 이하의 자 대상자금 : 농신보규정에서 정한 보증대상자금 중 사업지침에서 정한 자금 보증한도 : 「창업관련 보증」을 합산하여 최대 3 억원 이내 보증비율 : 95% 보증료율 : 기준보증료율 0.2%p 차감 우대 적용
	농어업 전문교육 이수자 신용보증	보증대상 : 창업 5 년 이내인 만 39 세 이하 농어업계 고등·대학교졸업자 보증한도 : 「창업관련 보증」을 합산하여 최대 3 억원 이내 보증비율 : 95% 보증료율 : 기준보증료율 0.2%p 차감 우대 적용

보증종류	보증제도명	주요 내용
	농어업 창업경진대회 입상자 신용보증	보증대상 : 정부, 지자체, 농협중앙회가 주최하는 농림수산(식품)분야 창업 경진대회에서 입상한 자(입상일로 부터 3년, 창업일로부터 5년 이내) 대상자금 : 농신보규정에서 정한 보증대상자금 중 입상분야의 사업화(창업)에 소요되는 자금 보증한도 : 「창업관련 보증」을 합산하여 최대 3억원 이내 보증비율 : 95%(비농업인 등 90%)
	농어업종사 다문화가족 신용보증	보증대상 : 외국인과 혼인 후 2년 이상 경과하고 농림수산업 종사 3년 이상인 자 대상자금 : 농신보규정에서 정한 보증대상자금 보증한도 : 최대 1억원 이내 보증비율 : 95% 보증료율 : 기준보증료율 0.1% 단일요율 적용
특례보증	농어업재해대책자금 신용보증	국가·지방자치단체·금융기관이 재해를 입은 농림수산업자에게 지원 보증한도 : 3억원 이내 특별재난지역의 경우 보증료율 0.1%적용
	농어업경영회생자금 신용보증	대상자 : 경영평가위원회에서 지원대상자로 선정한 자 보증한도 : 개인 10억원, 법인 15억원이내
	농어가특별사료구매자금 신용보증	대상자 : 행정기관 또는 사업주관 금융기관에서 선정한 자 보증한도 : 2억원이내(간이신용조사적용)

* 창업관련보증 : 농어촌발전선도농어업인, 청장년 귀농어창업, 농어업전문교육이수자, 농어업창업경진대회 입상자 신용보증

3. 일반보증

5천만원 이하

보증종류	보증명	일반보증(5천만원 이하)
	주요내용	농어업인의 영농어활동에 소요되는 자금에 지원하는 일반적인 보증 체크리스트방식의 신용조사가 적용됨

		신용평가시스템 평가결과에 따라 보증 가능금액 결정
취급기관	개인	가까운 농협, 수협, 산림조합, 농유공 영업점
	법인	농협 등 금융기관에 신청, 지역별 보증센터에서 심사
소요예상일	약 3일	
준비서류	조합원확인서 등 보증대상자 확인서류, 주민등록등본, 주민등록증, 거주주택 등기부등본, 사업장 확인서류 (농지원부, 어업면허장, 영농확인서, 등기부등본 등)	

3억원 이하

보증종류	보증명	일반보증(3억원 이하)
	주요내용	농어업인의 영농어활동에 소요되는 자금에 지원하는 일반적인 보증 일반 신용조사에 의하여 신용평과와 사업성평가에 의하여 보증금액 결정
취급기관	신청	가까운 농협, 수협, 산림조합, 농유공 영업점
	심사	지역별 농신보 보증센터
소요예상일	약 5일	
준비서류	조합원확인서 등 보증대상자 확인서류, 주민등록 등본, 주민등록증, 거주주택 등기부등본, 사업장 확인서류(농지원부, 어업면회장, 영농확인서, 등기부등본 등), 재무제표등 자산부채 평가관련 서류, 법인사업자현황표, 부채현황표	

3억원 초과

보증종류	보증명	일반보증(3억원 초과)
	주요내용	농어업인의 영농어활동에 소요되는 자금에 지원하는 일반적인 보증 정식 신용조사에 의하여 신용평과와 사업성평가에 의하여 보증금액 결정
취급기관	신청	가까운 농협, 수협, 산림조합, 농유공 영업점
	심사	지역별 농신보 보증센터(15억초과는 중앙본부)

소요예상 일	약 8일
준비서류	조합원확인서 등 보증대상사 확인서류, 주민등록 등본, 주민등록증, 거주주택 등기부등본, 사업장 확인서류(농지원부, 어업면허장, 영농확인서, 등기부등본 등), 재무제표등 자산.부채 평가관련 서류, 법인사업자현황표, 부채현황표

※ 일반보증의 금액은 현재 보유중인 보증잔액과 새롭게 신청하실 보증희망금액을 합산한 금액입니다.

4. 정부정책관련보증

우대보증

보증종류	보증명	농어촌발전선도농어업인신용보증, 청·장년귀농(어)창업신용보증, 농어업전문교육이수자신용보증, 농어업종사다문화가족신용보증
	주요내용	농업후계자 등 선도농어업인, 청·장년 귀농(어)창업자, 농어업 전문교육 이수자, 농어업 창업증진대회 입상자 신용보증, 농어업종사 다문화가족 등에 대하여 지원하는 보증으로 별도 한도를 부여하고, 보증 지원기준을 완화하여 보증 결정
취급기관	가까운 농협, 수협, 산림조합, 농유공 영업점	
소요예상 일	약 3일	
준비서류	조합원확인서 등 보증대상자 확인서류, 주민등록 등본, 주민등록증, 거주주택 등기부등본, 사업장 확인서류(농지원부, 어업면허장, 영농확인서, 등기부등본 등), 각 정부정책보증별 대상자 확인서류	

특례보증

보증종류	보증명	농어업재해대책자금, 부채대책자금, 농어업경영회생자금, 사료구매자금

	주요내용	정부정책적으로 지원되는 보증으로 별도 한도를 부여하고 선정된 대상자에 대하여 보증 지원기준을 완화하여 보증지원 결정
취급기관	신청	가까운 농협, 수협, 산림조합, 농유공 영업점
	심사	1억원 이하는 금융기관, 1억원 초과는 지역별 농신보 보증센터 (경영회생자금은 5천만원 이하는 금융기관에서 심사)
소요예상일		약 3 ~ 8일
준비서류		조합원확인서 등 보증대상자 확인서류, 주민등록 등본, 주민등록증, 거주주택 등기부등본, 사업장 확인서류(농지원부, 어업면허장, 영농확인서 등기부등본 등), 각 정부정책보증별 대상자 확인서류

※ 정부정책관련 보증은 가까운 보증센터에 문의하시면 자세히 안내 받으실 수 있습니다.

VI. 보증 한도

농신보에서 동일인에게 지원할 수 있는 총보증한도는

개인 및 단체 15 억원, 법인 20 억원입니다.

1. 동일인당 받으실 수 있는 보증한도

개인 및 단체

15억원이내 (신용보증기금, 기술보증기금에서 보증받으신 금액 포함)

법인

20 억원이내 (신용보증기금, 기술보증기금에서 보증받으신 금액 포함)

2. 특별한 경우에 받으실 수 있는 보증한도(예외 보증한도)

동일인당 보증한도 포함 30억원이내 (신용보증기금, 기술보증기금에서 보증받으신 금액 포함)

- 산지유통센터, 수출 및 규모화사업, 이노비즈 인증업체, 농수산식품모태펀드 투자기업, AI 발생지역
경영안정자금 지원 계열화사업자, 원양어업경영자금지원대상자
동일인당 보증한도 포함 법인 50억원/개인 30억이내 (신용보증기금, 기술보증기금에서 보증받으
신 금액 포함)

- FTA 축사시설현대화 사업 중 이차보전방식 사업자
- 양식시설현대화사업 대상자
- 연근해 노후어선 현대화 사업 대상자(대형선망어업 대상자 및 기선권현망어업 대상자)
- 민간 RPC
- 원양어선현대화사업 대상자
- 동일인당 보증한도 포함 법인 70 억원 / 개인 30 억원 이내(신용보증기금, 기술보증기금에서
보증받으신 금액 포함)
  - 농림축산식품부 「첨단온실사업」, 「농업자금이차보전사업」 내 스마트팜지원사업, 「수출전문스마트팜
온실신축사업」, 「농업에너지이용효율화사업」 대상자

※ 예외보증한도 적용 대상에 대해서는 우리 기금이 별도로 정한 보증한도와 보증심사방법에 따라 보증서가 발급됩니다.

<예외 보증한도 적용 대상>

- 심의회가 농림수산업의 발전을 위하여 특히 필요하다고 인정하여 승인하는 농림수산업자의 경우
30 억원까지 한도 부여
- 미곡종합처리사업자(민간 RPC)의 원료곡 매입정책자금
- 농림산지유통센터 건설 및 설치 보완의 시설자금과 농산물산지유통센터의 원료매취자금에 대한
신용보증
- 기술혁신형중소기업(INNO-BIZ 기업)으로 선정된 법인에 대한 신용보증
- 농림수산시행지침상 수출 및 규모화 사업의 대상자에 대한 신용보증
- 「축사시설현대화 사업」 중 이차보전방식 사업자에 대한 신용보증

3.부분보증

대출 받으실 금액에 대한 보증비율기준은 아래와 같습니다.

보증을 새로 받으시는 경우

- 농·축협 및 수협,산림조합에서 보증을 받으시는 농어업인 : 대출금액의 85%
- 농·축협 및 수협,산림조합에서 보증을 받으시는 농어업인이외의 분 : 대출금액의 80%
- 농수산식품유통공사에서 보증을 받으시는 농어업인 : 대출금액의 80%
- 농수산식품유통공사에서 보증을 받으시는 농어업인이외의 분 : 대출금액의 75%

기존보증을 갱신하시는 경우

- 대출금액에 대하여 전액 보증된 자금 : 대출금액의 90%
- 대출금액에 대하여 부분 보증된 자금 : 당초 보증비율

구분				보증비율(%)
신규/갱신	출연기관 (농·축협,수협)	인격	보증대상자	
신규보증 (증액,보증심사, 기준변경포함)	출연기관 (농·축협,수협,산림조합)	자연인	농어업인	85%
			그 이외의 자	80%
		법인/단체	농어업인	85%
			그 이외의 자	80%
	비출연기관 (농수산식품유통공사)	자연인	농어업인	80%
			그 이외의 자	75%
		법인/단체	농어업인	80%
			그 이외의 자	75%
갱신보증	전액보증된 자금			90%

구분				보증비율(%)
신규/갱신	출연기관 (농·축협,수협)	인격	보증대상자	
	기 부분보증된 자금			당초보증비율

※ 창업 기간 등에 따라 보증비율은 조정 될 수 있습니다.

예시

- 대출금액 1 억원 , 85% 보증인 경우
- 대출금액 1 억원 중
  - 보증금액 85 백만원은 농신보에서 보증하는 부분
  - 보증금액 15 백만원은 금융기관에서 신용하는 부분

- 대출이자는 대출금 1 억원에 대하여 납부합니다.
- 보증료는 농신보 보증 부분인 8,500 만원에 대하여 납부합니다.
- 부실발생시 보증부분 8,500 만원에 대하여만 보증채무를 이행합니다.

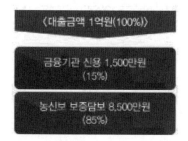

V. 보증료

1. 보증료

- 보증료란 고객님께서 받으신 보증에 대한 수수료 및 대가의 성격을 가집니다.

- 보증료는 여신행위에 대한 보수, 위험부담의 보험료, 사무처리에 대한 수수료 등 다각적 방면에 쓰이게 됩니다.

(2018.07 월 현재)

구분	보증금액	농림어업(1차산업)	비농림어업(2차산업)
자연인 및 비법인단체	2억원 이하	연율 0.3%	연율 0.4%
	2억원초과	연율 0.4%	연율 0.6%
	7억원 초과	연율 0.6%	연율 0.9%
법인	2억원 이하	연율 0.5%	연율 0.8%
	2억원초과	연율 0.7%	연율 1.0%
	7억원 초과	연율 0.9%	연율 1.1%
	10억원 초과	연율 1.0%	연율 1.2%
특별재난지역 농어업재해대책자금	연율 0.1%		

※ 보증금액이 1 억원을 초과하는 경우 신용도에 따라 ±0.2P% 가감 됩니다.

2. 연체보증료

- 고객님께서 위의 보증료를 납입기일내에 납입하지 못하셨을 때, 미납된 보증료와는 별도로 내셔야 하는 수수료를 말합니다.
- 연체보증료율은 연율 100 분의 10 입니다. (2018. 07 월기준)

3. 위약금

- 보증기일이 경과한 주채무잔액이 있을 때, 위의 보증료 대신에 내셔야 하는 수수료입니다.

- 위약금율은 적용 보증료율에 연율 1,000 분의 3 을 더한 요율입니다. (2018. 07 월기준)

4. 납부방법

보증료는 선납을 원칙으로 하며, 보증기간이 1년을 초과하는 경우에는 1년마다 분할하여 내실 수 있습니다.

IV. 준비 서류

신용보증 상담시 준비 서류안내입니다

구분	서류안내
개인	**실명증표** **건강보험자격득실확인서** ▶ 국민건강보험공단 방문 또는 http://www.nhic.or.kr 에서 발급받으실 수 있습니다. **주민등록등본 (법인 대표자 포함)** ▶ 읍면동 주민센터 또는 http://www.minwon.go.kr 에서 발급받으실 수 있습니다. **보증대상자 확인서류(조합원확인서/농지원부 등)** ▶ 조합원확인서 : 가입한 조합에서 발급 받으실 수 있습니다. ▶ 농지원부 : 읍면동사무소에서 신청 발급 가능 또는

구분	서류안내
	http://www.minwon.go.kr 에서 신청하실 수 있습니다. **거주지 및 최종주소지 주택 등기부등본(소유주택포함,인터넷발급분포함)** ▶ 관할주소지등기소 또는 http://www.iros.go.kr (대법원 인터넷등기소)에서 발급 받으실 수 있습니다. **주사업장 등기부등본** ▶ 관할주소지등기소 또는 http://www.iros.go.kr(대법원 인터넷등기소)에서 발급 받으실 수 있습니다. **정책자금 배정문서(정책자금 대출일 경우)** **기타 신용보증에 특별히 필요한 서류** ▶ 알림 - 서식자료 에서 기타서류를 다운 받으실 수 있습니다.
법인 및 단체 **(개인 및 개인사업자로서 보증** **금액 3억원 초과인 경우 포함)**	**사업장 등기부등본(인터넷발급분포함)-주사업장** ▶ 관할주소지등기소 또는 http://www.iros.go.kr (대법원 인터넷등기소)에서 발급 받으실 수 있습니다. **사업자등록증명원**

구분	서류안내
	법인등기부등본 및 법인인감증명서 ▶ 상업등기소 , 법원등기소 또는 http://www.iros.go.kr (대법원 인터넷등기소)에서 발급 받으실 수 있습니다. **이사회차입결의서** **정관/규약** **출자자(주주)명부/출자지분확인서** **금융거래확인서(정식신용조사만해당)** ▶ 해당 금융기관에서 발급 받으실 수 있습니다. **국세,지방세 완납증명서** ▶ 국세 완납증명서 관할 세무서 또는 http://www.hometax.go.kr 에서 발급 받으실 수 있습니다. ▶ 지방세 완납증명서 관할 주민센터 또는 http://www.minwon.go.kr 에서 발급 받으실 수 있습니다. **재무제표 및 부속명세서(3 년)** ▶ 국세청발급 표준재무제표증명원(인터넷발급분가능)

구분	서류안내
	최근월말 합계잔액 시산표 정책자금 배정문서(정책자금 대출일 경우) 기타 신용보증에 특별히 필요한 서류 ▶ 알림 - 서식자료 에서 기타서류를 다운 받으실 수 있습니다.

※ 제출하실 서류의 범위는 보증 종류 및 금액 , 상담 결과에 따라 변경 될 수 있습니다.

Ⅶ. 신청 기관

신용보증 취급 금융기관 또는 농신보 보증센터에서

신용보증상담을 받으실 수 있습니다.

농신보 보증센터 바로가기 GO취급 금융기관 찾기 GO

우리 기금은 위탁보증제도를 운영하여 보증금액이 일정 금액 이하인 경우, 가까운 금융기관에서 보증부터 대출까지 편리하게 업무를 보실 수 있습니다. 아래의 금액을 초과하거나 해당하지 않는 보증대상은 직접보증으로, 관할 지역 농신보 센터에서 상담 및 심사를 거치셔야 합니다.

취급금융기관

농·축협 , 수협 , 산림조합 , 농수산식품유통공사

위탁보증제도란?

- 보증신청금액이 일정 금액 이하인 경우, 보증취급 금융기관이 우리 기금을 거치지 않고 직접 신용조사 및 보증심사를 담당하여, 보증서 발급을 할 수 있도록 한 제도입니다.
- 위탁보증은 보증신청인이 보증이용절차를 간편하게 하고 보증서발급까지 걸리는 시간을 최소화하여 신속하게 보증서 발급을 받을 수 있습니다.

흐름도 알아보기

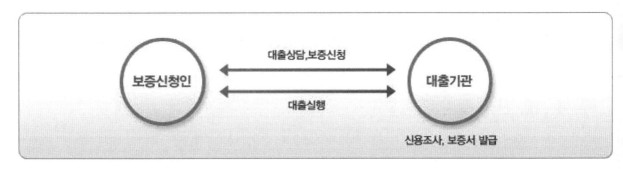

흐름도

위탁보증대상

개인 또는 개인 사업자 (법인은 제외)

위탁보증으로 신청 할 수 있는 보증종류

구 분		내 용
일반보증		동일인당 보증금액 5천만원 이내 (부채대책 및 경영회생 특례보증 금액 합산)
창업관련 신용보증	농어촌발전선도농어업인 신용보증, 청·장년 귀농(어)창업 신용보증, 농어업 전문교육 이수자 신용보증	동일인당 보증금액 최대합산 2억원 이내

구 분		내 용
	창업경진대회 신용보증	
농어업종사 다문화가족 신용보증		동일인당 보증금액 50백만원 이내
농어가특별사료구매자금 신용보증		동일인당 보증금액 1억원 이내
재해대책,부채대책		동일인당 보증금액 1억원 이내
경영회생특례보증		동일인당 보증금액 5천만원 이내

- 농어촌발전선도농어업인 신용보증 및 청·장년 귀농(어)창업 신용보증, 농어업 전문교육 이수자 신용보증을 합산하여 최고 2억원 이내에서 위탁보증이 가능합니다.

Ⅷ. 신청 절차

1. 상담 신청

고객님께서 농신보 보증을 이용하기 위한 첫단계 입니다.

우리 기금은 전국 각 지역에 있는 농축협, 수협, 산림조합, 농수산식품유통공사 의 각지점과 보증업무에 대한 계약을 맺고 있어 보증을 편리하게 이용하실 수 있습니다.

방문하기

농신보 보증센터 또는취급 금융기관 에 방문합니다. 인근 지역의 금융기관, 보증센터 위치 확인 후 방문하시면 보다 빠르고 편리한 상담을 받으실 수 있습니다.

보증상담

금융기관에 방문하여, 금융기관 직원에게 자세한 상담을 받습니다.

- 작성서류고객정보활용동의서(개인) 또는 고객정보활용동의서(법인)
- 직원상담시, 아래와 같은 사항을 확인할 수 있습니다.

  확인사항

- 사업내용 및 보증대상채무의 용도
- 보증심사기준별 기 보증금액
- 신용관리대상거래처 등록 여부
- 금융기관의 연체채권 보유 여부 등

2. 신청서 접수

신청서작성

상담 후,구체적인 보증금액 결정과 신용조사를 위해 신용보증신청서 를 작성 합니다.

제출서류 안내 및 확인

개 인 주민등록증, 주민등록등본, 부동산등기부등본(주택 및 주사업장), 농림어업인확인서류, 사업자등록 증(개인사업자) 등 필요서류

법 인 법인등기부 등본, 재무제표 및 관련서류, 대표자(경영실권자)주민등록증 및 주민등록등본, 부동산 등기부등본 등 필요서류

※ 서류는 신청접수일 현재 1개월이내 발급된 것만 가능합니다.

- 보증신청금액이 일정금액 이하이면 대출상담부터 보증 심사 및 보증서발급까지 대출을 상담한 금융기관에서 일괄 처리하므로 보증서를 보다 신속히 발급 받을 수 있습니다.
-
3. 보증 심사

보증심사는 보증실행여부를 결정하기 위해 필요한 사항을

우리 기금이 정한 소정의 절차에 따라 금융기관 또는 센터가 조사·검토하는 일련의 과정입니다.

신용조사 및 보증심사

주요 확인 사항

- 보증대상자 및 대상자금 적정 여부
- 신용조사일 현재 신용상태 악화 여부
- 최근 3개월 이내 신용관리대상거래처로 등록사실 여부
- 주사업의 휴·폐업 여부
- 주택 및 주사업장의 권리침해((가)압류,가처분,예고등기,경매신청 등) 여부
- 건강상태 및 세평의 양호 여부
- 이 외 보증심사에 필요한 사항들

신청금액에 따른 신용조사방법

보증신청금액(기존 보증금액 포함) 에 따라 별도로 정한 신용조사 방법에 따라 진행됩니다.

구분	간이신용조사	일반신용조사	정식신용조사
농어업인	5천만원이하	3억원이하	3억원초과
영농조합법인 농업회사법인	5천만원이하	3억원이하	3억원초과
기타(주식회사 등)	5천만원이하	-	5천만원초과
구분	간이신용조사	일반신용조사	정식신용조사
부채특례	1억원이하	3억원이하	3억원초과
경영회생	5천만원이하(위탁)	3억원이하	3억원초과

구분	간이신용조사	일반신용조사	정식신용조사
	1억원이하(직접)		
선도농우대	1억원이하(위탁) 2억원이하(직접)	2억원초과	
청·장년 귀농(어)창업	1억원이하	2억원초과	
전문교육 이수자	1억원이하(위탁) 1억5천만원이하(직접)	2억원초과	
농어업창업경진대회 입상자	1 억원이하(위탁) 2 억원이하(직접)	2억원초과	
농어업종사 다문화가족	5천만원이하(위탁) 2억원이하(직접)	-	
재해대책	1억원이하(위탁) 3억원이하(직접)	-	-
사료구매자금	1억원이하(위탁) 2억원이하(직접)	-	-

신용조사제도에 대해 자세히 알아보기

간이신용조사

신용조사 필수 확인사항 + 개인신용평가(CSS)등급에 의해 지원

일반신용조사

신용조사 필수확인사항 + 신용평가 + 사업성평가

정식신용조사

신용조사 필수확인사항 + 신용평가 + 사업성평가

4. 보증서 발급

보증서 발급 및 대출실행

신용조사 및 보증심사결과 보증지원 대상자 및 보증지원가능금액이 적절하다고 판단되면 보증서가 발급되고, 대출상담을 한 금융기관을 통해 대출을 받으실 수 있게 됩니다.

- 보증서를 발급 후, 금융기관에서 대출 실행
- 보증서 발급 기간 : 약 3~8 일

신용보증약정서 작성 및 보증료 납부

고객님께서 대출을 받으실 때 우리 기금 소정 양식의 신용보증약정서를 작성함으로써우리 기금과 보증계약을 체결하게 됩니다.

구분	보증금액	농림어업(1차산업)	비농림어업(2, 3차산업)
자연인 및 비법인단체	2억원이하	연율 0.3%	연율 0.4%
	7억원이하	연율 0.4%	연율 0.6%
	7억원초과	연율 0.6%	연율 0.9%
법인	2억원이하	연율 0.5%	연율 0.8%
	7억원이하	연율 0.7%	연율 1.0%
	10억원이하	연율 0.9%	연율 1.1%
	10억원초과	연율 1.0%	연율 1.2%
특별재난지역	연율 0.1%		

구분	보증금액	농림어업(1차산업)	비농림어업(2, 3차산업)
농어업재해대책자금			

IX. 용어 설명

단 어	내용
◎ 담보력	채무자가 채무를 이행하지 못할 때, 그 대가로 지급할 수 있는 경제적 능력
◎ 농림수산업자	농업, 임업, 수산업에 종사하는 자
◎ 신용관리대상자	은행 또는 신용카드사에서 빌린 자금을 갚지 못해 은행연합회에 신용불량자로 등재된 자
	'신용정보관리규약'에 의한 신용도판단정보,공공정보에 의한 등록사유가 발생한 자
◎ 미곡종합처리사업자	벼를 수확한 후 건조, 저장, 도정, 검사, 판매 등의 모든 제반과정을 개별농가 단위가 아닌 대단위 자동화과정으로 일괄 처리하는 시설의 사업자
◎ 일반보증	농어업인의 영농어활동 관련 자금에 지원하는 일반적인 보증임
◎ 우대보증	농어촌발전선도농어업인(영농어후계자, 전업농 등) 및 청·장년 귀농(어)창업자, 농어업 전문교육 이수자, 농어업종사 다문화가족 등에게 일반보증과는 별도의 한도를 부여하고, 보증 심사기준을 완화하여 지원하는 보증
◎ 특례보증	정부정책으로 지원되는 보증으로 일반보증과 우대보증 한도와는 별도로 보증지원기준을 대폭 완화하여 지원하는 보증
◎ 재해대책 특례보증	재해농어업인에 지원하는 재해복구 자금에 대한 보증
◎ 부채대책 특례보증	부채대책특별법에 의거 지원하는 채무상환을 위한 자금에 대한 보증
◎ 경영회생 특례보증	부채대책특별법에 의해 일시적으로 경영이 어려운 농림어업인의 회생을 위해 지원되는 채무상환 및 운영자금에 대한 보증
◎ 심의회	신용보증에 관한 중요사항을 심의,결정하기 위하여 농협중앙회에 설치된 농림수산업자신용보증 심의회를 말함
◎ 원료곡	가공되는 식품의 원료가 되는 곡물
◎ 농산물산지유통센터	(APC : Agricultural Products Processing Center) 산지에서 고품질의 농산물의 규격, 포장화되어 대량으로 공동출하되며 하역기계화를 도모할 수 있도록 구축되어진 센터

단 어	내용
◎ 원료매취(賣取)자금	원료의 구매에서 판매에 이르기까지 자기 책임 하에 매매하는 방식의 거래(매취거래)시 필요한 자금
◎ 관리기관	기금의 신용보증에 관한 업무를 취급하는 농업협동조합중앙회를 말함
◎ 금융기관	우리 기금의 보증업무와 그에 따른 대출업무를 취급해주도록 약정되어있는 금융기관을 말함
◎ 직접보증	위탁보증을 제외한 신용보증으로서 관리기관이 신용보증서를 직접 발급하는 신용보증
◎ 위탁보증	보증신청금액이 일정 금액 이하인 경우, 보증취급 금융기관이 우리 기금을 거치지 않고 직접 신용조사 및 보증심사를 담당하여, 보증서 발급을 할 수 있도록 한 제도
◎ 부분보증	관리기관과 금융기관이 일정한 비율로 보증 채무에 대한 책임을 분담하는 보증

중소기업진흥공단

Ⅰ.정책자금융자

중소기업진흥공단은 보증기관과 달리 직접대출도 가능한 정부산하기관이다. 신용보증기금 혹은 기술보증기금 보다 대출한도는 낮은 것이 일반적이나 상대적으로 작은 규모의 중소기업에겐 가장 문턱이 낮은 기관중 하나이다. 금리가 1~3%대 초반으로 가장 낮기 때문에 만약 대출의 규모는 중요하지 않으나 금리가 낮은 자금을 사용하길 원하는 경우 중소기업 진흥공단을 이용하도록 하자.

1. 사업개요

융자공고

지원규모

- 3 조 7,350 억원
- 기업 성장단계별 특성과 정책목적에 따라 6 개 세부 자금으로 구분하여 운영

	창업기	성장기	재도약기
지원방향	창업및 시장진입 성장단계 디딤돌	성장단계진입 및 지속성장	재무구조개선 정상화/퇴출/재창업
지원사업	창업기업지원 - 일반창업 - 청년전용창업 투융자복합금융 - 이익공유형	신성장기반 - 신성장유망 - 협동화 · 협업 - 기술사업성우수 -제조현장 스마트화자금 신시장진출지원 - 개발기술사업화 - 글로벌진출지원 투융자복합금융 - 성장공유형	재도약지원 - 구조개선전용 - 사업전환 (무역조정포함) 및 사업재편 - 재창업
	• 긴급경영안정자금 - 일시적경영애로/재해		

융자한도 및 금리

융자한도

- 개별기업당 융자한도는 중소벤처기업부 소관 정책자금의 융자잔액 기준으로
  45억원(수도권을 제외한 지방소재기업은 50억원)까지이며, 매출액의 150%이내에서 지원
- 다음의 잔액기준 한도 예외 적용의 경우에도, 최대 70억원 이내에서 지원

잔액지준 예외 적용

- ① 신성장기반자금 중 │혁신형기업(별표 11)│ 의 시설자금
- ② 협동화·협업사업 승인기업 지원자금
- ③ 인재육성형기업 전용자금 및 중기부 지정 인재육성형 중소기업
- ④ 긴급경영안정자금 중 재해로 인한 피해복구비용
- ⑤ 고용창출 100대 기업 등 일자리창출 우수기업
- ⑥ 지방중소기업특별지원지역 입주기업 및 지역특화발전특구 소재 전략산업 영위기업
- ⑦ 사업전환 및 사업재편 승인기업에 대한 사업전환자금
- ⑧ 글로벌 강소기업
- ⑨ 최근 3년 이내 기술혁신대전 등 정부포상 수상기업
- ⑩ 제조현장스마트화자금
- ⑪ 국가핵심기술 보유 중소기업
- ⑫ GMD(글로벌 시장개척 전문기업) 및 매칭 중소기업
- ⑬ 해외진출기업 국내복귀 지원법령에 의한 국내복귀기업
- ⑭ 고용부 인증 시간 선택제 우수기업
- ⑮ 공정위 소비자중심 경영 인증기업

(별표 11)

혁신형 중소기업 지원대상

구 분	지 원 대 상

기술혁신 분야	. 매출액대비 연구개발비중이 5%이상인 기업
	. 신기술(NET, NEP) 인증기업
	. Inno-biz 선정 기업
	. 최근 3년 이내 산학연공동기술개발컨소시엄 사업 완료 기업 또는 정부출연 연구개발사업의 기술개발 성공 기업
	. 주력 업종 또는 향후 주력 업종으로 전환하고자 하는 분야에서 최근 3년 이내 특허 등록기업
	. 벤처기업
	. 녹색기술인증기업
	. 뿌리기술전문기업
	. 지식재산경영인증기업(특허청 인증)
경영혁신 분야	. 매출액 영업이익률(영업이익/매출액)이 동종업계 중소기업 평균 영업이익률의 2배 이상인 기업
	. 경영혁신형 선정 기업
	. 최근 3년 이내에 외부회계감사를 받은 기업(『주식회사의 외부감사에관한법률』에 의한 의무감사 대상기업은 제외)
	. BSC, ERP, 생산정보화 등 최신 경영기법을 도입하여 운영중인 기업
	. 최근 3년 이내 컨설팅을 통한 건강진단 연계형 공정혁신 컨설팅 성공판정기업 중담당 컨설턴트 추천기업
	. 수출유망중소기업 지정기업
	. 정부지정 우수 프랜차이즈 기업(프랜차이즈 가맹점은 제외)
	. 우수 Green-Biz 선정 기업
	. 특성화고. 마이스터고 산학협력기업(채용협약 체결)
	. 우수 물류기업(국토교통부 장관 인증)

	. 인재육성형 중소기업(중소벤처기업부 인증)
	. 농어촌사회공헌인증기업(농림축산식품부)
	. 가족친화인증기업
	. 일. 학습 듀얼시스템 참여기업 (산업인력관리공단 선정일로부터 1년간 한시적용)
	. 직전 연도 정책자금 지원 후 10인이상 고용창출기업
	. 중소벤처기업부 인증 명문장수기업

대출금리

- 정책자금 기준금리(분기별 변동금리)에 사업별 가감금리를 적용하며, 기업별 신용위험등급, 담보종류 등에 따라 금리 차등

  * 사업별 기준금리 등 세부사항은 사업별 정책자금 융자계획에서 규정

  * 시설자금 직접대출의 경우 각 사업별로 고정금리 적용 가능(단,협동화 및 협업사업 승인기업 지원은 제외)

  - ○ - 기존 대출기업도 정책자금 기준금리 변동에 따라 대출금리가 변동되며(일부자금 제외), 대출금리는 정부정책에 따라 변경 가능
  - ○ - 분기별 대출금리(기준금리)는 중소기업진흥공단(이하 '중진공'이라 한다) 홈페이지(www.sbc.or.kr)에 공지
  - ○ - 다음의 경우 대출금리 차감 또는 이자환급을 통해 금리 우대

금리 우대 사항

- 시설자금 대출기업 : 대출금리 0.3%P 차감
- 고용창출기업 : 고용창출 1 인당 0.1%P(최대 2%P) 이자환급
  - ○ - 정책자금 대출월포함 3 개월 이내 1 인 이상 고용창출한 기업

* 시설자금 지원기업은 3개월 이내 추가고용이 없는 경우 6개월 이내 고용실적 인정 가능

- 수출 성과기업 : 1년간 0.2%P(수출성공) 또는 0.4%P(수출향상) 이자환급

구분	대출이전 12개월(대출월 제외)	대출이후 12개월(대출월 포함)
수출성공	직수출실적 합계 10만불 미만	직수출실적 합계 10만불 이상
수출향상	-	직수출실적 합계 50만불 이상이고, 대출이전 12개월 대비 20%이상 향상

- 내일채움공제 가입 : 대출 후 가입 1인당 0.1%P(최대 2%P) 이자환급
  - 인재육성형자금 대출일로부터 6개월 이내 내일채움공제 가입 기업 (단, 가입시점으로부터 1년간 계약유지 필요)

※ 이자환급(고용, 수출 및 내일채움공제 합산)은 1년간 한시적용하여 최대 5천만원, 2%P, 1년간 납입이자금액이내 지원 (단, 수출사업화자금은 수출성과에 대한 금리우대를 대출기간 동안 계속 적용)

※ 고정금리, 금리우대 자금(투융자복합금융 등) 및 대출 후 1년 이내 전액상환 기업은 제외

- 최근 1년 이내 동일자금으로 운전자금을 3회 이상 지원받는 경우 3회부터 가산금리 0.3%p 부과(수출금융지원 제외)

융자방식

- 중진공에서 융자신청·접수하여 융자대상 결정 후, 중진공(직접대출) 또는 금융회사(대리대출)에서 신용, 담보부 대출
- 보증서 담보는 시설자금 및 재창업자금 중 신용회복위원회 재창업지원에 대해서만 취급 가능

문의처

1357

2. 융자대상 및 제한기업

융자대상

『중소기업기본법』상의 중소기업

* 세부사항은 사업별 정책자금 융자계획에서 규정하고, 주된 사업의 업종이 융자제외 대상 업종(별표 1) 에 해당하는 경우에는 융자대상에서 제외

(별표 1)

중소기업 정책자금 융자제외 대상 업종

업종 분류	품목코드	융자 제외 업종
제조업	33402中	불건전 영상게임기 제조업
	33409中	도박게임장비 등 불건전 오락용품 제조업
건설업	41 ~ 42	건설업(단, 산업플랜트 건설업(41225), 폐기물처리 및 오염방지시설 건설업(41224), 조경건설업(41226), 배관 및 냉난방공사업(42201), 건물용 기계장비 설치 공사업(42202), 방음및 내화 공사업(42203), 소방시설 공사업(42204), 전기 및 통신공사업(423)은 지원가능 업종)
도매 및 소매업	46102中	담배 중개업
	46331, 3	주류, 담배 도매업
	4722中	주류, 담배 소매업
숙박 및 음식점업	5621	주점업

게임 소프트웨어 및 공급업	5821中	불건전 게임소프트웨어 개발 및 공급업
금융 및 보험업	64 ~ 66	금융 및 보험업
부동산업	68	부동산업
전문서비스업	711~2	법무, 회계 및 세무관련 서비스업
	7151, 2	회사본부, 비금융 지주회사
수의업	731	수의업
공공행정, 국방 및 사회보장 행정	84	공공행정, 국방 및 사회보장행정
교육서비스업	851~854	초·중·고등 교육기관 및 특수학교
	855~856中	일반교과 및 입시 교육
보건업	86	보건업
예술, 스포츠 및 여가관련 서비스업	9124	갬블링 및 베팅업
협회및단체	94	협회 및 단체
가구내 고용 및 자가 소비생산활동	97 ~ 98	가구내 고용활동 및 달리 분류되지 않는 자가소비 생산활동
국제 및 외국기관	99	국제 및 외국기관

* 정책자금 융자대상 업종이라도 상시근로자수 기준 등에 따라 소상공인에 해당하는 경우융자 제외 대상. 단, 신시장진출지원자금, 제조업 영위 기업, 전략산업영위기업, 수출기업(최근 1년간 직수출 실적 10만불 이상), GMD 및 매칭 중소기업에 해당하는 경우 상시근로자 수에 관계없이 정책 자금 지원 대상에 포함

* 제주특별자치도 소재 호텔업(55111) 중 관광숙박업, 기타 관광숙박시설 운영업(55119, 민박시설 운영은 제외), 자동차 임대업(69110), 유원지 및 테마파크 운영업(91210),기타 오락장 운영업

(91229), 수상오락 서비스업(9123), 산업용 세탁업(96911), 세탁물공급업(96913)은 상시근로자 수에 관계없이 정책자금 지원대상에 포함

* 음·식료품 위주 종합소매업(4712), 산업단체(94110), '나들가게' 지원을 위한 공동물류창고를 신축하는 음·식료품 및 담배중개업(46102) 중 주류중개업이 협동화사업을 신청하는 경우에는정책자금 지원대상에 포함

* 재창업자금의 경우, 건설업(41~42)은 정책자금 지원대상에 포함하며, 도매업(45, 46)은 상시근로자 수에 관계없이 정책자금 지원대상에 포함

* 긴급경영안정자금(일시적경영애로)의 경우, 개인병원과 의료법인의 자법인(병·의원) 중, 비수도권 소재 500병상 이하는 정책자금 지원대상에 포함

- '정책자금 첫걸음 기업'에 대해서는 연간예산의 일정부분을 우선 배정하여 지원하고, 별도 지원 프로그램 운용 (아래 표 참조)

  - (신청) 정책자금 첫걸음 기업 상담 시 자금종류 및 신청절차, 서류작성 요령, 평가 착안사항 등을 1:1 밀착 상담하는 담당관 지정·운용
  - (사후관리) 대출 승인기업에 대해선 정책자금 이외에 중소기업 지원제도를 별도 안내하고, 대출 탈락기업에 대해선 담당자가 탈락사유 설명 및 약점 보완을 위한 멘토링 제공(탈락기업 요청 시)

- 다음의 전략산업 영위 및 사업재편 승인 기업에 대해서는 연간예산의 일정 부분을 우선 배정 지원

  전략산업

  - 미래신성장분야(별표 3)
  - 뿌리산업(별표 4, 4-1)
  - 소재·부품산업(별표 5)

- 지역특화(주력)산업(별표 6)

- 지식서비스산업(별표 7)
- 융복합 및 프랜차이즈산업(별표 8)
- 물류산업(별표 9)
- 유망소비재산업(별표 10)

융자제한기업

- ① 세금을 체납 중인 기업
- ② 한국신용정보원의 "일반신용정보관리규약"에 따라 연체, 대위변제·대지급, 부도, 관련인, 금융질서문란, 화의·법정관리·기업회생신청 ·청산절차 등의 정보가 등록된 기업
- ③ 정책자금 제 3 자 부당 개입 등 기타 허위·부정한 방법으로 융자를 신청한 기업 또는 대출자금을 융자목적이 아닌 용도로 사용한 기업
- ④ 임직원의 자금횡령 등 사회적 물의를 일으킨 기업
- ⑤ 휴·폐업중인 기업. 단, 재해를 직접 원인으로 휴업중인 기업은 가동 중인 기업으로 간주하여 융자대상에 포함
- ⑥ 다음에 해당하는 우량기업

- 중진공 신용위험등급 최상위인 CR1 등급
  (단, 업력 3 년 미만 기업 및 최근 결산연도 자산총계 10 억원 미만의 소자산기업은 예외)
- 유가증권시장(코넥스제외) 또는 코스닥시장 상장기업
  * 단, 코스닥 기술특례상장기업은 상장 후 3 년 까지 예외
- 최근 재무제표 기준 자본총계 200 억원 또는 자산총계 700 억원 초과 기업
  * 수출향상기업(최근 1 년간 직수출실적 50 만불 이상이며, 20% 이상 증가), 최근 1 년간 10 인 이상 고용창출
  기업은 자본총계 200 억원 초과 또는 자산총계 700 억원 초과기업 지원 가능
- 신용평가회사의 BB 등급 이상 기업
  (단, 코스닥 기술특례상장기업은 상장 후 3 년 까지 예외)

- ⑦ 업종별 융자제한 부채비율(별표 2) 을 초과하는 기업(협동화 및 협업사업은 승인 신청 시 기준)

-

- <별표 2>

- 업종별 융자제한 부채비율

- *업종별 산업분류코드 중 하위코드 항목이 있을 경우 우선적용

번호	업종(KSIC-9)	평균부채비율(%)	제한부채비율(%)	사업전환융자
1	A01(농업)	147.1	441.3	882.7
2	A03(어업)	266.3	500.0	1,000.0
3	B(광업)	151.0	453.1	906.3
4	C(제조업)	138.0	413.9	827.9
5	C10(식료품)	162.8	488.4	976.8
6	C11(음료)	149.1	447.4	894.8
7	C13(섬유제품(의복제외))	137.7	413.0	826.0
8	C14(의복, 의복액세서리 및 모피제품)	139.6	418.7	837.4
9	C15(가죽, 가방 및 신발)	147.7	443.1	886.3
10	C16(목재 및 나무제품(가구 제외))	168.3	500.0	1,000.0
11	C17(펄프, 종이 및 종이제품)	122.6	367.7	735.5
12	C18(인쇄 및 기록매체 복제업)	144.0	432.0	864.0
13	C19(코크스, 연탄 및 석유정제품)	144.5	433.5	867.1
14	C20(화학물질 및 화학제품(의약품제외))	103.1	309.2	618.3
15	C21(의료용 물질 및 의약품)	70.4	211.2	422.5
16	C22(고무제품 및 플라스틱제품)	136.5	409.6	819.1

17	C23(비금속 광물제품)	111.0	332.9	665.9
18	C24(1차 금속)	142.7	428.0	856.1
19	C25(금속가공제품(기계 및 가구 제외))	163.9	491.8	983.7
20	C26(전자부품, 컴퓨터, 영상, 음향 및 통신장비)	118.5	355.6	711.2
21	C27(의료, 정밀, 광학기기 및 시계)	93.3	279.8	559.6
22	C28(전기장비)	124.6	373.7	747.3
23	C29(기타 기계 및 장비)	136.7	410.1	820.2
24	C30(자동차 및 트레일러)	227.4	500.0	1,000.0
25	C31(기타 운송장비)	265.7	500.0	1,000.0
26	C32(가구)	146.9	440.6	881.1
27	C33(기타 제품 제조업)	123.8	371.5	743.0
28	D35(전기, 가스, 증기 및 공기조절 공급업)	457.0	500.0	1,000.0
29	E(하수·폐기물처리, 원료재생 및 환경복원업)	152.2	456.6	913.1

번호	업종(KSIC-9)	평균부채 비율(%)	제한부채 비율(%)	사업전환 융자
30	F(건설업)	103.7	311.1	622.1
31	G(도매 및 소매업)	206.9	500.0	1,000.0
32	H(운수업)	207.1	500.0	1,000.0
33	I(숙박 및 음식점업)	342.3	500.0	1,000.0
34	J(출판, 영상, 방송통신 및 정보서비스업)	114.3	342.9	685.8
35	L(부동산업 및 임대업)	785.4	500.0	1,000.0
36	M(전문, 과학 및 기술 서비스업)	122.9	368.6	737.2

37	N(사업시설관리 및 사업지원 서비스업)	178.1	500.0	1,000.0
38	P(교육 서비스업)	208.6	500.0	1,000.0
39	R(예술, 스포츠 및 여가관련 서비스업)	468.5	500.0	1,000.0
40	기타산업	-	500.0	1,000.0

-
- * 제한부채비율은 최소 200%, 최대 500% 이내
- * 한국은행 기업경영분석에 의한 최근 3개년 가중평균 부채비율

업종별 융자제한 부채비율 기준 적용예외

- 업력 5 년 미만 기업, 사업전환자금 신청기업 중 무역조정지원기업
- 『소득세법』 및 동법시행령에 의한 일정규모 미만의 간편장부 대상사업자
- 『중소기업협동조합법』 상의 협동조합
- 긴급경영안정자금 신청기업 중 일시적경영애로기업, 재해중소기업
- 재도약지원자금 중 구조개선전용자금
- 최근 결산연도 유형자산 증가율이 동업종 평균의 2 배를 초과하는 중소기업의 시설투자금액, 매출액대비 R&D 투자비율이 1.5%이상인 기업의 R&D 금액 등은 융자제한 부채비율 산정 시 제외

- ⑧ 정책자금 융자제외 대상 업종(별표 1) 을 영위하는 기업
- <별표 1>
-

중소기업 정책자금 융자제외 대상 업종

업종 분류	품목코드	융자 제외 업종
제조업	33402中	불건전 영상게임기 제조업
	33409中	도박게임장비 등 불건전 오락용품 제조업

건설업	41 ~ 42	건설업(단, 산업플랜트 건설업(41225), 폐기물처리 및 오염방지시설 건설업(41224), 조경건설업(41226), 배관 및 냉난방공사업(42201), 건물용 기계장비 설치 공사업(42202), 방음 및 내화 공사업(42203), 소방시설 공사업(42204), 전기 및 통신공사업(423)은 지원가능 업종)
도매 및 소매업	46102中	담배 중개업
	46331, 3	주류, 담배 도매업
	4722中	주류, 담배 소매업
숙박 및 음식점업	5621	주점업
게임 소프트웨어 및 공급업	5821中	불건전 게임소프트웨어 개발 및 공급업
금융 및 보험업	64 ~ 66	금융 및 보험업
부동산업	68	부동산업
전문서비스업	711~2	법무, 회계 및 세무관련 서비스업
	7151, 2	회사본부, 비금융 지주회사
수의업	731	수의업
공공행정, 국방 및 사회보장 행정	84	공공행정, 국방 및 사회보장행정
교육서비스업	851~854	초·중·고등 교육기관 및 특수학교
	855~856中	일반교과 및 입시 교육
보건업	86	보건업
예술, 스포츠 및 여가관련 서비스업	9124	갬블링 및 베팅업
협회및단체	94	협회 및 단체

가구내 고용 및 자가소비생산활동	97 ~ 98	가구내 고용활동 및 달리 분류되지 않는 자가소비 생산활동
국제 및 외국기관	99	국제 및 외국기관

-
  - * 정책자금 융자대상 업종이라도 상시근로자수 기준 등에 따라 소상공인에 해당하는 경우융자 제외대상. 단, 신시장진출지원자금, 제조업 영위 기업, 전략산업영위기업, 수출기업(최근 1년간 직수출실적 10만불 이상), GMD 및 매칭 중소기업에 해당하는 경우 상시근로자 수에 관계없이 정책자금 지원 대상에 포함
  - * 제주특별자치도 소재 호텔업(55111) 중 관광숙박업, 기타 관광숙박시설 운영업 (55119, 민박시설 운영은 제외), 자동차 임대업(69110), 유원지 및 테마파크 운영업(91210),기타 오락장 운영업(91229), 수상오락 서비스업(9123), 산업용 세탁업(96911), 세탁물공급업(96913)은 상시근로자 수에 관계없이 정책자금 지원대상에 포함
  -
  - * 음·식료품 위주 종합소매업(4712), 산업단체(94110), '나들가게' 지원을 위한 공동물류창고를 신축하는 음·식료품 및 담배중개업(46102) 중 주류중개업이 협동화사업을 신청하는 경우에는정책자금 지원대상에 포함
  -
  - * 재창업자금의 경우, 건설업(41~42)은 정책자금 지원대상에 포함하며, 도매업(45, 46)은 상시근로자 수에 관계없이 정책자금 지원대상에 포함
  -
  - * 긴급경영안정자금(일시적경영애로)의 경우, 개인병원과 의료법인의 자법인(병·의원) 중, 비수도권소재 500병상 이하는 정책자금 지원대상에 포함

융자제외 업종 운용기준

자금조달 여건이 열악한 우수기술 보유 유망 중소기업의 장기·시설자금 중심 지원 → 한정된
재원의 효율적 배분을 위해 제외업종 운용

- 사행산업 등 국민 정서상 지원이 부적절한 업종
  (도박·사치·향락, 건강유해, 부동산 투기 등)
- 정부 등 공공부문에서 직·간접적으로 운영·지원하는 업종
  (철도 등 운송, 도로 및 관련시설 운영업 등)
- 고소득 및 자금조달이 상대적으로 용이한 업종
  (법무·세무·보건 등 전문서비스, 금융 및 보험업 등)
- 자영업 등 소상공인 자금 지원이 적합한 업종
  * 광업·제조업·건설업·운수업은 종업원 수 10 명 미만, 그 밖의 업종은 5 명 미만
  * 단, 제조업, 전략산업 영위 기업은 종업원 수에 관계없이 지원 가능

- ⑨ 중진공 지정 부실징후기업, 업력 5 년 초과 기업 중 다음에 해당하는 한계기업

- 2 년 연속 적자기업 중 자기자본 전액 잠식 기업
- 3 년 연속 '이자보상배율 1.0 미만'이고, 3 년 연속 '영업활동 현금흐름이 (-)'인 기업(단,
  최근 결산연도 유형 자산과 연구개발비 증가율이 모두 전년대비 2.5%이상인 기업은 예외)
- 최근 3 개월 내 연체일수 45 일 이상 또는 10 일 이상이 4 회 이상인 기업
- 중진공 신용위험 등급 최하위 등급(재도약지원자금 중 재창업자금 적용 제외)

- ⑩ 융자심사에서 탈락한 기업으로 6 개월이 경과되지 아니한 기업. 단, 다음에 해당하는
  경우는 예외

- 신청연도가 다른 경우
- 다른 자금의 융자심사에서 탈락하였으나, 재도약지원자금 또는 긴급경영안정자금을
  신청하는 경우
- 투융자복합금융사업(성장공유형대출) 심의위원회에서 부결되었으나, 다른 자금을 신청하는
  경우
- 실질기업주 변경 등 기업경영상 중대한 변동이 있는 경우(추가 1 회에 한함)

- ⑪ 정부, 지자체 등의 정책자금 융자, 보증, R&D 보조금 등 지원실적이 최근 5 년간
  100 억원(누적)을 초과하는 기업
  (중소기업지원사업 통합관리시스템(http://sims.go.kr)을 통해 지원실적 확인)
  * 신시장진출지원자금(글로벌진출지원),
  신성장기반자금(제조현장스마트화자금),재도약지원자금,

긴급경영안정자금은 실적산정 및 신규지원 시 예외
　　　* 보증서부 정책자금 융자지원의 보증실적과 매출채권보험은 실적산정 시 예외
- ⑫ 중소기업 정책자금(운전자금) 지원금액 25억원(누적) 초과기업

- 18년 1월 2일 이후 신청·접수하는 자금에 한하여 적용하며,
　긴급경영안정자금(일시적애로·재해), 재도약지원 자금(사업전환·구조개선),
　수출금융지원자금, 성장공유형자금은 예외

* 융자제한기업 항목(①~⑫)별 적용예외는 사업별 융자계획에서 규정

문의처

1357

3. 융자절차

정책자금융자체계도

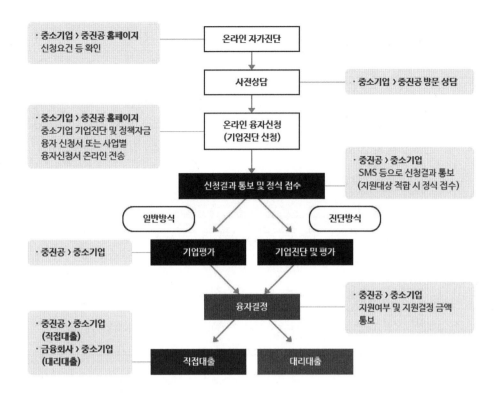

융자절차

1 상담 및 신청접수

- 융자신청 및 접수절차

1. 융자 신청·접수

- - 융자신청은 자가진단 → 사전상담 → 온라인신청순으로 진행되며 당월 자금 희망기업은 전월 말까지

    온라인신청 필요

○* 단, 지역본(지)부 접수상황에 따라 온라인 신청 접수월 조정 가능

○* 특별재난지역 소재 재해중소기업에 대해서는 자가진단 및 사전상담(온라인 신청)

생략가능

(오프라인 수시 신청 가능)

○* 조선·해운업 관련 피해기업, AI 피해기업, 불공정거래 또는 기술침해 행위

피해기업이 신청하는

긴급경영안정자금(일시적경영애로)과 FTA 피해 무역조정지원기업에 대해서는

자가진단 생략 가능

- - (자가진단) 융자신청 대상 여부 및 신청자금의 적정성에 대해 중진공 홈페이지

  (www.sbc.or.kr)를 통해 온라인 자가진단 실시

  ○* 허위 진단결과 제출기업은 발견일로부터 1년간 정책자금 신청 제한

- - (사전상담) 자가진단 결과 신청가능 대상인 경우, 해당 지역본(지)부에 방문상담하면

  지역본(지)부에서정책자금 신청기회 부여 여부를 결정(시설투자, 수출기업 등은 우선 지원)

  ○* 사전상담예약시스템을 통해 사전상담예약 기업은 우선 상담

  ○* 자금 신청수요 집중시기에는 지역본(지)부에서 사전상담 기간 조정 가능

  ○* 월 사전상담 완료기업이 중진공 지역본(지)부별 실태조사 가용인력범위를

  초과하는 경우, 운전자금 신청 기업에 대해 정책우선도(고용창출, 일자리안정,

  성과공유, 수출연계, 시설연계 등) 평가를 실시하여 신청기회 부여 여부 결정가능

- - (온라인신청) 사전상담 완료 후 신청기회를 부여받은 기업은 신청기회 부여시 정한

  기한까지 중진공

  홈페이지를 통해 융자신청서 제출

2. 접수시기 예외

연간 계획된 예산소진 시 신청 불가

3. 신청서류

구분	종류	서류명
사전상담시 제출서류	6 종	자가진단표, 기업 및 개인(신용)정보 수집·이용·제공 및 활용동의서, 고객정보 활용 동의서, 대표자 신분증, 최근 3 개년 표준재무제표
융자신청시 제출서류	2 종	중소기업 기업진단 및 정책자금 융자신청서,최근 1 년간 부가가치세과세표준증명원
현장실태조사시 확인서류	5 종	금융거래확인서, 시설자금 신청 근거서류, 원천징수 이행상황 신고서,주주명부, 산업재산권·규격표시 인증·기타 인증서류 등 사본 * 시설자금 신청 근거서류 : 견적서(계약서), 카탈로그, 건축계약서 등* 사업별 추가제출서류 : 수출실적증명원, 폐업사실증명서 등

2 기업평가

- 기술성, 사업성, 미래성장성, 경영능력, 사업계획타당성 등을 종합 평가하여,

  기업평가등급(Rating)을 산정

  (단, 재창업자금 중 신용회복위원회 재창업지원 대출은 별도기준으로 운영)

  - 일자리 안정 자금 대상기업에 대해선 평가 시 가점부여

  - 고용창출 및 수출실적 등을 기업평가의 평가 지표에 반영하여 평가 시 우대

3 지원결정통보

- 기업평가 결과 일정 평가등급 또는 일정기준 이상인 기업을 대상으로 융자여부 결정

4 대출 및 사후관리

- (대출) 융자 대상으로 결정된 기업은 융자약정 체결 후 대출
- (사후관리) 대출 후 당초 목적에 부합하는 자금사용 여부 점검을 위해 대출기업에 대한 관련자료 징구 등

  실태조사 실시

* 대출자금의 용도 외 사용시 자금 조기회수 등 제재조치

  o - 청년전용창업자금, 재창업자금, 구조개선전용자금 대출기업에 대해서는 대출 후
  1년간 사업계획 진행사항 등 멘토링 지원

이의제기 절차

개요

정책자금 신청업체 중 사업 타당성 평가 결과, 탈락한 업체의 이의제기에 대한 재심기회 부여

재심대상

- 기술·사업성 평가 결과, 지원 제외된 기업 (단, "청년전용창업자금은 심의위원회를 통해 지원결정됨에 따라 재심대상에서 제외")

재심절차

1 재심신청

- 신청·접수 : 지방중소벤처기업청
- 재심신청서
- 신청서류 이송 : 지방중소벤처기업청 → 중진공 각 지역본(지)부
  o * 이의제기기한 : 융자결정 탈락일로부터 30일 이내 또는 융자결정 탈락을 안
  날로부터 15일 이내

2 재심위원회

심의

- 재심위원회에서 심의 및 의결('지원' 또는 '지원 불가')

○ * 재심위원회 구성 : 지방중소벤처기업청장을 위원장으로 9인 이내 구성

3 재심결과통보

- 지방중소벤처기업청 → 재심신청 기업
  ○ * 재심결과는 중진공 자금지원결정과 동일한 효력을 가짐

융자상담처

더욱 자세한 상담은 전국에 위치한 중진공 각 지역본(지)부로 문의하여 주시기 바랍니다.

4. 세부사업

1) 창업기업지원자금

우수한 기술과 사업성은 있으나 자금이 부족한 중소, 벤처기업의 창업을 활성화하고 고용창출을 도모하는 사업입니다.

신청대상

일반창업기업지원, 청년전용창업자금으로 구분 지원(1인 창조기업 포함)

- (일반창업기업지원)『중소기업창업 지원법』시행령 제2조 및 제3조의 규정에 의한 사업 개시일로부터 7년 미만 (신청·접수일 기준)인 중소기업 및 창업을 준비 중인 자
  * 다음 정부 창업지원사업 참여기업을 연계하는 창업사업연계자금 별도 운용

- 창업투자 : 민간 VC 등 투자유치, 크라우드 펀딩 성공 등
- 창업 R&D : 중기부 창업성장기술개발사업 등 성공판정
- 창업양성 : 청년창업사관학교, TIPS 팀, 사내벤처창업 프로그램 분사기업, 창조경제혁신센터 보육기업 등

- 창업 BI : 정부 및 지자체, 대학 BI 입주 및 졸업(3 년 이내) 기업

- (청년전용창업) 대표자가 만 39 세 이하로 사업 개시일로부터 3 년 미만(신청. 접수일 기준)인 중소기업 및 창업을 준비 중인 자
  * 창업성공패키지지원의 경우 7 년 미만인 창업 및 예비창업자
  * 일반창업기업지원자금, 청년전용창업자금 모두 최종 융자시점에는 사업자등록 필요

융자범위

시설자금

- 생산설비 및 시험검사장비 도입 등에 소요되는 자금
- 정보화 촉진 및 서비스 제공 등에 소요되는 자금
- 공정설치 및 안정성평가 등에 소요되는 자금
- 유통 및 물류시설 등에 소요되는 자금
- 사업장 건축자금, 토지구입비, 임차보증금
  * 토지구입비는 건축허가가 확정된 사업용 부지 및 산업단지 등 계획입지의 입주계약자 중, 6 개월 이내 건축착공이 가능한 경우에 한함
- 사업장 확보자금(매입, 경·공매)
  * 사업장 확보자금은 사업영위 필요에 따라 기업당 3 년 이내 1 회로 한정 지원

운전자금

- 창업소요 비용, 제품생산 비용 및 기업경영에 소요되는 자금, 약속어음 폐지·감축에 따른 현금결제 전환 비용

융자조건

대출금리

- 대출금리(기준금리) : 정책자금 기준금리(변동)에서 0.3%p 차감
  * 청년전용창업자금, 창업성공패키지지원은 연 2.0% 고정금리 적용

대출기간

- 시설자금 : 10년 이내(거치기간 4년 이내 포함)

  * 시설자금 신용대출은 거치기간 3년 이내

- 운전자금 : 5년 이내(거치기간 2년 이내 포함)
- 청년전용창업자금 : 시설·운전 6년 이내(거치기간 3년 이내 포함)

  * 청년전용창업자금 5천만원 미만 소액대출 기업의 경우, '기업자율 상환제도' 선택 가능

기업자율 상환제도

- (제도내용) 정책자금 대출원금을 기업이 원하는 날짜에 자유롭게 상환하도록 허용

  * 다만, 대출이자의 경우는 매월 정기적으로 부과·납부

- (제한사항) 대출 이후 1~4년차에 대출원금의 1/4에 해당하는 금액 상환, 5년차에 대출원금의 1/4에 해당하는 금액 상환, 6년차에 대출원금의 1/2에 해당하는 금액 상환(기한 내 기업이 자율적으로 상환)

구분	1년	2년	3년	4년	5년	6년
상환비율	1/4				1/4	1/2
상환금액(예)*	12.5 백만원				12.5 백만원	25 백만원

* 대출금액 50 백만원을 가정한 상환금액

대출한도

- 대출한도 : **중소기업 정책자금 융자계획 (공고)** 2.공통사항의 '개별기업당 융자한도' * 운전자금은 연간 5억원 이내. 단, 수출향상기업(최근 1년간 직수출실적 50만불 이상이며 20% 이상 증가), 최근 1년간 10인 이상 고용 창출 기업, 최근 1년간 10억원 이상 시설투자기업(금회 포함), 약속어음 폐지·감축 기업, 여성기업의 운전자금은 연간 10억원 이내 (청년전용창업자금 제외)* 청년전용창업자금 : 기업당 1억원 이내

융자방식

- (일반창업기업지원) 중진공 직접대출 또는 금융회사 대리대출
- (청년전용창업) 중진공이 자금 신청·접수와 함께 교육·컨설팅 실시 및 사업계획서 등에 대한 평가를 통하여 융자대상 결정 후 직접대출

(융자상환금 조정형) * 융자상환금 조정형 : 정직한 창업실패자에 대하여 심의를 통해 선별적으로 융자상환금의 일부를 조정

융자상담처

더욱 자세한 상담은 전국에 위치한 중진공 각 지역본(지)부로 문의하여 주시기 바랍니다.

2) 투융자금융복합자금

기술성과 미래성장가치가 우수한 중소기업을 대상으로 투자와 융자의 장점을 복합하여 지원하는 방식으로 이익공유형 대출과 성장공유형 대출이 있습니다.

투융자 복합금융이란?

이익공유형 대출	저금리 대출 후 지원기업의 영업성과에 따라 추가이자(성과배분)를 수취 - 단, 영업손실 또는 당기순손실 발생 시 성과배분이자 부담 없음
성장공유형 대출	전환사채(CB) 등의 주식연계 회사채를 중소기업진흥공단이 인수 - 전환사채를 주식전환 시 자본확충으로 재무구조가 개선됨

신청대상

이익공유형 대출	기술개발 및 시장진입 등의 단계에서 미래 성장성이 큰 기업으로 일정수준의 영업이익 달성이 예상되는 업력 7년 미만의 기업

성장공유형 대출	기술성과 미래 성장가치가 큰 기업으로 기업공개 가능성이 있으나 민간 창업투자회사(창업투자조합)가 투자하지 아니한 기업

이익공유형 대출

지원방식

- 중소기업진흥공단 각 지역본(지)부에서 신청·접수하여 일반 신용대출 방식으로 자금지원
- 정해진 일정에 따라 원금과 고정이자(고정금리 0.5%)를 상환하고, 대출 이후 3 년간 영업이익 발생시 추가이자
  (영업이익 합계액의 4.0%) 상환

지원조건

구분	지원조건
지원한도	기업당 연간 20 억원(운전자금 5 억원)
지원기간	5 년 이내(3 년거치, 2 년분할상환), 업력 3 년 미만 기업은 6 년 이내(3 년거치, 3 년분할상환)
이자율	- 고정이자 : 0.5% (대출기간중 고정)- 성과배분이자 : 3 개년 영업이익 합계액 x 4.0% 단, 영업손실 또는 당기순손실 발생 시 해당 결산기의 영업이익은 0 으로 적용
이자부담 최대한도	대출원금의 20%까지 (고정 및 성과배분 이자의 합계액)

구분	지원조건
성과배분이자 적용기준	- 적용 재무제표 : 국세청 신고 재무제표- 적용 결산기 : 대출일 이후 3년간에 속하는 결산기- 적용 기간 : 대출일 이후 3년간에 속하는 결산기 경과 후 부과 단, 대출초년도와 거치기간 종료연도는 대출기간에 따라 일할 계산- 회수 * 법인 : 대출일 이후 3년이 경과한 날이 속한 사업연도 종료일부터 6개월에 해당하는 날 * 개인 : 대출일부터 3년이 경과한 날이 속한 사업연도 종료 후 최초 도래하는 8월 31일
기타조건	- 필요시 결산 재무제표의 적정성 확인을 위해 중소기업진흥공단이 지정하는 회계법인이 회계실사를 실시하며, 그 결과에 따라 위약금을 부과할 수 있음- 대출기간내 조기상환시 위약금 부과, 위약금은 대출금의 20%에 해당하는 금액에서 기지급한 이자 (고정이자 및 성과배분이자) 합계액을 차감한 금액이내로 함.

지원절차

성장공유형 대출

지원방식

- 각 지역본(지)부에서 신청·접수하여 전환사채(CB) 인수방식으로 자금지원
- 성장이익 공유 가능성 등을 판단하여 주식으로 전환 여부를 중진공이 결정

- 주식으로 전환하지 아니하는 경우, 중소기업은 만기보장금리로 분할상환

지원조건

구분	지원조건	
	3년 미만	3년 이상
지원한도	기업당 연간 45억원 (운전자금은 10억원)	기업당 연간 45억원 (운전자금은 20억원)
이자율	표면금리 0.25%(단리) 만기보장금리 3%(단리)	표면금리 0.5%(단리) 만기보장금리 3%(단리)
지원기간	- 업력 7년 미만인 기업 : 7년 이내(4년 거치, 3년 분할상환) - 업력 7년 이상인 기업 : 5년 이내(2년 거치, 3년 분할상환)	
전환주식종류	상환전환 우선주	
전환기간	지원기간 이내 중소기업진흥공단에서 전환권 행사	
전환가격 결정	향후 후속투자 전환가격의 80%	기업가치에 따라 개별 적용
외부회계감사	- 지원금액 5억원 미만의 경우 지원연도 포함 3년간 외부회계감사 면제	- 지원 당해 연도부터 회계법인의 외부회계감사 수감 필수
기타조건	- 대출기간 내의 임의 조기상환 금지 - 자본금 변동 등 사전동의 의무	

위 표 제목: 지원조건 표

지원절차

01 자금신청 (지역(지)부) → 02 사업타당성 평가 및 회계실사 (현장실사) → 03 전환 조건 협상 → 04 심의위원회 → 05 계약체결 및 자금지원 → 06 주식전환 / 분할상환

융자상담처

더욱 자세한 상담은 전국에 위치한 중진공 각 지역본(지)부로 문의하여 주시기 바랍니다.

3) 신시장진출지원자금

중소기업이 보유한 우수 기술의 제품화·사업화 촉진 및 수출품 생산비용을 지원하여 기술기반 수출 중소기업을 육성하는 사업입니다.

개발기술사업화 융자 신청서수출금융지원자금 융자 신청서수출사업화 융자 신청서

신청대상

개발기술사업화, 글로벌진출지원으로 구분 지원* 최근 3 년 이내
신시장진출지원자금(개발기술사업화)을 2 회 이상 지원받은 기업은 융자 제외(단, 수출향상기업 (최근 1 년간 직수출 실적 50 만불 이상이며 20% 이상 증가), 최근 1 년간 10 인 이상 고용창출 기업, 최근 1 년간 10 억원 이상 시설투자 기업(금회 포함)은 횟수 제한 적용 예외)

- **(개발기술사업화)**
  - ① 다음 중 하나에 해당되는 기술을 사업화하고자 하는 기업
    - o 산업통상자원부, 중소벤처기업부 등 정부 또는 지자체 출연 연구개발사업에 참여하여 기술개발에 성공 (완료)한 기술
    - o 특허, 실용신안 또는 저작권 등록 기술
    - o 정부 및 정부 공인기관이 인증한 기술
      * 신기술(NET), 전력신기술, 건설신기술, 보건신기술(HT) 등
    - o 국내외의 대학, 연구기관, 기업, 기술거래기관 등으로부터 이전 받은 기술
    - o 『기술의 이전 및 사업화 촉진에 관한 법률』상 기술평가기관으로부터 기술평가인증을 받은 기술
    - o 기업부설연구소(한국산업기술진흥협회 인정) 보유 기업이 개발한 기술
    - o 중소벤처기업부가 인가한 기관과 기술자료 임치계약을 체결한 기술
    - o 특허청의 IP-R&D 전략지원사업에 참여하여 개발을 완료한 기술

  - ② 자체 기술을 사업화하고자 하는 Inno-Biz, Main-Biz, 벤처기업, 지식재산경영인증 기업(특허청 인증), 크라우드펀딩을 통한 1 억원 이상 투자 유치 기업 * 단, 제품 양산 후 3 년이 경과한 기술의 경우는 개발기술사업화자금 대상에서 제외

- **(글로벌진출지원)** 융자제외 대상 업종(별표 1)에 해당되지 아니하는 생산품(용역, 서비스 포함)을 수출하고자 하는 중소기업 * 수출금융지원 : 수출계약 또는 수출실적 보유 기업* 수출사업화 : 중소벤처기업부 소관 수출지원사업 지원기업(사업기간 또는 사업종료후 1년 이내), 중소벤처기업부 수출기업화 유망내수기업 지정 기업, 엑스포트클럽 및 글로벌 CEO·퓨처스클럽 가입 중인 기업

융자범위

개발기술사업화

- 개발기술의 사업화에 소요되는 생산설비, 시험검사장비 도입 등에 소요되는 시설자금과 원부자재 구입비용, 시장개척비용 등 운전자금

글로벌진출지원

- (수출금융지원) 수출계약(L/C, D/A, D/P, Local L/C, T/T, M/T, 구매확인서, O/A, 해외조달계약에 따른 P/O, 해외유통망 P/O) 또는 수출실적에 근거한 수출품 생산비용 등 수출 소요 운전자금
- (수출사업화) 해외마케팅 등 판로개척, 해외인증 획득, 수출품 개발 등 수출사업화에 소요되는 운전자금

융자조건

개발기술사업화

- 대출금리(변동금리) : 정책자금 기준금리(기준)
- 대출기간 - 시설자금 : 10년 이내(거치기간 4년 이내 포함)* 시설자금 신용대출은 거치기간 3년 이내- 운전자금 : 5년 이내(거치기간 2년 이내 포함)
- 대출한도 : 기업 당 연간 20억원 이내(운전자금은 5억원 이내) * 단, 수출향상기업(최근 1년간 직수출실적 50만불 이상이며 20% 이상 증가), 최근 1년간 10인 이상 고용창출 기업, 최근 1년간 10억원 이상 시설투자기업(금회 포함)의 운전자금은 연간 10억원 이내* 크라우드펀딩 투자유치기업은 기업당 3억원 이내(운전자금만 지원) 융자방식 : 중진공 직접대출

- 융자방식 : 중진공 직접대출

글로벌진출지원(수출금융지원)

- 대출금리(기준금리) : 정책자금 기준금리(변동)에서 0.3%p 차감
- 대출기간 : 1년 이내 - 수출계약기준 : 수출품 선적(또는 용역 납품) 후 수출환 어음 매입 시 정산- 수출실적기준 : 대출일로부터 1년 이내에 일시상환
- 대출한도 : 기업당 20억원 이내 * 해외조달시장 참여중소기업 및 글로벌강소기업, 무역보험공사의 환변동보험 및 중소 Plus+단체보험 가입기업, 글로벌성장사다리 선정기업, 해외수요처 연계 R&D 성공제품, 직매입 계약을 체결한 GMD (글로벌 시장개척 전문기업) 및 GMD 매칭 중소기업, 차이나하이웨이 선정 중소기업, 수출향상기업(최근 1년간 직수출실적 50만불 이상이며, 20% 이상 증가)은 기업당 30억원 이내* 유망소비재산업(별표 10) 관련 제품 수출기업, 최근 1년간 수출실적 1천만불 이상인 수출선도기업은 40억원 이내* 해외조달시장 참여중소기업 : UN 및 UN 산하기구, WTO 정부조달협정 양허기관, FTA 정부조달 협정 양허기관의 조달계약에 입찰하여 낙찰받은 기업* 글로벌강소기업 : 수출성장 잠재역량이 높은 수출중소기업을 집중 지원하여 수출 5천만불 이상의 글로벌강소기업으로 육성하기 위하여 중소벤처기업부가 선정* 글로벌성장사다리 선정기업 : 중소·중견기업을 글로벌 수출 강소기업으로 육성하기 위하여 한국무역보험공사가 선정- 수출계약기준 : 수출실적 및 계획을 근거로 산정한 회전한도내에서 수출계약액의 90%이내* 조선·해운업 관련 피해기업은 수출계약액의 100% 이내- 수출실적기준 : 최근 1년간 수출실적의 70% 또는 최근 6개월간 수출실적 범위 내* 조선·해운업 관련 피해기업은 최근 1년간 수출실적의 100% 이내* 수출실적 기준 이용기업은 한도 내에서 수출계약기준과 병행대출 가능
- 융자방식 : 중진공 직접대출

글로벌진출지원(수출사업화)

- 대출금리(기준금리) : 정책자금 기준금리(변동)
- 대출기간 : 5년 이내(거치기간 2년 이내 포함)
- 대출한도 : 기업 당 연간 5억원 이내
- 융자방식 : 중진공 직접대출

융자상담처

더욱 자세한 상담은 전국에 위치한 중진공 각 지역본(지)부로 문의하여 주시기 바랍니다.

4) 신성장기반자금

사업성과 기술성이 우수한 성장유망 중소기업의 생산성 향상, 고부가가치화 등 경쟁력 강화에 필요한 자금을 지원하여 성장동력을 창출하며, 한중 FTA 취약업종의 산업경쟁력 강화, 인적자원 투자유도를 통한 성장잠재력 확충을 지원하는 사업입니다.

신청대상

* 신성장 유망(일반) 및 기술 사업성 우수기업전용자금의 합산 지원 횟수가, 최근 3 년 이내 2 회 이상인 기업은 융자제외 (단,수출향상기업 (최근 1 년간 직수출실적 50 만불 이상이며, 20% 이상 증가), 최근 1 년간 10 인 이상 고용창출 기업, 최근 1 년간 10 억원 이상 시설투자 기업(금회 포함)이 신청하는 시설 및 운전자금에 대해서는 횟수제한 적용 예외)* 사업승계, 법인전환 등으로 업력 7 년 미만이나, 최초 창업한 기업의 사업개시일로부터 업력 7 년 이상인 기업은 신성장기반자금으로 융자
신성장 유망(일반, 협동화·협업사업 지원, 산업경쟁력강화, 인재육성형 기업 전용, 기술 사업성 우수기업전용, 제조현장 스마트화자금으로 구분지원

- (신성장 유망) 『중소기업 기본법』 상의 업력 7 년 이상 중소기업, 협동화·협업사업 승인기업, 한중 FTA 에 취약 업종(별표 15) 영위기업, 인재육성형 기업 * 협동화·협업사업 지원 : 3 개 이상의 중소기업이 규합하여 협동화실천계획의 승인을 얻은 자 또는 2 개 이상의 중소기업이 규합하여 협업사업 계획의 승인을 얻은 자* 산업경쟁력강화 : 업력 7 년 이상의 한중 FTA 에 취약 업종(별표 15) 영위기업* 인재육성형기업 : 중소벤처기업부 인재육성형 사업 선정기업(유효기간 이내), 내일채움공제 가입 중인 기업, 기업인력애로센터를 통한 채용 기업, 중소기업 계약학과 참여 중인 기업, 최근 2 년 이내 중소기업 특성화고 인력양성사업을 통해 학생 채용을 협약한 기업, 최근 2 년 이내 자유학기제 강소기업 체험 사업 참여기업(연 2 회 이상), 미래 성과공유 도입기업, '청년 채용의 날'을 통해 인력을 채용한 중소기업* 협동화·협업사업 지원 및 인재육성형기업전용자금은 업력 제한 없음
- (기술사업성우수기업전용) 『중소기업기본법』 상의 업력 7 년 이상 중소기업 중 기업평가등급 우수기업

- (제조현장스마트화자금) 스마트공장 추진기업, 4차 산업혁명 관련 신산업·신기술 영위기업, ICT기반 생산 효율화를 위한 자동화 시설 도입기업 * 스마트공장 보급사업 및 생산현장디지털화 사업 참여기업 등
- <별표 15>

한중FTA 관련 지원업종

구 분	해 당 업 종	품목코드	비고
섬유제품제조업 (의복제외)(13)	방적 및 가공사 제조업	1310	섬유
	직물 직조업	1321	
	직물제품 제조업	1322	
	편조원단 제조업	1331	
	편조제품 제조업	1332	
	섬유제품 염색, 정리 및 마무리 가공업	1340	
	카펫, 마루덮개 및 유사제품 제조업	1391	
	끈, 로프, 망 및 끈가공품 제조업	1392	
	그외 기타 섬유제품 제조업	1399	
의복, 의복 액세서리 및 모피제품제조업(14)	정장 제조업	1411	섬유
	내의 및 잠옷 제조업	1412	
	한복 제조업	1413	
	기타 봉제의복 제조업	1419	
	모피가공 및 모피제품 제조업	1420	
	편조의복 제조업	1430	
	편조의복 액세서리 제조업	1441	
	기타 의복액세서리 제조업	1449	
가죽, 가방 및 신발 제조업(15)	원피가공 및 가죽 제조업	1511	생활용품
	핸드백, 가방 및 기타 보호용 케이스 제조업	1512	
	기타 가죽제품 제조업	1519	

	신발제조업	1521	
	신발부분품 제조업	1522	
목재 및 나무제품제조업 (가구제외)(16)	박판, 합판 및 유사적층판 제조업	16211	생활용품
	기타 건축용 나무제품 제조업	16229	
	기타 나무제품 제조업	1629	
	코르크 및 조물 제품 제조업	1630	
펄프, 종이 및 종이제품 제조업(17)	펄프 제조업	1711	생활용품
	종이 및 판지 제조업	1712	
	골판지 및 골판지상자 제조업	1721	
	종이포대, 판지상자 및 종이용기 제조업	1722	
	기타 종이 및 판지 제품 제조업	1790	
인쇄 및 기록매체복제업(18)	제책업	18122	생활용품
화학물질 및 화학제품 제조업 (의약품 제외)(20)	기타 기초유기화학물질 제조업	20119	생활용품
	세제, 화장품 및 광택제 제조업(계면활성제 제조업 제외)	2043	
	그 외 기타 분류안된 화학제품 제조업		
	화학섬유 제조업	20499	
		2050	섬유
의료용 물질 및 의약품 제조업 (21)	기초 의약물질 및 생물학적 제제 제조업	2110	제약
	완제 의약품 제조업	2121	
	한의약품 제조업	2122	
	동물용 의약품 제조업	2123	
	의료용품 및 기타 의약관련제품 제조업	2130	
고무제품및플라스틱제품 제조업(22)	플라스틱 포대, 봉투 및 유사제품 제조업	22231	생활용품
	그외 기타 플라스틱 제품 제조업	22299	

비금속 광물제품 제조업(23)	산업용 유리 및 판유리 가공품 제조업(기타 산업용 유리제품 제조업 제외)	2312	비금속광물 ·생활용품
	기타 유리제품 제조업	2319	
	일반도자기 제조업	2321	
	건설용 석제품 제조업	23911	
	그외 기타 비금속 광물제품 제조업(아스콘 제조업, 석면, 암면 및 유사제품 제조업 제외)	2399	
전자부품, 컴퓨터,영상, 음향 및 통신장비 제조업 (26)	평판 디스플레이 제조업	2621	전기전자
	인쇄회로기판 및 전자부품 실장기판 제조업	2622	
	기타 전자부품 제조업	2629	
	컴퓨터 제조업	2631	
	기억장치 및 주변기기 제조업	2632	
	유선 통신장비 제조업	2641	
	방송 및 무선 통신장비 제조업	2642	
	텔레비전, 비디오 및 기타 영상기기 제조업	2651	
	오디오, 스피커 및 기타 음향기기 제조업	2652	
	마그네틱 및 광학 매체 제조업	2660	
의료, 정밀, 광학 기기 및 시계제조업(27)	안경 제조업	2731	생활용품
전기장비 제조업(28)	전동기, 발전기 및 전기변환장치 제조업	2811	전기전자
	전기공급 및 전기제어 장치 제조업	2812	
	일차전지 및 축전지 제조업	2820	
	절연선 및 케이블 제조업	2830	
	전구 및 램프 제조업	2841	
	조명장치 제조업	2842	
	가정용 전기기기 제조업	2851	
	가정용 비전기식 조리 및 난방 기구 제조업	2852	

	기타 전기장비 제조업	2890	
기타 기계 및 장비 제조업(29)	내연기관 및 터빈 제조업(항공기용 및 차량용 제외)	2911	일반기계
	유압기기 제조업		
	펌프 및 압축기 제조업(탭, 밸브 및 유사장치 제조 포함)	2912	
	베어링, 기어 및 동력전달장치 제조업	2913	
	산업용 오븐, 노 및 노용 버너 제조업		
	산업용 트럭, 승강기 및 물품취급장비 제조업	2914	
	냉각, 공기조화, 여과, 증류 및 가스발생기 제조업	2915	
	사무용 기계 및 장비 제조업	2916	
	기타 일반 목적용 기계 제조업	2917	
		2918	
		2919	
가구 제조업(32)	침대 및 내장가구 제조업(운송장비용 의자제조업 제외)	3201	생활용품
	목재가구 제조업	3202	
	그외 기타 가구 제조업	32099	

기타제품제조업(33)	귀금속 및 관련제품 제조업	3311	생활용품
	모조 귀금속 및 모조 장신용품 제조업	3312	
	악기제조업	3320	
	운동 및 경기용구 제조업	3330	
	인형,장난감 및 오락용품 제조업	3340	
	간판 및 광고물 제조업	3391	
	사무 및 회화용품 제조업	3392	
	가발, 장식용품 및 교시용 모형 제조업	3393	
	그외 기타 분류안된 제품 제조업	3399	
출판업(58)	서적 출판업	5811	생활용품
	신문, 잡지 및 정기간행물 출판업	5812	
	기타 인쇄물 출판업	5819	
영상·오디오 기록물 제작 및 배급업(59)	음악 및 기타 오디오물 출판업	59201	생활용품
식료품제조업(10) 1차금속제조업(24)	기타 과실.채소 가공 및 저장처리업	10309	기타
	전분제품 및 당류 제조업	10620	
	동 압연, 압출 및 연신제품 제조업	24221	
	핵반응기 및 증기발생기 제조업	25130	
	수동식 식품 가공기기 및 금속주방용기 제조업	25993	
	그외 기타 분류안된 금속가공제품 제조업	25999	

- * 품목코드는 9차 한국표준산업분류 기준임

- * 한·중 FTA 체결에 따른 중소제조업 민감업종 분석 연구('15.12.)" 결과 피해업종

- * 비고의 '기타'업종은 신성장유망(산업경쟁력강화)자금 지원 제외

융자범위

시설자금

- 생산설비 및 시험검사장비 도입 등에 소요되는 자금
- 정보화 촉진 및 서비스 제공 등에 소요되는 자금
- 공정설치 및 안정성평가 등에 소요되는 자금
  - 유통 및 물류시설 등에 소요되는 자금
- 무역·수출 안전시설 설치 등에 소요되는 자금
- 사업장 건축자금, 토지구입비, 임차보증금 * 토지구입비는 건축허가가 확정된 사업용 부지 및 산업단지 등 계획입지의 입주계약자 중, 6개월 이내 건축착공이 가능한 경우에 한함 (협동화·협업사업승인기업은 건축허가 조건 적용 배제)
- 사업장 확보(매입, 경·공매)자금 * 사업장 확보자금은 사업영위 필요에 따라 기업당 3년 이내 1회로 한정 지원
- 조성공사비(협동화 및 협업사업 승인기업에 한함)
- 기타 생산성 향상, 생산환경 개선 및 후생복지시설 등에 소요되는 자금

운전자금

- 위 시설자금을 융자받은 기업 중 시설도입 후 소요되는 초기 가동비(시설자금의 50% 이내) * 지식서비스산업(별표 7) 협동화 및 협업사업 승인 기업, 국토교통부 인증 우수 물류기업, 사회적경제 중소기업은제품 생산비용, 제품 개발 비용, 시장개척비용에 소요되는 운전자금을 시설자금과 별도로 융자가능 (단, '기술사업성 우수기업 전용자금', '산업경쟁력 강화자금', '제조현장스마트화자금'은 시설자금과 별도 융자 불가)* 사회적경제 중소기업은 사회적기업(사회적기업육성법), 협동조합(연합회)/사회적협동조합(협동조합기본법), 마을기업(행정안전부 지침), 자활기업(국민기초생활보장법) 등임
- <별표 7>

  - **지식서비스산업**

-

품목코드	해 당 업 종
3900	환경정화 및 복원업

46	도매 및 상품중개업(단, 전략산업에 해당하는 국내 생산품을유통하는 경우에 한함)
582	소프트웨어 개발 및 공급업
5911	영화, 비디오물 및 방송프로그램 제작업
59120	영화, 비디오물 및 방송프로그램 제작관련 서비스업
59201	음악 및 기타 오디오물 출판업
612	전기통신업
620	컴퓨터 프로그래밍, 시스템 통합 및 관리업
631	자료처리, 호스팅, 포털 및 기타 인터넷 정보매개서비스업
639	기타 정보 서비스업
701	자연과학 및 공학 연구개발업
702	인문 및 사회과학 연구개발업
713	광고업
714	시장조사 및 여론조사업
71531	경영컨설팅업
721	건축기술, 엔지니어링 및 관련 기술 서비스업
729	기타 과학기술 서비스업
732	전문디자인업
73902	번역 및 통역서비스업
73903	사업 및 무형 재산권 중개업

73909	그 외 기타 분류안된 전문, 과학 및 기술 서비스업
741	사업시설 유지관리 서비스업
75320	보안시스템 서비스업
75992	전시 및 행사 대행업
75994	포장 및 충전업
85504	온라인 교육 학원(기술및직업훈련교육을제공하는경우에만해당)
8565	기술 및 직업 훈련 학원
901	창작, 예술관련 서비스업

융자조건

대출금리(기준금리)

- 정책자금 기준금리(변동)에서 0.5%p 가산 * 협동화·협업사업 승인기업 지원, 인재육성형기업전용자금, 제조현장스마트화자금, 국가핵심기술 보유 중소기업 지원은 정책자금 기준금리

대출기간

- 시설자금 : 10 년 이내(거치기간 4 년 이내 포함) * 시설자금 신용대출은 거치기간 3 년 이내* 기술사업성 우수기업 전용자금 : 15 년 이내(거치기간 5 년 이내 포함)* 협동화 및 협업사업 승인기업 : 10 년 이내(거치기간 5 년 이내 포함)
- 운전자금 : 5 년 이내(거치기간 2 년 이내 포함)

대출한도

- 중소기업 정책자금 융자계획 (공고) 2.공통사항의 '개별기업당 융자한도' (운전자금 연간 5 억원 이내) * 협동화(협업화) 승인기업, 수출향상기업(최근 1 년간 직수출실적 50 만불 이상이며 20% 이상 증가), 최근 1 년간 10 인 이상 고용창출 기업, 최근 1 년간 10 억원

이상 시설투자기업(금회 포함), 경영혁신 마일리지 500 마일리지 사용기업, 제조현장 스마트화자금의 운전 자금은 연간 10 억원 이내

융자방식

- 중진공 직접대출 또는 금융회사 대리대출 * 기술사업성 우수기업 전용자금은 직접대출인 경우 시설자금은 담보부 방식, 시운전자금은 담보부 및 신용방식 가능

융자상담처

더욱 자세한 상담은 전국에 위치한 중진공 각 지역본(지)부로 문의하여 주시기 바랍니다.

5) 재도약지원자금

성실 실패기업인에 대하여 신용회복과 재창업에 필요한 운전 및 시설자금을 지원합니다.

지원대상

사업실패로 한국신용정보원의 "일반신용정보관리규약"에 따라 '연체 등'및'공공정보'의 정보가 등재(등록 및 해제 사실)되어 있거나 저신용자로 분류된 기업인 또는 사업실패로 자금조달에 애로를 겪는 기업인 중 다음 요건을 모두 충족한 자
* 신용미회복자는 신용회복(신복위)승인, 개인회생, 파산면책 최종인가 경우에 한해 융자결정 가능

- ① 아래 재창업자 범위와 요건에 해당하고, 실패 사업체의 폐업을완료할 것 * (재창업자 범위) 실패 개인기업 대표자, 실패 법인기업 대표이사·경영실권자* (재창업자 요건) 실패기업의 업종이 '비영리업종, 사치향락업종, 음식숙박업, 소매업, 금융 및 보험업, 부동산업, 공공행정, 국방및사회보장행정, 가구내 고용 및 자가소비생산활동, 국제 및 외국기관'이 아니며, 영업실적을 보유(기 재창업 후 영업실적이 있는 경우 실패기업의 영업실적 보유 요건 예외)하거나 과거 폐업 기업의 업력이 3 년 이상인 경우
- ② 재창업을 준비 중인 자 또는 재창업일로부터 7 년이 경과하지 않은 자 * 단, 신용회복위원회 재창업지원의 경우, 재창업을 준비 중인 자 또는 재창업일로부터 5 년 이하 기업이 신청대상임

- ③ 재창업을 준비 중인 자의 경우는 재창업자금 지원결정 후 3개월 이내에 사업자등록이 가능할 것
- ④「중소기업창업 지원법」제4조의3 제4항의 규정에 따른 성실경영 평가를 통과할 것 * 성실경영 평가 : 재창업자금 신청자가 재창업 전 기업을 분식회계, 고의부도, 부당해고 등을 하지 않고 성실하게 경영했는지 등을 평가
- ⑤ 신용미회복자(신용회복절차가 정상적으로 진행 중인 경우 제외)는 총부채규모가 30억원 이하일 것

* 단, 재창업자금 중 융자상환금 조정형 대출을 신청하고자 하는 재창업자는 상기 5가지 요건 충족 및 다음 4가지 요건 중 1가지 이상에 해당하는 경우에 한해 신청가능

- ① 재창업한 기업으로 정부의 R&D사업 등에 참여하고 있는 자(기업)
- ② 중기부 재도전 성공패키지사업 또는 과기부 ICT 재창업 사업 참여자(기업)
- ③ 재도전 Fund 지원기업
- ④ 특허·실용신안 보유하고 재창업 후 동 기술 사업화 중 또는 예정자(기업)
- ⑤ 미래신성장분야(별표 3) 영위 기업

지원내용

- 대출금리(기준금리) : 정책자금 기준금리(변동) * 무역조정지원기업은 연 2.0% 고정금리 적용
- 대출방식 : 중소기업진흥공단 직접대출(단, 기업 편의에 따라 대리대출 가능) (융자상환금 조정형 대출은 중진공 직접(신용) 대출)
- 대출한도 : 2.공통사항의 '개별기업당 융자한도' (운전자금은 연간 5억원 이내) * 단, 수출향상기업(최근 1년간 직수출실적 50만불 이상이며 20% 이상 증가), 최근 1년간 10인 이상 고용창출 기업, 최근 1년간 10억원 이상 시설투자기업(금회 포함)의 운전자금은 연간 10억원 이내* 재창업자금 중 융자상환금 조정형 대출의 경우 기업당 5억원 이내
- 시설자금 : 10년 이내(거치기간 4년 이내 포함)
- 운전자금 : 6년 이내(거치기간 3년 이내 포함)
- 지원범위 : 사업에 소요되는 시설 및 운전자금, 사업장(경·공매) 확보자금

지원절차

- (일반, 융자상환금조정형) 자금 접수 후 기업평가, 융자결정, 교육을 거쳐 최종 자금 대출

- (신용회복위원회 재창업지원) 자금접수 후 기업평가, 심의(신용회복 및 자금지원), 융자결정, 교육을 거쳐 최종 자금 대출

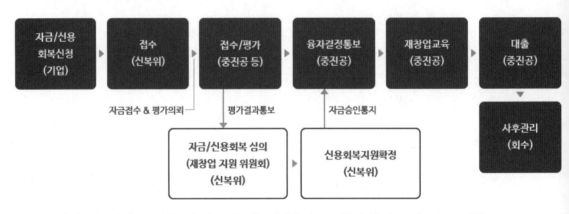

* 신청자(기업)가 평가기관 (중진공, 신·기보 등) 을 선택하며 , 보증서(신·기보 각 40%) 대출※ 재창업자금은 융자결정 후 별도 지정교육을 수료한 경우 대출

    6) 긴급경영안정자금

경영애로 해소 등 긴급한 자금소요를 지원하여 중소기업의 안정적인 경영기반 조성

재해자금융자신청서일시적경영애로 융자신청서

신청대상

「중소기업기본법」상의 중소기업

- * 최근 3년 이내 긴급경영안정자금을 2회 이상 지원받은 기업은 융자 제외
  (단, 수출향상기업(최근 1년간 직수출실적 50만불 이상이며, 20% 이상 증가), 최근 1년간
  10인 이상 고용창출 기업, 최근 1년간 10억원 이상 시설투자기업(금회 포함, AI 피해기업,
  보호무역 피해기업(중국 수출피해, 중국관광객 감소 피해), 불공정 거래행위 또는
  기술침해등의 행위에 따른 피해기업에 대해서는 횟수제한 적용 예외)

융자범위

- 「재해 중소기업 지원지침」(중소벤처기업부 고시)에 따라 자연재해 및 사회재난으로
  피해를 입은 중소기업의 직접피해 복구비용
- 일시적 경영애로 기업중 회생 가능성이 큰 기업의 경영애로 해소 및 경영정상화에
  소요되는 경비
  * 일자리 안정자금 수급기업의 고용관련 비용(인건비 등) 등을 지원하는 자금 별도 운용

- 일시적 경영애로 기업의 경우, <2.공통사항>바.융자제한기업⑦항 적용 예외
  - 정부 산업구조조정 대상업종(조선, 해운, 철강, 석유화학) 피해기업이 신청하는
  긴급경영안정자금(일시적경영애로)은 ①, ⑥항 추가 예외
  - AI 피해기업이 신청하는 긴급경영안정자금(일시적경영애로)은 ①항 추가 예외
  * ①항 예외 적용의 경우에도 세금 체납 처분 유예에 한함

긴급경영안정사업(일시적 경영애로) 신청 요건

- (경영애로 사유)
  - ① 환율피해, 대형사고, 정부의 산업구조조정 대상업종(조선, 해운, 철강, 석유화학)
    관련 피해, 대기업 구조조정, 주요 거래처 도산 및 결제조건 악화, 기술유출 피해,
    보호무역피해, 불공정 거래행위 또는 기술침해 등에 따른 피해, 한·중 FTA
    피해(별표 15), 경기부진 또는 서비스개선에 따른 애로(병·의원) 등 또는
  - ② 중소벤처기업부가 지원이 필요하다고 인정하는 사유
    * 재화와 용역의 시장성 부족, 시장경쟁력 저하에 따른 영업부진 등은 제외
- (경영애로) 매출액 또는 영업이익이 10%이상 감소 기업, 대형사고(화재 등)로 피해규모가
  1억원 이상인 기업
  - * (비교시점) 직전연도와 직전전연도, 직전반기와 직전전반기, 직전반기와
    전년동반기, 직전분기와 직전전분기, 직전분기와 전년동분기, 신청전월과 전전월,
    신청전월과 전년동월

- ○ * 조선·해운업 관련 피해기업, 보호무역 피해기업(중국 수출피해, 중국관광객 감소 피해), 콘텐츠진흥원 보호무역피해 인증 기업에 대해서는 경영애로 판단기준 적용 예외
- (신청기한) 경영애로 피해 발생(피해 비교 가능시점)후 6개월 이내
  - ○ * 단, 정부의 산업구조조정 대상업종 관련 피해기업은 1년 이내 신청 가능
  - ○ ※ 일자리 안정자금 수급기업은 위 신청 요건 미적용

융자조건 및 방식

긴급경영안정사업

- 대출금리(기준금리) : 정책자금 기준금리(변동)에서 1.05%p 가산 - AI 피해기업은 정책자금 기준금리 적용- 재해중소기업은 연 1.9% 고정금리 적용
  (단, 포항지진 피해기업 재해자금은 1.5% 고정금리('17.11.15일 접수분 부터 적용))
  * 일자리 안정자금 수급기업은 연 3.0% 고정금리 적용
- 대출기간 : 5년 이내(거치기간 2년 이내 포함) - 긴급경영안정자금 5천만원 미만 소액대출 기업의 경우, '기업자율상환제도' 선택 가능

기업자율 상환제도

- (제도내용) 정책자금 대출원금을 기업이 원하는 날짜에 자유롭게 상환하도록 허용
  * 다만, 대출이자의 경우는 매월 정기적으로 부과·납부
- (제한사항) 대출 이후 1~3년차에 대출원금의 1/4에 해당하는 금액 상환, 4년차에 대출원금의 1/4에 해당하는 금액 상환, 5년차에 대출원금의 1/2에 해당하는 금액 상환(기한 내 기업이 자율적으로 상환)

구분	1년	2년	3년	4년	5년
상환비율	1/4			1/4	1/2
상환금액(예)*	12.5 백만원			12.5 백만원	25 백만원

* 대출금액 50 백만원을 가정한 상환금액

- 대출한도 : 기업 당 연간 10억원 이내(3년간 10억원 이내)
- 일자리 안정자금 수급기업은 기업 당 연간 2억원 이내

- 융자방식 : 중진공 직접대출

일반경영안정사업

- 대출금리(기준금리) : 정책자금 기준금리(변동)에서 0.5%p 가산
- 대출기간 : 5 년 이내(거치기간 2 년 이내 포함)
- 대출한도 : 기업 당 연간 5 억원 이내
- 융자방식 : 중진공 직접대출

융자상담처

더욱 자세한 상담은 전국에 위치한 중진공 각 지역본(지)부로 문의하여 주시기 바랍니다.

5. 기업평가체계

3 년 이상 기업 제조업(일반형)

청년전용창업자금 평가기준

평가구분	비중	평가항목	세부평가기준
창업자 역량평가	30%	전문성	• 동종업계 에 대한 경영자 지식수준 • 시장특성 및 핵심기술에 대한 이해도
		도덕성	• 경영활동에 대한 전념도 • 윤리관, 도덕성, 성실성 등
		사업추진력	• 사업계획서의 적정성 • 리더쉽, 위기대처능력
		창업배경	• 창업배경, 지배구조, 창업규모 적정성 • 창업준비기간, 창업교육 여부

평가구분	비중	평가항목	세부평가기준
심의위원회	70%	창업계획의 적정성	• 창업계획의 구체성 및 실현가능성 • 창업 준비의 충실성 • 판로확보 계획의 적정성
		기술성 및 경쟁력	• 아이템(또는 기술)의 독창성 및 차별성 • 기술 응용 및 확장가능성 • 제품경쟁력(품질, 가격 등)
		사업성 및 파급효과성	• 시장규모 및 성장성 • 경쟁 강도 • 매출 성장성 • 고용창출 전망
		정책자금 상환능력	• 자금조달 계획의 적정성 • 자금상환 계획의 적정성

대항목	중항목	소항목
기술성	기술개발기반	기술개발환경
		기술개발인력
		연구개발투자
	핵심기술	기술개발실적
		핵심기술의 우위성/차별성
		기술의 응용 및 확장가능성
	생산기술	생산효율성
		설비적정성
		품질혁신
		공정개선
사업성	시장전망	시장성장성
		경쟁강도

대항목	중항목	소항목
경영능력	시장경쟁력	시장환경
		시장지위
		제품경쟁력
	마케팅능력	판매관리
		거래안정성
	미래성장성	매출성장성
		미래수익성
	경영자	전문성
		신뢰성
		사업추진력
	경영관리	경영관리수준
		대체적 자금조달능력
	경영기반	경영안정성
		거래신뢰도
정책목적성	수출 (사회적경제)	수출역량 (사회적가치)
	고용	고용창출

3년 이상 기업 정보처리업

대항목	중항목	소항목
기술성	기술개발기반	기술개발환경
		기술개발인력
		연구개발투자
	핵심기술	기술개발실적
		핵심기술의 우위성/차별성
		기술의 응용 및 확장가능성
		프로젝트 개발방법론

대항목	중항목	소항목
사업성	시장전망	시장성장성
		경쟁강도
		시장환경
	시장경쟁력	시장지위
	마케팅능력	판매관리
		거래안정성
	미래성장성	매출성장성
		미래수익성
경영능력	경영자	전문성
		신뢰성
		사업추진력
	경영관리	경영관리수준
		대체적 자금조달능력
	경영기반	경영안정성
		거래신뢰도
정책목적성	수출 (사회적경제)	수출역량 (사회적가치)
	고용	고용창출

3년 이상 기업 지식기반서비스업

구분	종류	서류명
기술성	서비스 인프라	서비스 인력
		서비스 시설
		서비스 운영
	서비스 품질수준	차별성
		품질관리
사업성	시장전망	시장성장성

구분	종류	서류명
	시장경쟁력	경쟁강도
		시장환경
		시장지위
	마케팅능력	판매관리
		거래안정성
	미래성장성	매출성장성
		미래수익성
경영능력	경영자	전문성
		신뢰성
		사업추진력
	경영관리	경영관리수준
		대체적 자금조달능력
	경영기반	경영안정성
		거래신뢰도
정책목적성	수출 (사회적경제)	수출역량 (사회적가치)
	고용	고용창출

문의처

관할지역본부 문의

Ⅱ. 중소기업 진단사업

사업소개 및 지원내용

업종전문가가 진단을 통해 기업애로를 분석 후, 해결책을 제시하고, 애로 해결을 위한 정책사업을 연계지원

- 01 진단

  경영 + 기술전문가기술 및 산업 분석핵심역량 / 경영성과 분석

- 02 해법제시

  기업개선 전략 및 로드맵 제시혁신성장 솔루션 제공

- 03 정책연계지원

  정책자금, 연수, 마케팅, 수출,
  R&D 등과 연계타기관 연계

진단 및 개선로드맵 제시

경영 및 기술전문가가 중소기업 현장을 방문하여 경영환경, 기업역량·문제점을 분석하고 기업애로 해결을 위한 개선 로드맵 및 실천계획 수립

정책사업 연계지원

기업진단을 기반으로 애로해결 또는 성장에 필요한 정책사업을 맞춤연계추천하여 정책자금 지원기업의 지속성장을 견인

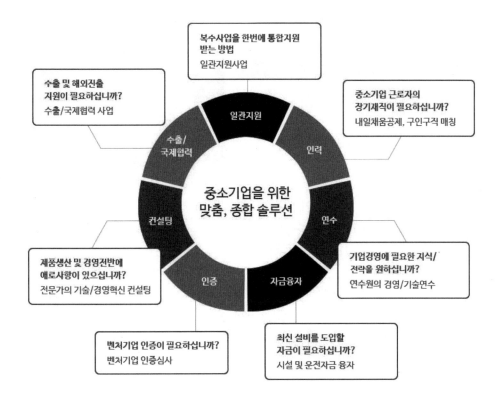

- 수출 및 투자관련 지원이 필요하십니까? 수출/국제협력 사업
- 기업 및 경영자와의 만남의 장을 원하십니까? 네트웍허브, 이 업종 교류
- 중소기업 근로자의 장기재직이 필요하십니까? 내일채움공제
- 기업경영에 필요한 지식/ 전력을 원하십니까? 연수원의 경영기술연수
- 최신 설비를 도입할 자금이 필요하십니까? 시설 및 운전자금 융자
- 해외선진 기술 도입을 원하십니까? 외국인전문가 컨설팅
- 제품생산및 경영전반에 애로사항이 있으십니까? 전문가의 기술/경영혁신 컨설팅

지원절차

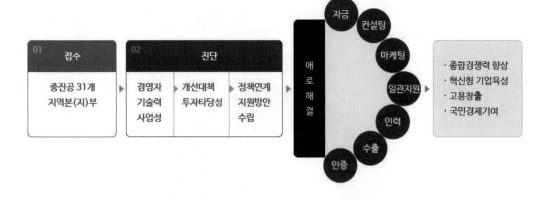

- 01 접수 : 중진공 31개 지역본(지)부
- 02 1단계 : 경영자 / 기술력 / 사업성
- 03 2단계 : 개선대책
- 04 3단계 : 정책연계 지원방안 수립
- 05 애로해결 : HUE 디자인 , 수출 ,인력 ,정보화 ,R&D ,컨설팅 ,자금
- 종합경쟁력 향상 , 혁신형 기업육성 , 고용창출 , 국민경제기여

신청방법

개별 신청서 작성

사업문의는 해당지역본지부 로 문의하여 주시기 바랍니다.

Ⅲ. 일괄지원

1. 일자리안정자금 수급기업

사업 목적

- 고용을 창출하는 일자리안정자금 수급기업을 대상으로 기업이 필요한 다양한 정책지원 사업을 일관지원 방식으로 지원함으로서 중소기업 일자리·소득주도 성장에 기여

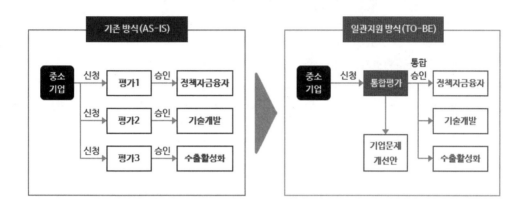

- 일자리안정자금 수급기업 일관지원
- 기존 방식(AS-IS) : 중소 기업에서 3 단계로 평가 신청함 , 정책자금융자 승인, 기술개발 승인 , 수출활성화 승인으로 각자 진행됨
- 일관지원 방식(TO-BE) : 중소기업에서 통합평가로 신청을 하여 정책자금융자, 기술개발, 수출활성화의 통합승인이 이뤄짐.통합평가에서 통합승인 누락시 기업문제 개선안으로 진행됨

사업 규모

총 432 억원

지원 내용

- 정책자금 융자 및 기술개발, 수출활성화 분야에서 기업이 선택한 최대 3개 단위사업을 일관으로 지원
  - 분야별 1개 단위사업만 선택 가능
  - 기술개발 분야와 수출활성화 분야 합계는 2억원 한도

일자리안정자금 수급기업 일관지원 내용

분야	단위 사업	보조금 비율	지원한도(억원)	지원대상 및 내용
정책자금융자	개발기술사업화자금	-	20	• (대상) 개발기술 사업화추진 기업 • (내용) 시설 및 운전자금 융자
	글로벌진출지원자금	-	20	• (대상) 수출금융지원 : 수출계약·실적 보유기업, 수출사업화 : 중기부·중진공 수출인증기업 • (내용) 수출사업화 운전자금 융자
	일자리안정자금	-	2	• (대상) 일자리안정자금 수급기업 • (내용) 고용유지 인건비 등 융자
	창업기업지원자금	-	45	• (대상) 창업 7년미만 기업 • (내용) 시설 및 운전자금 융자
기술개발	창업성장 기술개발사업 (디딤돌창업과제)	80% 이내	1.5	• (대상) 창업 7년이하, 4차혁명 중점 투자분야 기술개발 추진기업 • (내용) 기술개발 보조금
	산학연협력 기술개발사업 (도약협력)	75% 이내	1	• (대상) 종업원 5인·매출 5억원 이상, 기술선점 또는 기술보완 희망기업

분야	단위 사업	보조금 비율	지원한도(억원)	지원대상 및 내용
				• (내용) 기술개발 보조금
	제품공정개선 기술개발사업	75% 이내	0.5	• (대상) 공장등록/직접생산증명서 보유 • (내용) 공정개선 기술개발 보조금
수출 활성화	수출성공패키지	70% 이내	0.3	• (대상) 내수/수출 100 만불 미만기업 • (내용) 수출준비, 해외진출마케팅
	해외규격인증획득 지원사업	70% 이내	1	• (대상) 해외규격인증 필요기업으로 전년도 수출 5 천만불 이하기업 • (내용) 해외규격인증 소요비용

* 단위사업별 세부내용은 중소벤처기업부 홈페이지(www.mss.go.kr) 공지사항 참조

일관지원 내용(예시)

분야	단위 사업	선정여부	지원한도(억원)
정책자금융자	개발기술사업화자금		
	글로벌진출지원자금		
	일자리안정자금		
	창업기업지원자금	○	3
기술개발	창업성장 기술개발사업(디딤돌창업과제)	○	1
	산학연협력 기술개발사업(도약협력)		
	제품공정개선 기술개발사업		

분야	단위 사업	선정여부	지원한도(억원)
수출 활성화	수출성공패키지		
	해외규격인증획득 지원사업	○	1
총 지원금액			5

신청자격

- 「중소기업기본법」제2조에 따른 중소기업 중에서 아래 요건을 충족하는 기업
  - 고용증가율이 10%이상 이면서, 일자리안정자금 수급기업
    - 고용증가율 : (2017년 상시근로자수 - 2016년 상시근로자수)/2016년 상시근로자수 X 100
      * 상시근로자수 : '16년 및 '17년 12월말 원천징수이행상황신고서 근로소득 간이세액(A01) 상의 인원수 기준 또는 국민연금사업장가입자명부 종업원 수 기준
    - '17년 1월 이후, 창업한 상시근로자 1인 이상 채용기업은 고용증가율 요건 면제

  - 최소 2개 이상 복수사업을 신청하는 기업
  - 고용증가율이 10%이상 이면서, 일자리안정자금 수급기업

신청제외대상

- 휴·폐업 중인 기업
- 국세 또는 지방세 체납 기업
- 수출역량 우수기업 일관지원 사업 또는 스마트공장 도입기업 일관지원 사업 신청기업
- 단위사업별 신청자격에 부합하지 않거나, 지원제외 대상에 해당하는 기업(중소벤처기업부 홈페이지(www.mss.go.kr) 공지사항 참조)
  * 창업성장기술개발사업 신청시 "일자리 안정자금 수급기업 일관지원 사업 연계 창업성장기술개발사업 디딤돌창업과제 안내문" 참조
- 신청일 현재, 한국신용정보원의 "일반신용정보관리규약"에 따라 연체, 대위변제·대지급, 부도, 관련인, 금융질서문란, 화의·법정관리·기업회생신청·청산절차 등 정보가 등록되어 있는 기업

- 임직원의 횡령·배임 등 사회적 물의를 일으키거나, 보조금법 위반 등으로 정부 지원사업 참여제한 제재를 받고 있는 기업

신청 기간

- '18. 05. 02(수) ~ 05. 23(수) 18 시까지

신청 방법

- 중소기업진흥공단 지역본·지부에 방문접수
  - (접수 마감) 마감일 18:00 까지 방문접수 완료한 업체만 인정하며, 신청 기한 내 신청서를 제출하지 못하는 경우 접수 불가능
  - (증빙 서류)
    - 1) 일자리안정자금 수급기업 일관지원 사업 자가진단표[별첨 1]
    - 2) 일자리안정자금 수급기업 일관지원 사업 신청서[별첨 2]
    - 3) 일자리안정자금 지급 결정 통지서
    - 4) '16~'17 년 원천징수이행상황신고서 12 월 근로소득 간이세액(A01)의 인원수(대표자 제외) 또는 국민연금사업장가입자명부(대표자 제외)
    - 5) 온라인 재무제표 제출 : 최근 3 년간 재무제표(국세청 홈텍스신고분).
      - 온라인 제출 사이트 : http://www.sbcfind.co.kr
      - 문의 : 02)3279-6500 이메일 : find@kedkorea.com

평가 절차

- "서면평가 → 현장평가" 2 단계 절차에 따라 선정
  - - (서면 평가) 신청요건 및 고용영향 평가를 통한 고득점 순으로 현장평가 대상 150%이내 선정
  - - (현장 평가) 단위사업별 평가기준 적용
    * 창업성장기술개발사업 및 산학연협력기술개발사업은 별도 대면평가 실시

○ - (최종 선정) 위원회 심의에서 복수 단위사업 일관지원 승인

    * 최종 선정된 단위사업이 1 개 이하일 경우 지원 불가

업무절차

- 01 신청·접수중진공 지역본·지부
- 02 서면평가신청요건 확인고용영향평가
- 03 현장평가기업방문 진단단위사업 평가
- 04 위원회 심의지원규모 결정일관지원 승인
- 05 협약 및 약정중진공 지역본·지부지원기관 인터넷사이트
- 06 일관지원지원기관 사업비 지급

문의처

- 중소기업 통합콜센터 : 전국 어디서나 국번없이 ☎ 1357
- 중소기업진흥공단 지역본·지부 소재지

지역본(지)부		주소
수도권	서울지역본부	서울 양천구 목동동로 309 중소기업유통센터 사무동 14 층
	서울동남부지부	서울 서초구 서초대로 45 길 16 VR 빌딩 1 층
	서울북부지부	서울 중구 무교로 21 더익스체인지서울 빌딩 5 층
	인천지역본부	인천 연수구 갯벌로 12 갯벌타워 14 층
	인천서부지부	인천 서구 정서진로 410 환경산업연구단지 본부동 301 호
	경기지역본부	경기 수원시 영통구 광교로 107 경기중소기업종합센터 11 층
	경기동부지부	경기 성남시 분당구 양현로 322 코리아디자인센터 2 층
	경기서부지부	경기 안산시 단원구 광덕대로 243, 신용보증기금 빌딩 1 층
	경기북부지부	경기 고양시 일산동구 일산로 138 일산테크노타운 관리동 102 호
강원	강원지역본부	강원 춘천시 중앙로 54 우리은행빌딩 5 층
	강원영동지부	강원 강릉시 강릉대로 33 강릉시청 15 층

지역본(지)부		주소
충청	대전세종지역본부	대전 서구 청사로 136 대전무역회관 15 층
	충남지역본부	충남 천안시 북구 광장로 215 충남경제종합지원센터 4 층
	충북지역본부	충북 청주시 흥덕구 풍산로 50 중소기업종합지원센터 4 층
	충북북부지부	충북 충주시 번영대로 200 2 층
전라	전북지역본부	전북 전주시 완산구 홍산로 276 전주상공회의소 4 층
	전북서부지부	전북 군산시 대학로 331 한화생명 4 층
	광주지역본부	광주광역시 서구 상무중앙로 84(치평동 1216-2) 상무트윈스빌딩 6 층
	전남지역본부	전남 무안군 삼향읍 오룡 3 길 2 중소기업종합지원센터 4 층
	전남동부지부	전남 순천시 왕지로 20 그린법조타워 5 층
경상	대구지역본부	대구 북구 엑스코로 10 대구전시컨벤션센터 4 층
	경북지역본부	경북 구미시 이계북로 7 경북경제진흥원 5 층
	경북동부지부	경북 포항시 남구 지곡로 394 포항테크노파크 1 층
	경북남부지부	경북 경산시 삼풍로 27 경북테크노파크 본부동 501 호
	부산지역본부	부산 사상구 학감대로 257 보생빌딩 에이동 1 층
	부산동부지부	부산 해운대구 센텀동로 99 벽산 e-센텀클래스원 201~202 호
	울산지역본부	울산 남구 삼산로 274 W-Center 14 층
	경남지역본부	경남 창원시 의창구 원이대로 362 창원컨벤션센터 3 층
	경남동부지부	경남 김해시 구지로 46 KT&G 빌딩 1 층
	경남서부지부	경남 진주시 충무공동 31-6 이노휴먼씨티 6 층
제주	제주지역본부	제주 제주시 연삼로 473 제주중소기업종합지원센터 4 층

중소기업진흥공단 지역본·지부의 관할구역

지역본(지)부		주소
수도권	서울지역본부	양천구, 강서구, 관악구, 구로구, 금천구, 동작구, 영등포구
	서울동남부지부	서초구, 강남구, 강동구, 광진구, **성동구**, 송파구
	서울북부지부	강북구, 노원구, 도봉구, 동대문구, 서대문구, 성북구, 은평구, 종로구, 중구, 중랑구, 마포구, 용산구, **성동구**
	인천지역본부	연수구, 계양구, 남동구, 부평구, **부천시**

지역본(지)부		주소
	인천서부지부	서구, 동구, 남구, 중구, 강화군, 옹진군, **김포시**
	경기지역본부	수원시, 안성시, 오산시, 용인시, 평택시, 화성시, 과천시, 안양시, 의왕시, 군포시
	경기동부지부	광주시, 구리시, 남양주시, 성남시, 이천시, 하남시, **가평군**, 양평군, 여주군
	경기서부지부	시흥시, 광명시, 안산시
	경기북부지부	고양시, 동두천시, 양주시, 의정부시, 파주시, 포천시, 연천군, **김포시, 부천시**
강원	강원지역본부	춘천시, 원주시, 양구군, 영월군, 인제군, **정선군**, 철원군, **평창군**, 홍천군,화천군, 횡성군, **가평군**
	강원영동지부	강릉시, 동해시, 삼척시, 속초시, 태백시, 고성군, 양양군, **평창군, 정선군**
충청	대전세종지역본부	대전시, **세종시, 공주시**, 계룡시, 논산시, 보령시, 금산군, 부여군, **서천군**,청양군, **옥천군, 영동군, 당진시, 예산군**
	충남지역본부	천안시, 서산시, 아산시, **당진시, 예산군**, 태안군, 홍성군, **공주시, 세종시**
	충북지역본부	청주시, 보은군, **영동군, 옥천군**, 진천군, 증평군, 청원군, 음성군
	충북북부지부	충주시, 제천시, 괴산군, 단양군, **음성군**
전라	전북지역본부	전주시, 남원시, 무주군, 순창군, 완주군, 임실군, 장수군, 진안군, 정읍시, **익산시**, 김제시
	전북서부지부	군산시, 고창군, 부안군, **서천군, 익산시**
	광주지역본부	광주시, **나주시**, 담양군, **영광군**, 장성군, **함평군**, 화순군
	전남지역본부	무안군, 목포시, 강진군, 신안군, 영암군, 완도군, 진도군, 해남군, **영광군, 함평군, 나주시, 장흥군**
	전남동부지부	순천시, 광양시, 여수시, 고흥군, 곡성군, 구례군, 보성군, **장흥군**
경상	대구지역본부	대구시, **고령군**
	경북지역본부	구미시, 김천시, 문경시, 상주시, 안동시, 영주시, **고령군**, 군위군, 봉화군,성주군, 예천군, 의성군, 칠곡군
	경북동부지부	포항시, 경주시**(외동읍, 내남면, 산내면)**, 영덕군, 영양군, 울릉군, 울진군, 청송군
	경북남부지부	경산시, 영천시, 청도군

지역본(지)부		주소
	부산지역본부	사상구, 강서구, 동구, 부산진구, 북구, 사하구, 서구, 영도구, 중구
	부산동부지부	해운대구, 금정구, 남구, 동래구, 수영구, 연제구, 기장군
	울산지역본부	울산시, 경주시**(외동읍, 내남면, 산내면), 양산시**
	경남지역본부	창원시, 의령군, 함안군, 창녕군
	경남동부지부	김해시, 밀양시, **양산시**
	경남서부지부	진주시, 거제시, 사천시, 통영시, 거창군, 고성군, 남해군, 산청군, 하동군,함양군, 합천군
제주	제주지역본부	제주시, 서귀포시

※ **볼드체**는 지역본(지)부의 복수 관할 지역

2. 수출역량우수기업

사업 목적

- 고용 창출 및 매출·수출 증가율이 높은 수출역량 우수기업을 대상으로 기업이 필요한 다양한 정책지원 사업을 일관지원
  방식으로 지원함으로서 중소기업 일자리·수출경쟁력 강화에 기여

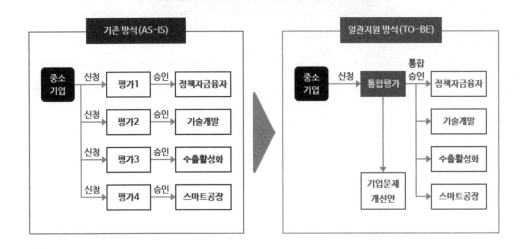

- 수출역량 우수기업 일관지원
- 기존 방식(AS-IS) : 중소 기업에서 4 단계로 평가 신청함 , 정책자금융자 승인, 기술개발 승인 , 수출활성화 승인, 스마트공장 승인으로 각자 진행됨
- 일관지원 방식(TO-BE) : 중소기업에서 통합평가로 신청을 하여 정책자금융자, 기술개발, 수출활성화, 스마트공장의 통합승인이 이뤄짐.통합평가에서 통합승인 누락시 기업문제 개선안으로 진행됨

사업 규모

총 439 억원

지원 내용

- 정책자금 융자, 기술개발, 수출활성화 및 스마트공장 구축 분야 중 기업이 선택한 단위사업을 일관으로 지원

- 분야별 1개 단위사업만 선택 가능
- 기술개발 분야와 수출활성화 분야 및 스마트공장 구축 분야 합계는 3억원 한도

수출역량 우수기업 일관지원 내용

분야	단위 사업	보조금 비율	지원한도(억원)	지원대상 및 내용
정책자금융자	창업기업지원자금	-	45	• (대상) 창업 7년 미만 기업 • (내용) 시설 및 운전자금 융자
	글로벌진출지원자금	-	20	• (대상) 수출금융지원 : 수출계약·실적 보유기업, 수출사업화 : 중기부·중진공 수출인증기업 • (내용) 수출사업화 운전자금 융자
기술개발	수출기업기술개발 (수출유망과제)	65% 이내	4	• (대상) 수출 100만불 이상 실적기업 • (내용) 기술개발 보조금
	구매조건부 신제품개발사업 (해외수요처과제)	65% 이내	5	• (대상) 해외 수요처의 '개발요청 증빙서류' 보유한 중소기업 • (내용) 기술개발 출연금
수출 활성화	아시아 하이웨이사업	70% 이내	1	• (대상) 중국, 인도, 아세안 지역 수출 기업 또는 추진하는 기업 • (내용) 수출마케팅 보조금
	고성장기업 수출역량강화사업	70% 이내	1	• (대상) 고용·매출·수출 증가율이 높은 기업 • (내용) 수출마케팅 보조금

분야	단위 사업	보조금 비율	지원한도(억원)	지원대상 및 내용
스마트 공장구축	스마트공장 구축지원	50%	0.5	• (대상) 스마트공장 미구축 기업 • (내용) 스마트공장 솔루션 및 연동 설비구축 보조금

* 단위사업별 세부내용은 중소벤처기업부 홈페이지(www.mss.go.kr) 공지사항 참조

일관지원 내용(예시)

분야	단위 사업	선정여부	지원한도(억원)
정책자금융자	창업기업지원자금	○	2
	글로벌진출지원자금		
기술개발	수출기업기술개발(수출유망과제)	○	2
	구매조건부신제품 개발사업(해외수요처과제)		
수출 활성화	아시아하이웨이사업	○	0.5
	고성장기업수출역량강화사업		
스마트공장구축	스마트공장구축지원	○	0.5
총 지원금액			5

신청자격

「중소기업기본법」 제2조에 따른 중소기업 중에서 아래 요건을 충족하는 기업

- 직전년도 직수출실적을 보유한 기업 중 아래 1개 이상 요건을 만족하는 기업
  - 최근 3년간 연평균 수출증가율 10% 이상
  - 최근 3년간 총 매출액 대비 총 수출액 비중이 50% 이상
  - 최근 3년간 연평균 고용 증가율이 20% 이상인 기업(비수도권 15%)
  - 최근 3년간 매출액 증가율이 20% 이상인 기업(비수도권 15%)

- 분야당 1개로 최소 2개 이상 단위사업을 신청하는 기업(이미 1개 이상의 단위사업에 참여중인 기업은 1개 이상 신청)
  - 현재 7개 단위사업에 모두 참여하고 있지 않은 기업은 분야당 1개로, 2개 이상의 단위사업을 선택하여 신청
  - 이미 1개 이상의 단위사업에 참여중인 기업(협약(약정)기간 만료전인 기업)도 신청이 가능하며, 그 경우 현재 참여분야 외 단위사업을 1개 이상 선택하여 신청(4개 분야 모두 참여중인 기업은 신청 불가) * 예시: 2017년 아시아하이웨이사업에 참여중이고 협약기간이 만료되지 않은 기업은 정책자금융자, 기술개발, 스마트공장구축 분야 중 1개 이상 단위사업 신청 가능
    - ○ (최근 3년간 수출증가율) : 2017년 수출액/2015년 수출액 -1) x100
      - '15년 및 '17년 직수출 실적증명서 [무역통계진흥원 또는 무역협회 발급본(용역 및 전자적 형태의 무체물 수출입실적증명 포함)]
    - ○ (최근 3년간 수출액비중) : '15년~'17년 (수출액합계액/매출액합계액) X 100
    - ○ (최근 3년간 고용증가율) : 2017년 상시근로자수/2015년 상시근로자수 -1) x100
      - '15년 및 '17년 12월말 원천징수이행상황신고서 근로소득 간이세액(A01) 상의 인원수 기준 또는 국민연금사업장가입자명부 종업원 수 기준
    - ○ (최근 3년간 매출액증가율) : 2017년 매출액/2015년 매출액 -1) x100
      - '15년 및 '17년 표준재무제표 기준('17년 미신고기업은 부가가치세 과세표준증명원)

신청제외대상

- 휴·폐업 중인 기업
- 국세 또는 지방세 체납 기업
- 일자리안정자금 수급기업 일관지원 사업 또는 스마트공장 도입기업 일관지원 사업 신청기업
- 단위사업별 신청자격에 부합하지 않거나, 지원제외 대상에 해당하는 기업(중소벤처기업부 홈페이지(www.mss.go.kr) 공지사항 참조)
- 신청일 현재, 한국신용정보원의 "일반신용정보관리규약"에 따라 연체, 대위변제·대지급, 부도, 관련인, 금융질서문란, 화의·법정관리·기업회생신청·청산절차 등 정보가 등록되어 있는 기업
- 임직원의 횡령·배임 등 사회적 물의를 일으키거나, 보조금법 위반 등으로 정부 지원사업 참여제한 제재를 받고 있는 기업

신청 기간

- '18. 04. 30(월) ~ 05. 23(수) 18 시까지

신청 방법

- 중소기업진흥공단 지역본·지부에 방문접수
  - (접수 마감) 마감일 18:00 까지 방문접수 완료한 업체만 인정하며, 신청 기한 내 신청서를 제출하지 못하는 경우 접수 불가능
  - (증빙 서류)
    - 1) 수출역량 우수기업 일관지원 사업 자가진단표[별첨 1]
    - 2) 수출역량 우수기업 일관지원 사업 신청서[별첨 2]
    - 3) 온라인 재무제표 제출 : 최근 3 년간 재무제표(국세청 홈텍스신고분)
      - 온라인 제출 사이트 : http://www.sbcfind.co.kr
      - 문의 : 02)3279-6500 이메일 : find@kedkorea.com
    - 4) '15~'17 년 직수출 실적증명서(무역통계진흥원 또는 무역협회 발급본(용역 및 전자적 형태의 무체물 수출입실적 증명 포함))
    - 5) '15~'17 년 원천징수이행상황신고서 12 월 근로소득 간이세액(A01)의 인원수(대표자 제외) 또는 국민연금사업장가입자명부(대표자 제외)

평가 절차

- "서면평가 → 현장평가" 2 단계 절차에 따라 선정
  - - (서면 평가) 신청요건 및 고용영향 평가를 통한 고득점 순으로 현장평가 대상 150%이내 선정
  - - (현장 평가) 단위사업별 평가기준 적용
  - - (최종 선정) 위원회 심의에서 복수 단위사업 일관지원 승인

업무절차

- 01 신청・접수중진공 지역본・지부
- 02 서면평가신청요건 확인고용영향평가
- 03 현장평가기업방문 진단단위사업 평가
- 04 위원회 심의지원규모 결정일관지원 승인
- 05 협약 및 약정중진공 지역본・지부지원기관 인터넷사이트
- 06 일관지원지원기관 사업비 지급

문의처

- 중소기업 통합콜센터 : 전국 어디서나 국번없이 ☎ 1357
- 중소기업진흥공단 지역본·지부 소재지

지역본(지)부		주소
수도권	서울지역본부	서울 양천구 목동동로 309 중소기업유통센터 사무동 14 층
	서울동남부지부	서울 서초구 서초대로 45 길 16 VR 빌딩 1 층
	서울북부지부	서울 중구 무교로 21 더익스체인지서울 빌딩 5 층
	인천지역본부	인천 연수구 갯벌로 12 갯벌타워 14 층
	인천서부지부	인천 서구 정서진로 410 환경산업연구단지 본부동 301 호
	경기지역본부	경기 수원시 영통구 광교로 107 경기중소기업종합센터 11 층
	경기동부지부	경기 성남시 분당구 양현로 322 코리아디자인센터 2 층
	경기서부지부	경기 안산시 단원구 광덕대로 243, 신용보증기금 빌딩 1 층
	경기북부지부	경기 고양시 일산동구 일산로 138 일산테크노타운 관리동 102 호
강원	강원지역본부	강원 춘천시 중앙로 54 우리은행빌딩 5 층
	강원영동지부	강원 강릉시 강릉대로 33 강릉시청 15 층
충청	대전세종지역본부	대전 서구 청사로 136 대전무역회관 15 층
	충남지역본부	충남 천안시 북구 광장로 215 충남경제종합지원센터 4 층
	충북지역본부	충북 청주시 흥덕구 풍산로 50 중소기업종합지원센터 4 층
	충북북부지부	충북 충주시 번영대로 200 2 층

지역본(지)부		주소
전라	전북지역본부	전북 전주시 완산구 홍산로 276 전주상공회의소 4 층
	전북서부지부	전북 군산시 대학로 331 한화생명 4 층
	광주지역본부	광주광역시 서구 상무중앙로 84(치평동 1216-2) 상무트윈스빌딩 6 층
	전남지역본부	전남 무안군 삼향읍 오룡 3 길 2 중소기업종합지원센터 4 층
	전남동부지부	전남 순천시 왕지로 20 그린법조타워 5 층
경상	대구지역본부	대구 북구 엑스코로 10 대구전시컨벤션센터 4 층
	경북지역본부	경북 구미시 이계북로 7 경북경제진흥원 5 층
	경북동부지부	경북 포항시 남구 지곡로 394 포항테크노파크 1 층
	경북남부지부	경북 경산시 삼풍로 27 경북테크노파크 본부동 501 호
	부산지역본부	부산 사상구 학감대로 257 보생빌딩 에이동 1 층
	부산동부지부	부산 해운대구 센텀동로 99 벽산 e-센텀클래스원 201~202 호
	울산지역본부	울산 남구 삼산로 274 W-Center 14 층
	경남지역본부	경남 창원시 의창구 원이대로 362 창원컨벤션센터 3 층
	경남동부지부	경남 김해시 구지로 46 KT&G 빌딩 1 층
	경남서부지부	경남 진주시 충무공동 31-6 이노휴먼씨티 6 층
제주	제주지역본부	제주 제주시 연삼로 473 제주중소기업종합지원센터 4 층

중소기업진흥공단 지역본·지부의 관할구역

지역본(지)부		주소
수도권	서울지역본부	양천구, 강서구, 관악구, 구로구, 금천구, 동작구, 영등포구
	서울동남부지부	서초구, 강남구, 강동구, 광진구, **성동구**, 송파구
	서울북부지부	강북구, 노원구, 도봉구, 동대문구, 서대문구, 성북구, 은평구, 종로구, 중구, 중랑구, 마포구, 용산구, **성동구**
	인천지역본부	연수구, 계양구, 남동구, 부평구, **부천시**
	인천서부지부	서구, 동구, 남구, 중구, 강화군, 옹진군, **김포시**
	경기지역본부	수원시, 안성시, 오산시, 용인시, 평택시, 화성시, 과천시, 안양시, 의왕시, 군포시
	경기동부지부	광주시, 구리시, 남양주시, 성남시, 이천시, 하남시, **가평군**, 양평군, 여주군

지역본(지)부		주소
	경기서부지부	시흥시, 광명시, 안산시
	경기북부지부	고양시, 동두천시, 양주시, 의정부시, 파주시, 포천시, 연천군, **김포시, 부천시**
강원	강원지역본부	춘천시, 원주시, 양구군, 영월군, 인제군, **정선군**, 철원군, **평창군**, 홍천군,화천군, 횡성군, **가평군**
	강원영동지부	강릉시, 동해시, 삼척시, 속초시, 태백시, 고성군, 양양군, **평창군, 정선군**
충청	대전세종지역본부	대전시, **세종시, 공주시**, 계룡시, 논산시, 보령시, 금산군, 부여군, **서천군**,청양군, **옥천군, 영동군, 당진시, 예산군**
	충남지역본부	천안시, 서산시, 아산시, **당진시, 예산군**, 태안군, 홍성군, **공주시, 세종시**
	충북지역본부	청주시, 보은군, **영동군, 옥천군**, 진천군, 증평군, 청원군, 음성군
	충북북부지부	충주시, 제천시, 괴산군, 단양군, **음성군**
전라	전북지역본부	전주시, 남원시, 무주군, 순창군, 완주군, 임실군, 장수군, 진안군, 정읍시, **익산시**, 김제시
	전북서부지부	군산시, 고창군, 부안군, **서천군, 익산시**
	광주지역본부	광주시, **나주시**, 담양군, **영광군**, 장성군, **함평군**, 화순군
	전남지역본부	무안군, 목포시, 강진군, 신안군, 영암군, 완도군, 진도군, 해남군, **영광군, 함평군, 나주시, 장흥군**
	전남동부지부	순천시, 광양시, 여수시, 고흥군, 곡성군, 구례군, 보성군, **장흥군**
경상	대구지역본부	대구시, **고령군**
	경북지역본부	구미시, 김천시, 문경시, 상주시, 안동시, 영주시, **고령군**, 군위군, 봉화군,성주군, 예천군, 의성군, 칠곡군
	경북동부지부	포항시, 경주시**(외동읍, 내남면, 산내면)**, 영덕군, 영양군, 울릉군, 울진군, 청송군
	경북남부지부	경산시, 영천시, 청도군
	부산지역본부	사상구, 강서구, 동구, 부산진구, 북구, 사하구, 서구, 영도구, 중구
	부산동부지부	해운대구, 금정구, 남구, 동래구, 수영구, 연제구, 기장군
	울산지역본부	울산시, 경주시**(외동읍, 내남면, 산내면), 양산시**
	경남지역본부	창원시, 의령군, 함안군, 창녕군
	경남동부지부	김해시, 밀양시, **양산시**

지역본(지)부		주소
	경남서부지부	진주시, 거제시, 사천시, 통영시, 거창군, 고성군, 남해군, 산청군, 하동군,함양군, 합천군
제주	제주지역본부	제주시, 서귀포시

※ **볼드체**는 지역본(지)부의 복수 관할 지역

3. 스마트공장도입기업

사업 목적

- 고용을 창출한 스마트공장 도입기업을 대상으로 기업이 필요한 다양한 정책지원 사업을 패키지 방식으로 지원함으로써
중소기업 일자리·혁신주도 성장에 기여

- 수출역량 우수기업 일관지원
- 기존 방식(AS-IS) : 중소 기업에서 4단계로 평가 신청함 , 정책자금융자 승인, 기술개발 승인 , 수출활성화 승인, 컨설팅 승인으로 각자 진행됨
- 일관지원 방식(TO-BE) : 중소기업에서 통합평가로 신청을 하여 정책자금융자, 기술개발, 수출활성화, 컨설팅의 통합승인이 이뤄짐.통합평가에서 통합승인 누락시 기업문제 개선안으로 진행됨

사업 규모

총 923 억원

지원 내용

- 정책자금 융자, 기술개발, 수출활성화 및 컨설팅 분야에서 기업이 선택한 최대 4 개 단위사업을 일관 지원
  - 분야별 1 개 단위사업만 선택 가능
  - 기술개발, 수출활성화 및 컨설팅 분야 합계는 5 억원 한도

스마트공장 도입기업 일관지원 내용

분야	단위 사업	보조금 비율	지원한도(억원)	지원대상 및 내용
정책자금융자	신성장기반자금 (제조현장스마트화자금)	-	70	• (대상) 스마트공장 설비 도입 기업 • (내용) 시설 및 운전자금 융자
	개발기술사업화자금	-	20	• (대상) 개발기술 사업화추진 기업 • (내용) 시설 및 운전자금 융자

분야	단위 사업	보조금 비율	지원한도(억원)	지원대상 및 내용
기술개발	글로벌진출지원자금	-	20	• (대상) 수출금융지원 : 수출계약·실적 보유기업, 수출사업화 : 중기부·중진공 수출인증기업 • (내용) 수출사업화 운전자금 융자
	기술혁신개발사업 (혁신형기업기술개발)	65% 이내	5	• (대상) 벤처기업·이노비즈 인증 및 기업부설연구소 보유 기업 • (내용) 기술혁신 기술개발 출연금
	제품공정개선 기술개발사업	75% 이내	0.5	• (대상) 공장등록/직접생산증명서 보유 • (내용) 공정개선 기술개발 출연금
	산학연협력 기술개발사업 (도약협력)	75% 이내	1	• (대상) 종업원 5 인·매출 5 억원 이상, 기술우위 또는 기술보완 희망기업 • (내용) 기술개발 출연금
수출 활성화	수출성공패키지	70% 이내	0.3	• (대상) 내수/수출 100 만불 미만 기업 • (내용) 수출준비, 해외진출마케팅
컨설팅	중소기업 컨설팅지원사업 (특화형컨설팅)	90%	0.15	• (대상) 생산성·품질·원가개선 필요기업 • (내용) 경영·기술 컨설팅

분야	단위 사업	보조금 비율	지원한도(억원)	지원대상 및 내용
				보조금

* 단위사업별 세부내용은 중소벤처기업부 홈페이지(www.mss.go.kr) 공지사항 참조

일관지원 내용(예시)

분야	단위 사업	선정여부	지원한도(억원)
정책자금융자	신성장기반자금(제조현장스마트화자금)	○	3.5
	개발기술사업화자금		
	글로벌진출지원자금		
기술개발	기술혁신개발사업(혁신형기업기술개발)	○	1
	제품공정개선 기술개발사업		
	산학연협력 기술개발사업(도약협력)		
수출 활성화	수출성공패키지	○	0.3
컨설팅	중소기업 컨설팅지원사업(특화형컨설팅)	○	0.2
총 지원금액			5

신청자격

「중소기업기본법」 제 2 조에 따른 중소기업 중에서 아래 요건을 충족하는 기업

- 고용증가 기업으로, 스마트공장 도입기업
    - 고용증가율 : (2017 년 상시근로자수 - 2016 년 상시근로자수)/2016 년 상시근로자수 X 100 > 0

      * 상시근로자수 : '16 년 및 '17 년 12 월말 원천징수이행상황신고서 근로소득 간이세액 (A01) 상의 인원수

      기준 또는 국민연금사업장가입자명부 종업원 수 기준

    -
    - '17 년 1 월 이후, 창업한 상시근로자 고용기업은 고용증가 요건 면제

* 별첨. 3 스마트 공장 도입 기업 지원대상 참고
- 최소 2 개 이상 복수사업을 신청하는 기업

신청제외대상

- 휴. 폐업 중인 기업
- 국세 또는 지방세 체납 기업
- 수출역량 우수기업 일관지원 사업 또는 일자리안정자금 수급기업 일관지원 사업 신청기업
- 단위사업별 신청자격에 부합하지 않거나, 지원제외 대상에 해당하는 기업(중소벤처기업부 홈페이지(www.mss.go.kr) 공지사항 참조)
- 신청일 현재, 한국신용정보원의 "일반신용정보관리규약"에 따라 연체, 대위변제·대지급, 부도, 관련인, 금융질서문란, 화의·법정관리·기업회생신청·청산절차 등 정보가 등록되어 있는 기업
- 임직원의 횡령·배임 등 사회적 물의를 일으키거나, 보조금법 위반 등으로 정부 지원사업 참여제한 제재를 받고 있는 기업

신청 기간

- '18. 05. 02(수) ~ 05. 23(수) 18 시까지

신청 방법

- 중소기업진흥공단 지역본·지부에 방문접수
  - (접수 마감) 마감일 18:00 까지 방문접수 완료한 업체만 인정하며, 신청 기한 내 신청서를 제출하지 못하는 경우 접수 불가능
  - (증빙 서류)
    - 1) 스마트공장 도입기업 일관지원 사업 자가진단표[별첨 1]
    - 2) 스마트공장 도입기업 일관지원 사업 신청서[별첨 2]

- 3) '16~'17 년 원천징수이행상황신고서 12 월 근로소득 간이세액(A01)의 인원수(대표자 제외) 또는 국민연금사업장가입자명부(대표자 제외)
- 4) 온라인 재무제표 제출 : 최근 3 년간 재무제표(국세청 홈텍스신고분)
  - 온라인 제출 사이트 : http://www.sbcfind.co.kr
  - 문의 : 02)3279-6500 이메일 : find@kedkorea.com

평가 절차

- "서면평가 → 현장평가" 2 단계 절차에 따라 선정
  - (서면 평가) 신청요건 및 고용영향 평가를 통한 고득점 순으로 현장평가 대상 150%이내 선정
  - (현장 평가) 단위사업별 평가기준 적용
    * 산학연협력기술개발사업은 별도 대면평가 실시
  - (최종 선정) 위원회 심의에서 복수 단위사업 일관지원 승인
    * 최종 선정된 단위사업이 1 개 이하일 경우 지원 불가

업무절차

- 01 신청·접수중진공 지역본·지부
- 02 서면평가신청요건 확인고용영향평가
- 03 현장평가기업방문 진단단위사업 평가
- 04 위원회 심의지원규모 결정일관지원 승인
- 05 협약 및 약정중진공 지역본·지부지원기관 인터넷사이트
- 06 일관지원지원기관 사업비 지급

문의처

- 중소기업 통합콜센터 : 전국 어디서나 국번없이 ☎ 1357
- 중소기업진흥공단 지역본·지부 소재지

VI. 수출마케팅

1. 해외마케팅

1) 수출바우처사업

수출기업에게 성장단계별로 바우처를 부여하고, 바우처를 부여받은 기업은 다양한 수출마케팅 서비스메뉴판에서 필요한 서비스 및 수행기관을 직접 자유롭게 선택하여 수출마케팅을 진행하는 통합형 수출지원사업입니다.

운영체계

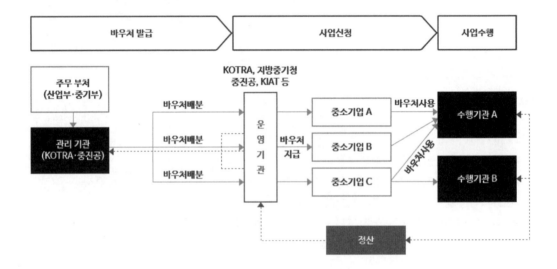

- 바우처 발급 : 주무 부처(산업부, 중기부) → 관리 가관(KOTRA,중진공)
- 사업신청 : 바우처배분 → 운영기관(KOTRA, 지방중기청, 중진공, KIAT 등) → 바우처지금 → 중소기업
- 사업수행 : 바우처 사용 → 수행기간 → 정산 → 운영기관

지원대상

주관부처	사업명 (기업수)	지원 대상	운영기관
중기부	수출성공패키지 (2,100 개사)	• (수출기업화) 내수기업 및 수출 10 만불 미만 • (수출고도화) 수출 100 만불 미만	중소기업 진흥공단
	고성장기업 수출 역량강화 (580 개사)	• 상시근로자 수가 5 인 이상인 수출 중소기업으로 최근 4 개년간 ① 상시근로자 수 또는 매출액이 20%이상 성장하거나 (수도권 외 지방기업은 15%이상) ② 수출액이 연평균 10%이상 성장한 수출액 100 만불 이상인 중소기업 * 2 년차 지원 기업은 상기 요건과 관계없이 수출성과가 우수한 기업 (16 년 대비 17 년 수출증가율 9.6% 이상)에 한해 신청가능	
	아시아하이웨이 (300 개사)	• 중국 또는 아세안 지역에 旣 진출하였거나 신규진출을 추진 중인 중소기업	
	글로벌강소기업 해외마케팅지원 (200 개사)	• '16 년 이후 지정된 글로벌강소기업 중 유효한 기업(246 개 업체) * 2 년~4 년차 지원 기업은 수출성과가 우수한 기업 (16 년 대비 17 년 수출증가율 9.6% 이상)에 한해 신청가능	한국산업기술진흥원 KIAT
특허청	해외지재권 분쟁예방 컨설팅 (35 개사)	• 수출(예정) 중소 · 중견기업으로서, 해외 기업과의 지식재산권 분쟁이 예상되거나 분쟁 중인 기업	한국지식재산 보호원
산업부	수출첫걸음 지원	• 전년도 수출 전무 내수기업	KOTRA

주관부처	사업명 (기업수)	지원 대상	운영기관
	(150 개사)	• 수출중단기업	
	소비재선도기업 육성 (50 개사)	• 5 대 소비재 분야 유망 중소·중견기업 • 소비재 연관 E 커머스 기업	
	서비스 선도기업 육성 (27 개사)	• 서비스 분야 유망 중소·중견기업	
	월드챔프육성 (200 개사)	• (Pre 월드챔프) 수출 초보 중소·중견기업 • (월드챔프) 한국형 히든챔피언 선정기업 • (Post 월드챔프) 월드챔프 육성사업 졸업기업	
	수출도약 중견기업 육성사업 (100 개사)	• (Pre 수출중견) 수출중견 후보기업(수출도약) • (수출중견) 수출 중견기업 • (Post 수출중견) 수출중견 졸업기업	
	해외전시회 개별참가 지원 (1,800 개사)	• 해외전시회 개별참가 희망 중소·중견기업	

지원한도

구분	사업명	지원금액	보조율	비고
중기부	수출성공패키지	2,000 ~ 3,000 만원	50 ~ 70%	• 매출 100 억원 미만 : 70% • 매출 100 억 ~ 300 억 : 60% • 매출 300 억 이상 : 50%
	고성장기업 수출역량강화	1 억원	50 ~ 70%	
	아시아하이웨이	1 억원	50 ~ 70%	

구분	사업명	지원금액	보조율	비고
	글로벌강소기업 해외마케팅 지원	4년간 최대 2억원 (연간 1억원 이내)	50 ~ 70%	
특허청	지재권 해외분쟁예방 컨설팅	최대 3,000만원	50 ~ 70%	• 중소기업 70%, 중견기업 50% • 기업 규모에 따라 상이
산업부	수출첫걸음 지원	1,400만원	70%	
	월드챔프육성	4,500~7,500만원	30 ~ 70%	• Pre 월드챔프 : 5,600만원(70%) • 월드챔프 : 7,500만원(50%) • Post 월드챔프 : 4,500만원(30%)
	소비재 선도기업 육성	2,880만원	70%	
	서비스 선도기업 육성	2,100만원	70%	
	해외전시회 개별참가 지원	500만원/회 (연간 최대 2회)	70% (실비기준)	• 부스참가비 및 마케팅비용 • 지원한도 초과시 500만원만 지원
	수출도약 중견기업 육성	4,500 ~ 7,500만원	30 ~ 60%	• Pre 수출중견 : 6,000만원(60%) • 수출중견 : 7,500만원(50%) • Post 수출중견: 4,500만원(30%)

참여기업 바우처이용절차

- 01 신청 및 접수홈페이지 접수 (수출바우처.com)

- 02 평가·선발각 사업별 평가기준 적용·선발
- 03 협약체결선정기업 및 사업별 운영기관간 협약체결
- 04 바우처발급기업별 협약금액 內바우처 포인트 발급
- 05 수출지원수출마케팅 사업진행
- 06 바우처정산참여기업(수행기관) 보조금지급 등 바우처정산

2) 수출인큐베이터

신청방법 및 문의

중소기업의 기준 수출대행 기관의 수출한계를 극복하고, 독자적 수출능력배양을 위해 해외 주요
교역 중심지에 수출인큐베이터를 설치하고 해외진출 초기의 위험부담을 덜어주고 조기정착토록
지원, 해외시장 진출과 수출확대를 촉진해 드립니다.

지원대상

- 해외시장 개척을 위해 현지법인 또는 지사를 설치 코자 하는 중소제조업(제조업 전업률
  30% 이상) 및 서비스업 영위 중소기업

지원서비스

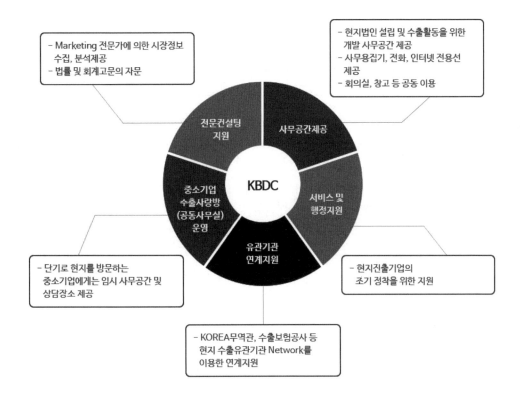

- 전문컨설팅 지원
    - Marketing 전문가에 의한 시장정보 수집, 분석제공
    - 법률 및 회계고문의 자문
- 사무공간제공
    - 현지법인 설립 및 수출활동을 위한 개발 사무공간 제공
    - 사무용집기, 전화, 인터넷 전용선 제공
    - 회의실, 창고 등 공동 이용
- 서비스 및 행정지원
    - 현지진출기업의 조기 정착을 위한 지원
- 유관기관 연계지원
    - KOREA 무역관, 수출보험공사 등 현지 수출유관기관 Network 를 이용한 연계지원
- 중소기업 수출사랑방 (공동사무실) 운영
    - 단기로 현지를 방문하는 중소기업에게는 임시 사무공간 및 상담장소 제공

설치지역 및 입주규모

지역	중국					베트남		일본	싱가포르	인도
	베이징	상하이	광저우	청두	시안	호치민	하노이	도쿄		뉴델리
입주 규모	21	26	14	10	7	12	15	15	10	16

사용자 권장 환경 표

지역	미국				멕시코	브라질	독일	러시아	UAE	카자흐스탄
	뉴욕	LA	워싱턴 DC	시카고	멕시코 시티	상파울로	프랑크푸르트	모스크바	두바이	알마티
입주 규모	23	23	12	18	9	10	15	10	11	7

선정절차

- 01 신청 및 접수온라인 신청
- 02 입주타당성 평가서류심사 기업현장 실태조사
- 03 현지 시장성 평가현지 수출인큐베이터 시장성 평가
- 04 입주기업 선정심의위원회 / 결과통보

입주기간 및 신청기한

- 기본 2 년 (1+1 년 연장가능) / 연중수시

업체부담금

- 입주보증금: 500 만원

- 월 임대료 부담 : 입주업체별 사용면적에 따라 차등 부과(1년차 20%, 2년차 50% 부담)
  * 파견지역의 물가에 따라 임대료 차이 발생
- 전화요금, 전기 등 관리비 실비 부담

입주신청 및 문의

- 신청방법 : 수출인큐베이터 홈페이지 (www.sbc-kbdc.com) 에서 온라인 신청
- 국제협력처 정해준 과장, 권혜진 대리
- Tel : (055)751-9673, 9678
- Fax : (055)751-9699
- Email : wunjung@sbc.or.kr, hj005@sbc.or.kr

3) 온라인수출지원사업

해외홍보 및 판로개척에 어려움을 겪고 있는 중소기업에 상품페이지 제작 및 온라인수출 홍보마케팅, 검색엔진마케팅, 온라인구매오퍼 사후관리 등 수준별 맞춤형 사업지원 서비스를 제공하여 수출을 촉진합니다.

주요 사업 소개

- 온라인 구매오퍼 사후관리 지원

  - 무역전담인력 부족으로 어려움을 겪고 있는 중소기업을 위하여 고비즈코리아를 통한 구매오퍼 사후관리 및 무역업무단계별 지원으로 수출계약까지 One-Stop 서비스를 지원합니다.

- 다국어 상품페이지 제작 (문의 : 1588-6234)

- 더 많은 기업의 제품 홍보를 위하여 온라인마케팅 활용성이 우수한 다국어 상품페이지를 제작 및 고비즈코리아 등록을 통하여 해외바이어에게 회사소개, 제품정보를 노출해 실질적인 수출성과를 창출할 기회를 제공해 드립니다.

- **외국어 홈페이지 제작 (문의 : 1588-6234)**

  - Google, Yahoo 등 글로벌포털사이트 검색엔진 상위 노출을 고려한 설계 및 디자인으로 영어, 일본어, 중국어 등 외국어 홈페이지를 제작하여 국내 중소기업의 수출 인프라 구축을 지원합니다.

- **검색엔진 마케팅 지원(문의 : 1588-6234)**

  - 참여기업의 홈페이지를 Google, Yahoo 등 해외바이어들이 주로 이용하는 글로벌포털사이트에 일정기간 상위 등록하는 서비스로 키워드 세부분석, 웹사이트 수정 등 검색엔진최적화(SEO)방식을 중점 지원하는 사업입니다.
  - 지원대상 : 외국어 홈페이지 보유 중소기업

- **온라인수출관 지원사업(문의 : 1588-6234)**

  - 베트남어, 인도네시아어, 러시아어, 포르투갈어, 스페인어, 아랍어, 프랑스어 시장진출을 희망하는 기업 및 제품정보를 현지어 상품페이지로 제작하여 현지 타깃마케팅을 제공합니다.

- **방한바이어 기업현장방문 지원(문의: 02-3667-4995 / 02-3667-4996)**

  - 해외에서 방문하는 바이어와의 상담이 예정된 중소기업이 무역상담지원 및 통역이 필요할 경우 무역전문가가 상담현장을 방문하여 무상으로 지원합니다.

- **온라인무역상담실 운영**

  - 해외기업과 무역상담과 실 거래 시 발생하는 전반적인 애로사항을 무료로 상담해 드립니다.

신청·접수

- 고비즈코리아(http://www.gobizkorea.or.kr)를 통한 온라인 신청

연락처

- 고비즈코리아(Gobizkorea) 고객지원센터 : 국번 없이 ☎1588-6234
- 고비즈코리아 대표 이메일 : gobiz@gobizkorea.or.kr

4) 지역중소기업수출마케팅

해외전시회 참가, 무역사절단 파견, 수출상담회 개최 등 지역별, 품목별 특성에 맞는 다각적 해외마케팅 사업을

지자체와 공동으로 추진하여 중소기업 수출을 지원합니다.

사업 안내

구분	사업내용	지원내용
해외전시회	세계 유명 전시회에 참가하거나 해외전략시장의 한국 단독 전시회 개최하여 수출지원	공통경비(부스임차료, 설치비, 장치비, 편도운송비, 관리비, 홍보관 운영비 등) 일부지원
무역사절단	중소기업을 대상으로 해외 세일즈단을 구성, 해외 현지에 파견하여 해외바이어와의 수출상담 지원	공통경비(바이어 상담비용, 현지 교통편, 상담장 임차, 통역, 자료제공 등)의 일부 지원
수출상담회	해외바이어의 방한을 유치하여 국내의 수출희망 중소기업에게 바이어와의 수출상담 지원	수출상담회 참가 비용 지원

구분	사업내용	지원내용
지역특화 해외마케팅	지역의 산업별·업종별 특성에 맞는 토털 해외마케팅 지원사업	개별사업 공고문 참조
해외지사화	해외지사 설립을 희망하는 수출중소기업의 해외지사 역할을 대행 지원하는 KOTRA 해외지사화 사업의 비용 일부 지원	KOTRA 해외지사화사업 참가비용 일부 지원
해외시장조사	바이어 발굴, 원부자재 공급선 조사, 맞춤형 시장조사 (수요, 경쟁, 가격조사 등), 바이어 연락처 등의 정보를 수집하고 제공하는 KOTRA 해외시장조사 사업의 비용 일부 지원	KOTRA 해외시장조사사업 참가비용 일부 지원
해외비즈니스 출장지원	해외 비즈니스 출장 시 바이어와의 상담 장소 제공, 호텔 예약 등을 지원하는 KOTRA 해외비즈니스 출장지원사업의 비용 일부 지원	KOTRA 해외비지니스 출장지원사업 참가비용 일부 지원

- - 개별 사업별 지원범위가 상이하므로, 사업공고문을 참고해주시기 바랍니다.

추진절차

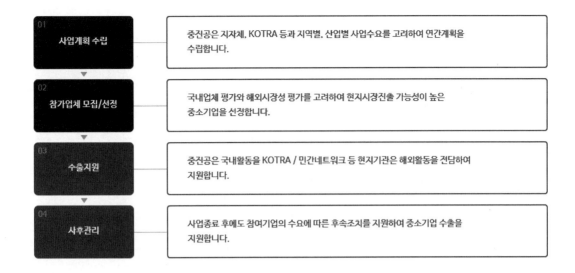

01 사업계획 수립	중진공은 지자체, KOTRA 등과 지역별, 산업별 사업수요를 고려하여 연간계획을 수립합니다.
02 참가업체 모집/선정	국내업체 평가와 해외시장성 평가를 고려하여 현지시장진출 가능성이 높은 중소기업을 선정합니다.
03 수출지원	중진공은 국내활동을 KOTRA / 민간네트워크 등 현지기관은 해외활동을 전담하여 지원합니다.
04 사후관리	사업종료 후에도 참여기업의 수요에 따른 후속조치를 지원하여 중소기업 수출을 지원합니다.

지원대상

- 지자체 관내 중소기업

5) 전자상거래 수출시장 진출사업

전자상거래 시장을 통해 중소기업의 해외진출 및 수출을 지원하는 사업입니다.

사업목적

- 전자상거래 시장을 통한 중소기업의 해외진출 및 수출 지원

지원대상

- 제조업, 지식서비스업 및 통신판매업 영위 중소기업

지원내용

- 온라인수출 전문기업을 통한 중소기업의 우수제품 해외 판매대행 지원
- 중소기업의 자체 글로벌 쇼핑몰 구축 및 홍보·마케팅 지원
- 수출초보기업 전자상거래 역량강화 교육, 글로벌 전자상거래 애로해소 지원 등

사업신청

- 신청방법 : 고비즈코리아(kr.gobizkorea.com)를 통한 온라인 신청
- 사업문의 : 해외직판사업처 055-751-9777/9756

6) 해외지사화사업

해외에 지사를 설치할 여력이 부족한 중소·중견기업의 현지 지사역할을 대행하여 수출 및 해외진출을 지원하는 사업입니다.

사업내용

- 기업이 지원한도 내에서 희망 서비스·진출지역을 선택하여 신청
- 신청기업의 수출역량, 해외시장성 평가를 통해 선정

지원대상

- 해외진출을 희망하는 국내 중소·중견기업

지원내용

해외진출단계	기간	총 비용(업체부담금)	주요 서비스	비고
진입	6 개월	4 백만원 (50 만원)	[기초 마케팅 지원] 기초 시장조사, 바이어발굴, 수출가능성 점검, 네트워크교류, 로컬마케팅, 샘플지원 등	-
발전	1 년	9 백만원 (250-350 만원)	[수출 및 성약지원] 전시 상담회 참가지원, 물류통관 자문, 출장지원, 인허가취득지원, 브랜드 홍보 등	지역별 차등
확장		20/25/30 백만원 (7~10.5 백만원)	[수출 및 현지화 지원] 기술수출(제휴), 해외 투자유치, 조달진출, 품목별 타겟진출, GVC, 인큐베이팅 서비스 등	지역별·서비스별 차등

- 상위단계 서비스는 하위단계 서비스 포함(확장>발전>진입)

지원한도

- 기업별로 최대 8 개 지역 참여 가능
  - 일부조건 충족 시 최대 12 건까지 참여 가능
  * 고용노동부 선정 고용창출 우수기업(2014, 2015), 청년친화 강소기업(2018)

사업신청

- 신청방법 : www.exportvoucher.com(한글 www.수출바우처.com)을 통한 온라인 신청
  * 수출바우처 홈페이지 ⇨ 해외지사화사업 ⇨ 온라인 신청

- 사업문의 : 국제협력처 해외사업팀 김유나 과장, 최헌석 대리
  - Tel. 055-751-9674, 9676
  - email: youna@sbc.or.kr, 85choihs@sbc.or.kr

2. 해외산업협력지원

1) 사업개요

소기업 해외협력기반 조성, 외국기업과의 합작 및 기술협력지원, 해외진출과 현지화 지원, 해외각국의 산업기술정보 제공 등을 통하여 우리 중소기업의 글로벌화를 지원합니다.

중소기업 산업협력지원

- 해외 유관기관과의 네트워크를 구축하고 협력 기반을 조성함으로써 우리 중소기업의 해외진출 및 글로벌화 지원

APEC 중소기업혁신센터 운영

- APEC 역내 협력 네트워크를 구축하여 우리 중소기업의 혁신역량을 강화하고, APEC 역내 중소기업 간 비즈니스
  협력을 통한 동반성장을 지원합니다.

2) 중소기업산업협력지원

해외 유관기관과의 네트워크를 구축하고 협력 기반을 조성함으로써 우리 중소기업의 해외진출 및 글로벌화 지원
- 해외 투자환경 설명회 개최, 해외협력기관 MOU 체결, 해외협력사절단 파견, 국제회의 개최 및 참가 등을 통한
해외협력 기반조성

해외 유관기관과 협력 네트워크 구축

- MOU 체결현황('17.3 월 기준)
- 총 43 개국 74 개 기관과 협력네트워크를 강화하고 신규협력 채널 구축

지역	국가수	기관수
아시아	18	37
서유럽	9	14
동유럽/러시아	7	11
미주	6	8
아프리카	3	3
국제기구	0	1
계	43	74

- 한일정례회의

  - 1997 년 10 월부터 일본 중소기업기반정비기구(SMRJ)와 상호 정보교환 및 협력관계 증진을 목적으로 매년 정례회의를 개최

- 동아시아라운드테이블

  - 2007 년 5 월부터 한국, 일본, 말레이시아, 태국, 베트남 등 5 개국의 중소기업지원기관이 중소기업지원정책 공유를
  위해 매년 회의 개최
  * 참가기관 : 한국 중소기업진흥공단, 일본 중소기업기반정비기구(SMRJ), 말레이시아 중소기업개발공사(SME Corp.),
  태국 중소기업진흥청(OSMEP), 베트남 중소기업개발청(AED) 등 5 개 기관

- ICSB World Conference

  - 1956 년 설립된 중소기업국제협의회인 ICSB 에서 세계 중소기업의 발전과 지위 향상 도모를 위해 주최하는 중소기업
  관련 학술회의

해외시장 진출 세미나 개최

- 국내 중소기업에게 해외 시장 정보제공 및 현지 기업과의 협력을 통한 새로운 사업기회 제공

산업협력사절단 교환

- 산업협력 사절단을 해외 파견 및 초청함으로써 국내기업의 해외진출 기반 마련 및 글로벌화 지원

중국 중소기업지원센터(칭다오), 미국 중소기업지원센터(뉴저지), 코리아데스크(인도네시아, 말레이시아) 등

해외거점을 운영함으로써 중소기업의 해외 현지진출 및 현지화를 지원합니다.

주요 업무

- 현지 진출기업 원스톱 상담 및 현지방문 지원
- 투자전략, 정책자문 등 전문상담활동 진행
- 양국 중소기업 협력파트너 알선
- 현지 진출 관련 조사 및 자료 발간
- 양국 중소기업 협력 증진을 위한 행사 주관

지원 대상

- 해외투자진출 및 기술이전 희망 중소기업
- 해외 합작투자, 기술제휴 등 협력을 물색 중인 중소기업
- 해외협력을 위한 투자환경정보 또는 시장정보를 얻고자 하는 중소기업

상담 및 문의처

	칭다오 중소기업지원센터	미국 중소기업지원센터	인도네시아 코리아데스크	말레이시아 코리아데스크
담당자	유권호 센터장	박선곤 센터장	김재혁 소장	신랑인 소장
전화	+86-532-8579-3240	+1-201-641-0201 070-4498-1100	+62-21-5292-1302	+60-3-2263-2500
E-mail	khyou@sbc.or.kr	promet@sbc.or.kr	jake80@sbc.or.kr	langin@sbc.or.kr
주소	Room 201, Bldg. 2, Xinyuan Century Center, No. 77 Zhengyang Road, Chengyang District, Qingdao, CHINA	105 Challenger Road, Suite# 404, Ridgefield Park, NJ 07660, USA	BKPM(Investment Coordinating Board) 5FL, Jl. Jend. Gatot Subroto No.44 Jakarta 12190, Indonesia	MIDA(Malaysia Investment Development Agency) 13th FL MIDA Sentral, No.5 Jalan Stesen Sentral 5, 50470 Kuala Lumpur, Malaysia
비고	'05 년 3 월 설치	'13 년 12 월 설치	인도네시아 투자조정청 (BKPM)내 '08 년 2 월 설치	말레이시아 투자개발청 (MIDA)내 '10 년 4 월 설치

3) APEC 중소기업혁신센터운영

APEC 역내 협력 네트워크를 구축하여 우리 중소기업의 혁신역량을 강화하고,

APEC 역내 중소기업 간 비즈니스 협력을 통한 동반성장을 지원합니다.

간 교역 증진역할을 통해 역내 중소기업 동반 성장도모
APEC 혁신컨설팅, 혁신역량강화 세미나, 역내 중소기업 국제화지표 개발 등
역내 선진국과 후발 개도국간의 가교역할을 통해 중소기업 정책수립 및 실행 분야의 리더로서
국가 위상 제고
APEC 장관회의 및 실무그룹 회의 참가, 회원국 프로젝트 지원 및 참여 등
21개 회원국과 구축된 네트워크를 기반으로 우리 기관 및 중소기업의 글로벌화 지원 및
산업협력기회 창출
APEC B2B 매칭상담회 주관 등

V. 기타

1. 사업전환지원사업

사업목적

- 경제환경의 변화로 인하여 어려움을 겪고 있는 중소기업의 사업전환을 촉진하여
  중소기업의 경쟁력을 강화하고 산업구조의 고도화를 도모
- 근거법률 : 중소기업 사업전환촉진에 관한 특별법

사업개요

경영상 어려움을 겪고 있거나 어려움이 예상되어 현재 영위하고 있는 업종의 사업에서 새로운 업종의 사업으로 전환을 추진하는 중소기업에 대해 융자, 컨설팅, 정보제공, 유휴설비 거래알선 등 시책수단을 종합·맞춤 연계지원하여 사업전환계획의 이행을 돕고 성공률을 제고시킴

사업전환의 개념

사업전환은 경쟁력이 저하된 업종의 사업을 그만두거나 사업비중을 줄이고 새로운 업종을 운영하는 경우만이 아니라 현재 운영하는 업종을 유지하면서 새로운 사업비중을 대통령령으로 정하는 비중 이상 늘리는 것

구분	사업전환내용	사업전환비중
업종전환	영위업종 사업용자산 양도·폐기 → 새로운 업종 전환	완전전환
업종추가	현재 영위업종에 새로운 업종 추가	30% 이상

- 제조업 ↔ 서비스업 업태전환도 사업전환에 포함
- 새로운 업종의 기준 : 한국표준산업분류상의 제조업은 세분류(4 단위), 서비스업 등 제조업 이외의 경우 소분류(3 단위)가 다른 업종
  * 제조업 예시) 전동기, 발전기 및 전기변환장치 제조업(2811*) → 전기공급 및 전기제어장치 제조업(2812*)
  - 다만, 세세분류(5 단위)에 의한 기준을 달리하는 경우라도 사업전환 목적에 부합된다고 인정되는 경우는 예외로 함
  * 서비스업 예시) 가정용품 도매업(464) → 기계장비 도매업(465)
- 사업전환 실시기간 : 승인일로부터 3 년 이내(1 회에 한해 1 년 이내 연장 가능)
- 사업전환비중 : 전환·추가된 업종의 매출액 또는 상시근로자 수가 전체에서 차지하는 비중

1) 융자지원

(1) 융자대상

개요

사업전환계획 승인기업에 사업전환자금 연계지원을 통해 사업전환계획의 이행을 돕고 성공률을 제고시킴

융자대상

다음 각 호의 요건을 모두 충족하는 자로서 사업전환계획의 승인을 얻은 중소기업

- 사업전환계획 승인신청일 현재 3년 이상 계속하여 사업을 영위하며, 상시근로자 수 5인 이상인 중소기업으로 다음 업종조건을 만족하는 기업
  * 「서비스업」은 한국표준산업분류상의 "농업 및 임업, 어업, 광업, 제조업, 전기.가스.증기 및 수도사업, 건설업"을 제외한 업종(제9차 한국산업분류기준)

현 영위업종	전환 진출업종
모든 업종 (단, 「창업지원법 시행령」에 따른 창업에서 제외되는 업종은 제외)	제조업 또는 서비스업 (단, 정책자금 융자공고상 융자제한업종 제외)

- 현재 영위하고 있는 업종이 전체 매출액 중에서 35% 이상을 차지하는 주력산업이고, 향후 축소 또는 폐지하고자 하는 사업전환 대상이 될 것

(2) 융자범위 및 조건

융자범위

시설자금

- 생산설비 및 시험검사장비 도입 등에 소요되는 자금
- 정보화 촉진 및 서비스 제공 등에 소요되는 자금
- 공정설치 및 안정성평가 등에 소요되는 자금
- 유통 및 물류시설 등에 소요되는 자금

- 사업장 건축자금, 토지구입비, 임차보증금
  * 토지구입비는 건축허가(산업단지 등 계획입지의 입주계약자 포함)가 확정된 사업용
    부지 중 6개월 이내 건축착공이 가능한 경우에 한함
- 사업장 확보(매입, 경·공매)자금
  * 사업장확보자금은 사업영위 필요에 따라 기업당 3년 이내 1회로 한정 지원

운전자금

- 제품생산 비용 및 기업경영에 소요되는 자금

융자조건

대출금리(변동금리) : 정책자금 기준금리(기준)대출기간

- 시설자금 : 8년 이내(거치기간 3년 이내 포함)
- 운전자금 : 5년 이내(거치기간 2년 이내 포함)

대출한도 : 개별기업당 융자한도는 중소벤처기업부 소관 정책자금의 융자잔액 기준으로
45억원(수도권을 제외한 지방소재 기업은 50억원)까지이며, 매출액의 150% 이내에서
지원(운전자금 연간 5억원)

- 단, 10억원 이상 시설투자기업의 운전자금은 연간 10억원
- 단, 업종전환의 경우 기업당 70억원

(3) 융자방법 및 기한/융자지원시기

융자방법

융자대상 결정 후 중소기업진흥공단(직접대출) 또는 금융회사(대리대출)에서 신용, 담보부 대출

대출기한 및 자금지원 시기

대출기한

- 지원결정 통보일로부터 4 개월 이내(2 개월 이내 연장 가능)

융자시기

- 사업전환 실시기간내에서 사업전환계획의 추진과정에 따라 다음과 같이 지원
- 시설자금 : 기성 확인에 따라 단계별로 지원
- 운전자금 : 사업전환계획 추진과정에 따라 업체별 특성을 감안하여 필요한 시기에 지원

(4) 융자절차

융자절차

- 사업전환계획 승인 및 지원신청시 자금을 함께 신청하는 기업

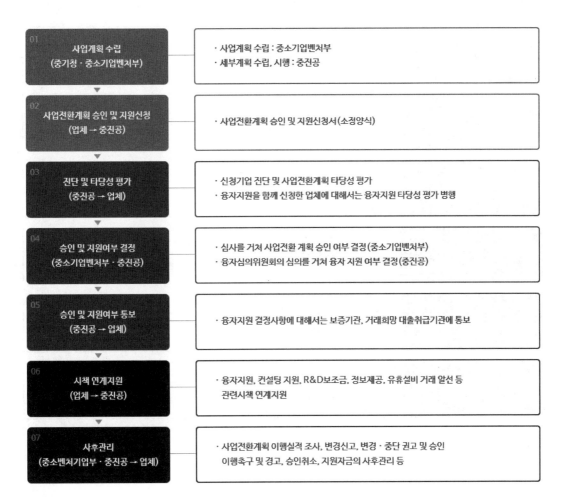

01 사업계획 수립 (중기청·중소기업벤처부)	· 사업계획 수립 : 중소기업벤처부 · 세부계획 수립, 시행 : 중진공
02 사업전환계획 승인 및 지원신청 (업체 → 중진공)	· 사업전환계획 승인 및 지원신청서(소정양식)
03 진단 및 타당성 평가 (중진공 → 업체)	· 신청기업 진단 및 사업전환계획 타당성 평가 · 융자지원을 함께 신청한 업체에 대해서는 융자지원 타당성 평가 병행
04 승인 및 지원여부 결정 (중소기업벤처부·중진공)	· 심사를 거쳐 사업전환 계획 승인 여부 결정(중소기업벤처부) · 융자심의위원회의 심의를 거쳐 융자 지원 여부 결정(중진공)
05 승인 및 지원여부 통보 (중진공 → 업체)	· 융자지원 결정사항에 대해서는 보증기관, 거래희망 대출취급기관에 통보
06 시책 연계지원 (업체 → 중진공)	· 융자지원, 컨설팅 지원, R&D보조금, 정보제공, 유휴설비 거래 알선 등 관련시책 연계지원
07 사후관리 (중소벤처기업부·중진공 → 업체)	· 사업전환계획 이행실적 조사, 변경신고, 변경·중단 권고 및 승인 이행촉구 및 경고, 승인취소, 지원자금의 사후관리 등

사업전환계획 승인기업으로 사업전환 추진과정에 필요한 추가자금을 신청하는 기업

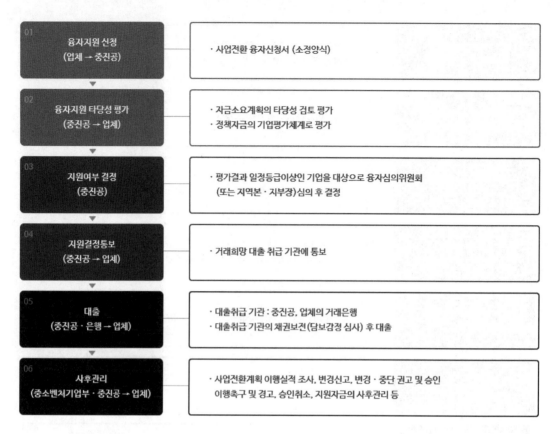

01	융자지원 신청 (업체 → 중진공)	· 사업전환 융자신청서 (소정양식)
02	융자지원 타당성 평가 (중진공 → 업체)	· 자금소요계획의 타당성 검토 평가 · 정책자금의 기업평가체계로 평가
03	지원여부 결정 (중진공)	· 평가결과 일정등급이상인 기업을 대상으로 융자심의위원회 　(또는 지역본 · 지부장)심의 후 결정
04	지원결정통보 (중진공 → 업체)	· 거래희망 대출 취급 기관에 통보
05	대출 (중진공 · 은행 → 업체)	· 대출취급 기관 : 중진공, 업체의 거래은행 · 대출취급 기관의 채권보전(담보감정 심사) 후 대출
06	사후관리 (중소벤처기업부 · 중진공 → 업체)	· 사업전환계획 이행실적 조사, 변경신고, 변경 · 중단 권고 및 승인 　이행촉구 및 경고, 승인취소, 지원자금의 사후관리 등

2) 컨설팅지원

중소기업 컨설팅 플랫폼 : http://www.smbacon.go.kr/

2018년 컨설팅지원사업의 목적

중소기업의 특성에 맞는 맞춤형 컨설팅을 지원하여 성장기. 정체기 기업의 지속성장을 위한 근본체질 강화 및 글로벌 경쟁력 확보

지원조건(공통)

과제명	지원조건		
	정부지원금	지원비율	수행기간
경영·기술 컨설팅	업력 7년 이상	과제규모에 따라	최대 6개월/년

	(최대 30백만원)	30 ~ 50%	(2개월/년 추가연장 可, 1회)
	업력 7년 미만 (최대 20백만원)	65%	
특화형 컨설팅	최대 15백만원	정부 90%	
화학물질 관리 컨설팅	최대 15백만원	정부90%	
원스톱 창업지원	최대 5백만원	정부65%	
산업위기대응 컨설팅	최대 15백만원	정부90%	

컨설팅 지원분야 및 내용

과제명	지원대상	컨설팅 내용
경영 컨설팅	업력 제한 없음	**경영 전 분야** (경영전략, 인사조직, 마케팅/영업, 재무/회계, 고객만족, 글로벌 경영전략(FTA), 사회공헌(CSR) 등)
기술 컨설팅	업력 제한 없음	**기술 전 분야** (생산혁신, 품질, 정보기술, 에너지/녹색경영, R&D 등)
특화형 컨설팅	업력 제한 없음	스마트공장 구축 분야, 新서비스업 분야, 미래성장산업 창조경제혁신센터 추천업체, 제조업 스마트화
화학물질 컨설팅	업력 제한 없음	유해화학물질 취급시설 설치.운영을 위해 '장외영향평가서' 제출이 필요한 기업
원스톱 창업지원	예비 또는 업력 7년 미만의 창업기업 재창업자	공장설립(변경) 승인 및 제조시설설치, 공장증설
산업위기대응 컨설팅	고용·산업위기대응 특별지역 * 소재기업 또는 구조조정 업종	**경영·기술 전 분야** (비용.조직.사업구조 혁신 등을 위한 경영.기술 컨설팅)

	** 영위 중소기업	

신청 및 접수

- **지원절차**

  ① 경영·기술, 특화형 컨설팅 사업신청* → ② 기업선정평가 → ③ 기업 선정 → ④ 수행역량 강화 워크숍 →
  ⑤ 수행계획평가 → ⑥ 지원과제 선정 → ⑦ 협약체결 → ⑧ 컨설팅 착수 → ⑨ 중간점검 → ⑩ 완료보고 →
  ⑪ 완료점검 및 최종평가

  ① 화학물질관리 컨설팅 사업신청* → ② 선정평가 → ③ 지원기업 선정 → ④ 장외영향평가서 작성 전문기관 매칭 →
  ⑤ 협약체결 → ⑥ 컨설팅 착수 → ⑦ 완료보고 → ⑧ 완료점검 및 최종평가

  ① 원스톱 창업지원 사업신청* → ② 선정평가 → ③ 지원기업 선정 → ④ 협약체결 →
  ⑤ 컨설팅 착수 → ⑦ 완료보고 →
  ⑧ 완료점검 및 최종평가

  ① 산업위기대응 컨설팅 사업신청 → ② 요건검토 → ③ 수행계획평가 → ④ 협약체결 → ⑤ 컨설팅 착수 → ⑥ 중간보고 →
  ⑦ 완료보고 → ⑧ 완료점검 및 최종평가

- **신청방법**

  ○ **신청방법** : 온라인 신청(www.smbacon.go.kr)

    ▪ 경영·기술, 특화형, 화학물질 컨설팅 : 분기별 신청

    ▪ 원스톱 창업지원 컨설팅 : 연중 수시 신청(예산 소진시까지)

참고사항

- 중소기업 당 1개 과제만 신청 가능하며, 지원제외에 해당하는 업종
- 신청 시 동 사업을 수행중(완료점검 전)인 업체
- 당해연도 기 지원기업 또는 최근 5년간 컨설팅 지원사업을 5회 이상 기 지원받은 기업
- "원스톱 창업지원(종전 창업대행 컨설팅 포함)"을 기 지원 받은 동일 창업자

- 신청 컨설팅 내용이 이미 지원받은 컨설팅 내용과 유사. 중복으로 판명된 경우

- 변호사, 노무사, 회계사, 변리사, 지도사 등 전문자격자 또는 컨설팅기관이 관련 용역 서비스 협약을 기 체결한 상태에서 신청하거나 활용하는 경우

- 신청기업 또는 신청기업의 대표자가 신용거래 불량, 부실위험 여부 등 아래 항목에 해당할 경우 지원 대상에서 제외

  단, 회생인가를 받은 기업, 중진공 등으로부터 재창업자금을 지원 받은 기업 등 정부. 공공기관으로부터 재기지원 필요성을 인정받은 경우에는 지원 가능

- 가점 사항(각 2 점, 최대 5 점)
    - (가점 2 점) 벤처기업, 기술혁신형(INNO-BIZ)기업, 수출유망중소기업, 여성기업, 경영혁신형 (MAIN-BIZ)기업, 사회적기업, 싱글 PPM, 농공상융합기업, HACCP, GMP, IMS 인증, 우수그린비즈 선정기업, PMS 인증기업, 가족친화인증기업, 내일채움공제가입기업, 사업재편승인기업, 중기부 현장클리닉 추천기업, 중진공 기업진단 추천기업, SBC 패밀리기업, 최저임금 인상 후 고용유지기업, 청년고용 '2+1' 시행기업

    - (가점 5 점) 장애인기업

    - (기타) 경영혁신 마일리지 적립기업(500 마일리지당 1 점)
    - 경영혁신 마일리지의 경우 인정되는 최대 가점(5 점) 외에 추가 1 점까지 가점 인정

   3) 절차간 소화특례

개요

중소기업 사업전환촉진에 관한 특별법에 따라 업종 폐지·축소 및 추가 등 사업전환 절차를 원활히 하기 위해 사업전환 계획승인기업에 주식 교환, 인수·합병절차의 특례 적용

적용대상

사업전환 관련 절차 간소화 주요내용

사업전환촉진 특별법	상법
제 12 조 (주식교환) • * 자기주식(구주)을 취득하여 교환할 수 있음	제 360 조의 2(주식의 포괄적교환…) • * 신주배정으로 주식교환 가능
제 13 조 (반대주주의 주식매수청구권) • * 청구기간 : 주주총회 결의일로부터 10 일이내	360 의 5 (반대주주의 매수청구권) • * 청구기간 : 주주총회 결의일로부터 20 일이내
제 14 조 (신주발행에 따른 주식교환등) • * 현물출자하는 경우 공인평가기관의 평가를 법원이 선임한 검사인의 검사나 공인감정인의 감정한 것으로 봄	제 422 조(현물출자의 검사) • * 현물출자하는 경우 법원 선임 검사인의 조사보고서 또는 공인감정인의 감정결과를 법원이 검사
제 16 조 (주식교환의 특례) • * 교환 주식 수가 발행주식총수의	제 360 조의 10(소규모 주식교환) • * 교환을 위해 발행하는 신주의

사업전환촉진 특별법	상법
100 분의 50 을 초과하지 않는 경우 주주총회의 승인은 이사회 승인으로 갈음	총수가 그 회사 발행주식 총수의 100 분의 5 를 초과하지 않는 경우 주주총회의 승인은 이사회 승인으로 갈음
제 18 조 (합병절차의 간소화 등) • * 교환 주식 수가 발행주식총수의 100 분의 50 을 초과하지 않는 경우 주주총회의 승인은 이사회 승인으로 갈음	제 527 조의 5(채권자보호절차) • * 주주총회의 합병 승인결의가 있는 날로부터 2 주내에 채권자에 대하여 합병에 이의가 있으면 1 개월이상의 기간내에 제출할 것을 공고 제 363 조(소집의 통지) • * 총회를 소집함에는 회일을 정하여 2 주전에 통지 제 374 조의 2 (반대주주의 매수청구권) • * 주식매수기간 : 매수청구를 받은날로부터 2 월이내
제 18 조의 2(간이합병의 특례) • * 주식회사인 승인기업이 다른 주식회사와 합병을 할 때 「상법」제 527 조의 2 제 1 항에도 불구하고 합병 후 존속하는 회사가	제 527 조의 2(간이합병) • * 합병할 회사의 일방이 합병후 존속하는 경우에 합병으로 인하여 소멸하는 회사의 총주주의 동의가 있거나 그

사업전환촉진 특별법	상법
합병으로 인하여 소멸하는 회사의 발행주식총수 중 의결권 있는 주식의 100 분의 90 이상을 보유하는 경우에는 합병으로 인하여 소멸하는 회사의 주주총회의 승인을 이사회의 승인으로 갈음할 수 있다.	회사의 발행주식 총수의 100 분의 90 이상을 합병후 존속하는 회사가 소유하고 있는 때에는 합병으로 인하여 소멸하는 회사의 주주총회의 승인은 이를 이사회의 승인으로 갈음할 수 있다.
제 19 조 (분할·분할합병 절차의 간소화) • * 분할 및 분할합병 의 경우 제 18 조의 절차간소화규정을 적용	• * 분할·분할합병에 대한 절차는 합병, 주식분할, 주식 병합, 영업 양도·양수 등의 규정을 준용
제 20 조 (다른 주식회사의 영업양수의 특례) • * 양도가액이 다른 주식회사의 순자산액의 100 분의 10 을 초과하지 아니한 때에는 다른 주식회사의 주주총회의 승인은 이사회 승인으로 갈음	제 374 조(영업양도, 양수, 임대등) • * 영업의 전부 또는 중요한 양도, 다른 회사의 영업전부 또는 일부의 양수 등의 경우에는 주주총회의 특별결의가 있어야 함

4) 유휴자산거래지원

중소기업 자산거래 중개장터

http://www.joongomall.or.kr/

유관기관, 기계·설비 제조유통사, 일반중소기업이 보유한 유휴 기계·설비 거래 정보를 종합 제공하여 누구나 쉽게 기계·설비 매매 시 활용할 수 있는 온라인 종합포털 사이트

주요컨텐츠

다양한 기계·설비 매각/매입 자산 정보 제공

- 프레스, 머시닝센터, 유압기기 등 산업현장에서 활용 가능한 기계·설비를 중심으로 매각 정보 제공- 별도 중개수수료 없이 다양한 매물 정보를 제공하고 매각자와 매입자간 자율 거래로 진행

유관기관의 매각 자산 정보 제공

- 한국자산관리공사(캠코), ZEUS 장비활용포털(국가연구시설장비진흥센터), 신용보증기금, 한국기계거래소 등 유관기관의 입찰 매각 자산정보 제공

무료 신문광고

- 월 2회 신청을 통해 매각 희망 자산을 신문지면 상에 광고 및 안내

편리한 자산등록 및 검색

- 자산을 세부 분류하여 쉽고 빠르게 자산 등록 및 검색- 반응형 웹 구축에 따라 스마트폰, 태플릿 PC 상에서도 이용 가능

5) 고용안정지원

고용유지 지원사업

지원요건

생산량 감소·재고량 증가 등으로 고용조정이 불가피하게 된 사업주가 사전에 계획서를 고용센터에 제출한 후 휴업(근로시간 조정, 교대제 개편)·훈련·휴직·인력재배치와 같은

고용유지조치를 하고 그 기간 동안 근로자에게 임금 또는 수당 등을 지급하고, 고용유지조치 기간과 그 이후 1개월까지 당해 사업장 소속 근로자를 고용조정으로 이직시키지 않은 사업주

고용유지조치 실시

- 휴업 : 1개월의 단위기간동안 당해 사업장의 전체 피보험자의 총근로시간이 20/100 이 초과하도록 근로시간을 단축하는 근로시간 조정, 교대제 개편, 휴업을 실시하는 경우
- 훈련 : 고용유지조치 대상자에게 1일 4시간, 총 16시간 이상의 적합한 직업훈련을 실시하는 경우
- 휴직 : 휴직 고용유지조치 대상자에게 계속하여 1개월 이상의 유급 휴직을 하는 경우

지원수준

- 휴업 : 사업주가 지급한 휴업수당의 2/3(대규모기업 1/2) 지원
- 훈련 : 사업주가 지급한 임금의 3/4(대규모기업 2/3)와 훈련비 지원
- 휴직 : 유급휴직의 경우 사업주가 지급한 휴직수당의 2/3(대규모기업 1/2) 지원

   6) 세제지원

조세특례제한법의 특례사항

제33조의 2(사업전환 중소기업 및 무역조정지원기업에 대한 세액감면)

- ① 중소기업을 경영하는 내국인이 5년 이상 계속하여 경영하던 사업 및 무역조정지원기업이 경영하던 사업(이하 이 조에서 "전환전사업"이라 한다)을 다음 각 호에 따라 2015년 12월 31일(공장을 신설하는 경우에는 2017년 12월 31일)까지 수도권과밀억제권역 밖(무역조정지원기업은 수도권과밀억제권역에서 사업을 전환하는 경우를 포함한다)에서 제6조 제3항 각 호의 어느 하나에 해당하는 사업(이하 이 조에서 "전환사업"이라 한다)으로 전환하는 경우에는 대통령령으로 정하는 사업 전환일(이하 이 조에서 "사업전환일"이라 한다) 이후 최초로 소득이 발생한 날이 속하는 과세연도(사업전환일부터 5년이 되는 날이 속하는 과세연도까지 해당 사업에서 소득이 발생하지 아니하는 경우에는 5년이 되는 날이 속하는 과세연도)와 그 다음 과세연도의 개시일부터 3년 이내에 끝나는 과세연도까지 해당 전환사업에서 발생하는 소득에 대한 소득세 또는 법인세의 100분의 50에 상당하는 세액을 감면한다.

1. 전환전사업을 양도하거나 폐업하고 양도하거나 폐업한 날부터 1년(공장을 신설하는 경우에는 3년) 이내에 전환사업으로 전환하는 경우

2. 대통령령으로 정하는 바에 따라 전환전사업의 규모를 축소하고 전환사업을 추가하는 경우

- ② 제1항제2호를 적용하는 경우 감면기간 중 대통령령으로 정하는 과세연도에 대해서는 같은 항에 따른 감면을 적용하지 아니한다.

- ③ 제1항을 적용받은 내국인이 사업전환을 하지 아니하거나 사업전환일부터 3년 이내에 해당 사업을 폐업하거나 해산한 경우에는 그 사유가 발생한 날이 속하는 과세연도의 소득금액을 계산할 때 감면받은 세액을 소득세 또는 법인세로 납부하여야 한다.

- ④ 제1항에 따라 감면받은 소득세액 또는 법인세액을 제3항에 따라 납부하는 경우에는 대통령령으로 정하는 바에 따라 계산한 이자상당가산액을 소득세 또는 법인세에 가산하여 납부하여야 하며 해당 세액은 「소득세법」 제76조 또는 「법인세법」 제64조에 따라 납부하여야 할 세액으로 본다.

- ⑤ 제1항을 적용받으려는 내국인은 대통령령으로 정하는 바에 따라 세액감면신청을 하여야 한다.

7) 사업전환승인/융자신청

신청자격안내

신청대상
다음의 요건을 모두 충족하는 자

- 1. 사업전환계획 승인신청일 현재 3년 이상 계속하여 사업을 운영하는 자 중 "중소기업창업 지원법 시행령"에 규정된 업종 외의 업종을 운영하는 자
- 2. 상시 근로자 수가 5인 이상인 자
- 3. 현재 영위하고 있는 업종이 전체 매출액 중에서 35% 이상을 차지하는 주력사업이며, 향후 축소 또는 폐지하고자 하는 사업전환대상이 될 것
- 4. 새로이 영위하거나 추가하고자 하는 업종이 제조업 및 서비스업에 해당하고 정책자금 융자 공고상 융자제한 대상업종 외의 업종으로 전환하려는 자

신청제외대상
다음 각호의 1에 해당하는 자

- 1. 사업전환계획 승인의 탈락일 또는 승인취소일로부터 6개월이 경과하지 아니한 업체

- 2. 휴·폐업 중인 업체
- 3. 승인신청일 현재 사업전환계획 업종의 최초 매출발생일로부터 1년 이상이 경과한 자

신청방법

- 중진공 각 지역본(지)부 담당자와 전화 및 방문상담 후 신청서(첨부서류 포함)를 작성하여 제출

신청시기

- 연중상시

2. 무역조정지원사업

1) 사업목적

FTA 이행에 따른 수입증가로 무역피해를 입었거나 입을 것이 확실한 중소기업에 융자 및 컨설팅을 통한 경쟁력 회복 지원

2) 지원대상

FTA 체결 상대국으로부터의 수입증가로 무역피해를 입은 기업으로서 제조업 또는 서비스업을 2년 이상 영위하면서 아래의 기준을 충족하는 기업

* 15개 협정(총 52개국) : 칠레, 싱가포르, EFTA(아이슬란드, 리히텐슈타인, 노르웨이, 스위스), ASEAN(미얀마, 라오스, 태국, 캄보디아, 베트남, 필리핀, 말레이시아, 브루나이, 싱가포르, 인도네시아), 인도, EU(그리스, 네덜란드, 덴마크, 독일, 라트비아, 루마니아, 룩셈부르크, 리투아니아, 몰타, 벨기에, 불가리아, 스웨덴, 스페인, 슬로바키아, 슬로베니아, 아일랜드, 에스토니아, 영국, 오스트리아, 이탈리아, 체코, 키프로스, 포르투갈, 폴란드, 프랑스, 핀란드, 헝가리, 크로아티아), 페루, 미국, 터키, 호주, 캐나다, 중국, 베트남, 뉴질랜드, 콜롬비아(2016.12월말 기준이며, 향후 FTA 추가 협정 체결 및 발효시 신청자격에 포함)

- ① 전체 매출액(생산량)과 피해품목(생산량)의 매출액 감소

구분	피해인정기간	피해정도 및 비교시점
무역피해를 입었을 경우	지정신청일 이전 2년 이내 발생	○ - 6개월 또는 1년간의 총매출액 또는 생산량이 그 직전년도 동일기간과 비교하여 10%이상 감소 ○ - 또는, 영업이익, 고용, 가동률, 재고 등을 종합적으로 고려한 상기 피해에 상당하는 것으로 인정되는 경우
무역피해를 입을 것이 확실한 경우	지정신청일 이후 1년 이내 발생	○ - 6개월 또는 1년간의 총매출액 또는 생산량이 그 직전년도 동일기간과 비교하여 10% 이상 감소가 예상되는 경우 (단, 영업이익, 고용, 가동률, 재고 등의 변화를 종합적으로 고려함)

* 경영안정 및 경쟁력 확보 상담지원(컨설팅)은 5%이상 감소(예상)되는 경우

- ② FTA 체결 상대국으로부터 주생산품목과 동종 또는 대체 가능한 제품(서비스)의 수입 증가

동종 또는 대체가능한 제품(서비스)	수입 증가
○ - 판단기준 : 용도, 유통경로, 물리적특성(구성요소), 품질, 관세품목분류번호(HS 코드), 대체사용가능성 등 ○ - 기업 생산물품과 수입물품이 동종 또는 직접적 경쟁상품일 것	○ - 관세품목분류번호(HS 코드) 6~10 단위 기준 ○ - 해당 HS 코드의 관세율이 FTA 발효에 따라 인하 또는 철폐될 것 ○ - 수입량이 FTA 체결후 10% 이상 추세적으로 증가할 것

3) 지원절차

· 무역조정지원기업 지정 (융자·컨설팅)

· 경영안정 및 경쟁력 확보 상담지원 (컨설팅)

4) 지원내용

융자지원

- 신청대상 : FTA 체결 상대국으로부터 무역피해가 인정되어 무역조정지원기업으로 지정받은 기업* 융자신청은 산업통상자원부의 무역조정지원기업 지정일로부터 3 년 이내
- 융자 범위
  시설자금
  - o - 생산설비 및 시험검사장비 도입 등에 소요되는 자금
  - o - 정보화 촉진 및 서비스제공 등에 소요되는 자금
  - o - 공정설치 및 안정성평가 등에 소요되는 자금
  - o - 유통 및 물류시설 등에 소요되는 자금
  - o - 사업장 건축자금, 토지구입비, 임차보증금* 토지구입비는 건축허가(산업단지 등 계획입지의 입주계약자 포함)가 확정된 사업용 부지 중 6 개월 이내 건축착공이 가능한 경우에 한함
  - o - 사업장 확보(매입, 경·공매)자금* 사업장 확보자금은 사업영위 필요에 따라 기업당 3 년 이내 1 회로 한정 지원

  운전자금

  - o - 제품생산 비용 및 기업경영에 소요되는 자금
- 융자조건
  대출금리 : 연 2.0% 고정금리 적용대출기간

- ㅇ - 시설자금 : 10 년 이내(거치기간 4 년 이내 포함)* 시설자금 신용대출은 거치기간 3 년 이내
- ㅇ - 운전자금 : 5 년 이내(거치기간 2 년 이내 포함)

대출한도

- ㅇ - 사업개요의'개별기업당 융자한도' (운전자금은 연간 5 억원 이내)
  * 단, 수출향상기업(최근 1 년간 직수출실적 50 만불 이상이며 20% 이상 증가), 최근 1 년간 10 인 이상 고용창출 기업, 최근 1 년간 10 억원 이상 시설투자기업(금회 포함)의 운전자금은 연간 10 억원 이내* 업종별 융자제한 부채비율 기준 예외 적용
- 융자방식
  중진공이 자금 신청·접수와 함께 기업평가를 통하여 융자대상 결정 후, 중진공(직접대출) 또는 금융회사(대리대출)에서 대출

컨설팅 지원

- 지원대상
  - ㅇ - [무역조정 상담지원] FTA 체결 상대국으로부터 무역피해가 인정되어 무역조정지원기업으로 지정받은 기업 * 컨설팅신청은 산업통상자원부의 무역조정지원기업 지정일로부터 3 년 이내
  - ㅇ - [경영안정 및 경쟁력 확보 상담지원] 매출액(또는 생산량)이 5% 이상 감소한 무역피해기업 중 중진공으로부터 무역피해판정을 통해 승인을 받은 기업
- 지원내용
  - ㅇ - 무역조정계획 실행 및 무역피해 극복에 필요한 경영·기술 전 분야
- 지원한도
  - ㅇ - [무역조정 상담지원] 기업당 3 년 이내의 범위에서 120 백만원 이내(3 년간 다회)
  - ㅇ - [경영안정 및 경쟁력 확보 상담지원] 기업당 40 백만원이내(1 회에 한함)
- 지원비율
  - ㅇ - 컨설팅 소요비용의 80%

5) 문의 및 신청안내

더욱 자세한 상담은 전국에 위치한 중진공 각 지역본(지)부로 문의하여 주시기 바랍니다.

6) 신청자격

지원대상 업종

- 자유무역협정체결에 따른 무역조정 지원에 관한 법률 제 2 조 및 동법 시행령 제 2 조의 규정에 의한 **제조업**
- 한국표준산업분류표상의 농업 및 임업, 어업, 광업, 제조업과 건설업을 제외한 **서비스업**

지원제외대상

- FTA 체결국으로부터 수입증가에 따라 발생한 무역피해기업이 아닌 경우
- 제조업 또는 서비스업 업력 2 년 미만 기업
- 서비스업종 중 지원제외대상 업종

[표 1] <개정 2011.4.5>

<u>무역조정지원대상이 되는 서비스업의 범위(제2조 관련)</u>

무역조정지원대상이 되는 서비스업은 통계청장이 「통계법」 제22조제1항에 따라 고시하는 한국표준산업분류에서 아래의 업종을 제외한 모든 업종을 말한다.

업 종	한국표준산업분류번호
농업, 임업 및 어업	A
광업	B
제조업	C
건설업	F
전기업	351

수도사업	360
철도운송업	491
항공운송업	51
우편업	6110
중앙 은행	6411
공공행정, 국방 및 사회보장행정	84
초등교육기관	851
중등교육기관	852
고등교육기관	853
특수학교, 외국인학교 및 대안학교	854
사회복지 서비스업	87
박물관 및 사적지 관리 운영업	9022
식물원, 동물원 및 자연공원 운영업	9023
스포츠 서비스업	911
수상오락 서비스업	9123
갬블링 및 베팅업	9124
그외 기타 오락관련 서비스업	9129
협회 및 단체	94
가구내 고용활동	97
달리 분류되지 않은 자가소비를 위한 가구의 재화 및 서비	98

스 활동	
국제 및 외국기관	99

무역조정지원대상이 되는 서비스업의 범위(제 2 조 관련)

무역조정지원대상이 되는 서비스업은 통계청장이 「통계법」 제 22 조제 1 항에 따라 고시하는 한국표준산업분류에서 아래의 업종을 제외한 모든 업종을 말한다.

산업분류	업 종
A	농업, 임업 및 어업
B	광업
C	제조업
F	건설업
351	전기업
360	수도사업
491	철도 운송업
51	항공운송업

산업분류	업 종
6110	우편업
6411	중앙은행
84	공공행정, 국방 및 사회보장행정
851	초등교육기관
852	중등교육기관
853	고등교육기관
854	특수학교, 외국인학교 및 대안학교
87	사회복지 서비스업
9022	박물관 및 사적지 관리 운영업
9023	식물원, 동물원 및 자연공원 운영업
911	스포츠 서비스업
9123	수상오락 서비스업
9124	갬블링 및 베팅업

산업분류	업 종
9129	그외 기타 오락관련 서비스업
94	협회 및 단체
97	가구내 고용활동
98	달리 분류되지 않은 자가소비를 위한 가구의 재화 및 서비스 활동
99	국제 및 외국기관

- 휴·폐업중인 기업
- 무역조정지원기업 지정신청일 현재 국세 및 지방세를 완납하지 아니한 기업
- 무역조정지원기업 부지정 통보일 또는 지정취소일로부터 6개월이 경과하지 아니한 기업

7) 지원절차

무역조정지원기업 지정(융자·컨설팅)

- 기업당 지정일로부터 3년간 다회 신청 가능

경영안정 및 경쟁력 확보 상담지원(컨설팅)

- 기업당 1회에 한해 신청 가능

8) 융자지원

개요

- 무역조정지원기업에 대하여 생산시설의 가동 및 유지에 필요한 원·부자재 구입자금, 기술개발·설비투자·입지확보 및 인력훈련 등에 소요되는 자금을 융자하여 단기 경영안정 및 경쟁력 확보 지원* 지원근거 : 자유무역협정체결에 따른 무역조정 지원에 관한 법률 제9조(단기 경영 안정 및 경쟁력 확보를 위한 융자지원)

지원대상

- FTA 체결 상대국으로부터의 무역피해가 인정되어 무역조정지원기업으로 지정받은 기업* 융자 신청은 산업통상자원부의 무역조정지원기업 지정일로부터 3년 이내

융자지원범위

- 시설자금
  - ○ - 생산설비 및 시험검사장비 도입 등에 소요되는 자금
  - ○ - 정보화 촉진 및 서비스 제공 등에 소요되는 자금
  - ○ - 공정설치 및 안정성평가 등에 소요되는 자금
  - ○ - 사업장 건축자금(토지구입비 제외), 임차보증금

- - 사업장 확보(매입, 경·공매)자금* 단, 사업 확보자금은 사업영위 필요에 따라 기업당 1 회로 한정 지원
- 운전자금
  - - 제품생산 비용 및 기업경영에 소요되는 자금
  - - 기타 무역조정과 관련한 기업경영에 소요되는 경비

융자조건

- 대출금리 : 연 2.0% 고정금리 적용
- 대출기간
  - - 시설자금 : 10 년 이내(거치기간 4 년 이내 포함)* 설자금 신용대출은 거치기간 3 년 이내
  - - 운전자금 : 5 년 이내(거치기간 2 년 이내 포함)
- 대출한도
  - - 사업개요의'개별기업당 융자한도'(운전자금은 연간 5 억원 이내) * 단, 수출향상기업(최근 1 년간 직수출실적 50 만불 이상히며 20% 이상 증가), 최근 1 년간 10 인 이상 고용창출 기업, 최근 1 년간 10 억원 이상 시설투자기업(금회 포함)의 운전자금은 연간 10 억원 이내* 업종별 융자제한 부채비율 기준 예외 적용

대출방법

- 융자 대상 결정 후 중소기업진흥공단(직접대출) 또는 금융회사(대리대출)에서 신용, 담보부 대출

대출기한

- 지원결정통보일로부터 4 개월 이내(2 개월 이내 연장 가능)

융자지원시기

- 무역조정계획의 이행과정에 따라 다음과 같이 지원
    - - 시설자금 : 기성고 확인에 따라 단계별로 지원
    - - 운전자금 : 무역조정계획의 이행과정에 따라 기업별 특성을 감안하여 필요한 시기에 지원

9) 컨설팅

개요

- 무역조정계획 이행에 필요한 경영·회계·법률·기술 및 생산 등의 상담에 관한 지원을 통하여 경영안정 및 경쟁력 확보 지원* 지원근거 : 자유무역협정체결에 따른 무역조정 지원에 관한 법률 제5조의2(경영안정 및 경쟁력 확보를 위한 상담 지원) 및 제8조(무역조정계획의 수립 또는 이행에 필요한 상담 지원)

지원대상

- [무역조정 상담지원] FTA 체결 상대국으로부터 무역피해가 인정되어 무역조정지원기업으로 지정받은 기업* 컨설팅신청은 산업통상자원부의 무역조정지원기업 지정일로부터 3년 이내
- [경영안정 및 경쟁력 확보 상담지원] 매출액(또는 생산량)이 5% 이상 감소한 무역피해기업 중 중진공으로부터 무역피해판정을 통해 승인을 받은 기업

지원내용

- 경영 및 기술(생산) 전반을 대상으로 문제가 되는 특정 분야(요소)에 대한 개선방안 도출 및 실행방안 제시

- 생산관리, 품질관리, R&D, 영업, 마케팅, CRM, 인사관리, 재무관리, 원가관리, 유통·물류, 정보화, 각종 인증 등

지원조건

구분	정부지원금	지원비율	수행기간
무역조정 상담지원	최대 120 백만원	컨설팅 소요비용의 80%	최대 6 개월 (2 개월 추가연장 可, 1 회)
경영안정 및 경쟁력 확보 상담직원	최대 40 백만원		

3. 재기지원사업

    1) 사업개요

http://www.rechallenge.or.kr (재도전종합지원센터)

사업내용

전문가가 경영위기 기업에 진로제시컨설팅을 실시하여, 사업정리가 필요한 기업에 효율적인 사업정리 방안을 제시하며, 회생 가능성이 높은 기업은 '회생컨설팅'을 통해 법원 회생절차를 지원합니다.

- ① 진로제시컨설팅 : 경영위기기업에 대한 심층진단 및 진로제시 1) 법원 회생절차를 통한 재기 필요기업 : 회생컨설팅을 통한 회생절차 수행 지원 2) 자구적으로 경영위기 극복이 가능한 기업 : 자금, 컨설팅, 자산매각 등 심층상담 3) 회생보다는 사업정리 후 재도전이 유리한 기업 : 파산 제도, 신용회복 방법, 재기교육 등 연계지원
- ② 회생컨설팅 : 회생 가능성이 높은 중소기업을 선별하여 법원 회생절차 수행을 통해 신속한 경영 정상화 및 효율적 회생을 지원
  ※ 회생절차 신청서 작성, 채권조사, 회생 계획안 작성, 기타 회계 세무·법률 자문 등 지원

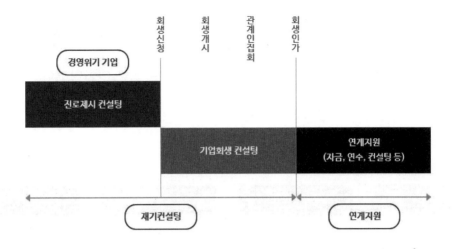

2) 진로제시컨설팅 사업

사업목적

경영위기 중소기업에 대해 전문가가 기업을 심층진단 후 구조개선, 사업정리 및 회생절차에 대한 진로를 제시하여
기업의 신속한 구조조정 및 위기극복을 지원

지원대상

- 중소기업 건강관리시스템을 통해 '진로제시컨설팅 처방'을 받은 중소기업
- 3년간 연속 적자, 매출급감 등 경영위기에 처한 중소기업
  ※ 경영위기 중소기업 : 이자보상배율 1 이하 (영업이익 < 이자비용)거나 이자비용 연체 기업, 유동성 위기 등 경영위기를 겪고 있는 기업

지원내용

- 전문가가 기업을 방문, 진단하여 기업의 신속한 재기를 도모
  ※ 기술 사업성 분석 : 기업현황 및 업종 전망 분석, 사업계획 실현가능성 평가 등
  ※ 재무 분석 : 재무비율 분석, 영업현금흐름 추정 및 차입금 상환능력, (필요시)회생절차 이행 가능성 분석
  ※ 전문가 : 공인회계사(법원 조사위원 경력자), 건강진단 전문가

진행절차

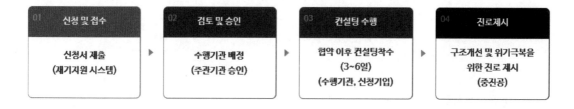

신청방법

재기지원시스템(www.rechallenge.or.kr)을 통한 온라인 접수

문의처

중소기업진흥공단 재도약성장처 : 055-751-9625, 35

3) 기업회생컨설팅 사업

사업목적

회생 가능성이 높은 기업에 대해「채무자 회생 및 파산에 관한 법률」에 따른 회생 절차신청부터 회생계획 인가 결정 시까지
전문가 상담 및 절차 대행 등을 지원하여, 신속한 경영정상화 및 효율적 회생을 지원

지원대상

- 진로제시컨설팅 결과 "회생컨설팅 지원"으로 판정된 중소기업
  <참고> 회생컨설팅 범위
  - 게시신청서
  - 대표자심문 답변서
  - 채권목록 작성
  - 시부인표 작성지원
  - 관리인보고서 작성
  - 회생계획안 작성
  - 관계인집회 관련서류
  - 회계세무 자문 등

  <유의사항>
  회생절차 수행에 따른 법원 예납금 및 감정평가 수수료는 기업 자부담으로 납부해야 하며, 컨설팅 수행에 따른 회계,
  법무법인 수수료 중 일부 지원

진행절차

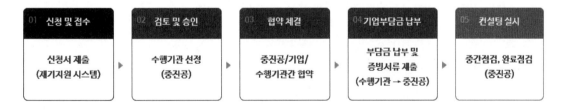

* 수행기관 : 회계법인, 법무법인(변호사)

신청방법

재기지원시스템(www.rechallenge.or.kr)을 통한 온라인 접수

문의처

중소기업진흥공단 재도약성장처 : 055-751-9625, 35

4. 제품개발지원

제품개발지원이란?

제품디자인 및 기구설계, 3차원 측정 및 역설계, 시제품제작 등의 전체 개발 프로세스 지원을 통해 제품개발 아이디어를 신속하게 상품화할 수 있도록 지원해드립니다.

지원대상

제품 개발을 목적으로 기술지원을 받고자 하는 자

지원내용

제품개발 기술상담

전문가 상담을 통해 효과적인 개발 방향 설정 및 경쟁력 있는 상품화 가능하도록 지원

제품디자인

아이디어스케치, 2D, 3D 렌더링, 사양관리 등의 프로세스를 거쳐 제품의 가치를 높일 수 있도록 다양한 디자인 지원

기구설계

3D CAD 를 활용하여 제품품질 및 기능, 적합한 내부구조, 조립성, 양산성을 고려한 기구설계

3 차원 측정 및 역설계

자유곡면형상의 제품샘플에 대한 도면화 및 기존제품의 성능개선에 필요한 설계데이터를 생성하거나,
제품검사에 필요한 데이터를 추출하여 비교, 검토 지원

시제품 제작

3D 프린터, MCT 장비 등을 활용하여 전시회 출품 및 바이어 미팅, 규격승인 등을 위한 시제품 제작 지원

보유장비

구분		보유장비
CAD/CAM/CAE		Unigraphics NX, Rhino 3D, AutoCAD, Rapidform XOR, Magics 16, Pro-e

시제품 제작	3D 프린터			
		EQ-1	Connex500	900MC
	MCT 머시닝 센터			
		Sirius-7040		Sirius-ul

3차원 측정 및 역설계		
	ZS-Series	FAROFASeries

지원절차

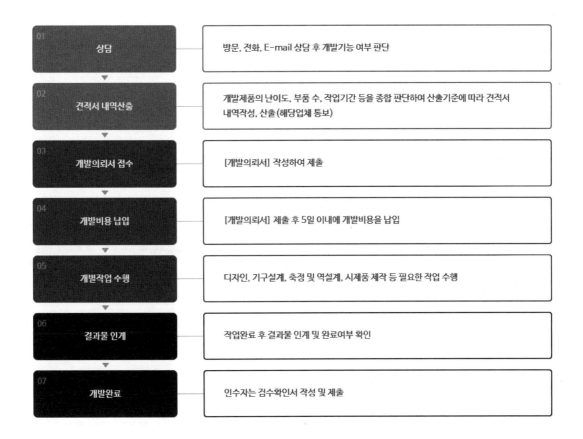

01 상담	방문, 전화, E-mail 상담 후 개발가능 여부 판단
02 견적서 내역산출	개발제품의 난이도, 부품 수, 작업기간 등을 종합 판단하여 산출기준에 따라 견적서 내역작성, 산출 (해당업체 통보)
03 개발의뢰서 접수	[개발의뢰서] 작성하여 제출
04 개발비용 납입	[개발의뢰서] 제출 후 5일 이내에 개발비용을 납입
05 개별작업 수행	디자인, 기구설계, 측정 및 역설계, 시제품 제작 등 필요한 작업 수행
06 결과물 인계	작업완료 후 결과물 인계 및 완료여부 확인
07 개발완료	인수자는 검수확인서 작성 및 제출

문의처 및 찾아오시는 길

문의처

중소기업진흥공단 청년창업사관학교 제품개발실

- Tel) 031-490-1150
- Fax) 031-490-1158
- E-mail : rp@camtech.or.kr / cadcam@camtech.or.kr

찾아오시는 길

경기도 안산시 단원구 연수원로 87 (원곡동 931) 청년창업사관학교

5. 레저장비산업개발지원

1) 사업개요 및 사업신청

고부가가치 자전거 · 해양 레저장비 분야의 기술개발과 맞춤형사업화 지원을 통한 중소기업 기술 경쟁력 확보 및 관련 산업 육성

사업예산 : 21.76 억원 (계속과제 포함)

사업 내용

구분	내용
기술개발	자전거 · 해양 레저장비 및 관련 부품 · 소재를 제조하는 중소기업이 주관이 되어 수행하는 기술개발 과제
맞춤형사업화	R&D 성공 후 사업화 되지 않은 기술에 대해 기술사업화 진단을 통한 사업화 기획, 시장검증 및 비즈니스모델(BM) 개발 등 맞춤형사업화 지원

사업 세부 계획

기술개발 지원

지원 대상

- 주관기관
  - 제조업(표준산업분류 제 10 ~ 제 34 류)을 영위하는 공장등록증 보유 중소기업

  ※ 중소기업의 범위 : 중소벤처기업부(http://www.mss.go.kr) 알림소식 → 법령정보 → 중소기업범위기준 (중소기업기본법 제 2 조 및 같은 법 시행령 제 3 조)

- 다만, 다음 각 호에 해당하는 기업에 대해서는 공장등록증을 사업자등록증으로 갈음

① 기업부설연구소를 보유한 중소제조업체

② 창업 또는 기술보육센터에 입주 중인 업체

③ 중소기업기본법 제 2 조 2 항에 따른 소기업

- 참여기관
  - 주관기관과 공동으로 사업을 수행하는 기관으로서 기업, 대학, 연구기관 등이 참여기관으로 참여 가능함

지원 범위

- 지원범위
  - 자전거·해양 레저장비 산업 관련 기술개발 및 품질 경쟁력 확보를 위한 과제를 대상으로 기술개발에 소요되는 비용 지원

기술개발 분야	
자전거 레저장비	해양레저장비
자전거 및 관련 부품·소재	해양레저장비 전분야

- ※ 해양 레저장비의 범위는 수상레저안전법 시행령 제 2 조(정의) 참조

지원 내용가. 지원 내용□ 정부보조금 지원

- 지원기간 및 한도

분야	지원기간	지원한도
자전거 레저장비	2 년 이내	연 2 억원 이내(과제당 총 3 억원 이내)
해양 레저장비	3 년 이내	연 3 억원 이내(과제당 총 8 억원 이내)

- 지원비율 : 총 사업비의 75%이내(연차별 지급)

기술개발 형태	보조금 지원비율
공동기술개발 (산·학, 산·연, 산·학·연, 기업간)	총사업비의 3/4 이내
단독 기술개발	총사업비의 1/2 이내

- 공모유형

  자전거 레저장비 분야 : 자전거 분야 자유공모
  - 개발하고자 하는 자전거 레저 기술을 자유롭게 도출하여 신청

  해양 레저장비 분야 : 해양 레저 전 분야 자유공모
  - 개발하고자 하는 해양 레저 기술을 자유롭게 도출하여 신청

- 정액기술료 징수

  기술개발 결과에 대한 최종평가 결과 '불성실수행'이 아닌 경우 기술료 징수
  - 정액기술료 : 총 지원 정부보조금의 10%
  - 징수기간 : 5년 이내

□ 민간부담금(정부 이외의 자가 부담하는 비용)

- 정부 이외의 자는 기술개발사업비 중 정부보조금 이외의 비용을 부담하여야 하며, 연차별 민간부담금 중 현금부담은 민간부담금 총액의 40% 이상으로 함

□ 일자리 창출을 위해 중소기업 신규 채용 인력 인건비 현금 지원

- 중소기업이 과제수행을 위해 전문학사학위 소지자 이상의 연구원을 신규로 채용하는 경우 채용 연구원의 사업 참여율에 따른 인건비만큼 현금 지원

나. 지원절차□ 신청서 접수 → 평가위원회※ 개최 → 신규과제 및 사업자 확정 → 협약체결 및 보조금 지급
※ 평가위원회는 대면평가로 진행되며 필요시 전담기관이 사전 현장점검을 실시 할 수 있음
사업 일정

- 2018년 2월 08일 ~ 3월 09일사업공고
- 2018년 2월 13일 ~ 3월 09일전산등록 및 신청서 접수
- 2018년 3월 15일 ~ 3월 16일신규평가위원회 개최
- 2018년 3월 20일신규평가결과 통보 및 확정
- 2018년 3월 26일 ~ 3월 30일협약체결 및 보조금 지급
- 2018년 3월 26일사업시작
  * 일정은 신청규모, 진행 여건 등에 따라 다소 변경될 수 있음

맞춤형사업화 지원

지원 대상□ 자전거·해양 레저장비(부품·소재 포함) 관련 R&D 성공판정 기술 및 특허등록 기술 중 사업화 추진(매출발생, 양산화)이 안 된 기술보유 중소기업

※ 지원 대상에 개인용 이동수단(Personal Mobility, 자이로타입(1휠, 2휠), 전동 스케이트보드(2휠, 4휠), 전동킥보드, 전기자전거 등) 포함□ 신청자격 : 중소기업기본법 제2조에 의한 지식서비스업, 제조업 등을 영위하는 중소기업으로 아래 요건 중 하나를 만족하는 경우

- 정부 R&D 지원 후 성공판정을 받은 기술을 보유하고 있어야 하며, 신청기업은 이를 국가과학기술지식정보서비스 (www.ntis.go.kr)에서 정부부처 지원 과제임을 확인한 후 신청. 단, 해당 기술이 신청일 기준 양산, 판매 등 사업화가 진행된 경우는 신청대상에서 제외
  ※ 국가과학기술지식정보서비스 접속 → 오른쪽 상위의 "검색" 클릭 → "과제상세검색" 클릭 → 사업명, 과제명, 과제수행기관명 등을 입력하고 검색 → 해당과제가 검색될 경우 정부지원 R&D 과제임
  ※정부 R&D 성공판정 기술임에도 검색이 되지 않을 경우 성공판정 공문을 별도 제출
- 특허등록 기술에 대하여 안정적으로 사업화할 수 있는 권리(소유권 또는 전용실시권)를 보유한 기업. 단, 권리가 개인기업인 경우에는 대표, 법인기업인 경우에는 법인이 보유하여야 하며, 신청일 기준으로 사업화가 진행된 경우는 신청대상에서 제외
- 레저장비산업개발지원사업(舊. 자전거·해양 레저장비 기술개발지원사업)에 참여하여 최종평가에서 "성실수행" 이상 판정을 받은 기업(과제 주관기관에 한함)

세부 지원 내용□ 시장 검증

- 대상 : 사업화 기획 * 완료 후 발표평가를 통해 선정된 기업
  ※ 사업화 기획 : 기술사업화 진단을 통해 "사업화 유망기업"으로 선정된 기업을 대상으로 사업화 추진 로드맵 수립 및 연계지원 코칭 지원
- 지원내용 : 양산을 위한 투자 의사결정 이전에 시장에 대한 사전 검증지원 등(아래 세부내용 참조)
  - 정부지원은 75% 이내로 최대 5,000만원, 기업부담은 25% 이내
  ※ 예시 : 총 사업비 6,667만원 조성 시 정부지원금 5,000만원 + 기업부담 1,667만원

구분	세부 내용

구분	세부 내용
시장검증	<ul><li>(시)제품성능, 품질, 신뢰성 평가</li><li>국내외 인증획득, 공인기관 성적서 발급</li><li>출시제품 제작비(금형제외)</li><li>시험분석, 성능검사, 분석료 등(기기·장비와 부수 기자재 구입용도 집행은 불가)</li><li>시장성조사, 제품디자인, 포장/패키지디자인, CI·BI 개발, 브로셔, 홍보물 제작 등</li><li>전시회 및 수출상담회 참가비용</li><li>기업, 연구소 등 외부기관 장비활용에 소요되는 비용</li></ul>

※ 선정기업은 기업, 대학, 연구기관 등 용역 제공기관으로부터 용역을 제공받고, 소요비용은 협약을 통해 조성된 사업비에서 관리기관이 용역 제공기관에 지급

- 지원절차

□ 비즈니스모델(BM) 개발 지원

- 대상 : 비즈니스모델(BM) 개발을 희망하는 기업
- 지원내용 : 자전거·해양 레저장비 산업에 기술과 新서비스 요소를 융합하여 해당 기술의 사업화를 촉진할 수 있도록 지원

- 정부지원은 75% 이내로 최대 3,500 만원, 기업부담은 25% 이내
※ 예시 : 총 사업비 4,667 만원 조성 시 정부지원금 3,500 만원 + 기업부담 1,167 만원

구분	세부 내용
BM 개발	• 경제적분석, 지식재산권 심층분석, 시장조사, 해외사례, 사업화로드맵 등 • 예상고객분석, 목표시장분석, 상용화전략, 시장진입방안, 판로확보 등 • 사업모델 구체화, 서비스 설계, 연계성 검증 등

지원절차

사업 일정

- 2018 년 2 월 08 일 ~ 3 월 09 일사업공고
- 2018 년 2 월 13 일 ~ 3 월 09 일전산등록 및 신청서 접수
- 2018 년 3 월 14 일 ~ 3 월 15 일서류심사
- 2018 년 3 월 19 일 ~ 5 월 11 일기술사업화 진단 및 기획 (BM 개발은 기획 생략)
- 2018 년 5 월 15 일 ~ 5 월 16 일발표 평가
- 2018 년 5 월 21 일 ~ 9 월 21 일시장검증 및 BM 개발
  * 일정은 신청규모, 진행 여건 등에 따라 다소 변경될 수 있음

사업신청

- 신청절차 및 기한
  - (1 단계) 접수번호 발급 및 신청서 작성 및 업로드

  방법 : 중진공 홈페이지(지원사업-기타-레저장비산업개발지원)

  기한 : 2018. 2. 12(월) ~ 3. 9(금) 18 시까지

  - (2 단계) 사업신청서 원본 제출

  방법 : 우편 제출
  ※ 접수처 : 경상남도 진주시 동진로 430 중소기업진흥공단 5 층 창업기술처
  ※ 우편물 표지에 사업명(레저장비산업개발지원사업 기술개발 또는 맞춤형사업화),
  신청과제명, 접수번호 등을 반드시 기재할 것

  기한 : 2018. 2. 12(월) ~ 3. 13(화) 18 시까지(도착분에 한함)

문의처

- 사업신청 및 접수방법 문의
  - 중소기업진흥공단 창업기술처 김종수, 윤유진 (☎ 055-751-9854, 9858)

동 사업은 경륜 · 경정사업 수익금으로 추진되는 사업입니다.

2) 관련규정 및 양식

기술개발

규정	양식

규정	양식
산업기술혁신사업 공통 운영요령	2018년 레저장비 사업 공고문
기술료 징수 및 관리에 관한 통합요령	과제명 작성 가이드라인
사업비 산정, 관리 및 사용, 정산에 관한 요령	사업 신청서
보안관리요령	과제 참여자의 개인정보 이용 동의서
연구윤리 진실성 확보 요령	수행기관 대표의 참여의사 확인서
통합관리요령	여성인력활용계획서
기술개발 평가관리 지침	사업비 통제·관리 및 연구윤리준수 확약서
	전자문서 수신 및 실시간통합 연구비관리시스템 적용 동의서

맞춤형사업화

양식
맞춤형사업화_사업신청서
레저장비산업개발지원맞춤형사업화시장검증_지원사업계획서
레저장비산업개발지원_맞춤형사업화_비즈니스모델_개발사업계획서
개인정보수집 이용제공 조회동의서

양식
기업정보수집 이용제공_조회동의서
고객정보활용동의서

3) e-나라도움 시스템 안내

국고보조금 통합관리시스템(e-나라도움) 개요

국고보조금 통합관리시스템(e-나라도움) 구축의 목표

개방·공유·협력으로
국고보조금 통합관리시스템(e-나라도움) 구축의 목표

보조금 투명성 확보　　보조사업 효율적 관리　　지속적 부정수급 방지

Standard (표준화)	Service (통합서비스)	Share (정보공유)	Support (효율화 지원)	Safety (안정적 기반)
국고보조업무 체계 표준화 ·국고보조금 총괄조정 업무 지원 방안 ·보조사업관리 개선을 위한 내역관리 방안 ·보조사업정보 공유 및 사업 매핑 방안 ·중복/유사사업 방지 체계 수립 외 6개	**공유·개방을 통한 중복·부정수급 방지 강화** ·부정 수급 방지 방안 ·중복 수급 방지 방안 ·수급자 통합관리 방안 ·수급자 정보공개 방안	**국고보조금 통합업무처리 서비스구축** ·총괄조정지원시스템 구축 방안 ·중복수급방지시스템 구축 방안 ·통계시스템 구축방안 ·통합 포털 시스템 구축 방안 외 6개		**안전하고, 신뢰성 높은 정보인프라 구축** ·통합연계시스템 구축 방안 ·개인정보보호 및 정보보안체계 구축 방안 ·인프라 구축 방안

국고보조금 통합관리시스템 이용 절차

구분	순서	절차		시스템
사업관리	①	공고등록	중진공 (중앙관서)	중진공/e-나라도움
	②	사업신청	수행기관 (보조사업자)	중진공/e-나라도움
	③	선정결과통보	중진공 (중앙관서)	중진공/e-나라도움
교부	④	교부신청 지출요청서 출력 (계좌번호, 입금식별번호 확인)	수행기관 (보조사업자)	e-나라도움
	⑤	지출원인행위	수행기관 (보조사업자)	RCMS
	⑥	지출결의		RCMS
	⑦	계좌이체		RCMS
	⑧	이체내역등록(증빙서류)		RCMS
집행	⑨	집행결과등록(증빙별)	수행기관 (보조사업자)	e-나라도움
정산	⑩	사업비 정산	수행기관 (보조사업자)	RCMS

4) 연구비 사용안내

RCMS 정의

연구비 관리 프로세스의 혁신을 통해 연구비 집행의 투명성을 높이고, 사용의 편의성 및 관리의 효율성을 제고하여
국가 R&D 자금 관리체계 강화 및 R&D 자금의 집행효율성 확보를 위하여 구축된 시스템으로 2010년도 선정과제부터
적용하고 있음

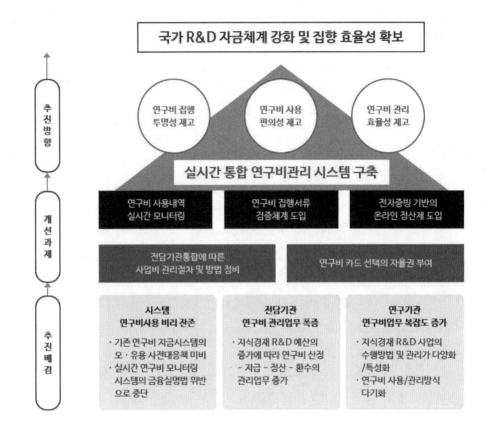

- 추진방향 : 연구비 집행 투명성 제고 , 연구비 사용 편의성 제고 , 연구비 관리 효율성 제고 (실시간 통합 연구비관리 시스템 구축)
- 개선과제 : 연구비 사용내역 실시간 모니터링 , 연구비 집행서류 검증체계 도입 , 전자증빙 기반의 온라인 정산제 도입
- 전담기관통합에 따른 사업비 관리절차 및 방법 정비 , 연구비 카드 선택의 자율권 부여
- 시스템 연구비사용 비리 잔존 : 기존 연구비 지급시스템의 오 · 유용 사전대응책 미비 실시간 연구비 모니터링 시스템의 금융실명법 위반으로 중단
- 전담기관 연구비 관리업무 폭증 : 지식경재 R&D 예산의 증가에 따라 연구비 산정 - 지급 - 정산 - 환수의 관리업무 증가
- 연구기관 연구비업무 복잡도 증가 : 지식경재 R&D 사업의 수행방법 및 관리가 다양화/특성화 연구비 사용/관리방식 다기화

기존의 사업비 운영방식으로는 R&D 자금의 효율적 집행과 투명한 관리가 어려운 실정이므로 RCMS 를 사용하여 보다

효율적인 연구비 집행이 가능해질 것으로 기대됨.

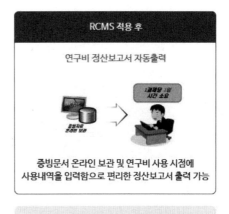

- RCMS 적용 전 : 연구비 정산보고서 오프라인 작업 , 증빙문서 분실 및 사용 내역 잘못 입력 등으로 정산 보고서 작성에 많은 어려움 산재 , 연구비 정산보고서 작성에 많은 시간 소요
- RCMS 적용 후 : 연구비 정산보고서 자동출력 , 증빙문서 온라인 보관 및 연구비 사용 시점에 사용내역을 입력함으로 편리한 정산보고서 출력 가능 , 연구비 정산보고서 자동 생성 및 제출을 통해 정산업무 간편화로 연구몰입환경 조성

RCMS 사용방법

https://www.rcms.go.kr

6. 재창업기업 보증 지원

목적

재창업자금 대출 기업에 대한 이행보증 지원 등 후속지원 강화로 재창업기업의 사업성공률 제고

지원내용

중진공 재창업자금 대출기업에 대하여 서울보증보험(주)가 5 억원 한도 내 이행보증 등 지원

- 지원대상 : 2013.1.1 일 이후 대출기업 중 2 년 내 보증지원 신청기업
  * '13 년 대출실행업체는 2 년 경과하더라도 '15 년 내에는 신청가능
- 지원상품 : 이행보증(입찰,계약,차액,선급금,하자,지급), 인허가 보증
- 지원한도 : 기업당 5 억원(전체기업 총 500 억), 한도거래 계약 (2 년간)
  * 업체당 한도거래 계약 보증지원은 1 회에 한 함
  * 단, 다음의 경우에는 보증지원 대상에서 제외
- 재창업자금 대출금을 90 일 이상 연체 하거나, 기한의이익 상실 된 기업
- 서울보증보험(주) 내규에 따라 보증지원 대상으로 제외된 경우

지원체계

중진공이 통보한 지원대상 중 보증신청 기업에 대해 서울보증보험(주)가 보증지원

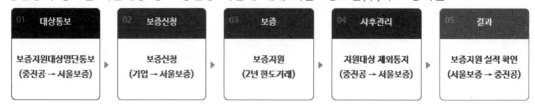

담당 및 연락처

- 중소기업진흥공단 : 재도약성장처 (055-751-9632, tas@sbc.or.kr)
- 서울보증보험(주) : 중소·서민지원부(02-3671-7063, jsangmin@sgic.co.kr)

7. 기업간교류

기업 간 교류란 사업상 경쟁상대가 아닌 서로 다른 업종의 기업이 모여 그룹을 형성하고 각자의
기술, 정보, 지식을 교류함으로써 개별기업의 경영애로를 상호협력으로 해결하고 경쟁력을
향상하는 경제공동체 활동입니다.

사업관련문의는 (사)중소기업융합중앙회로 해주시기 바랍니다.

중소기업융합중앙회 : http://www.k-sca.or.kr

사업특징

- 1개 업종별 1개사로 제한해 그룹을 결성
- 기업의 경영자로 구성해 서로 대등한 관계를 유지
- 지리적으로 가까운 지역의 기업으로 구성
- 회원 스스로 자주적으로 운영
- 상부상조와 상호신뢰가 기본정신
- 진취적이며 미래 지향적인 안목

교류유형

정보교환형

- 정례회, 강연회, 견학회등 회의를 중심으로 운영하며, 회원기업 간의 경영. 기술 정보를
  교환하는 데 주력

자원협력형

- 각 회원사가 가진 생산·연구·시험설비이용, 경영·기술의 Know-How 제공, 판로공유, 인재파견 등을 실시

융합기술개발형

- 각 회원 간 보유자원을 제공하고 역할을 분담하여 공동 연구함으로써 단독으로 개발할 수 없는 신기술이나 신제품을 개발

활용내용

- 중소기업자 간의 자발적인 학습조직으로 월례회, 견학회, 공동과제에 대한 강습회 개최
- 지식·기술융합화 활동으로 신기술·신제품·신서비스를 공동개발하고 공동마케팅, 공동법인 설립 등 공동사업의 추진

(사)중소기업융합중앙회 지원내용

- 기업간 교류전문가 파견, 창립총회 비용지원
- 이 업종 기술협력 멘토링 지원사업
- 지식·기술융합 경진대회 및 우수교류회, 유공자에 대한 정부포상 실시
- 합동월례회, 임원·리더워크숍, 포럼, 초청간담회, 지역플라자, 국제심포지엄 개최
- 국내·외 교류회 간 자매결연 알선
- 전국 각 대학 산학협력단과의 교류알선
- 지식·기술융합 센터운영(13 개 지역)
- 융합기술 과제발굴 자금지원
- 지식·기술융합 성과확산을 위한 코칭시스템 구축(멘토링 지원)
- 이 업종 전문기업 간 지식·기술융합 활성화 인프라 구축(DB 구축)

기업간 교류활동과 기대효과

- 서로 다른 업종 간의 교류를 통하여 지식·기술 융합을 하는 경제공동체 활동으로 신성장동력산업 등 미래 성장산 업 육성에 기여
- 기업 상호간 학습으로 불확실성 높은 미래 대응역량 제고

IV. 수출인큐베이터

1. 수출인큐베이터

중소기업의 기존 수출대행기관을 활용한 수출한계를 극복하고, 독자적 수출능력 배양을 위해 현지 주요 교역거점에 진출을 원하는 중소기업이 조기 정착할 수 있도록 지원하기 위하여 미국, 유럽, 중국 등 해외 주요 교역 중심지에 수출인큐베이터를 설치하고, 현지 마케팅전문가, 법률/회계 고문의 자문, 사무공간 및 공동회의실 제공 등으로 중소기업이 해외 진출 초기의 위험부담을 경감하고 조기 정착토록 지원함으로써 해외시장 진출과 수출 확대를 촉진시켜 드립니다.

지원대상

- 해외시장 개척을 위해 현지법인 또는 지사를 설치 코자 하는 중소제조업(제조업 전업률 30% 이상) 및 서비스업 영위 중소기업

지원서비스

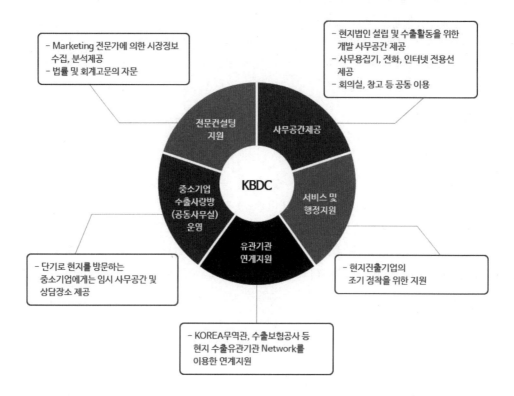

- 전문컨설팅 지원
  - Marketing 전문가에 의한 시장정보 수집, 분석제공
  - 법률 및 회계고문의 자문
- 사무공간제공
  - 현지법인 설립 및 수출활동을 위한 개발 사무공간 제공
  - 사무용집기, 전화, 인터넷 전용선 제공
  - 회의실, 창고 등 공동 이용
- 서비스 및 행정지원
  - 현지진출기업의 조기 정착을 위한 지원
- 유관기관 연계지원
  - KOREA 무역관, 수출보험공사 등 현지 수출유관기관 Network 를 이용한 연계지원
- 중소기업 수출사랑방 (공동사무실) 운영
  - 단기로 현지를 방문하는 중소기업에게는 임시 사무공간 및 상담장소 제공

입주기업 선정절차

수출인큐베이터 입주 평가표

평가항목	검토사항	배점
Ⅰ.경영평가	1.1 재무상태 및 경영성과 평가( )× 0.1	10
	1.2 경영자의 자질 및 마케팅 추진의지	5
	1.3 기술경쟁력 (연구개발 조직 및 인력)	5
	소 계	20
Ⅱ.제품의 시장성	2.1 수출실적 및 추이	10
	2.2 현지 수출인큐베이터 의견	20
	소 계	30
Ⅲ.현지진출지원 인프라 구축 (입주준비도)	3.1 해외마케팅조직운영및해외시장동향인지여부	10
	3.2 파견예정자 능력	10
	3.3 해외시장 진출가능성&노력도	5
	3.4 수출관련 규격/인증 보유 현황	5
	3.5 현지언어카달로그 및 홈페이지 운영여부	5
	소 계	35
Ⅳ.수출인큐베이터 지원효과	4.1 수출인큐베이터 지원시 기대효과	10
	4.2 현지 법인 및 지사 설립 계획	5
	소 계	15

가 점	수출유망중소기업, 해외마케팅지원사업참여기업, 혁신형기업자사화사업참여기업코트라공동물류사업참여기업녹색신성장동력 중소기업우수 Green-biz기업, 글로벌 강소기업	(5)
합 계		100

01 신청 및 접수	02 입주타당성 평가	03 현지 시장성 평가	04 입주기업 선정
온라인 신청 (국제협력처)	서류심사 재무평가기업현장실태조사	현지 수출인큐베이터 의견 참조	심의위원회 / 결과통보

입주업체 선정기준

입주타당성 평가(현장실태조사) : 평가점수 60점 이상 (100점 만점)

- 경영평가(재무평가, 경영자, 수출실적추이 등) 20 점
- 진출준비도(파견예정자 능력, 해외시장 진출 가능성 등) 25 점
- 일자리 창출도(고용증가율, 고용창출 노력도) 25 점
- 해외시장성(시장진출 가능성, 거점별 품목 부합도) 30 점
- 가점(수출유망중소기업, 기술혁신형기업, 청년창업사관학교 졸업기업 등) 5 점

입주기업 선정결과 통보

- 입주활동계획 타당성 및 지원효과, 사업추진능력, 현지 수출가능성(인큐베이터 마케팅고문검토), 기업규모 및 업력, 현지파견능력, 기존입주기업 품목과 경쟁·중복여부 등을 종합적으로 고려하여 입주업체 선정

입주절차

01 **STEP 1**		02 **STEP 2**		03 **STEP 3**
입주계약체결 입주보증금 납부	▶	입주준비	▶	인큐베이터 입주: 파견자 인큐베이터 근무

입주 전•후의 해외마케팅 활동 비교

구분	입주 전	입주 후	개선결과
평균 매출액(백만원)	6,957	10,418	49.7% 증가
연간 사업목표달성율(%)	52.3	80.2	53.3% 증가
수출증가율(%)	26.9	53.6	99.3% 증가
입주국 특성에 따른 제품개선건수(건)	10.3	15.3	48.5% 증가
계약체결건수(건)	13.7	29.0	111.6% 증가
신규바이어 발굴기간(월)	6.9	4.3	2.6개월 단축
신규바이어 발굴건수(건)	5.1	14.8	190.2% 증가

주」수출인큐베이터 사업 성과분석을 통한 개선방안 연구(중소기업연구원, '07.8)

1개 입주업체당 연평균 130백만원의 비용절감 효과

구분	개별 추진	인큐베이터 이용
소요비용	2억원 내외	약 7~8천만원
파견직원 인건비	최소 2명이상	1명
마케팅컨설팅 비용	30,000$/년간	무료
법률및회계자문 비용	별도 소요	무료
판촉비, 기타 시장정보 수집 및 네트워크 구축	별도 소요	정보공유 및 노하우 전수로 초기 시행착오비용 최소화
임대료 및 사무집기	16,000불 내외	월10만원 내외 (집기무료)

입주부담금

입주보증금: 500만원
월 임대료 부담 (입주 1년차 기준) : 입주업체별 사용면적에 따라 차등 부과

- 입주업체별 사용면적에 따라 차등부과(10~40 만원)
  ※ 파견지역의 물가에 따라 임대료 차이 발생

전화요금, 전기 등 관리비 실비 부담

상담문의

- TEL : 055)751-9682, 9685
- FAX : 055)751-9699
- E-mail : jje@sbc.or.kr, lyj0777@sbc.or.kr

수출인큐베이터사업 추진지침 (별첨 1)

수출인큐베이터사업 추진지침

제1장 총칙

제1조(목적) 이 지침은 중소기업진흥공단(이하 "중진공"이라 한다)의 수출인큐베이터 사업추진에 관한 세부사항을 정함을 목적으로 한다.

제2조(정의) 이 지침에서 사용하는 용어의 정의는 다음 각호와 같다.

1. "재무제표"라 함은 국세청에 신고된 대차대조표, 손익계산서 및 제조원가명세서를 말한다. 다만, 다음 각 목의 1에 해당하는 경우에는 세무사 또는 공인회계사가 확인한 재무제표로 대체할 수 있다.

가. 국세청에 신고된 재무제표의 조회 및 출력이 국세청 등 관계기관의 업무처리 진행에 따라 지연되는 경우

　　나. 상속 등에 따른 개인기업의 대표자 변경으로 국세청 신고 재무제표 제출이 불가능한 경우

다. 국세청 신고 재무제표에 계정과목 등 명백한 오류가 있는 경우

라. 기타 사업추진상 필요하다고 인정하는 경우

2. "실태조사"라 함은 사업성검토를 위하여 신청인의 공장 및 사무실을 방문하여 조사활동을 하는 것을 말한다.

3. "전업률"이라 함은 최근결산년도 총매출액 또는 신청일 현재 최근 1년간 부가가치세 과세표준 증명원(면세사업자 수입금액 증명원 포함)상의 총매출액중에서 주된 사업에 의한 매출액이 차지하는 비율을 말한다.

제2장 수출인큐베이터

제3조(수출인큐베이터 사업) 수출인큐베이터사업은 중소벤처기업의 효율적인 수출판로개척과 해외시장진출 지원을 위해 다음 각 호의 업무를 포함한다.

1. 입주기업 선정, 퇴거, 졸업 및 사후관리

2. 마케팅 정보 수집. 제공 및 마케팅 네트워크 구축지원

3. 입주기업의 현지 시장개척 등 개별협력지원

4. 입주기업에 대한 상담 및 교육. 자문서비스 제공

5. 입주기업을 위한사무공간, 사무기기 등의 제반 지원 및 관리운영

6. 입주기업의 거래선과의 업무연락, 단기출장자 활동 지원

7. 수출인큐베이터 입주기업의 보증금 및 부담금 관리

8. 국내기관의 현지 수출지원을 위한 출장시 현지지원

9. 중진공 이사장이 지역별 수출인큐베이터에 부여한 특성화 과제 수행

10. 창업 7년 이내 중소벤처기업의 해외창업 활동을 위한 공간 제공 및 현지 지원(창업특화수출인큐베이터)

11. 기타 중진공 및 대한무역투자진흥공사(이하"코트라"라 한다) 소관부서에서 협조 요청하는 사항

제4조(입주대상) ① 수출인큐베이터 입주대상은 해외시장 개척을 희망하는 제조업 전업률 30% 이상인 제조업, 도매 및 서비스업종을 영위하는 중소벤처기업으로한다.

② 창업특화 수출인큐베이터 입주대상은 해외 창업활동을 희망하는 창업 7년 이내 중소벤처기업으로 한다.

③입주희망기업은 별표2(수출인큐베이터 입주신청서) 또는 별표9(창업특화 수출인큐베이터)의 입주신청서를 작성하여 중진공에 제출하여야 한다.

제5조(심의위원회 구성 및 운영) ① 수출인큐베이터의 입주기업 선정 등을 위한심의위원회(이하 "위원회"라 한다)의 구성 및 운영에 관한 사항은 다음 각호와 같다.

1. 위원장은 중진공 수출인큐베이터 담당 이사로 하며, 내부위원과 외부위원 총 6인 이내로 구성하고,위원회의효율적 운영을 위하여 중진공 수출인큐베이터 담당자를 간사로 둔다.

2. 내부위원은 중진공 수출인큐베이터 담당 부서장(이하 "담당 부서장"이라 한다), 중진공 수출 담당 부서장, 코트라 수출인큐베이터 담당 부서장, 코트라 국내사업 담당 부서장 중 위원장이 지명하는 자로 위촉한다.

3. 외부위원은 국가별, 품목별 해외전문가 Pool을 구성하고, 이중 위원장이 지명하는 자로 위촉한다.

4. 위원회는 구성원 과반수의 출석과 출석위원 과반수의 찬성으로 의결한다.

5. 위원장은 표결권을 가지지 않으며 가부동수인 경우에는 결정권을 가진다.

② 위원회는 입주기업의 입주계획 타당성 및 사업추진능력, 수출가능성, 지원효과 등을 종합적으로 고려하여 입주기업을 선정하고, 수출인큐베이터 업무추진에 관한 중요한 사항을 심의한다.

③ 심의위원회에서 탈락한 업체중 심의결과에 이의가 있을 경우 재심청구를 할 수 있으며, 재심청구후 개최되는 심의위원회에서 다시 심의한다.

④ 위원회는 매 달 마지막 주에 개최하는 것을 원칙으로 한다.

⑤ 창업특화 수출인큐베이터 입주기업 선정할 경우에는 심의위원회 부의를 생략할 수 있다.

제6조(입주타당성 평가 및 선정)① 입주기업 선정은 입주신청업체 중 현지의견 평가결과를 고려하여 별표3에 의한 평가결과가 60점 이상인 업체를 대상으로 위원회에서 결정한다. 다만, 사회적 가치 및 공공질서에 반하는 기업의 경우 선정대상에서 제외할 수 있다.

② 글로벌역량진단결과 수출인큐베이터 입주지원이 필요할 경우,심의위원회에서입주여부를 최종 결정한다.

③ 창업특화 수출인큐베이터 입주기업 선정은 별표 10에 의한 평가결과가 60점 이상인 업체를 대상으로 한다. 다만, 창업유관기관 추천기업의 경우 평가 생략 후 선정할 수 있다.

④ 창업특화 수출인큐베이터 입주기업이 수출인큐베이터 입주를 신청할 경우 입주활동내역 및 성과를 근거로 수출인큐베이터 평가를 생략하고 선정할 수 있다.

⑤ 중진공 담당 부서장은 제1항의 규정에 의한 입주선정 여부를 입주신청자에게 통보하여야 한다.

제7조(예비입주기업 선정) 수출인큐베이터에 공실이 발생할 경우를 대비하여 위원회에서는 예비입주기업을 선정할 수 있다. 다만, 입주우선순위는 예비입주기업의 해외진출시기 등을 고려하여 담당부서장이 조정할 수 있다.

제8조(입주계약체결 및 입주)① 입주승인을 통보받은 기업은 승인을 통보받은 날로부터 15일 이내에 별표 4(수출인큐베이터 입주계약서) 또는 별표 11(창업특화 수출인큐베이터 입주계약서)에 의거 입주계약을체결하여야 한다. 다만, 창업특화 수출인큐베이터의 경우, 입주기업의 계약 기간이 단기간(6개월 이내)일 때에는 입주신청서로 입주계약을 갈음할 수 있다.

②입주예정기업은 입주승인을 통보받은 날로부터 3개월 내에 수출인큐베이터에입주하여야 한다. 다만, 부득이한 경우 1개월 이내에서 입주를 연장할 수 있다.

③ 입주개시일은 입주계약서상의 입주계약기간 시작일로 하며, 제2항에 의거 입주를 연장한 경우

에는 연장된 입주일로 한다.

④ 입주기간 만료 후 기간 연장시에는 별표 5(수출인큐베이터 입주연장계약서) 또는 별표 12(창업특화 수출인큐베이터 입주연장계약서)에 의거 연장계약을 체결해야 한다.

제9조(입주승인취소) 입주승인을 받은 기업이 다음 각호의 1에 해당하는 경우에는 입주승인을 취소할 수 있다.

1. 제8조 제1항의 규정에 의한 소정기일내에 입주계약을 체결하지 않는 경우

2. 제8조 제2항에 의한 기간내에 입주를 하지 않은 경우

3. 입주신청서에 허위사실을 기재하여 입주승인을 받은 경우

제10조(입주기간) ① 수출인큐베이터 최초 입주기간은 2년 이내, 창업특화 수출인큐베이터는 1년 이내로 한다.

② 수출성과, 사업진행상황, 공실여부 등을 고려하여 추가지원의 필요성이 있다고 판단되는 경우에는, 담당부서장의 승인을 얻어 수출인큐베이터는 추가 2년 기간 내에서 1년 단위로, 창업특화 수출인큐베이터는 추가 6개월 단위로 입주기간을 연장 할 수 있다.

③ 창업특화 수출인큐베이터는 회원제로 운영되며, 입주기간 내에는 전체 창업특화 수출인큐베이터를 수시로 이용할 수 있다.

제11조(입주보증금) ① 입주기업은 입주계약체결과 동시에 5,000천원을 수출인큐베이터에 대한 입주보증금으로 납부한다. 다만, 창업특화 수출인큐베이터 입주기업에게는 입주보증금을 면제할 수 있다.

② 입주보증금은 입주계약기간동안 입주기업의 시설파손 및 멸실 또는 사무실. 창고시설 등 운영비용 미납금의 변제에 사용될 수 있으며, 보증금 잔액은 입주계약 종료시에 이자 없이 입주기업에게

환불한다.

제12조(입주부담금)① 입주기업은 사무공간(입주시점부터)과 창고시설(사용개시일부터)에 대해 최초 1년간은 임차료의 각각 20%, 2년차에는 50%, 3년·4년차에는 100%를 부담하여야 한다. 다만, 창업특화 수출인큐베이터 입주기업에게는 임차료를 면제할 수 있다.

② 입주기업은 입주기간내에 입주기업이 임차료 이외에 별도 부담하여야 하는전기료, 수도료, 통신비 등을 현지 수출인큐베이터 운영책임자가 별도로 정한 기준에 따라 납부하여야 한다. 다만, 창업특화 수출인큐베이터 입주기업에게는 이를 면제할 수 있다.

제13조(입주기업의 의무)① 입주기업은 입주기간중 수출인큐베이터의 제반 운영규정을 준수하여야 한다.

② 입주기업은 입주전 사업계획서를 제출하여야 하며, 입주목적에 따라 성실하게 업무를 수행하여야 한다.

③ 입주기업은 업무수행 및 현지생활로 인해 발생하는 책임은 입주기업에게 있으며, 입주기업의 고의 또는 과실로 수출인큐베이터에 재산상의 손해를 끼친경우 이를 배상하여야 한다.

④ 입주기업은 귀중품 등 소지품을 기업 책임하에 보관하여야 하며, 수출인큐베이터는 이의 파손 및 분실에 대하여 책임을 지지 않는다.

⑤ 입주기업은 전기료, 통신비, 공동비품 사용료 등 사무실과 창고시설 등 운영에 따른 비용을 매월 실비로 수출인큐베이터에 납부한다. 다만, 창업특화 수출인큐베이터 입주기업의 경우, 이를 면제할 수 있다.

⑥ 입주기업은 중진공 및 코트라의 사전승인없이 입주기업의 권리와 의무를 제3자에게 양도할 수 없다.

⑦ 입주기업은 현지국가의 법인설립, 대표처 설립, 고용 등에 관한 법률에 저촉되는 경영 및 영업활

동 등을 해서는 안되고, 이를 위반하는 경우에는 퇴거조치될 수 있다. 이에 대한 모든 책임은 입주기업에게 있으며 이로 인해 수출인큐베이터에 손해를 끼친 경우 이를 배상하여야 한다.

제14조(입주연장 및 종료) ① 입주기업이 입주기간을 연장 하거나 퇴소하고자 할 경우에는 별표 6(수출인큐베이터 입주연장신청서), 별표 13(창업특화 수출인큐베이터 입주연장신청서) 또는 별표 7(수출인큐베이터 퇴소신청서), 별표 14(창업특화 수출인큐베이터 퇴소신청서)를 입주계약기간 만료일로부터 30일 이전에 제출하여야 한다.

② 담당 부서장은 특별한 사유가 없는 한 신청접수일로부터 15일이내에 연장여부를 결정하여 이를 입주기업에게 통보하여야 한다.

제15조(수출사랑방 운영) ① 수출사랑방(이하 "사랑방"이라한다)은 시장조사 및 마케팅 활동을 위해 현지에 출장하는 중소벤처기업자가 1회 14일이내, 연간 30일 이내에서 이용할 수 있다.

② 사랑방을 이용하고자 하는 중소벤처기업자는 별표 8 수출사랑방 이용신청서를 제출하여야 하며, 현지 수출인큐베이터 운영책임자는 타업체 이용상황 및 업무형편을 고려하여 이를 이용하게 할 수 있다. 단, 중진공이 글로벌 청년창업기업으로 선정 한 Y-Passport 발급 기업에 대해서는 이용신청서 제출 없이 사랑방을 이용하게 할 수 있다.

③ 수출인큐베이터는 사랑방을 이용하는 중소벤처기업자에 대하여 다음 각호의 사항을 지원할 수 있다.

1. 사무공간 및 바이어와의 상담공간 제공

2. 부재중 본사 및 바이어와의 연락전달

3. 통신(체류국내에 한함)시설 및 인터넷 사용

4. 마케팅고문 및 변호사 등을 활용한 자문

5. 사무기기 (PC, 팩스, 복사기 등) 및 사무용품 사용

6. 현지 바이어와의 상담시 통역알선

7. 각 지역별 현지 업체와 연계한 자문제공

8. 이용업체들간의 정보교류 기회제공

④ 사랑방 이용은 무료로 제공함을 원칙으로 하되, 통신시설사용료 등 각 수출인큐베이터별로 필요하다고 인정하는 경우 별도의 사랑방 이용기준을 정할 수 있다. 다만, 코트라의 타 사업과 연계될 경우에는 코트라의 소정 기준에 의하여 비용을 지불하고 이용할 수 있다.

제16조(계약종료) ① 입주기업은 입주계약기간이 종료되면 계약종료일후 7일이내에 수출인큐베이터에서 퇴거하여야 한다.

② 중진공은 입주기업이 다음 각호의 1에 해당하는 경우에는 코트라와 협의하여 입주계약기간 만료일 이전이라도 입주계약을 해지하고 입주기업을 퇴거시킬 수 있다.

1. 입주기업이 대한민국의 법령, 수출인큐베이터 관련 제반 규정, 현지법령 및 공공질서에 반하는 행위를 하는 경우

2. 입주기업이 타 입주기업의 업무수행을 현저히 방해하는 행위를 하는 경우

3. 입주기업이 부담하여야 하는 임차료, 관리비 등을 납부기한 후 1개월 이상 체납하는 경우

4. 국세체납, 도산 등으로 인한 강제집행, 파산, 화의개시, 회사정리개시 또는 경매절차개시 통지를 받은 경우, 폐업신고된 경우

5. 입주기업이 30일 이상 특별한 사유 없이 목적물을 사용하지 아니하는 경우

6. 입주기업이 입주계약 당시의 사업계획을 변경하여 수출인큐베이터 운영목적과 부합되지 않은 경우

7. 수출인큐베이터 현지의 의견이 입주기업의 현지 시장개척 가능성이 없고, 업체의 준비도 등이 부족하여 추후 마케팅이 원활이 이루어지지 않을 것으로판단하는 경우

8. 현지법에 저촉되는 영업행위나 직원고용 등의 행위를 하는 경우

9. 기타 중진공 또는 코트라가 입주 계약 해지가 필요하다고 인정하는 경우

③ 제2항제1호 내지 제5호에 해당하는 경우, 중진공은 입주기업에게 계약해지 및 퇴거사유를 명시하여 서면으로 즉시 계약해지 및 퇴거통보를 할 수 있다.

④ 제2항제6호 내지 제9호에 해당하는 경우, 중진공은 입주기업에게 퇴거사유와퇴거예정일을 명시하여 서면으로 퇴거예정일 30일전까지 계약해지 및 퇴거통보를 할 수 있다.

⑤ 제3항 및 제4항의 경우 입주기업은 통보를 받은 날로부터 7일 이내에 계약해지 및 퇴거가 부당하다는 소명자료를 첨부하여 이의신청을 할 수 있다. 이의신청을 하는 경우에 중진공은 검토결과를 입주기업에게 서면으로 통보해야 한다.

제17조(변경 신고 및 승인)① 입주기업은 다음 각호에 해당하는 사항의 변경이있을 경우 변경신고를 하여야 한다.

1. 상호

2. 사업장 소재지

3. 대표자 변경(법인기업의 경우에 한함)

② 입주기업은 다음 각호에 해당하는 사항의 변경이 있을 경우 변경 승인을 득해야 한다.

1. 파견자 변경

2. 개인기업의 대표자 변경 및 법인전환

③ 입주기업이 제1항 및 제2항 규정에 의한 변경 신고 및 승인을 신청하는 경우에는 다음 각호의 서류를 첨부하여 제출하여야 하며 중진공은 이를 접수 검토하여 타당성이 인정되는 경우 승인 후 수출인큐베이터에 통보한다.

1. 변경사유서 및 증빙자료

2. 기타 변경승인에 필요하다고 인정하는 서류

제18조(관리 및 운영)① 코트라는 다음 각 호에 해당하는 사항의 관리 및 운영을 책임진다.

1. 수출인큐베이터 시설, 입주공간 및 현황 관리

2. 예산 및 회계 관련 법령에 따라 예산관리, 정산 및 자산 등 관리

3. 정기 실적제출

② 중진공은 수출인큐베이터 보조금 운영과 관련하여 다음 각 호의 사항을 실시할 수 있다.

1. 코트라에 보조금 운영 교육

2. 코트라 보조금 운영에 대한 조사 및 검사

제19조(업무계획 및 실적제출)① 코트라 사장은 연간업무 및 운영계획을 다음연도 개시 15일 전까지, 업무실적 등에 대한 정기보고서는 매월 경과 후 10일 이내에 중진공 및 중기부에 제출하여야 한다. 또한 중진공 및 코트라는 수출인큐베이터 운영과 관련, 상호 자료요청이 있을 시 적극 협조하기로 한다.

② 수출인큐베이터의 업무실적에는 다음 각 호의 사항이 포함된다.

1. 입주자 현황

2. 예산지출 내역(분기별 제출)

3. 상담 및 교육·자문서비스제공 실적

4. 마케팅 및 현지진출지원실적

5. 비즈니스 네트워크 지원실적

6. 입주기업 성공사례 등

7. 기타 중소벤처기업부 장관 및 중진공 이사장이 필요하다고 인정하는 사항

제20조(사후관리)① 수출인큐베이터는 현지 마케팅 전문가를 활용하여 다음 각호의 사항을 평가하여 그 결과를 입주기업에게 통보할 수 있다.

1. 시장개척가능성

2. 파견자의 마케팅 능력 및 태도

3. 기타 현지 마케팅을 위하여 필요하다고 인정되는 사항

② 입주기업은 입주기간동안 매월 경과 후 5일 이내에 소정의 실적서를 수출인큐베이터에 제출하여야 하며 중진공은 필요한 경우 코트라와 협의, 사업계획 이행여부를 점검할 수 있다.

③ 제2항에서 정한 기일내에 추진현황자료를 제출하지 아니하거나 허위로 작성한 입주기업에 대하여는 이행촉구, 시정요구 또는 경고를 할 수 있다.

제3장 보 칙

제21조(기타사항) 이 지침에 정하지 아니한 사항은 이사장이 따로이 정하는 바에 의한다.

부 칙

이 지침은 2014년 6월 2일부터 시행한다.

부 칙

이 지침은 2015년 7월 27일부터 시행한다.

부 칙

이 지침은 2015년 7월 27일부터 시행한다.

부 칙

이 지침은 2017년 10월 13일부터 시행한다.

부 칙

제1조(시행일) 이 지침은 2018년 8월 1일부터 시행한다.

제2조(경과조치) 이 지침 시행 이전에 처리한 사항은 이 지침에 따라 처리한 것으로 본다.

2. 글로벌 창업특화 BI

수출인큐베이터(뉴욕, 상하이, 싱가포르, 호치민)내에 글로벌 시장에 맞는 우수한 아이템을 보유한 유망 스타트업 전용 창업공간을 제공하고 성공적인 해외 진출 지원을 위해 현지 스타트업과 네트워킹, VC·엑셀러레이터 등과 멘토링, IR 등 연계강화 등 현지 특성에 맞는 글로벌 창업을 지원함으로써 해외시장 진출과 수출확대를 촉진시켜 드립니다.

창업특화BI사업공고문

창업특화BI사업공고문 (별첨 1)

수출인큐베이터 활용 글로벌 창업특화BI 입주지원사업

참여기업 모집 공고

전 세계 14개국 22개소에 소재한 해외 수출인큐베이터에 글로벌 시장에맞는 우수한 아이템을 보유한 **유망 스타트업 전용 창업공간을 제공**하고**성공적인 해외 진출을 지원**하는 「**수출인큐베이터 활용 글로벌 창업특화BI 입주지원사업**」참여기업 모집 계획을 다음과 같이 공고합니다.

2018년 7월 9일

중소기업진흥공단 이사장

□ 사업목적

∘해외 수출인큐베이터(4개소)내 **스타트업 전용 Co-Working 공간을 조성**하여현지진출 희망 스타트업에 제공(1년 회원제)하고**창업멘토링**,

VC · 엑셀러레이터와 연계한 **현지 창업프로그램을 지원**

※ 해외 수출인큐베이터(BI)(14개국 22개소 306개실)
· 해외진출 초기 중소벤처기업을 위해 해외 주요 교역거점에 독립형 사무공간과 현지 마케팅 및 법률서비스를 지원하는 중소기업진흥공단의 해외 진출지원 인프라

지역	중국					베트남		일본	싱가포르	인도	미국				멕시코	독일	러시아	UAE	카자흐스탄	칠레	태국	미얀마
지역	베이징	상하이	광저우	시안	충칭	호치민	하노이	도쿄	포르	뉴델리	뉴욕	LA	워싱턴	시카고	멕시코시티	프랑크푸르트	모스크바	두바이	알마티	산티아고	방콕	양곤
규모	21	26	14	7	10	16	15	15	10	16	23	23	12	18	9	15	10	11	8	7	10	10

□대상지역

국가	수출BI명	소재지
미국	뉴욕BI	2115 LinwoodAve., 5thFloor FortLee, NewJersey 07024, U.S.A
중국	상하이BI	1501, Shanghai Maxdo Center, No 8, Xingyi Road, Shanghai, CHINA
싱가포르	싱가포르BI	438 Alexandra Road, #17-02/03 Alexandra Point, Singapore, 119958, SINGAPORE
베트남	호치민BI	R.709, Fl.7, Diamond Plaza, 34 Le Duan Ave, District1, Ho Chi Minh City

* 세부사항은 중소기업진흥공단 – 수출인큐베이터 참조(www.sbc.or.kr)

□**모집대상** : 고용 및 부가가치 창출이 높은 **기술집약 업종**(제조 및 지식서비스)을 **영위**하고 해외BI내 개방형 Co-working 공간

을 사용 희망하는 **창업 7년 이내 스타트업 기업**

신청 제외 대상

◦ 휴. 폐업 기업

◦ 대기업 및 그 출자회사, 유관기관(정부기관 및 공공기관 포함)

◦ 금융기관으로부터 불량거래처로 규제중이거나 국세·지방세를 체납중인 자/기업

◦ 사업공고일 현재 사업자등록을 하지 않은 예비 창업자

◦중소기업창업지원법 시행령 제4조의 업종을 영위하고 있거나 영위하고자 하는 기업(별첨 참고)

□ 지원내용

구분	주요 지원내용	기간	업체부담금	비고
사무공간	**[해외 진출 거점 제공]** 수출인큐베이터내 개방형 오피스(8~10석)및 공용시설(회의실,창고 등)을 년중 상시 활용		무료	-
행정지원	**[법인설립, 인력채용 등]** 현지 활동에 필요한 법인설립, 인력채용, 관련 행정수속 등 원스탑 서비스 제공	1년	무료	-
창업 멘토링	**[창업자문단 운영, 멘토·멘티 활동]** • 변호사, 엑셀러레이터 등 전문 자문단 운영 • 동일 분야 기 진출기업과 멘토링 활동		무료	-

VC연계 및 창업활동*	[마케팅 및 현지 창업활동 지원] ・VC 및 엑셀러레이터 연계 데모데이 등 ・홍보 등 온,오프라인 마케팅 활동 지원		무료	지역별 상이

* 선정기업의 업종 및 마케팅 진행상황을 고려하여 개별기업 맞춤형으로 창업활동
  지원

□ 선정절차

(1단계) 온라인 신청		(2단계) 기본요건 평가		최종 선정
신청서, 활동계획서, 동의서 등 온·오프라인 제출	→	기업 신용상태, 이용자 현황, 현지 진출동기 및 계획 등 종합 검토	→	창업특화BI 입주기업 선정 (멤버쉽 부여)

* 국내 창업지원기관(창업진흥원 등)의 창업지원사업 참가기업 우대

□ 신청기간 : 2018년 7월 9일(월) 부터 상시 모집

□ 신청방법 : 중진공 홈페이지(www.sbc.or.kr) 에서 온라인 신청·접수

<온라인 신청절차>

① www.sbc.or.kr 접속 → ② 기업회원 가입 및 로그인 → ③ 초기화면 오른쪽 중간 '수출마케팅'자세히 보기 클릭→ ④ 수출인큐베이터 클릭, '온라인 입주신청하기' 클릭 → ⑤ 화면중간 정보활용동의서, 신용정보제공동의서 다운로드후 작성, 스캔본 준비→ ⑥ 하단 입주활동계획서다운로드후 작성→ ⑦ 하단 '온라인 입주신청하기' 클릭 → ⑧**입주신청서 작성(구분: 창업특화BI,** 회사개요, 담당자, 파견자 이력서, 입주활동계획서 업로드 등) → ⑨제출('**마이페이지**'에서 **신청 확인)**

∘**제출서류**

구　분	제　출　서　류
온라인 제출	입주활동계획서, 창업특화BI 사용자 이력서
오프라인 송부	입주신청서(온라인 신청 마이페이지에서 출력후 날인), 정보활용 동의서(양식 다운로드후 날인), 신용정보제공동의서(양식 다운로드후 날인), 사업자등록증명원 사본, 기술소개서(IR자료 등)

* (송부처) 경남 진주시 동진로 430, 중소기업진흥공단 국제협력처 수출인큐베이터 담당자 앞

□ **사업문의** : 중소기업진흥공단 국제협력처 수출인큐베이터 담당

- (TEL) 055-751-9682, 9673, (E-Mail) jje@sbc.or.kr

【지원제외 대상 업종】

No	대상 업종	코드번호 세세분류
1	금융 및 보험업 (단, 정보통신기술을 활용하여 금융서비스를 제공하는 업종은 제외)	K64~66
2	부동산업	L68
3	숙박 및 음식점업(호텔업, 휴양콘도 운영업, 기타 관광숙박시설 운영업 및 상시근로자 20명 이상의 법인인 음식점은 제외)	I55~56
4	무도장운영업	91291
5	골프장 및 스키장 운영업	9112
6	기타 갬블링 및 베팅업	9124
7	기타 개인 서비스업 (그외 기타 개인 서비스업은 제외)	96
8	그 밖에 제조업이 아닌 업종으로서 산업통상자원부령으로 정하는 업종	-

지원대상

- 고용 및 부가가치 창출이 높은 기술집약 업종(제조 및 지식서비스)을 영위하고 해외 BI 내 개방형 Co-worknig 공간을 사용 희망하는 창업 7 년 이내 스타트업 기업

지원제한대상

- 휴·폐업 기업
- 대기업 및 그 출자회사, 유관기관(정부기관 및 공공기관 포함)
- 금융기관으로부터 불량거래처로 규제중이거나 국세·지방세를 체납중인 자/기업
- 사업공고일 현재 사업자등록을 하지 않은 예비 창업자
- 중소기업창업지원법 시행령 제 4 조의 업종을 영위하고 있거나 영위하고자 하는 기업

대상지역

구분	수출 BI 명	소재지
미국	뉴욕 BI	2115 LinwoodAve., 5thFloor FortLee, NewJersey 07024, U.S.A
중국	상하이 BI	1501, Shanghai Maxdo Center, No 8, Xingyi Road, Shanghai, CHINA
싱가포르	싱가포르 BI	438 Alexandra Road, #17-02/03 Alexandra Point, Singapore, 119958, SINGAPORE
베트남	호치민 BI	R.709, Fl.7, Diamond Plaza, 34 Le Duan Ave, District1, Ho Chi Minh City

수출인큐베이터 바로가기 (www.sbc.or.kr)

지원서비스

구분	주요 지원내용	기간	업체부담금	비고
사무공간	[해외 진출 거점 제공] - 수출인큐베이터내 개방형 오피스(8 ~ 10 석) 및 공용시설(회의실,창고 등)을 년중 상시 활용	1 년	무료	-
행정지원	[법인설립, 인력채용 등]			-

구분	주요 지원내용	기간	업체부담금	비고
	• 법인 설립에 관한 자문과 행정 지원, 인력채용, 관련 행정수속 등 원스탑 서비스 제공			
창업멘토링	**[창업자문단 운영, 멘토·멘티 활동]** • 변호사, 엑셀러레이터 등 전문 자문단 운영 • 동일 분야 기 진출기업과 멘토링 활동			-
VC 연계 및 창업활동	**[마케팅 및 현지 창업활동 지원]** • VC 및 엑셀러레이터 연계 데모데이 등 • 홍보 등 온,오프라인 마케팅 활동 지원			지역별 상이

* 선정기업의 업종 및 마케팅 진행상황을 고려하여 개별기업 맞춤형으로 창업활동 지원

입주기업 신청절차

01 STEP 1 온라인 신청	02 STEP 2 기본요건 평가	03 STEP 3 최종 선정
신청서, 활동계획서, 동의서 등 온·오프라인 제출	기업 신용상태, 이용자 현황, 현지 진출동기 및 계획 등 종합 검토	창업특화BI 입주기업 선정 (맴버쉽 부여)

제출서류

구분	제출서류
온라인 제출	입주활동계획서, 창업특화 BI 사용자 이력서
오프라인 송부	입주신청서(날인본), 정보활용 동의서(날인본), 사업자등록증명원, 기술소개서(IR 자료 등)

지원제외업종

No	대상업종	코드분호 세세분류
1	금융 및 보험업 (단, 정보통신기술을 활용하여 금융서비스를 제공하는 업종은 제외)	K64~66
2	부동산업	L68
3	숙박 및 음식점업 (호텔업, 휴양콘도 운영업, 기타 관광숙박시설 운영업 및 상시근로자 20 명 이상의 법인인 음식점은 제외)	I55~56
4	무도장운영업	91291
5	골프장 및 스키장 운영업	9112
6	기타 갬블링 및 베팅업	9124
7	기타 개인 서비스업 (그외 기타 개인 서비스업은 제외)	96
8	그 밖에 제조업이 아닌 업종으로서 산업통상자원부령으로 정하는 업종	-

상담문의

- TEL : 055)751-9682, 9685
- FAX : 055)751-9699
- E-mail : jje@sbc.or.kr , lyj0777@sbc.or.kr

3. 수출사랑방안내

수출상담, 시장조사 등 마케팅 활동을 위하여 수출인큐베이터 설치지역내 단기출장하는 중소기업을 위해

임시 사무공간, 회의실, PC지원, 인터넷, 통신 등을 이용할 수 있도록 단기간 비즈니스 편의를 제공합니다.

이용대상

- 중소기업이면 누구나 이용 가능
- 회의공간 제공 및 전시회 등 현지 행사 참가업체
- 현지로 출장오는 기진출기업
- 창업을 준비중에 있는 업체도 이용가능

이용기간 및 절차

- 1회 이용기간은 14일 이내로 하며, 연간 30일 이내

- 01 신청 (사용 2주전)
- 02 승인
- 03 이용
- 04 필요시 비용정산

지원서비스

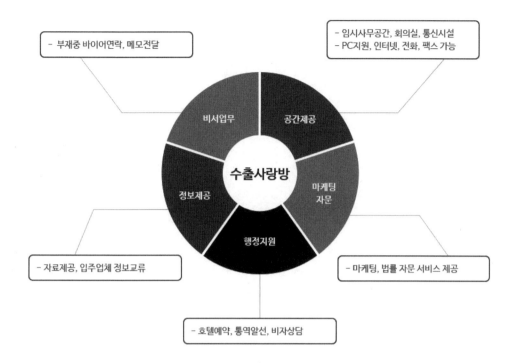

- 비서업무
  - ○ - 부재중 바이어연락, 메모전달
- 정보제공
  - ○ 자료제공, 입주업체 정보교류
- 행정지원
  - ○ 호텔예약, 통역알선, 비자상담
- 마케팅 자문
  - ○ 마케팅, 법률 자문 서비스 제공
- 공간제공
  - ○ 임시사무공간, 회의실, 통신시설
  - ○ PC 지원, 인터넷, 전화, 팩스 가능

운영지역(14 개국 22 개지역)

- 중국(베이징, 상하이, 광조우, 시안)
- 베트남(호치민,하노이)
- 인도(뉴델리)
- 미국(뉴욕, LA, 워싱턴 DC, 시카고)
- 멕시코(멕시코시티)
- 브라질(상파울루)
- 독일(프랑크푸르트)
- 러시아(모스크바)
- UAE(두바이)
- 싱가포르
- 카자흐스탄(알마티)
- 미얀마(양곤)
- 칠레(산티아고)
- 태국(방콕)
- ※ 수출인큐베이터내에 2~4 석 규모로 설치·운영

상담문의

- FAX : 055)751-9699
- TEL : 055)751-9682, 9685
- E-mail : jje@sbc.or.kr , lyj0777@sbc.or.kr

4. 입주신청 및 타당성 평가 담당자

수출인큐베이터명	운영팀장명	전화번호
서울	송정혜	02-6678-4132
서울동남부	윤극로	02-2156-2205
서울북부	정보은	02-769-6417
인천	이지영	032-450-0518
인천서부	이병용	032-450-0572
경기	김주리	031-201-6842
경기서부	김동민	031-496-1017

수출인큐베이터명	운영팀장명	전화번호
경기북부	유혜영	031-920-6725
경기동부	김지현	031-788-7305
강원	최헌석	033-259-7612
강원영동	이근영	033-655-8875
대전	유정욱	042-862-9205
충남	박지용	041-621-3675
충북	김미진	043-230-6832
충북북부	김선우	043-841-3613
전북	우철	063-210-6467
전북서부	박창현	063-460-9823
대구	김해성	053-659-2535
경북	김은영	054-476-9313
경북동부	이승호	054-223-2042
경북남부	김경미	053-212-3324
광주	정광조	062-369-3055
전남	임성훈	061-280-8041
전남동부	박찬현	061-724-1058
부산	정영민	051-740-4131
부산동부	조상현	051-784-3628
울산	김문일	052-283-0184
경남	유승만	055-212-1374
경남동부	노태경	055-310-6614
경남서부	천민주	055-756-3067
제주	문준영	064-751-2053

5. 현지시장성 평가 담당자

지역본부명	성명	전화번호	이메일
베이징	이현정	86-10-6410-6162(40)	rainyday@sbc.or.kr

지역본부명	성명	전화번호	이메일
상하이	이병철	86-21-6278-2288(내선 202)	leeby@sbc.or.kr
광저우	김준규	86-20-2208-1900	jkkim1204@kotra.or.kr
충칭	박승빈	86-23-6705-2399	sbpark@sbc.or.kr
시안	김상우	86-29-8113-8900	swkim@sbc.or.kr
호치민	김재용	+84-28-3823-0901	kjy0101@sbc.or.kr
하노이	김광석	84-24-3555-1856~7	hanvit@sbc.or.kr
도쿄	우철	81-3-3508-0673	woochul@sbc.or.kr
싱가포르	이기석	65-6-270-8904	gslee@kotra.or.kr
뉴델리	문정환	91-11-4051-2483	jhmoon@sbc.or.kr
뉴욕	김민선	1-201-944-3911	mindy@sbc.or.kr
로스앤젤레스	이준규	1-323-954-9500(104)	0710011@sbc.or.kr
워싱턴	박창기	1-571-633-9600	cktree@sbc.or.kr
시카고	문재성	1-847-699-1080	deejay@sbc.or.kr
멕시코시티	박상헌	52-55-5207-0141	psh04@sbc.or.kr
프랑크푸르트	양지애	49-6196-9582-11	jiaeyang@sbc.or.kr
모스크바	위강순	7-495-939-8432	hannahwi@kotra.or.kr
두바이	유광옥	971-4-880-0074	ryuko@sbc.or.kr
알마티	이완희	7-727-274-2500	wanhee@sbc.or.kr
산티아고	이재경	56-2-3244-2610	j@sbc.or.kr
방콕	남경문	66-65-473-3445	kmnam@sbc.or.kr
양곤	김경훈	95-1-255453~6	kkh@sbc.or.kr

6. 입주기업 선발과정 담당자

구분	소속	담당자	전화번호
중소기업진흥공단	국제협력처	안병두 / 정지은	055-751-9673 / 9682
중소기업진흥공단	국제협력처	이영준	055-751-9685

Ⅶ. 사업신청

1. 세무회계증명 온라인 제출

세무회계자료 온라인전송시스템이란?

우리 공단은 중소기업의 자료제출 절차에서 시간과 비용을 획기적으로 줄여 고객불편을 최소화하기 위해 노력하고 있습니다.

온라인 전송시스템은 고객이 세무회계자료를 온라인으로 제출하면 공단에서 실시간으로 확인할 수 있는 시스템입니다.

고객은 온라인 전송시스템을 통해 세무회계자료를 전송하여 세무증명서 및 제무제표 발급 등에 시간과 비용을 대폭 축소할 수 있고 귀사에 대한 중소기업 지원을 보다 편리하고 신속하게 진행할 수 있습니다.

세무회계자료 온라인 전송은 나이스평가정보와 한국기업데이터의 전송시스템을 통해 중소기업진흥공단으로 전송됩니다.

양 기관은 중소기업진흥공단 거래기업의 재무자료를 수집대행하고 있습니다.

-
- 수출신고정보동의
- 수출인큐베이터

세무회계자료 온라인전송시스템이란?

우리 공단은 중소기업의 자료제출 절차에서 시간과 비용을 획기적으로 줄여 고객불편을 최소화하기 위해 노력하고 있습니다.

온라인 전송시스템은 고객이 세무회계자료를 온라인으로 제출하면 공단에서 실시간으로 확인할 수 있는 시스템입니다.

고객은 온라인 전송시스템을 통해 세무회계자료를 전송하여 세무증명서 및 제무제표 발급 등에 시간과 비용을 대폭 축소할 수 있고 귀사에 대한 중소기업 지원을 보다 편리하고 신속하게 진행할 수 있습니다.

세무회계자료 온라인 전송은 나이스평가정보와 한국기업데이터의 전송시스템을 통해 중소기업진흥공단으로 전송됩니다.
양 기관은 중소기업진흥공단 거래기업의 재무자료를 수집대행하고 있습니다.

세무회계증명 온라인 제출하기

* 아래 나이스평가정보 또는 한국기업데이터 중 1개 제출센터를 선택하시어 제출하시기 바랍니다.
(2개 기관 중 어느 제출센터를 선택하셔도 동일하게 진행하실 수 있습니다.)

※ 최초 자료제출 시에는 제출프로그램이 설치됩니다. (최초 프로그램 설치 시에는 프로그램 설치를 위해 인터넷 브라우저가 종료됩니다.)
※ 자료 제출 프로그램 이용 전 유의사항 : 국세청 홈택스에 등록된 공인인증서로 로그인하셔야 합니다.
※ 유선/이메일 문의 시 업체의 사업자번호와 민원증명 발급번호 및 해당 결산연도를 말씀해주시면 신속히 안내 받으실 수 있습니다.

2. 금융거래확인서발급

금융거래확인서와 원리금상환내역확인서를 발급받으실 수 있습니다.

3. 채권확인서발급

채권확인서를 발급받으실 수 있습니다.

4. 수출 신고정보 열람·이용 동의

관세청 수출 신고정보 열람·이용 동의 안내

- ① 본 서비스는 관세법 제 322 조에 근거하여 관세청이 지정한 「무역통계작성 및 교부업무 대행기관」인 한국무역통계진흥원이 제공하는 수출통계정보 제공서비스입니다.

- ② 본 서비스는 귀사가 신청한 지원사업에게 필요한 정보를 중진공이 귀사와 관련된 업무처리 시 수출통관정보 및 실적 등 통계자료 (이하 "수출신고정보"라 한다)를 열람·이용할 수 있도록 하고 있습니다.

- ③ 동 웹화면(온라인)을 통해 정보열람·이용 동의를 하기 위해서는 법인(사업자)공인인증서가 필요합니다.
  * 만약, 온라인을 통해 공인인증서 방식으로 동의를 할 수 없는 경우에는 관련서류(열람·이용 동의서, 사업자등록증 사본, 개인(법인)인감증명서 원본)를 구비 후 중진공을 직접 방문(법인인감 날인 또는 지참)하여 동의 가능합니다.
  (관세청 수출 신고정보에 대한 열람·이용 동의서.hwp)

- ④ 수출신고정보는 아래 동의서 제출을 통해 귀사가 열람·이용을 동의한 항목·기간에 한해 제공되며, 사후 언제든지 그 열람·이용 동의를 철회할 수 있습니다.

관세청 수출 신고정보 중진공 열람·이용 동의서

- ① 우리 회사는 관세청 무역통계교부대행기관인 한국무역통계진흥원이 중진공관 서비스를 통해 제공하는 우리 회사의 수출 신고정보를 중진공이 열람·이용하는 것을 동의합니다.

- ② 우리 회사가 중진공의 열람·이용을 동의하는 수출 신고정보는 다음과 같으며 이에 동의합니다.

구분	항목	동의여부
수출신고 9 개 항목	연월(수리일), 목적국, 수출자, 제조자, 수출자, 수출대행자, 거래구분, HS 코드,결제방법,수출액($)	⦿ 동의 ○ 동의하지않음

- * 열람·이용 동의는 사후에 동의 철회 및 변경이 가능합니다.

- ③ 수출 신고정보를 열람·이용하는 자의 권한 보유기간은 한국무역통계진흥원과 중진공의 정보서비스 이용 계약을 해지하거나 정보주체가 정보 열람·이용 동의를 철회하는 시점까지입니다.

- ④ 귀사는 본 정보 열람·이용 동의를 거부할 권리가 있습니다. 다만, 동의하지 않는 경우에는 귀사의 지원사업 참여가 불가할 수 있습니다.

- ⑤ 우리 회사는 본 동의서 내용과 중진공의 열람·이용에 관한 본인 권리에 대하여 이해하고 본 동의서를 제출합니다.

소상공인시장진흥공단

Ⅰ.정책자금

소상공인시장진흥공단은 지역에따라 약간의 차이는 있으나 일반적으로 지방자치단체와 협약에 의하여 지역보증재단과 함께 운영되는 곳이 많다. 중소기업진흥공단을 이용하기에는 규모가 작은 소상공인(요식업, 소규모 서비스업, 도소매업 등)이 3~5천만원을 한도로 자금을 융통할 수 있다고 생각하면 이해가 쉬울것이다.

1.지원내용

지원규모 : 1 조 9,475 억원

'18 년 운용현황

[단위 : 억원]

자금구분		운용예산	지원예산				비고
			1 분기	2 분기	3 분기	총액	
성장기반자금	소공인특화자금	4,200	1,046	1,151	1,292	3,489	
	성장촉진자금	2,600	2,121	453	26	2,600	
경영안정자금	일반경영안전자금	8,105	2,717	2,035	2,679	7,431	
	사회적기업전용자금	100	-	-	-	-	
	성공불융자금	450	-	-	18	18	
	청년고용특별자금	4,000	1,510	812	1,523	3,845	
소상공인특별자금	매출연동상환자금	20	-	3	6	9	

2.융자대상

1) 공통 지원 자격

- [소상공인 보호 및 지원에 관한 법률]상 소상공인 : 상시근로자 5 인 미만 업체
  (제조업, 건설업, 운수업, 광업 : 상시근로자 10 인 미만 업체)

구분	세부	신청요건	비고
성장기반자금	소공인 특화자금	제조업을 영위하는 10인 미만의 소공인 (직접대출)	마감

- [일반경영안정자금 지원 확대]
  소상공인이 일자리안정자금 수급으로 인하여 상시근로자가 5인이상 10인 미만이 되는 경우 일반경영안정자금에 한하여 지원 가능(단 경영애로자금, 긴급경영안정자금, 소상공인긴급자금, 소상공인특별경영안정자금은 제외)
  - ※ 대상업종 :
    숙박 및 음식업점(표준산업분류코드 55~56), 도매 및 소매업(45~47), 일부서비스업(76, 90~91, 95~96)만 가능
- * 제외업종 : 유흥 향락 업종, 전문 업종 등

2) 세부지원요건

		(직접대출) 업력 5 년 이상 소상인	마감
	성장촉진자금	(대리대출) - 업력 5 년 이상 소상인 - 업력 5 년 이상, 소상공인 컨설팅 이수	마감
경영안정자금	일반경영 안정자금	**(일반경영)** 업력 1 년 이상 소상공인	마감
		(경영초기) 업력 1 년 미만이고 중소벤처기업부 장관이 정한 교육과정을 수료한 소상공인*(대리대출) *중소벤처기업부 인정교육 12 시간 이상 수료	마감
		(경영초기) 사관학교 졸업생 중 창업자(직접대출)	마감
		(소상공인긴급) 고용노동부 일자리 안정자금 수급 소상공인 사업주	마감
		(사업전환) "소상공인 재창업패키지" 교육을 이수한 소상공인	마감
		(크라우드펀딩) "크라우드펀딩 소상공인 창업경진대회"실전펀딩에서 목표금액을 달성한 기업	마감
		(소상공인특별) 고용노동부 지정 고용위기지역, 산업통상자원부 지정 산업위기대응특별지역으로 지정된 지역 소재 소상공인 *군산, 통영, 고성, 거제, 창원 진해구, 울산 동구, 목포, 영암, 해남	마감
		(긴급경영) 재해확인증을 발급받은 소상공인 * 정책자금 확인서 발급없이 진행	
		▪ (긴급경영) 포항 지진피해	마감

구분		세부	금리
성장기반 자금		소공인특화자금	연 2.96%
	사회적기업 전용자금		연 2.76%
		(협동조합) 협동조합 기본법 또는 3 곳 이내 협동조합에 의거하여 설립된 협동조합(직접대출)	연 2.56% (대리대출에 한함)	마감
경영안정자금	성공불융자금	**(성공불융자)** 생활혁신형 창업지원사업에 선정된 소상공인 중 창업업체(직접대출)	**(일반경영)** 연 2.96%	마감
	청년고용 특별자금	**(청년고용)** 대표자가 만 39 세 이하인 사업자 또는 과반수 이상 청년근로자(만 39 세이하) 고용기업		마감
		(청년특별 1) '18 년 청년 근로자(만 39 세이하) 1 명 고용기업		
		(청년특별 2) '18 년 청년 근로자(만 39 세이하) 2 명 이상 고용기업		
소상공인 특별자금	매출연동 상환자금	간이과세자, 신용 4~7 등급 소상인		마감

- * 각 자금별 선착순 마감

3.융자조건

1) 자금별 대출금리(매분기별로 변동)

- '18 년 4/4 분기 정책자금 금리(2018.10.10.부터 적용)

	안정자금	단, 장애인기업 연 2.00%(고정금리)
		(창업초기) 연 2.96%
		(소상공인긴급) 연 2.50%(고정금리)
		(사업전환) 연 2.56%
		(크라우드펀딩) 연 2.76%
		(소상공인특별) 연 2.00%(고정금리)
		(긴급경영) 연 2.00%(고정금리) * (긴급경영) 포항 지진피해 1.50%(고정금리)
	사회적기업 전용자금	**(협동조합)** 연 2.76%
	성공불융자금	**(성공불융자)** 연 2.5%(고정금리)
	청년고용특별자금	**(청년고용)** 연 2.76%
	청년고용특별자금 1	(청년고용) 연 2.56%
	청년고용특별자금 2	(청년고용) 연 2.36%
소상공인특별자금	매출연동상환자금	**(매출연동)** 연 2.56% ~ 2.66%

- 2014.12.31. 이전에 대출받은 소상공인의 적용금리는 위 표의 금리와 다를 수 있으므로 해당은행에 문의하시기 바랍니다.

2) 대출한도 : 업체당 최고7천만원 이내

- 장애인, 사업전환자금, 청년고용특별자금 1 억원 이내
- 성장촉진자금 2 억원(운전자금 1 억원) 이내
- 소공인특화자금 5 억원(운전자금 1 억원) 이내
- 협동조합 전용자금 5 억원(운전자금 1 억원) 이내

- 성공불융자금 2 천만원 이내

3) 대출기간 : 5년(거치기간 2년 포함)

- 장애인은 7 년(거치기간 2 년 포함)
- 매출연동 상환자금은 7 년(거치기간 6 개월 포함)
- 협동조합 전용자금은 5 년(거치기간 2 년 포함)
- 성공불융자금은 5 년(거치기간 3 년 포함)

4) 상환방식

- (대리대출) 거치 기간 후 상환 기간 동안 대출금액의 70%, 3 개월 마다
  원금균등분할상환하고 30%는 상환기간 만료 시에 일시 상환
- (직접대출) 거치기간 후 매월 원금균등분할상환
- (매출연동상환자금) 거치 기간 후 매출실적에 따라 매월상환

5) 대출 취급은행(19개)

- 경남, 광주, 국민, 기업, 농협, 대구, 부산, 산업, 새마을금고, 수협, 신한, 신협중앙회, 우리,
  저축은행중앙회, 전북, 제주, 한국스탠다드차타드, 한국씨티, KEB 하나

4.융자절차

1) 대리대출(공통)

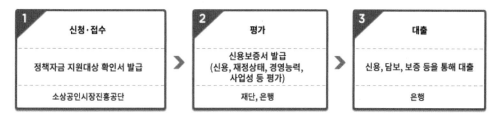

2) 매출연동상환자금

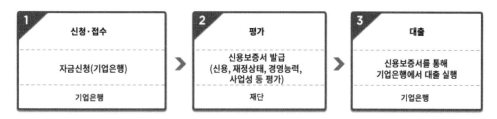

3) 직접대출

- 자금종류 : 소공인특화자금, 소상공인 사관학교 연계자금, 성장촉진자금(시설), 협동조합전용자금, 성공불융자금
  *위 자금의 경우 별도의 신용보증기관 및 은행 방문 없이 공단 신청, 접수 및 평가를 통해 지역센터에서 One-stop 대출실행

5.세무회계자료 온라인 제출

세무회계자료를 온라인으로 전송할 수 있는 시스템이며, 심사 시 필요에 따라서 추가 요청할 수 있습니다.
제출가능서류 : 사업자등록증명, 표준재무제표증명, 부가가치세 과세표준증명, 면세사업자수입금액증명, 부가가치세 신고내역, 종합소득세신고내역, 나의 부동산 정보(개인소유), 보험자격득실확인서, 국민연금 납부확인서, (국세)납세증명서, 지방세납세증명서, 주민등록등본 등본. 초본, 법인등기부등본, 주주명부, 법인세신고내역, 주주명부, 수출실적증명원(한국무역통계진흥원), 4 대 보험 납부내역

6.문의 사항

문 의 처 : **중소기업통합콜센터** (국번없이 1357)

7.소상공인 정책자금 자금별 세부사항 안내

　　1) 지원목적

【 목 적 】

◦ 본 지침은 「소상공인 융자사업 운영규정」제4조 3항에 따라 중소기업청(現 중소벤처기업부) 소관 소상공인 정책자금(이하 '정책자금') 중, 대리대출의효율적인 집행을 위하여 자금운용에 필요한 사항을 정함을 목적으로 하며

◦정책자금의 지원 절차 및 방법을 안내하고 지침 해석의 명확화를 통해 효율적인자금운용을 추진하고자 함

* 해당 사안별 구체적인 내용이 필요한 경우 관련 자료 등을 추가할 수 있음

◦ 대리대출 업무를 처리함에 있어, 관계 법령 및 고시, 중소벤처기업부 소관 소상공인 정책자금 융자계획 공고, 소상공인 융자사업 운영규정, 소상공인 융자사업 운영요령에서 정한 것 이외에는 이 지침에 따름

◦ 본 지침에 해석상의 이견이 있을 경우에는 중소벤처기업부와소상공인시장진흥공단(이하 '공단') 금융지원실의 해석에 따름

---

　　2) 지원절차

신청·접수 (공단(지역센터))	신용평가 (신용보증기관)	대출실행 (은행)
정책자금 지원대상 확인서 발급	신용보증서 발급 (신용·재정상태·경영능력·사업성 등	신용, 담보, 보증 등을 통해 대출

평가 후)

◦ 신청·접수

- 전국 60개 소상공인시장진흥공단(지역센터)에서 신청·접수

* 필요 시 취급금융기관 등을 통한 신청서류접수를 대행 할 수 있음

   3)지원대상

다음 사항(가~라)을 모두 만족해야 함

가. 소상공인 기준(연평균매출액 + 상시근로자수)을 만족하는 자

* 「소상공인 보호 및 지원에 관한 법률」에서 소상공인은 **「중소기업기본법」제2조 제2항에 따른 소기업**중 상시 근로자가 10명 미만인 사업자로서 업종별 상시 근로자 수 등이 대통령령으로 정하는 기준에 해당하는 자

① **(연평균매출액)**주된 업종별 평균매출액등이 「중소기업기본법 시행령」상의 소기업 규모 기준에 해당하는 기업[붙임1의 별첨1]

- **(2015년 이전 창업기업)**2015.12.31.까지 창업한 기업은 평균매출액과무관하게 2019.3.31까지 소기업으로 인정

* 중소기업기본법 시행령 부칙 제2조(기존 소기업에 관한 특례)

- **(2016년 이후 창업기업)**2016.1.1. 이후 창업한 기업부터 연매출액을통해 소기업 여부 확인

* **단, 직전 또는 당해연도 창업기업(2017~2018)은 사업계획서(월매출액)로대체**(지방중소벤처기업청의 중소기업(소상공인) 확인서 발급 절차 준용)

* **2016년도**창업기업은 부가가치세과세표준증명, 손익계산서 등으로 연매출액 확인

<소기업 해당여부 확인방법>

사업자등록일	구 분	확인서류	비 고
2015년 이전 사업자 등록		-	미확인
		-	미확인
		-	미확인
2016년 이후 사업자 등록	간이과세자	-	미확인
	일반과세자	부가가치세과세표준증명 또는 손익계산서	직전 또는 당해연도 창업기업은 사업계획서(월매출액)로 대체 *연평균매출액: 월평균매출액 × 12개월
	면세사업자	부가가치세면세사업자 수입금액증명	

② **(상시근로자수)**주된사업에종사하는상시근로자의수가5인미만인사업자또는 일자리안정자금 수급으로 인해 5인 이상 10인 미만이 되는 사업자

* 하나의 기업이 둘 이상의 서로 다른 업종을 영위하는 경우에는 평균매출액의비중이 가장 큰 업종을 주된 업종으로 하여 근로자수를 판단(「중소기업기본법 시행령」 제4조, 제7조)

- '18년 일자리안정자금 수급으로 인해 소상공인의 범위를 초과하여상시근로자 5인 이상 10인 미만

이 되는, 주된 사업이 숙박 및 음식점업(55~56), 도매·소매업(45~47), 기타 서비스업(76, 90~91, 95~96)은
「일반경영안정자금」에한하여알자리안정자금수급이확인될경우신청가능

*재해자금및경영애로자금,소상공인긴급자금,특별경영안정자금등일부자금은제외

- 제조업, 건설업, 운수업, 광업은 10인 미만까지이며,「장애인기업지원자금」에 한하여 '장애인기업확
  인서'가 있는 경우 업종에 무관하게 10인 이상도 지원가능

- 상시근로자수 산정 및 확인방법

구 분		내 용
산정기준	①직전 사업연도 12개월 이상	직전 사업연도 1월~12월까지 매월 말일 기준 상시근로자수를 합하여 12로 나눈 인원
	②업력 12개월 이상	최근 12개월간의 매월 말일 기준 상시근로자수를 합하여12로 나눈 인원
	③업력 12개월 미만	창업일부터 산정일까지의 매월 말일 기준 상시근로자수를합하여해당 월 수로 나눈 인원
	④업력 1개월 미만	산정일 현재 인원
확인서류	(자금신청시점기준) 상시근로자 無	보험자격득실확인서 또는 소상공인확인서
	(자금신청시점기준) 상시근로자 有	사회보험 납부확인서, 사업장가입자별부과현황(또는 사업장가입자별부과내역), 국민연금보험료 결정내역서, 개인별 건강보험 고지산출내역, 월별(반기별) 원천징수이행상황신고서, 소상공인확인서 등

확인방법	- 상시근로자가 있는 경우, **"확인기준"에 해당하는 사업 월수만큼의** 사회보험 납부확인서 등을 월별로 제출받아 **상시근로자수**를 파악 **(예시)** 업력 12개월 이상인 소상공인이 '16.1.19 정책자금을 신청할 경우, 2015년 1월부터 12월까지의 월별 사회보험납부확인서 등을 제출 (12장) - 최근 1년 이내 지역가입자(상시근로자 無)에서 직장가입자(상시근로자 有)로 전환된 경우 : **보험자격득실확인서(과거이력 나오도록 발급)와 사회보험 납부확인서 등을 함께 제출**받아 '지역가입자→직장가입자 전환시점'및 "전환 후 상시근로자 수" 확인

* 산정기준 ①과 ②에 모두 해당할 경우, 기준 ①을 우선 적용

<상시근로자수 산정기간 예시>

구분	창업일	자금신청일	상시근로자 수 산정기간
예시1	'16.11.20	'18.4.10	(직전 사업연도) '17.01월~'17.12월
예시2	'17.02.05		(최근 12개월) '17.04월~'18.03월

- 상시근로자수 산정 시 제외 기준

※ **상시근로자 (법적) 기준** (『소상공인보호 및 지원에 관한 법률시행령』 제2조제3항)

-'근로기준법' 제2조제1항제1호에 따른 근로자 중 다음 각 호에 해당하는 사람은 제외한 사람

1. 임원*및 '소득세법 시행령' 제20조에 따른 일용근로자

:법인의 대표이사, 등기임원(감사 포함), 개인기업 대표

2. 3개월 이내의 기간을 정하여 근로하는 자

3. 기업부설연구소 및 연구개발전담부서*의 연구전담요원

:기초연구진흥 및 기술개발지원에 관한 법률 제14조의1제1항에 따라 인정받은 경우

4. 단시간근로자*로서 1개월 동안의 소정(所定)근로시간이 60시간 미만인 사람

:'근로기준법 제2조제1항제8호에 따른 단시간근로자

나. 사업자등록증을 소지한 개인 또는 법인 사업자

* 자금신청일 당시 사업자등록증상 '사업개시년월일'이 경과한 사업자

(사업개시일 이후 융자신청가능)

‣사업체의 대표자(공동대표 포함)만 신청가능

* 고유번호증을 교부받는 사회단체 및 법인은 신청불가(예 : 어린이집 등)

다. 정책자금 지원제외 업종이외의 사업을 영위하고 있는 소상공인

- 제외업종 : 유흥 향락 업종, 전문 업종 등

* 하나의 기업이 둘 이상의 서로 다른 업종을 영위하고 있는 경우, 주된 사업의업종이 지원제외 업종에

   해당하는 경우 지원불가

* "[붙임2] 업종구분 방법", "[붙임3] 정책자금 지원제외 업종" 참조

라. 비영리 개인사업자·법인, 단체 또는 조합이 아닌 경우

* □중소기업기본법□상 '기업' 중 영리사업자에 한정. 비영리 법인 및 비영리 개인사업자는 지원제

   외(비영리사회적기업, 어린이집, 장기요양 등)

* (유의) 법인 등록되어 있는 **영리 조합**의 경우 지원가능(법인격 없는 조합 지원제외)

< 영리사업자 확인 방법 >

구분	사업	코드	내용	비고

고유 번호증	개인 및 단체	-	소득세법 제168조 제5항 고유번호증 발급대상인 자 1. 종합소득이 있는 자로서 사업자가 아닌 자 2.「비영리민간단체 지원법」에 따라 등록된 단체 등과세자료의 효율적 처리 및 소득 공제 사후 검증 등을 위하여 필요하 다고 인정되는 자	신청 불가
사업자등록증(①②③ - ④⑤ - ⑥⑦⑧⑨⑩)	개인	01~79	개인과세사업자	-
		80	소득세법 제2조 제3항에 해당하는 자로써 89이외의 자 (아파트관리사무소 등 및 다단계판매원)	-
		89	(소득세법 제2조 제3항에 해당하는) 법인이 아 닌 종교 단체	신청 불가
		90~99	개인면세사업자	-
	법인	81,85, 86,87	영리법인의 본점 또는 지점	-
		82	비영리법인 본점 또는 지점 (법인격이없는사단재단기타단체중법인으로보는단체포함)	신청 불가
		83	국가, 지자체, 지자체 조합	신청 불가
		84	외국법인의 본지점 및 연락사무소	-

┌─【 영리 기준 】─────────────────────────────────┐

① 영리 개인사업자

- 일반사업자 : 영리추구를 목적으로 하는 개인사업자

- 부가가치세 면세사업자 : 정책적으로 보호, 육성하거나 서민생활을 보호할업종에대해 지정하며 기본적
    으로 영리추구를 목적으로 하는 영리 개인사업자로 분류

② 영리법인 : 영업활동으로 발생한 이익을 주주 또는 출자자에게 분배 가능

-'상법'에 따라 설립하는 주식회사·유한회사·합명회사·합자회사는영리법인에 해당

- '중소기업기본법'(제2조제4항)에 의거 중소기업시책별 특성에 따라 특히 필요하다고 인정하면 '
    중소기업협동조합법'이나 그 밖의 법률에서 정하는 바에 따라중소기업협동조합이나 그 밖의 법인·단
    체 등을 중소기업자(소상공인)로 할 수 있다.

- 영농조합법인 : 농어촌발전특별조치법에 의하여 설립된 영농조합법인은 출자자에게 이익배당을
    목적으로 설립되었으므로 영리 아닌 사업을 목적으로 하는 법인세법상 영리법인에 해당<국
    세법령정보시스템>

【 비영리 기준 】

* 영리를 추구하지 않는 비영리 개인·법인·단체 또는 조합은 지원대상 제외

① 비영리 개인사업자

- 영유아보육법령에 정한 교육을 정부로부터 위탁받아 교육생들을 모집하여 교육하는 시설로서
  어린이집, 영유아 대상 정보센터, 영유아플라자 등

② 비영리 법인 : 영업활동을 통한 수익이 있더라도 이익 분배가 불가능

- 상법에서 '비영리 및 단체'로 구분된 정부·지자체·학교법인·의료법인·협회 등은'상법'상 회사가 아
  니므로 소상공인이 아님

- '민법' 및 특별법에 따라 설립하는 종교법인·학교법인·의료법인·사회복지법인·재단법인·비영리특별
  법인(한국은행, 단위농협, 새마을금고 등)

☞ 소비자생활협동조합 : 소비자생활협동조합법에 의하여 설립된 법인으로서 「민법」제32조에
   규정된 목적과 유사한 목적을 가진 법인에 해당하는 경우에 있어서 법인세법 시행령 제
   1조에 열거된 법인 등은 그 주주·사원 또는출자자에게 이익을 배당할 수 있음에도 비영
   리법인으로 보는 것이나, 이익을 배당할 수 없는 법인은 비영리법인에 해당

☞ 사업조합 : 중소기업협동조합법에 의하여 설립된 사업조합은 조세감면규제법('98. 12. 28 개정전
   의 것) 제60조 제1항의 규정에 의하여 법인세법 제1조의 규정에 의한 비영리법인으로
   봄

☞ 농업협동조합 : 민법 제22조에 의거 비영리법인으로 봄

☞ 새마을금고는 '새마을금고법'에서, 신용협동조합은 '신용협동조합법'에서 비영리법인임을 규정

- 사회복지법인은 '사회복지사업법'에 따라 비영리법인

③ 단체 등 기타

- 교회 등 종교단체는 '민법'에 따른 비영리법인 또는 단체이며, 교회운영을 위해일부 수익사업을
  하더라도 영리성이 인정되지 않음

4) 지원내용

□ 대출한도 : 소상공인정책자금(대리대출) 융자잔액 기준으로 업체당 최고 7천만원 이내

* 일부자금 별도한도 부여

◦ 기융자 중인 일반대출, 정책자금 등에 대한 대환대출 불가

* 정책자금 융자지원의 기본목적 및 취지가 소상공인의 시설개선, 원부자재 구입 등 경영안정을 위한 운전자금으로 한정되어 있고 정책자금을 지원하여 연관된 사업에 파급효과를 주기 위한 목적

☞ 대환대출 인정시 정책자금이 운전자금이 아닌 대환자금용으로만 운용될 우려가 있어 산업연관효과가 낮아질 가능성이 높아 허용하지 않음

* 단, 예외적으로 소상공인 전환대출 및 저신용자 햇살론 이용자의 경우는 허용

◦ 대출한도는 업체당 기준으로 적용

☞ (예) n개의 별도 사업체 운영시, 최대 n x 70백만원까지 가능

* 공동소유(2명이상) 사업체는 소유주별 최대한도 적용이 아니라 업체당 7천만원

◦ 융자잔액 기준으로 총 대출한도를 벗어나지 않는 범위에서 추가 대출가능

☞ (예) '15년 3천만원 대출 후 '16년 4천만원 추가 대출 가능

□ 대출금리 : 자금별 별도 금리 적용

□ 대출기간 : 5년 이내 (거치기간 2년포함)

* 일부자금 별도 대출기간 부여

□ 상환방식

◦ 거치기간 후 상환기간 동안 대출금액의 70%는 3개월마다 균등 분할상환하고 30%는 상환기간 만료 시 일시상환을 원칙으로 함

◦만기 시 일시 상환하는 30% 상환액은 신청에 의해 대출기간 내 분할 상환하는방식으로 조정할

  수 있음

* 전액 또는 일부 조기상환 시 중도상환수수료 없음

【 일시회수 유보 】
---

① **정상적으로 상환하고 있는 휴·폐업 소상공인은 일시회수 유보**

- 폐업시 전액 일시상환토록 규정되어 있으나 자금부담, 재창업 기회 등을고려하여 다음과 같은

  경우 일시 회수 유보 (관련근거 : '소상공인 휴폐업 시 대출금 일시회수 해소방안 알림, 중

  기청 기업금융과-724, 2009.6.23)

☞ (예) 원리금 정상상환 중인 경우 소상공인 정책자금 원리금 상환 완료시까지 일시 회수 유보

  (지자체 이차보전 금리지원, 지역이전 포함)

② **자금신청 당시 영리 개인사업자·법인·단체·조합(사업자등록증)이 상환기간 중 공적원인(정책목**

  적)에 의해 비영리(고유번호증)로 전환될 경우일시회수 유보

- 단, 정상상환 중에 한하며, 개인사유로 인한 변경시 불인정

☞ (예) 국세청이 요양관련 사업을 '13년 이후 비과세 대상으로 전환함에따라 비영리(고유번호증)

  로 변경

□상환유예

◦ 수혜업체가 아래 조건 중 하나에 해당될 경우 1회에 한하여 상환 유예 지원

① 고용노동부 「고용위기지역」 또는 산업통상자원부 「산업위기대응특별지역」으로 지정된 지역의 정책자금 기수혜 소상공인에게 원금상환 도래시 1년간 원금상환 유예 및 만기연장지원

② 매출연동상환자금 수혜 대상자 중 경영난(전년 동기대비 매출 20%하락) 지속, 질병, 휴.폐업 등 정상적인 대출금 상환이 어렵다고 객관적으로증빙되는 경우 최대 1년간 상환유예

□ 기타

◦대출 후(상환 중)은행변경은 불가하며 일시상환 후 재신청

◦ 자금회수 : 허위 자료를 제출하여 대출받은 사실이 확인된 경우

소상공인정책자금_공식자료_[붙임1]

8.소공인 특화자금 안내

연말 자금수요가 있는 소공인을 위해, 소공인 특화자금 추가 접수를 실시합니다. 기한 내에 접수하시길 바랍니다.

소상공인시장진흥공단에서는 소상공인정책자금 지원 등을 빌미로 대가(**성공보수, 서류작성 수수료, 보험가입**) 등을 절대 요구하지 않으며, 제3자는 소상공인정책자금 지원에 어떠한 영향력도 행사 할 수 없습니다.

제3자(브로커 등) 부당개입 적발 시 위법사실이 있는 경우 고발조치 되며 향후 공단 사업에 참여 배제됩니다.

또한 지원기업에는 소상공인정책자금 지원결정 취소 등 불이익이 발생할 수 있으니
제3자로부터 이러한 제안 등을 받으실 경우 즉시 소상공인시장진흥공단에 신고 바랍니다. (☎ 전국 1357)

1) 지원대상

: 제조업을 영위하는 연평균 상시근로자 수 10인 미만의 소공인

* 주요업종 : 기계, 금속가공, 수제화, 의류·섬유, 가죽·가방, 인쇄 등의 한국표준산업분류표상의 'C'로 시작하는 제조업

** 단, 제조시설을 갖추지 않고 위탁가공(다른 업체에 하청을 주어 제품을 생산)하는 업체는 제조업 인정가능 4가지 조건에 한가지라도 충족하지 못하면 제조업이 아닌 도,소매업으로 분류되는바, 대출지원제외

*** 위탁가공임에도 제조업으로 분류할 수 있는 4가지 조건(통계청 분류기준)

1) 생산할 제품을 자기가 직접 기획(성능 및 기능수준, 고안 및 디자인, 원재료구성설계, 견본제작 등)

 - 해당요건을 충족하기 위해서는 제조하고자 하는 제품을 직접 기획하였다는 증빙(기본설계도,

도안, 견본제작 등)이 반드시 필요

  * 하청을 받는 업체 중, 원청업체가 디자인 및 샘플을 제공하는 경우는 4 가지 조건 중 1)번 '직접 기획'에 해당되지 않으며, 제조업 인정기준 미충족으로 대출지원제외

  2) 자기계정으로 구입한 원재료를 하청생산업체에 제공 (원재료 명세서를 제공하고 그 비용을 자기계정으로 부담하는 경우 포함)

  - 세금계산서(자기 계정으로 원재료비를 처리하는 경우), 대금청구서(원재료비를 후지급하는 경우)등을 통해 확인

  3) 자기명의로 제품을 생산

  - 임가공 계약서 등을 통해 확인

  4) 생산제품에 대하여 자기책임하에 직접 시장에 판매

  - 관련 계산서, 계약서 등을 통해 확인(자기 계정으로 판매비를 부담하는 경우)

  ※ 언급된 증빙자료들 이외에 4 가지 요건 확인 가능한 서류가 있다면 인정 가능

  ※ 위탁가공을 하는 업체 중, 위탁가공 부분의 50%를 초과하여 해외에 의뢰하여 생산하는 경우는 제조업으로 분류되지 않고 도,소매업으로 분류되어 대출지원 제외

  ※ 인쇄업의 경우는 직접 생산하는 경우만 제조업 인정(위탁가공 시, 제조업 인정불가)

  * 단, 불건전 영상게임기 제조업, 도박게임장비 제조업 등 도박, 향락 등 불건전 업종, 기타 국민보건, 건전문화에 반하거나 사치, 투기조장 등 우려가 있다고 중소벤처기업부 장관이 지정한 업종은 지원제외

  2. 지원규모

: 총 4,200 억원(정책자금 예산 소진 상황에 따라 조기마감 가능)

3. 접수기간

: 2018 년 11 월 5 일(월) ~ 2018 년 11 월 9 일(금)까지

4. 지원범위

□ 운전자금 : 원부자재 구입비용 등 기업경영에 소요되는 자금

□ 시설자금 : 생산설비 및 시험검사장비 등의 도입에 소요되는 자금
 * 대출신청전에 공장에 설치되어 있는 생산설비(기계) 및 기성된 부분에 대 해서는 지원불가하며, 계약금 및 각종 조세(부가가치세, 관세 등)는 소요자금 산정에서 제외함.

5. 지원내용

□ 대출금리(변동금리) : 매 분기 초 소상공인시장진흥공단 홈페이지에 공고(2018년 4분기 대출금리 2.96%)

□ 대출한도 : 기업 당 연간 5억원 이내 (운전자금 연간 1억원 이내)

 * 수출 소공인은 운전자금 한도 연간 2 억원 이내

 * 소공인특화자금의 경우, **"연간 한도"**로 운영

    연간한도 란 ? 대출금 지급 연도를 기준으로 기업당 연간 대출가능 한도부여
    단, 6 개월 이내 재신청 불가기준에 해당하지 않아야 함

 * 업체당 최대한도 : 동일기업에 대한 지원잔액 한도는 자금종류 및 지급연도와 무관하게 총

5억원(지원잔액 기준, 시설자금 포함)을 초과할 수 없음

□ 대출기간

  ○ 운전자금 : 5년(거치기간 2년 포함)

  ○ 시설자금 : 기계·설비구입자금 5년(거치기간 2년 포함)

□ 상환방식 : 거치기간 경과 후, 대출금액의 100%에 대하여 1개월마다 원금균등 분할 상환(기한연장 불가)

  * 전액 또는 일부 임의(조기)상환 가능하며, 중도상환수수료 없음

□ 세부내용 : [붙임 1] 참조

6. 지원방법

 : 소공인 특화자금은 소상공인시장진흥공단이 신청·접수와 함께, 기술성, 사업성, 경영능력, 신용도, 재무상태, 상환능력 등을 종합평가하여 대출대상 기업 및 대출한도를 결정한 후 직접대출 합니다.

7. 기타

□ 고용창출, 일자리안정자금 수급업체, 수출실적, 노란우산공제가입실적 등을 기업평가지표에 반영하여 평가시 우대

☐ 대출금을 융자목적이 아닌 용도로 사용하거나, 허위 자료제출 또는 부정한 방법으로 대출받은 사실이 확인된 경우 관련 대출금을 회수할 수 있으며, 향후 대출제한 등 제재조치를 받을 수 있음

☐ 업체의 사업성 평가 및 대표자(실제경영자 포함), 업체의 신용도(신용등급)등을 통한 기업평가 결과가 미흡할 경우, 대출이 불가할 수 있음

☐ 대출신청 접수는 대표자 본인만 가능함(단, 부득이한 사유로 대표(이사)자 부재 시 위임장(위임내용 포함), 대표(이사)자 (법인)인감증명서, 대리인 신분증 지참하여 대출신청서류 대리제출 가능하나, 향후 대표(이사)자 본인 확인 절차 등 필요)

☐ 서류상 휴업은 아니더라도, 현장조사 시 정상가동이 안되는 업체로, 실질적인 휴업중이면 대출 진행 불가

☐ 업체당 대출금액은 매출액, 사업성평가 및 신용도, 기대출금액(타 금융기관 대출포함), 재무상태, 상환능력 등을 종합적으로 검토하여 산출합니다.

8. 제출서류 : [붙임2]의 제출서류 참조

9. 세무회계자료 온라인 제출 안내(세무대리인이 등록 가능)

□ 세무회계자료를 온라인으로 전송할 수 있는 시스템이며, 심사 시 필요에 따라서 추가 요청 가능

□ 제출가능서류 : 표준재무제표증명, 사업자등록증명, 부가가치세과세표준증명, 부가가치세면세사업자수입금액증명, 납세(국세)증명서 등의 국세청 발급 서류

□ 세무회계자료는 대출 신청 시 서면제출도 가능하나, 가급적 온라인 제출 요망

세무회계자료 온라인 제출

10. 신청, 접수

: 소상공인시장진흥공단(지역센터, 분소),

 * 문의 : 중소기업통합콜센터 (대표전화 ☎ 1357)

소공인특화자금_공식자료_[붙임2]

9.협동조합 전용자금 안내

협동조합기본법 또는 중소기업협동조합법에 의거하여 설립된 협동조합이 필요로 하는 장비 및 시설도입, 경영안정 등에 필요한 자금지원 사업을 시행합니다.

 소상공인시장진흥공단에서는 소상공인정책자금 지원 등을 빌미로 대가(성공보수, 서류작성

수수료, 보험가입)등을 절대 요구하지 않으며, 제 3 자는 소상공인정책자금 지원에 어떠한 영향력도 행사 할 수 없습니다.

제 3 자(브로커 등) 부당개입 적발 시 위법사실이 있는 경우 고발조치 되며향후 공단 사업에 참여 배제됩니다.

또한 지원기업에는 소상공인정책자금 지원결정 취소 등 불이익이 발생할 수 있으니 제 3 자로부터 이러한 제안 등을 받으실 경우 즉시 소상공인시장진흥공단에 신고 바랍니다. (☎ 전국 1357)

1. 지원대상

ㅇ 사업자등록증을 소지한 법인 사업자로 아래 협동조합 신청대상 기준에 해당하는 경우

  * 비영리 사업자(개인, 법인, 조합)가 아닐 것

  ** 정책자금 지원 제외 업종은 신청불가(하나의 기업이 2 개 이상의 서로 다른 업종을 영위하고 있는 경우, 주된 업종

    을 기준으로 업종을 구분)

  *** [붙임 1] 협동조합자금 지원대상 확인 기준 내 협동조합 기준 참조

< 협동조합 신청대상 기준 >

o 아래 기준 중 1개 이상 충족 시 신청가능

①소상공인시장진흥공단 '소상공인협동조합 공동사업'에 선정된 이력이 있는 협동조합 법인

②소상공인시장진흥공단 '소상공인협동조합 공동사업' 지원대상 자격기준'에

　　해당하는 협동조합 법인

　　* 자격기준은 해당 사업 운영지침에 따름

③협동조합기본법 또는 중소기업협동조합법에 의거 설립된 협동조합 중 소상공인 기준'에

　　해당하는 협동조합 법인

　　* 상시근로자 수가 연평균 5인 미만,

　　　주된 업종이 주된 업종이 제조업, 건설업, 운송업, 광업일 경우 10인 미만

④ 위 ②, ③ 조건 중 1개 이상에 해당되며 영리사업'을 하는 사회적협동조합 법인

　　* 사업자등록(정관 상 수익사업 등재) 및 현장실사를 통한 영리사업여부 확인

2. 지원규모

: 총 100억원(정책자금 예산 소진 상황에 따라 조기마감 가능)

3. 접수기간

: 연중 수시 접수(10월 8일(월) 개시)

4. 지원범위

□ 운전자금 : 원부자재 구입비용 등 기업경영에 소요되는 자금

□ 시설자금 : 생산설비 및 시험검사장비 등의 도입에 소요되는 자금

* 대출신청전에 공장에 설치되어 있는 생산설비(기계) 및 기성된 부분에 대해서는 지원불가하며, 계약금 및

각종 조세(부가가치세, 관세 등)는 소요자금 산정에서 제외함.

5. 대출금리(변동금리)

: 매 분기 초 소상공인진흥공단 홈페이지에 공고

(2018 년 4 분기 대출금리 2.76%, 10 월 10 일 적용)

□ 대출한도 : 기업 당 연간 5 억원 이내 (운전자금 연간 1 억원 이내)

* 수출 소공인은 운전자금 한도 연간 2 억원 이내

* 협동조합 전용자금의 경우, "연간 한도"로 운영

연간한도 : 대출금 지급 연도를 기준으로 기업당 연간 대출가능 한도부여

단, 6 개월 이내 재신청 불가기준에 해당하지 않아야 함

* 업체당 최대한도 : 동일기업에 대한 지원잔액 한도는 자금종류 및 지급연도와 무관하게 총 5 억원

(지원잔액 기준,시설자금 포함)을 초과할 수 없음

□ 대출기간

○ 운전자금 : 5 년(거치기간 2 년 포함)

○ 시설자금 : 기계·설비구입자금 5 년(거치기간 2 년 포함)

□ 상환방식 : 거치기간 경과 후, 대출금액의 100%에 대하여 1 개월마다 원금균등 분할 상환

(기한연장 불가)

* 전액 또는 일부 임의(조기)상환 가능하며, 중도상환수수료 없음

□ 세부내용 : [붙임 1] 참조

6. 지원방법

: 협동조합 전용자금은 소상공인시장진흥공단이 신청·접수와 함께, 기술성, 사업성, 경영능력, 신용도, 재무상태, 상환능력 등을 종합평가하여 대출대상 기업 및 대출한도를 결정한 후 직접대출합니다.

7. 기타

□ 고용창출, 일자리안정자금 수급업체, 수출실적, 노란우산공제가입실적 등을 기업평가지표에 반영하여

평가시 우대

□ 대출금을 융자목적이 아닌 용도로 사용하거나, 허위 자료제출 또는 부정한 방법으로 대출받은 사실이

확인된 경우 관련 대출금을 회수할 수 있으며, 향후 대출제한 등 제재조치를 받을 수 있음

□ 업체의 사업성 평가 및 대표자(실제경영자 포함), 업체의 신용도(신용등급)등을 통한 기업평가 결과가

미흡할 경우, 대출이 불가할 수 있음

□ 대출신청 접수는 대표자 본인만 가능함(단, 부득이한 사유로 대표(이사)자 부재 시 위임장(위임내용 포

함), 대표(이사)자 (법인)인감증명서, 대리인 신분증 지참하여 대출신청서류 대리제출 가능하나, 향후

대표(이사)자 본인 확인 절차 등 필요)

□ 서류상 휴업은 아니더라도, 현장조사 시 정상가동이 안되는 업체로, 실질적인 휴업중이면 대출 진행 불

가

□ 업체당 대출금액은 매출액, 사업성평가 및 신용도, 기대출금액(타 금융기관 대출포함), 재무상태, 상환

능력 등을 종합적으로 검토하여 산출합니다.

8. 제출서류

: [붙임 1]의 제출서류 참조

9. 세무회계자료 온라인 제출 안내(세무대리인이 등록 가능)

□ 세무회계자료를 온라인으로 전송할 수 있는 시스템이며, 심사 시 필요에 따라서 추가 요청 가능

□ 제출가능서류 : 표준재무제표증명, 사업자등록증명, 부가가치세과세표준증명, 부가가치세면세사업자

수입금액증명, 납세(국세)증명서 등의 국세청 발급 서류

□ 세무회계자료는 대출 신청 시 서면제출도 가능하나, 가급적 온라인 제출 요망

10. 신청, 접수 : 소상공인시장진흥공단(지역센터, 분소)

* 문의 : 중소기업통합콜센터 (대표전화 ☎ 1357)

* 시설자금은 33개 대출심사전담센터 [붙임 1] 에서만 접수

협동조합 전용자금_공지_[붙임3]

10.성공불융자 자금 안내

□사업목적 :생활혁신형 아이디어 발굴과 창업 활성화를 통한 혁신형소상공인 육성과 청년일자리 창
출을 위해, 창업자에게 성공 시에만상환의무가 있는 성공불융자 자금지원

□지원규모 : 450억원

□융자절차

◦공단이 신청·접수와 함께 지원대상 확인을 통해 지원대상자를 결정한 후 직접대출(신용대출)

< 생활혁신형 창업지원사업(성공불융자) 지원절차 >

아이디어 (대상자) 심사선정	교육 및 멘토링 지 원	성공불 융 자 지 원	사후관리 일관지원 (교육, 협동조합)	성공/실 패 판정	판정결과에따 른 채권회수
교육지원 실	교육지원 실	금융지원실지역센 터	교육지원실지역센 터	지역본부 지역센터	지역본부. 센 터 리스크관리실

□신청대상(* 다음 사항을 모두 만족해야 함)

가. 생활혁신형 창업지원사업 지원대상자로 선정된 자

◦최종 선정통보 후 6개월 이내에 생활혁신형 창업지원사업 선정 사업아이템으로 창업을 한 자

나. 소상공인 기준(연평균매출액+월평균 상시근로자수)에 해당하는 자

▶ "[붙임1] 소상공인 확인 기준 확인

다. 사업구분

◦ 사업자등록증을 소지한 개인 또는 법인 사업자에 해당할 것

* 사업자등록증상 '사업개시연월일'이후 대출신청가능

◦ 영리사업자에 해당할 것(비영리 개인사업자·법인, 조합이 아닐 것)

* 법인 등록되어 있는 영리 조합의 경우 지원가능(법인격 없는 조합 지원제외)

라. 업종

◦ 정책자금 지원제외 업종이 아닐 것

* 하나의 기업이 2개 이상의 서로 다른 업종을 영위하고 있는 경우, 주된 업종을 기준으로 업종
      을 구분

▶ "[붙임2] 업종구분 방법", " [붙임3] 소상공인 정책자금 융자제외 대상 업종"확인

※ 신청가능 자격

- **대표자 1인** : 2인 이상의 공동대표자에게 각각 대출을취급할 수 없으며, 대표자 1인을 정하여 대
     출 신청 가능

☐ 융자조건

◦ **(대출금리)** 연2.5% (고정금리)

◦ **(대출기간)** 5년 이내 (거치기간 3년 포함)

◦ **(상환방식)** 거치기간 후 상환기간 동안 매월 원금 균등분할상환

* 전액 또는 일부 임의(조기)상환가능하며, 중도상환수수료 없음

◦ **(담보조건)** 자금 지원제외대상 확인 후 신용대출(직접대출)

◦ **(대출한도)** 기업 당 최대 2천만원 이내

※ 대출한도 운영방법

① 동일업체당 최대한도 : 동일기업에 대한 직접대출 지원잔액 최대한도는 자금종류및 지급연도와 무관

하게 총 5억원(시설자금 포함)을 초과할 수 없음

② 소상공인정책자금 대리대출 지원잔액과 무관하게 별도한도로 운영

◦ **(성공·실패 판정)** 대출 3년 후 성공·실패를 심사하고, 성실 실패자에게는 대출 상환의무 면제

- 성공과 실패는 경영지표에 의해 판단 → 실패의 경우 성실과 고의실패로 구분(별도 평가단을 통해

수준 판정)

□ 융자범위

◦ 사업운영에 필요한 운전자금

☐신청서류 접수 시기 :수시 접수

* 예산소진 상황에 따라 조기마감 가능

☐신청·접수 :공단 60개 지역센터(중소기업통합콜센터 : 1357)

☐기 타 :허위자료를 제출하여 대출받은 사실이 확인된 경우 관련 대출금은 회수할 수 있으며, 향
   후 대출제한 등 제재조치를 받을 수 있음

Ⅱ.대출제한대상

◇ 대출제한 기준 및 확인방법		
1.	세금체납	- 국세 및 지방세를 체납 중인 경우
2.	신용정보등록	- 한국신용정보원의 "일반신용정보관리규약"에 따라 **신용도판단정보**, **공공정보**"에 등록되어 있는 경우 ☐ **신용도 판단정보** : 연체, 대위변제☐대지급, 부도(어음 거래정지처분 등), 관련인, 금융질서문란 등 ☐ **공공정보** :세금. 과태료 체납, 채무불이행자 등재, 산재☐고용보험료☐임금 체납,국외이주신고에 대한 정보 등 * 정부납품실적 및 모범납세자 정보, 신용회복위원회의 프리워크아웃. 개인워크아웃 제도에서 채무조정합의서를 체결한 경우, 법원의 개인회생제도에서 변제계획인가를 받거나.파산면책 결정을 받은 경우(국세, 지방세 등 특수채무

		완납 필수) 제외.
3.	연체	- 공단 및 금융기관의 대출금이 신청일 현재 연체중인 경우
4.	휴·폐업	- 신청업체가 휴·폐업 중인 경우 **(예외)**재해를 직접 원인으로 휴업 중인 경우 대출지원대상에 포함

Ⅱ.대출제한대상

◇ 대출제한 기준 및 확인방법		
1.	세금체납	- 국세 및 지방세를 체납 중인 경우

2.	신용정보등록	- 한국신용정보원의 "일반신용정보관리규약"에 따라 **"신용도판단정보"**, **"공공정보"**에 등록되어 있는 경우 ☐ **신용도 판단정보** : 연체, 대위변제ㅁ대지급, 부도(어음 거래정지처분 등), 관련인, 금융질서문란 등 ☐ **공공정보** :세금. 과태료 체납, 채무불이행자 등재, 산재ㅁ고용보험료ㅁ임금 체납,국외이주신고에 대한 정보 등 * 정부납품실적 및 모범납세자 정보, 신용회복위원회의 프리워크아웃. 개인워크아웃 제도에서 채무조정합의서를 체결한 경우, 법원의 개인회생제도에서 변제계획인가를 받거나.파산면책 결정을 받은 경우(국세, 지방세 등 특수채무 완납 필수) 제외.
3.	연체	- 공단 및 금융기관의 대출금이 신청일 현재 연체중인 경우
4.	휴·폐업	- 신청업체가 휴·폐업 중인 경우 **(예외)**재해를 직접 원인으로 휴업 중인 경우 대출지원대상에 포함

Ⅲ.제출서류

☐대출신청 서류(대출신청인 이외의 주민번호 뒷자리는 가림처리 후 제출)

∘공통서류

대분류	세분류	서류명 및 검토사항	개수 (유효기간) * 접수일 기준
공통 (정책자금)	◎대출신청 작성서류	- [작성] **대출신청서(성공불융자자금)**<별표1> <개인기업, 법인> □기업(신용) 정보의 수집·이용·제공·조회·활용 동의서<별표1-1> <개인기업(공동)대표자, 법인(공동,각자)대표이사> □개인(신용) 정보의 수집·이용·제공·조회·활용동의서<별표1-2> <개인기업, 법인> □ 소상공인 정책자금(융자) 윤리준수 약속<별표1-3>	1부
	①대표자실명확인	-주민등록증, 운전면허증, 외국인등록증, 국내거소신고증, 여권 (여권은 다른 실명증표 확인 불가 시에만 적용	1부
	②사업자 등록 및 업종확인	- 사업자등록증 사본 - 사업자등록증명	택1 (1개월 이내)
		<하나의 기업이 2개 이상의 서로 다른 사업을 영위하는 경우> -당기(직전회계연도) 표준재무제표증명또는 최근 1년	1부

		간 부가가치세신고서	
	③상시근로자수, 매출액확인	<상시근로자 없는 경우> . 보험자격득실확인서 또는 소상공인 확인서 <상시근로자 있는 경우> . 사회보험납부확인서(월별가입자내역 확인), **사업장가입자별부과현황**(월별사업장가입자별부과내역), **국민연금보험료결정내역서, 월별원천징수이행상황신고서,개인별건강보험 고지산출내역, 소상공인확인서** <매출액 확인 서류> . 당기(직전회계연도) 표준재무제표증명 또는 부가가치세과세표준증명(면세사업자수입금액증명)	택1 (1개월 이내, 소상공인확인서상 유효기간 이내)
공통 (직접대출)	④세금납부 증빙	<개인기업(공동)대표자, 법인, 법인(공동,각자)대표이사> - (국세)납세증명서　　　- 지방세납세증명서	각1부 (증명서상 유효기간 내)
	⑤주소확인	<개인기업 대표자(대출신청인)> -주민등록표등본	1부 (1개월 이내)

		1. 주민등록번호 표시 2. 채무자를 제외한 사람들의 주민등록번호 뒷자리 가림처리	
	⑥사업장확 인	\<개인기업, 법인> - 사업장 임대차 계약서 사본 - 사업장 토지, 건물 등기사항전부증명서	택1

※ 세무회계자료 온라인 제출 안내(세무대리인이 등록 가능)

◦세무회계자료를 온라인으로 전송할 수 있는 시스템이며, 심사 시필요에 따라서 추가 요청 가능

◦제출가능서류 : 표준재무제표증명, 사업자등록증명, 부가가치세과세표준증명, 부가가치세면세사업자수입금액증명, 납세
   (국세)증명서

◦대출 신청 시 서면제출도 가능하나, 가급적 온라인 제출 요망

※ **상시근로자 수 서류제출 예시**

1) 업력이 12개월 이상이며, 직전 사업연도의 1월부터 12월까지의 자료가 확인가능한 경우

- 직전 사업연도의 12개월분의 자료만 제출

2) 업력은 12개월 이상이지만 직전 사업연도의 기업운영 기간이 12개월을 넘지못하는 경우

- 최근 12개월분의 자료 제출(현재 대출신청시점부터 소급하여 12개월)

3) 업력이 12개월 미만인 경우

- 사업개시일부터 대출신청시점까지의 자료 제출

4) 업력이 1개월 미만인 경우

- 대출신청하는 현재의 인원을 확인할 자료 제출(상시근로자 존재시, '사업장가입자명부', 상시근로자 미존재시, '보험자격득실확인서' 제출)

◦ **추가 서류**

대분류	세분류	서류명	개수 (유효기간) * 접수일 기준
추가	① 법인 대출	- 법인 인감증명서	각1부 (1개월 이내)
		- 법인 등기사항전부증명서	

1. "제출용"만 인정 2.말소된 등기사항 포함 발급	
- 법인 주주명부 1.원본확인필 법인인감 날인 2. 채무자 이외 주주의 주민등록번호 뒷자리 가림처리	1부

Ⅱ.지자체자금

지원내용 : "16 년도 지자체 소상공인 금융지원내용" 아래표를 확인해주세요

('16. 5 월 기준)

지역명	자금명	예산규모	금리/이차보전율(%)	시행일	지원대상	신청·접수기관
서울	서울시 중소기업육성자금	10,000 (융자 2,000 / 이차보전 8,000)	융자 : 2.0~2.5 이차보전율 : 1.0~1.5	2.25	중소기업 및 소상공인	서울신보
경기	경기도 중소기업육성자금	700	융자 : 3.0 이차보전율 : 1.2	1.4	소상공인	경기신보 등
경북	경상북도 소상공인 육성자금	300	이차보전율 : 2.0	1.1	소상공인	경북신보
충남	충청남도 소상공인자금	1,450	이차보전율 : 2.0~3.0	1.1	소기업 및 소상공인	충남신보

지역명	자금명	예산규모	금리/이차보전율(%)	시행일	지원대상	신청·접수기관
전남	전라남도 소상공인 창업자금	200	이차보전율 : 3.0	1.19	소기업 및 소상공인	전남신보
전북	전라북도 중소기업육성자금	800	융자 : 2.0	1.1	중소기업 (제조업, 지식기반산업, 소상공인 등)	전라북도경제통상진흥원
울산	울산광역시 소상공인 경영안정자금	200	이차보전율 : 2.0	3.7	소상공인	울산신보
부산	부산광역시 중소기업육성자금	10,250	보증지원 (보증수수료 1% 내외)		중소기업 및 소상공인	부산신보

Ⅲ.은행자금

1. 신한은행

홈페이지 : http://www.shinhan.com> 기업 > SOHO 센터
전화번호 : 1577-8000

상품명	지원대상	금리	대출기간
		지원한도	
신한 프랜차이즈론	당행이 선정한 우수프랜차이즈와 계약을 체결한 가맹점으로 당행신용등급 BB-이상이고, 점포 임대차계약을 본인명의 또는	신용평가등급(신용등급,담보비율 등)에 따라 차등 적용 신한은행 선정 그룹별 한도 범위내(최고 2억원)	○ 운전자금 1~3년 이내 (1년 단위 연장하되 최초 약정일로부터 5년까지) ○ 시설자금 10년 이내

상품명	지원대상	금리		대출기간
		지원한도		
	직계존비속 명의로 체결하였으며, 신용카드 가맹점 결제계좌를 당행계좌로 신청 또는 이용중인 개인사업자			
신한 특화 상권 사업자 대출	은행에서 선정한 특화상권 내에서 사업을 영위하는 개인사업자	신용평가등급에 따라 차등 적용		○ 운전자금: 1~3 년 이내(1 년 단위 연장하되 최초 약정일로 부터 5 년까지) ○ 시설자금: 15 년 이내
		소요자금 범위내(대출한도는 당행 대출 심사를 통하여 조정가능)		
신한 가맹점 사업자 대출	가맹점 결제계좌를 신한은행으로 이용(신청포함)중인 개인 사업자	신용평가등급에 따라 차등 적용		○ 일시상환대출 : 1 년 이내(1 년단위 연기하되 최초 약정일로부터 5 년까지) ○ 원금균등분할상환대출 : 3 년 이내
		소요자금 범위 내에서 최고 1 억원		
신한 쏠편한 사업자대출 (모바일)	은행방문이 용이하지 않은 개인사업자들이 간편하게 비대면으로 신청할 수 있는 대출 상품 신한은행 모바일 플랫폼인 쏠(SOL)을 통해 간편하게 증빙서류 제출	신용평가등급별 차등적용		○일시상환 : 1 년 이내 (연장 가능) ○분할상환 : 3 년 (원금분할상환)
		최대 5 천만원		

상품명	지원대상	금리		대출기간
			지원한도	
신한 SOHO 명품 대출	당행 신용등급 BB 이상 개인사업자	신용등급별 차등적용		ㅇ 운전자금 : 1년~3년(매 1년 단위로 최초 약정일로부터 5년까지 연장 가능)
		건당 3억원 이상으로 은행이 산정한 소요 운전자금 및 시설자금 범위내		ㅇ 시설자금 : 15년 이내

2. 하나은행

홈페이지 : https://biz.kebhana.com > 금융상품 > 대출

전화번호 : 1588-1111

상품명	지원대상	금리		대출기간
			지원한도	
사업자 우대 신용대출	사업업력 9개월 이상의 신용카드 가맹점으로 (BC카드 필수) 매출금액의 입금계좌를 하나은행으로 지정한 개인사업자	고정금리 : 최저 연 4.539% (당행 신용(ASS 5)등급 기준, 대출금액 20백만원, 대출기간 1년, 2016년 6월 7일 현재) 변동금리 : 최저 연 4.232% (당행 신용(ASS 3)등급 기준, 대출금액 20백만원, 대출기간 1년, 2016년 6월 7일 현재) [CD 유통수익율 91일물 연동) * 가산금리는 신용등급, 대출기간, 대출금액 등에 따라 차등 적용됩니다		1년(당초 약정기간 포함 최장 5년) 5년(원리금분할상환)
		최대 20백만원		
부자되는	사업업력 2년 이상의	변동금리 최저 연 4.654%		3년 이내

상품명	지원대상	금리	대출기간
		지원한도	
가맹점 대출	신용카드 가맹점으로 3개 카드사(BC 카드 필수) 매출금액의 입금계좌를 당행으로 지정한 개인사업자	[2017.4.26 현재, 기준금리 1.41%(91 일물 CD 유통수익율) + 가산금리 3.544%(내부 신용(ASS) 4 등급, 대출기간 3 년, 대출금액 10 백만원 기준) – 부수거래감면금리 0.3%(주거래손님, 사업자주거래우대통장 월평잔, 금융연수원 교육이수여부 등 항목당 각 0.1%씩 최대 0.3% 적용기준)] * 가산금리는 신용등급, 대출기간, 대출금액 등에 따라 차등 적용됩니다.	
		최대 10 백만원 기본한도 : 최대 5 백만원 이내(3 개월 매출액 합계 이내) 추가한도 : 최대 5 백만원 이내(3 개월 매출액 합계 및 업력에 따라 차등부여)	
하나 마스터스원 소호담보대출	부동산 담보를 제공하는 개인사업자	최저 연 3.530% [2018.07.20 현재, 기준금리 1.650%(91 일물 CD 유통수익률) + 가산금리 1.880%(내부 신용(ASS) 3 등급, 대출기간 3 년, 일시대, 시설자금대출, 대출금액 3 억원, 일반상가 담보유효가 100% 범위내 취급 기준)] * 가산금리는 신용등급, 대출기간, 대출금액, 대출과목, 상환방식에 따라 차등	만기일시상환(개별대출), 원(리)금균등분할상환 : 3 년 이내 만기일시상환(통장대출) : 1 년 이내

상품명	지원대상	금리		대출기간
			지원한도	
		적용되며, 당행 기업여신 금리가이드라인에 따라 변경될 수 있습니다.		
			최대 10 억원 이내 (부동산 가용가 범위 또는 부동산 담보비중 80% 이상)	
프랜차이즈 가맹점 대출	은행이 선정한 프랜차이즈 브랜드와 가맹계약을 맺고, 1 개 이상 신용카드사의 가맹점 매출대금 수령계좌를 당행으로 지정한 개인사업자 ※ 2018.07.20 일 현재 선정브랜드 : 파리바게트, 롯데리아, 뚜레쥬르, 배스킨라빈스, 던킨도너츠, 블루핸즈, 오토큐 등 (상기 선정 브랜드는 은행 자체 기준에 따라 수시 변동될 수 있습니다.)	최저 연 4.404% [2018.07.20 현재, 기준금리 1.650%(91 일물 CD 유통수익률) + 가산금리 3.054%(내부신용(ASS) 3 등급, 대출기간 1 년, 일시대, 운전자금대출, 대출금액 50 백만원 기준)- 부수거래감면금리 0.3% (주거래손님, 사업자주거래우대통장 월평잔, 금융연수원 교육이수여부 등 항목당 각 0.1%씩 최대 0.3% 적용기준)] * 가산금리는 신용등급, 대출기간, 대출금액, 대출과목, 상환방식에 따라 차등 적용되며, 당행 기업여신 금리가이드라인에 따라 변경될 수 있습니다.		만기일시상환(개별대출, 통장대출) : 1 년 이내 원(리)금균등분할상환 : 3 년 이내
			창업자금 : 최대 100 백만원 (사업기간 6 개월 미만) 운영자금 : 최대 200 백만원 (사업기간 6 개월 이상) (브랜드별로 한도 차등)	

상품명	지원대상	금리	대출기간
		지원한도	
자영업자 바꿔드림론	연 15% 이상 고금리 대출을 보유하고 있는 신용등급 6~10 등급인 자로 연소득 5,000 만원 (1~5 등급은 연소득 3,500 만원) 이하인 개인사업자	최저 연 6.5% ~ 최고 연 11.0% 고정금리 (보증료 2.5%~7.0% 포함 / 대출금리 연 4.0% 고정금리)(2017.4.20 기준)	1 년 단위로 취급하며 최장 6 년
		고금리 대출 원금 범위 내 최대 3 천만원(최저 50 만원)	

3. 경남은행

홈페이지 : http://www.knbank.co.kr> 금융상품 > 대출

전화번호 : 1600-8585

상품명	지원대상	금리 및 지원한도	대출기간
사장님 도움대출 담보대출	부동산(상가,나대지 등)을 소유 하고 있는 사업자	신용평가등급(신용등급 및 담보인정비율)에 따라 차등 적용되며 최대 10 억원	○ 운전자금: 3 년이내 ○ 시설자금: 8 년이내
가맹점 우대대출	가맹점 결제계좌를 경남은행으로 지정(또는 신청)한 개인사업자	신용평가등급에 따라 차등적용되며 최대 1 억원	○ 운전자금: 5 년이내
SOHO 파트너론	지역신용보증재단으로 부터 보증서 추천을 받은 사업자	보증재단 추천금액에 따라 최대 1 억원	○ 운전자금: 5 년이내

4. 대구은행

상품명	지원대상	금리 / 지원한도	대출기간
어깨동무 SOHO 대출	대구. 경북지역에 사업장을 소재하고 사업영위기간(개업일 기준)이 3개월이상인 개인사업자	신용등급에 따라 차등적용 최대 1억원 이내	○ 1년
DGB 신용카드가맹점 특별대출	대구은행 신용카드 가맹점 결제계좌를 보유(신규고객 포함)한 개인사업자	신용등급에 따라 차등적용 소요자금 범위내로 대출심사를 통해 조정가능	○ 만기일시상환 : 1년 이내 (최장 5년 이내 연장 가능) ○ 분할상환대출 : 5년 이내 (거치기간 없음)
DGB 새희망홀씨 대출Ⅱ	대구. 경북 당행 소재 영업점이 소재한 시(군)에 1년이상 재직중이거나 거주중인 자로 연소득금액 8백만원 이상 3천5백만원 이하인 고객 또는 CB 6등급 이하로서 연소득금액 3천5백만원 초과 4천5백만원 이하인 고객	신용등급에 따라 차등적용 최대 3천만원	○ 분할상환대출:7년이내 (거치기간 없음)
DGB 똑똑딴딴 중금리대출	국민연금 또는 건강보험료를 3개월이상 계속 납부중이며, 납부확인서 발급이 가능한 자 또는 근로소득원천징수영수증이나 국세청발급 소득금액증명원에 의하여 소득증빙이 가능한 자	신용등급에 따라 차등적용 최대 2천5백만원	○ 분할상환대출 : 1년 이상 5년 이내 (거치기간 없음)

상품명	지원대상	금리 지원한도	대출기간
DGB 사잇돌 중금리대출	사업영위기간 1년 이상이며 연소득 1천 2백만원 이상인 고객	신용등급에 따라 차등적용 최대 2천만원으로 서울보증보험(주)의 보증한도 범위 내	○ 분할상환대출 : 1년 이상 5년 이내 (거치기간 없음)
재도약지원 특별보증 대출	대구광역시 소재 창업후 7년 이내 중소기업으로 대구신용보증재단에서「창업실패자 재도약지원 특례보증서」를 발급 받은 고객	신용등급에 따라 차등적용 최대 1억원 이내	○ 만기일시상환 : 1년 단위 (최장 5년 이내 연장 가능) ○ 분할상환대출 : 5년 (1년 거치 4년 분할상환, 2년 거치 3년 분할상환)

5. 기업은행

홈페이지 : http://www.ibk.co.kr> 기업뱅킹 > 상품몰 > 대출몰

전화번호 : 1588-2588

상품명	지원대상	금리 지원한도	대출기간
소상공인 특별지원대출	상시근로자가 10인 미만인 중소기업 (단, 부동산 임대업은 제외)	신용등급별 차등적용 신용등급, 업종, 연간매출액	운전자금 최대 5년, 시설자금 최대 15년

상품명	지원대상	금리		대출기간
			지원한도	
(해내리대출 1)		등 은행의 내부 심사기준에 따라 책정		
i-ONE 소상공인 보증부대출	사업자명의로 인터넷뱅킹을 가입하고 대표자 개인 CB 6 등급 이상인 기업	신용등급별 차등적용	최대 20 백만원 이내	○ 5 년 (거치기간 1 년)
IBK 소상공인 희망대출	신용보증재단으로부터 해당상품으로 특례보증서를 발급받은 기업	상품별 차등적용	상품별 차등적용	○ 5 년이내

6. 국민은행

홈페이지 : http:/www.kbstar.com> 기업 > 대출

전화번호 : 1588-9999

상품명	지원대상	금리		대출기간
			지원한도	
KB 프랜차이즈대출	KB 국민은행이 대출대상 브랜드로 선정한 프랜 차이즈 본사와 계약을 체결한 개인사업자 고객	신용등급, 담보비율 및 거래실적에 따라 차등 적용	총 소요자금 범위내에서 고객 신용등급 및 사업소득 등에 따라 차등 (최대 10 억원 이내)	- 운전자금 ○ 일시상환 : 1 년~3 년 이내 ○ 분할상환 : 5 년이내 (거치기간설정가능) - 시설자금 ○ 일시상환 : 1 년~3 년 이내 ○ 분할상환 : 10 년 또는 15 년 이내

상품명	지원대상	금리 지원한도	대출기간 (거치기간 설정가능)
KB 우수상권 소호대출	KB 국민은행이 선정한 우수상권에 사업을 영위 하고, 부동산을 담보로 제공하는 개인사업자 고객	신용등급, 담보비율 및 거래실적에 따라 차등 적용	- 운전자금 ㅇ 일시상환 : 1 년~3 년 이내 ㅇ 분할상환 : 5 년이내(거치기간설정가능)
		총 소요자금 범위내에서 고객 신용등급 및 사업소득 등에 따라 차등	- 시설자금 ㅇ 일시상환 : 1 년~3 년 이내 ㅇ 분할상환 : 10 년 또는 15 년 이내 (거치기간 설정가능)
KB 일사천리 소호대출	부동산을 담보로 제공하는 개인사업자 고객	신용등급, 담보비율 및 거래실적에 따라 차등 적용	- 운전자금 ㅇ 일시상환 : 1 년~3 년 이내 ㅇ 분할상환 : 5 년이내 (거치기간설정가능)
		총 소요자금 범위내에서 고객 신용등급 및 사업소득 등에 따라 차등 (최대 10 억원 이내)	- 시설자금 ㅇ 일시상환 : 1 년~3 년 이내 ㅇ 분할상환 : 10 년 또는 15 년 이내 (거치기간 설정가능)
KB 소호신용대출	사업기간이 2 년 이상인 개인사업자 고객	신용등급 및 거래실적에 따라 차등 적용 총 소요자금 범위내에서	- 운전자금 ㅇ 일시상환 : 1 년~3 년 이내 ㅇ 분할상환 : 5 년이내

상품명	지원대상	금리		대출기간
		지원한도		(거치기간설정가능)
		고객 신용등급 및 사업소득 등에 따라 차등		
(비대면) KB 디지털 SOHO 맞춤대출	사업기간 1년 이상이며 KB 국민은행 인터넷(모바일)뱅킹으로 대출신청이 가능한 개인사업자 고객	신용등급에 따라 차등 적용 총 소요자금 범위내 - 한도우대형 : 최대 1억원 - 금리우대형 : 최대 5천만원 - 초단기지원형 : 최대 5백만원		- 운전자금(초단기지원형제외) ㅇ 일시상환 : 1년이내 ㅇ 분할상환 : 5년이내 (거치기간설정가능) - 운전자금(초단기지원형) ㅇ 일시상환 : 1개월

Ⅳ. 청년상인 육성

1. 사업소개

상인들의 세대교체 및 젊은 층 고객유입을 위해 미래 전통시장을 이끌어 갈 **청년상인의 창업 지원을 통한 변화와 혁신 유도**

2. 사업개요

(지원규모) : 당해연도 예산에 따른 목표인원 설정

- 지원신청자 중 지원 기준 미충족 시 지원규모에 관계없이 적격자만 선정(결원)하여 지원

(지원대상) : 「전통시장 및 상점가 육성을 위한 특별법」제2조에서 정한 전통시장 및 상점가 내 점포를 활용하여 청년상인(공고일 기준 만 39세 이하, 미성년자 제외) 창업을 희망하는 자

3.지원한도

: 점포당 40백만원 이내

점포당 직접 지원금액이 아니며 지원단 인건비, 운영경비 등 간접사업비를 포함하고 있으며 청년상인당 지원금액 산출을 위한 기초금액

4. 지원내용

시장 내 점포를 활용하여 점포개선, 교육, 홍보, 마케팅, 지원단 운영비용 등 청년창업지원에 필요한 비용 지원

- * 정부지원금 60~100% 이내 지원(임차료 : 국비 100%, 인테리어 비용 : 국비 60%)

- **(창업준비)** 청년 예비창업자를 모집하여 창업에 필요한 기본교육, 창업절차, 세무·회계 교육 제공 등 청년상인의 역량 강화 기회 제공
- **(점포입점)** 창업교육 평가 결과 성적이 우수한 청년상인 대상 **정식점포 입점 지원**
- **(자생력 제고)**청년상인들의 안정적인 정착을 위한 **컨설팅, 공동 마케팅·홍보 등 지원**

<참고> 점포 지원내역

- (보증금) 국비지원불가, 지자체 또는 청년상인 부담
- (임차료) 3.3m2 당 월 110 천원(최대 33m2) 한도, 최대 24 개월 지원
- (운영기반) 점포 노후화 등으로 인한 철거 및 안전보강, 개별 점포까지의 전기 및 수도시설 등의 설치비용으로 인테리어로 볼 수 없는 점포운영 기반조성 비용에 한함
- (인테리어) 3.3m2 당 100 만원 한도(총 소요비용의 60%까지, 최대 33m2)
- (판매 재료비, 집기 등) 국비지원 불가, 청년상인 부담

5. 지원시장 지원절차

1 모집공고	2 서류평가	3 면접평가	4 창업교육·평가	5 창업지원
신청·접수	적격여부 평가 (사업준비도 등)	합숙교육(1박2일) → 평가 (사업성, 상품성, 인성 등)	합숙교육 → 평가 (창업교육 4주, 인큐베이팅 4주)	점포계약 및 창업 (점포오픈 및 마케팅)
청년상인 → 공단	공단, 외부전문가	공단, 전문기관	공단, 전문기관→ 청년상인	공단 → 청년상인

- 창업교육과정(합숙면접평가, 창업교육, 인큐베이팅)별 청년상인 개별평가를 진행하여 과정별 합격점수 미만자는 불합격 처리(불합격자는 다음과정 이수 불가)

6. 의무사항

① 최종 지원대상자 선정 후 점포 입점 시 화재공제 가입 및 화재 감지시설 필수 설치

② 점포 임차 계약 시 2년 계약 원칙

- 임차료 지원 기간 내 폐업 시 사업비 환수 및 지원사업 참여제한 조치 예정

③ 최종 선정 발표 후, 15일 이내 협약* 체결 필수(협약내용 불이행 시 선정 취소)

- 협약내용 : 지원기간 중 영업상태 유지 및 성실의무 등

7. 신청방법

모집공고 기간 내 개별 신청서(사업계획서 및 증빙서류 등)를 작성하여 소상공인시장진흥공단으로 신청

- 모집공고는 소상공인시장진흥공단 홈페이지(www.semas.or.kr)에 상·하반기 2차례 공지

8. 문의처

상권육성실: (042-363-7774, 7972)

V. 고용보험료 지원

1. 사업목적

1인 영세 소상공인의 고용보험 가입을 활성화하고 사회안전망 사각지대를 해소하기 위해 월 고용보험료의 일부(30%)를 2년간 지원하는 사업입니다.

2. 개요

사업 규모 : 12.48억, 10,000명 지원

지원 대상 : "자영업자 고용보험"에 가입한 1인 소상공인 중 *기준보수 1등급(154만원)인 자

- 기준보수 : 보험료와 실업급여 지급의 기준이 되는 보수

- 지원제외 : 유흥·투기조장업종, 전문직 등 일부업종 제외(시행공고 참조)

지원 수준 : 월 고용보험료 34,650 원의 30%(10,400)를 2 년간 지원

신청 기간 : 2018.1.1. ~ 예산 마감 시

3. 지원절차

연중 1 회만 신청하면 지원요건 충족 시 '18 년도 1 월 납부분까지 소급하여 지급

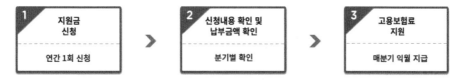

4. 신청방법

방문: 전국 59 개 소상공인지원센터에서 연중 접수

온라인신청

1 인 소상공인 고용보험료 지원신청 홈페이지 (바로가기)

5. 문의처

- 중소기업통합콜센터 (국번없이 1357)
- 컨설팅지원실 : 042-363-7838, 7867

VI. 프랜차이즈

1. 이익공유형 프랜차이즈화 지원 사업

1) 사업목표

이익공유형 프랜차이즈 육성을 통해 가맹본부와 가맹점간의 공정거래 확산 및 정착을 도모

2) 신청자격

정보공개서를 등록하고, 가맹사업을 영위하는 브랜드

3) 이익공유형 프랜차이즈

시스템 구축, 브랜드 디자인. IT 환경 구축 개발비 등 지원

- 국비(90%) + 자부담금(10%)
- 총 사업비의 부가가치세(10%)는 국비에 포함됨(자부담금에는 부가가치세 미포함)

구분	세부내용	지원금액
시스템 구축 (필수)	▪ 이익공유형 사업모델* 및 수행방안 수립을 위한 프랜차이즈 시스템 체계 구축 * 컨설팅 완료 시 이익공유 등 상생방안이 포함된 내용을 정보공개서 및 가맹본부-가맹점 계약서에 등록 필수 ▪ 가맹본부 기존 시스템 점검 및 분석 후 문제점 개선을 위한 전략수립 등	최대 40 백만원 (국비 90%, 자부담 10%)
브랜드 디자인	▪ 브랜드가 가지고 있는 특징을 나타내는 BI . CI ▪ 브랜드를 대표할 수 있는 캐릭터 ▪ 쇼핑백, take-out 용기 등의 포장 디자인 ▪ 트렌드와 효율성을 접목시킨 인테리어 디자인 등	최대 30 백만원 (국비 90%, 자부담 10%)
IT 환경 구축	▪ 모바일 홈페이지 ▪ 웹 홈페이지 등 ▪ 인트라넷 등	최대 30 백만원 (국비 90%, 자부담 10%)

4) 이익공유형 사업모델

아래의 이익공유형 모델을 선택(중복선택 가능)하거나, 이외의 모델 제시 가능

- 이익공유형 모델을 기반으로, 구체적인 실행방법 및 기준 등에 대한 사업모델 구축

- ※ 5 이익공유형 모델
    - ① (가맹점주 지분참여 모델) 가맹본사가 가맹점주에게 가맹본사의 주식을 배당하여 지분참여하도록 허용하여, 사업성공시 성과공유

- ② (차등 로열티 모델) 가맹비를 정액제가 아니라 매출액/영업이익 등에 따라 구간을 정하고, 그 구간에 따라 차등 적용(정률제 로열티)
- ③ (비용절감 모델) 가맹본사에서의 필수구입품목, 상품판매가격 및 가맹비를 협의하여 결정하거나, 공동구매로 가맹점 운영비용을 절감
- ④ (최저수익보장 모델) 가맹점의 매출이 일정기준 이하일 경우 일정기간동안 일정 범위에서 본사에서 손실을 보전
- ⑤ (마케팅지원 모델) 매출부진 가맹점에 대하여, 가맹점의 활성화를 도모하기 위하여 일정기간 동안 가맹본사가 마케팅비용을 부담
- ⑥ (상권공유 모델) 특정 상권 내에 가맹본사와 가맹점 사업자가 공동으로 점포를 개점, 상권침해로 인한 가맹점 매출감소 방지

5) 지원절차

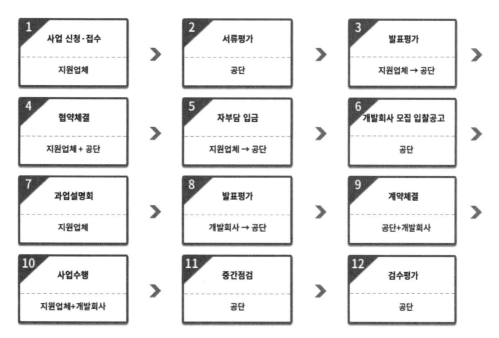

6) 자세한 사항은 여기로 문의하세요

문 의 처 : **유통혁신실** (042-363-7753,7754)

2. 성장형 프랜차이즈 지원 사업

1) 사업목표

성장가능성이 큰 소상공인 및 중소프랜차이즈의 성장기반을 마련하여, 경쟁력있는 가맹본부를 집중육성

2) 신청자격

직영점 1 개와 가맹점 20 개 미만을 운영중인 소상공인 및 중소프랜차이즈 가맹본부

- 직영점 1 개는 공고일 현재('18.2.14) 운영기간이 최소 1 년 이상, 가맹점은 0~19 개

'17 년 수준평가 II~IV등급 중 가맹점 50 개 미만을 운영중인 브랜드

3) 성장형 프랜차이즈

시스템 구축, 브랜드 디자인. IT 환경 구축 개발비 등 지원

- 국비(70~80%) + 자부담금(20%~30%)
- 총 사업비의 부가가치세(10%)는 국비에 포함됨(자부담금에는 부가가치세 미포함)

구분	세부내용	지원금액
시스템 구축	▪ 가맹본부 체계 구축 및 사업모델 재구축, 성장전략 등 프랜차이즈 시스템 체계 구축 ▪ 가맹본부 기존 시스템 점검 및 분석 후 문제점 개선을 위한 전략수립 등	최대 20 백만원 (국비 80%, 자부담 20%) * 수준평가 연계는 국비 70%, 자부담 30%
브랜드 디자인	▪ 브랜드가 가지고 있는 특징을 나타내는 BI . CI ▪ 브랜드를 대표할 수 있는 캐릭터	최대 20 백만원 (국비 80%,

구분	세부내용	지원금액
	▪ 쇼핑백, take-out 용기 등의 포장 디자인 ▪ 트렌드와 효율성을 접목시킨 인테리어 디자인 등	자부담 20%) * 수준평가 연계는 국비 70%, 자부담 30%
IT 환경 구축	▪ 모바일 홈페이지 ▪ 웹 홈페이지 등	최대 20 백만원 (국비 80%, 자부담 20%) * 수준평가 연계는 국비 70%, 자부담 30%

4) 지원절차

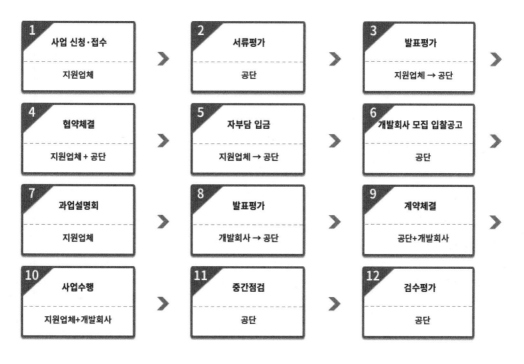

5) 문의 사항

문 의 처 : **유통혁신실** (042-363-7753,7754)

Ⅷ. 나들가게

1. 사업소개

나들가게란 이웃처럼 친근감이 있는 동네수퍼마켓의 정서를 담은 이름으로 「정이 있어 내집 같이 편하고, 나들이하고 싶은 마음으로 가고 싶은 가게」라는 뜻을 가지고 있습니다.

나들가게 육성지원사업은 골목수퍼가 스스로의 변화와 혁신을 통하여 경쟁력을 갖출 수 있도록 나들가게 점주 교육, 맞춤형 사후관리 서비스, 상품 구매 보증, 부가서비스 등을 지원하는 사업입니다.

2. 지원내용

지원구분	지원내용	지원대상
POS 프로그램	▪ 점포유형별 맞춤형 POS프로그램 설치 및 교육 지원	정상 영업 중인 전국 나들가게 중 나들가게 POS 프로그램을 활용중인 점포
엠블럼	▪ 나들가게 인증 엠블럼 설치	
점포회생 프로그램	▪ 부실징후 점포 대상으로 전문 컨설턴트의 맞춤형 경영지도	
공동세일전	▪ 연 2회(설명절, 추석명절 등) 이상 '나들가게 공동세일전' 지원 및 참여기회 제공	
상품공급사	▪ 7개의 상품공급사 상품정보 실시간 제공('18.6월기준)	

지원구분	지원내용	지원대상
부가서비스	• 기저귀 바우처, 그린포인트 적립, 택배서비스, 교통카드 충전서비스 등	
자금대출	• 경영안정자금 융자 (정책자금 연계)	
상품구매 이행보증보험	• 최대 3천만원 한도 SGI서울보증의 이행보증상품 지원 및 보증수수료 지원	
나들가게 육성 선도지역 지원사업	• 나들가게 선도지역으로 선정된 지자체에서 실시하는 각종 사업* 참여기회 제공 * 나들가게 모델숍, 건강관리, 교육, 지역특화상품 개발·보급 등	

3. 사업은 이렇게 처리됩니다.

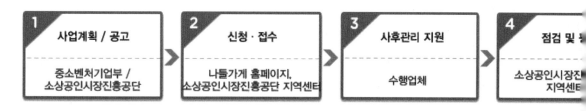

4. 신청·접수

　　나들가게 홈페이지(소상공인시장진흥공단 지역센터에서도 접수 가능)

　　　• '18. 3 월부터 예산 소진시 까지

5. 심사·평가 주요내용

　　나들가게 정상영업 여부, POS 사용 여부 등

- 상품구매 보증보험은 점주 신용도에 따라 발급한도 제한 가능

6. 신청서류

지원신청서, 개인정보 활용동의서

- 지원신청서는 나들가게 홈페이지(www.nadle.kr)에서 작성

7. 문의사항

나들가게 고객센터 : 국번 없이 1566-9082

중소기업통합콜센터(국번없이 1357)

소상공인시장진흥공단 **유통혁신실** : (042) 363-7741~5

홈페이지 : **나들가게** (www.nadle.kr)

신용보증재단중앙회

Ⅰ. 개요

신용보증재단은 지방자치단체가 운영하며 서울신용보증재단, 경기신용보증재단 등 수도권에서 자금집행규모가 크다. 하지만 그만큼 기업의 숫자가 절대적으로 많기 때문에 자금의 집행은 오히려 충청도, 전라도 지역 등 지역의 보증재단에서 규모가 크게 집행되는 경우가 많다. 신용보증기금 혹은 기술보증기금 등 보증기관에서 받는 보증서와는 별도로 지역보증재단의 보증서 역시 받을 수 있기 때문에 기업의 자금계획에서 중요한 위치를 차지한다. 지자체가 운영하는 만큼 지역별로 파격적으로 낮은 이자율과 높은 한도를 제공하는 경우도 있으므로 수시로 기관의 홈페이지 혹은 기관 담당자에게 면담을 받는 것이 좋다.

- 주의사항 -

- 최근 신용보증서를 발급받게 해 주겠다며 일부 컨설팅업체, 알선업자 또는 브로커가 부당하게 개입해 정책자금 관련서류를 대신 작성하거나 허위로 작성하고 금품을 요구하는 사례가 발생하고 있습니다.
- 이러한 사실이 적발될 경우 형사상 처벌받을 수 있으며, 보증서가 발급된 이후라도 대출금을 환수할 수 있으므로 주의하시기 바랍니다.

불법 브로커 신고전화
전국 어디서나 **1588-7365**   금융감독원 **1332**

불법 브로커를 발견하신 경우에는 지체없이 신고하여 주십시오.

Ⅱ. 사업자보증

1. 이용안내

    1) 신용보증안내

신용보증제도

물적 담보력은 미약하나 사업성, 성장잠재력, 신용상태가 양호한 지역 소기업 · 소상공인등에

대한 채무보증을 통해 이들기업들이 금융기관으로부터 원활하게 자금을 조달할수 있도록

함으로써 경영안정을 도모하여 지역경제 활성화에 기여하는 제도

지역신용보증재단

중앙정부와 해당 시,도가 재원을 마련하여 지역신용보증재단법에 의해 설립한 비영리

특별법인으로 현재 광역자치단체별로 16개 신용보증재단을 설치, 운영

2) 신용보증대상

보증대상

본사나 주사업장이 해당지역 신용보증재단의 관할지역내에 소재하고 사업자등록증을 득한

소기업·소상공인

보증금지

- 보증기관이 보증채무를 이행한 후 채권을 회수하지 못한 기업 및 신용보증 사고기업
- 위 기업의 과점주주와 무한책임사원이 영위하는 기업 또는 이들이 대표자로 되어 있는 기업

보증제한

- 휴업중인 기업
- 금융기관 대출금을 빈번하게 연체하고 있는 기업
- 사업성이 낮은 기업
- 부실자료 제출 기업
- 금융기관이나 지역신용보증재단에 손실을 입힌 기업

- 보증금지기업의 연대보증인인 기업 또는 연대보증인이 대표자로 되어 있는 법인기업
- 보증제한업종을 영위하는 기업(도박장, 주점업 등 유흥·사치업)
- 기타 신용상태가 불량하다고 판단되는 기업

3) 보증종류

대출보증

- 기업이 금융기관으로부터 각종 자금을 대출받을 때 담보로 이용되는 보증입니다.
- 보증대상채무 : 운전자금 및 시설자금대출

지급보증의 보증

- 기업이 금융기관으로부터 지급보증을 받을 때 담보로 이용되는 보증입니다.
- 보증대상채무 : 대출지급보증, 기타 각종 지급보증

시설대여 보증

- 기업이 시설대여회사로부터 기계·기구 등 필요한 시설을 대여 받을 때 담보로 이용됩니다.
- 대상채무 : 시설대여계약에 따라 부담하는 규정손해금

어음 보증

- 기업이 상거래의 담보 또는 대금결제수단으로 주고받는 어음에 대한 지급보증입니다.
- 지급어음보증, 받을어음보증, 담보어음보증

이행보증

- 기업이 건설공사·물품공급 · 용역제공 등을 위한 입찰참가 또는 계약체결시에 납부하여야 할 각종 보증금에 갈음하여 이용되는 보증입니다.
- 보증대상채무 : 입찰보증금, 계약보증금, 하자보수보증금 등

2. 보증절차

   1) 보증신청

보증신청

보증신청은 가까운 지역신용보증재단이나 협약 은행으로 방문하시면 됩니다.

신청서류

- 신용보증신청서

- 주민등록등본

- 사업장 및 거주주택의 부동산등기부등본 (임차인 경우는 임대차계약서)

- 금융거래확인서 재무제표 (신청기업 제시 또는 회계사 확인)

- 기업실태표 법인등기부등본(법인인 경우)

- 재단마다 제출서류는 다소 차이가 있습니다.

국세청 발급자료 제출안내

온라인 전송시스템(FIND SYSTEM, 한국기업데이터(주)을 이용하여 제출 가능합니다.

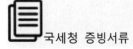
국세청 증빙서류

- 사업자등록증명

- 납세증명서

- 납세사실증명서

- 부가가치세 과세표준증명

- 부가가치세 면세사업자 수입금액증명

- 표준재무제표증명

2) 신용조사

예비확인

- 보증신청서가 접수되면 지역신용보증재단에서는 신청 기업에 대한 신용조사자료를 수집하고 제출하신 서류 진위확인을 시작합니다.

현장확인

각 사업장 관할 지역신용보증재단에서는 고객님의 사업장으로 찾아갑니다. 현장확인시에는 다음의 내용을 점검합니다.

- 신용조사 자료, 제출 서류와 사업장 현황 확인

- 대표자 등 경영진의 경영능력 및 사업의지

- 사업장의 영업 현황

- 기타 추가 확인사항

3) 보증심사

심사기준표

- 기업의 신용도, 사업전망, 보증신청금액의 타당성 등을 종합적으로 검토하기 위하여 신청내용 및 금액에 따라 소액심사, 표준심사, 정식심사 방법을 선택적으로 적용하여 심사하고 있습니다.

 **보증금액 결정**

- 보증금액은 일정한 기준에 의하여 산출된 보증한도금액 범위 내에서 기업의 규모·자금용도·신용도 등을 종합적으로 감안하여 결정됩니다.

4) 보증서발급

보증서가 발급되면 재단에서 개별적으로 연락을 해 드립니다. 보증서를 가지고 가까운 은행에 방문하시면 담보가 없어도 쉽고 저렴하게 대출을 받으실 수 있습니다.

3. 일반보증

보증한도 (동일기업당 보증한도는 최고8억원)

운전자금

제조업 · 제조관련 서비스업 : 연간 매출액의 1/3~1/4 이내

기타업종 : 연간 매출액의 1/4~1/6 이내

시설자금

당해 시설의 소요자금 범위내

소상공인 창업 및 경영개선자금(최고 7천만원)

소상공인 신용평가시스템상의 보증한도액이내

보증료

신용도, 보증금액, 보증기한 등에 따라 0.5 ~ 2.0% 차등 적용

보증기간이 1년을 초과하는 경우, 1년마다 분할 납부 가능

4. 특례보증

1)시니어창업

시니어창업 특례보증

시행목적

베이비붐 세대의 본격적인 은퇴시기 진입에 따라 중장년층의 창업을 촉진·지원하여 일자리 창출 및 서민생활 안정 도모

대출취급은행

기업은행

대상기업

신용보증신청서 접수일 현재 대표자(실제경영자가 있는 경우 실제경영자 기준)가 만 40세이상으로서 창업 후 7년이내의 중소기업
*대표자가 2인 이상일 경우, 어느 1인이 만40세 이상이면 보증대상으로 운용
*사업개시일: 개인기업은 사업자등록증상 개업년월일, 법인기업은 법인등기사항 전부증명서(법인등기부등본)상 회사성립 연월일

보증한도

같은기업당 5천만원 이내

보증비율

100% 전액보증

보증기간

5년(1년 거치 4년 매3개월 원금균등분할상환)

시행기간

2012.4.2 ~ 사업종료시

2) 재도전지원

재도전지원 특례보증

시행목적

도덕성에 문제가 없는 성실실패자 및 법적채무 종결기업 등에 대해 재기지원 가능성을 평가하여
재도전 기회를 제공하고 창업생태계 활성화 도모

대출취급은행

재단과 보증부여신 운용에 관한 협약(유사명칭 포함)을 체결한 금융기관

대상기업

아래의 어느 하나에 해당하는 기업

1) 성실실패자

 ① 대위변제기업: 재단이 보증채무를 이행한 후 구상채권의 변제를 받지 못한 기업

 ② 재도전 기업주 * 가 운영 중인 기업

　　　　보증한도 표

　　　　*재도전 기업주 : 재단의 구상채무에 대하여 변제책임이 있는 다음 각 목의 어느 하나에
　　　　는 자를 말함

　　　　 1. 재단 대위변제기업이 개인기업인 경우: 대위변제기업의 대표자, 공동경영자, 실제경영자

　　　　 2. 재단 대위변제기업이 법인기업인 경우: 대위변제기업의 대표이사, 실제경영자, 무한책임

2) 신용평가시스템 상 B등급 이상인 법적채무 종결기업 등

 ① 법적채무 종결기업 *

　　　　보증한도 표

　　　　*법적체무 종결기업: 아래 각 호의 어느 하나에 해당하는 기업을 말함.

　　　　 1. 「채무자 회생 및 파산에 관한법률」에 따른 파산면책결정 확정자 또는 회생절차 및 기
　　　　절차를 완료한 자.
　　　　　　다만, 파산이후 면책결정이 없이 파산절차가 종결된 법인 기업은 제외

　　　　 2. 위 1호에 해당하는 자가 대표자 또는 실제경영자로 되어 있는 기업

② 재단 대위변제기업의 연대보증인("재도전 기업주" 제외)이 별도로 영위하는 기업

보증한도

같은 기업당 1억원 이내로 운용

*본 특례보증의 같은기업당 신규보증금액이 2천만원 이하인 경우 한도사정 생략

**보증신청기업이 음식·숙박, 도소매업의 경우 본 보증의 같은기업당 신규보증 지원한도는 2천만원 이내로 운용

보증비율

100% 전액보증

보증료율

연2.0%(고정)

보증기간

5년 이내

시행기간

2014. 5. 28 ~ 별도통보 시 까지

3) 장애인기업

장애인기업 특례보증

시행목적

- 장애인기업에 대한 금융지원 확대로 장애인기업에 대한 경영안정 및 성장지원을 통해 장애인의 사회적·경제적 자립을 도모하고 고용 기회를 확대

대출취급은행

- 광주은행, 국민은행, 기업은행, 농협은행, 대구은행, 부산은행, 신한은행, 우리은행, 하나은행, SC 은행 등

대상기업

- 대상기업 : 사업자등록을 한 후 영업(가동)중인 장애인기업

    ○ 단, 같은기업당 재단보증금액 50 백만원 초과시 업력 6 개월 이상일 것

  장애인기업 : 기업 또는 대표자(실제경영자 포함)가 다음 각목의 어느 하나에 해당하는 중소기업
  가. 장애인복지법 제2조 및 동법 시행령 제2조에 의거 지자체로부터 장애인등록증을 받은자
  나. 국가유공자등예우및지원에관한법률 제6조의4 및 동법 시행령 제14조3항에 의거 국가보훈처로부터 상이등급을 받은 자
  다. 고엽제후유의증 등 환자지원 및 단체설립에 관한 법률 제7조제7항에 의거 장애등급에 해당하는 것으로 판정된 자

보증한도

- 같은기업당 재단보증금액 1 억원 이내

보증비율

- 같은기업당 재단보증금액 20 백만원 이하 : 100% 전액보증

- 같은기업당 재단보증금액 20 백만원 초과 : 90% 부분보증

보증료율

- 연 0.7% 이내

보증기간

- (운전자금) 7 년 이내, (시설자금) 대출기한 이내

시행기간

- 2008. 7. 1 ~ 별도 통보시

4) 재해중소기업

재해중소기업 특례보증

시행목적

- 전국 또는 특정지역내의 공장, 점포 및 시설이 재해로 파손되거나 유실되어 피해를 입은 재해중소기업에 대하여 신속한 보증지원을 통한 경영정상화 도모

대출취급은행

- 전 금융회사

대상기업

- 재해로 인하여 피해를 입은 중소기업 및 소상공인 중 정부, 지자체 등으로부터 "재해중소기업 확인증" 또는 "피해사실 확인서" 등을 발급받은 기업

보증한도

- 기보증 금액에 불구하구 다음 1),2) 중 적은 금액

  1) 70 백만원(단, 제조업은 100 백만원)

  2) 재해관련 피해금액 또는 재해복구 소요자금

보증금액사정

- 운전자금 : 피해금액(또는 재해복구 소요자금) 범위내에서 사정 생략

- 시설자금 : 피해금액 범위내에서 당해 시설소요자금 범위내

  * 대상채무 : 재해중소기업이 금융회사 등으로부터 지원받은 재해복구자금

보증비율

- 100% 전액보증

보증료율

- (특별재해) 연 0.1%, (일반재해) 연 0.5%

시행기간

- 상시기준으로 운용기한 없음

5) 수출기업 지원 특례보증

수출기업 지원 특례보증

시행목적

- 수출환경 악화로 경영애로를 겪고 있는 수출기업에 대한 신속한 자금지원을 통해 수출경쟁력 강화 및 수출시장 기반 확대

대출취급은행

- 농협은행, 우리은행, 하나은행, 기업은행, 국민은행, 신한은행, 대구은행, 부산은행, 광주은행, 경남은행, 제주은행, 전북은행

대상기업

- 보증신청 접수일 현재 사업자 등록 후 사업을 영위(가동)중인, 수출실적이 있는 수출기업 또는 수출예정인 잠재수출 기업

보증한도

- 본건 최대 2억원

보증비율

- 100% 전액보증

보증료율

- 연 0.8% 이내

보증기간

- 5 년 이내

시행기간

- 2016. 07. 18 ~ 2018. 12. 31 (한도소진시 까지)

6) 최저임금 경영애로기업 지원

최저임금 보장에 따른 경영애로기업 지원 특례보증

시행목적

- 최저임금 보장에 따른 인건비 부담으로 경영애로를 겪고 있는 소기업·소상공인 등에게 긴급 자금지원으로 경영안정 도모

대출취급은행

- 농협은행, 우리은행, 하나은행, 기업은행, 국민은행, 신한은행, 대구은행, 부산은행, 경남은행, 제주은행, 전북은행, 광주은행,SC 은행

지원규모

- 1 조원

대상기업

- 일자리안정자금 수급기업 : 신용보증신청 접수일 현재 사업자 등록 후 가동(영업) 중으로, 정부의 "일자리안정자금"을 수급 중인 중소기업

- 최저임금 준수 근로자 고용기업 : 신용보증신청 접수일 현재 사업자 등록 후 가동(영업) 중으로, `18년 최저임금 준수 근로자를 1개월 이상 고용(근로자가 배우자인 경우 제외)중인 소기업·소상공인

   보증한도

- 일자리안정자금 수급기업 : 최대 7천만원 이내(기보증금액포함 최대 3억원이내)

- 최저임금 준수 근로자 고용기업 : 최대 5천만원 이내(기보증금액포함 최대 2억원이내)

   보증비율

- 100% 전액보증

   보증료율

- 연 0.8% 이내

   보증기간

- 5년 이내

   시행기간

- 2018. 2. 9 ~ 2018. 12. 31.(또는 한도소진 시 까지)

   7) 사회적 경제기업

사회적 경제기업 특례보증

   시행목적

- 사회적기업 육성을 통해 취약계층에게 사회서비스 제공 또는 일자리 창출을 확대하여 지역주민의 삶의 질 향상 및 사회통합 도모

- 취약계층 일자리 및 사회서비스 제공, 창업 활성화 등에서 중추적인 역할을 할 협동조합, 마을기업, 자활기업에 대한 보증지원을 통해 지역경제발전 도모

대출취급은행

- KB 국민,IBK 기업,NH 농협,신한,우리,KEB 하나,경남,광주,대구,부산,전북은행

대상기업

- 사회적기업

    o 고용노동부 인증 사회적 기업

        -영리사회적기업 : 중소기업기본법 제 2 조에 의한 중소기업

        -비영리사회적기업 : 중소기업기본법시행령 제 3 조제 2 항에 의한 중소기업

    o 지자체 및 정부부처 지정 예비사회적기업

- 협동조합기본법 제 2 조에 의한 협동조합, 협동조합연합회, 사회적협동조합, 사회적협동조합연합회

- 행정안전부가 지정한 마을기업

- 국민기초생활보장법에 의한 자활기업

    * 단, 재보증 제한기업(재단의 보증금지기업 및 보증제한기업 포함), 신용보증기금과 기술보증기금을 동시에 거래중인 기업은 제외

보증한도

- 같은 기업당 4 억원이내(본건, 재단 기보증, 신용보증기금 또는 기술보증기금의 보증잔액을 포함하여 4 억원 이내 운용)

보증비율

- 100% 전액 보증

보증료율

- 연 0.5%

보증기간

구분	기간	상환방법
일시상환 대출	1년	최대 5년까지 1년 단위 기한연장 가능
분할상환 대출	5년	1년 거치 4년 분할상환(월단위 원금균등분할상환)

시행기간

- 2018.02.22 ~ 2018.12.31(또는 한도소진시 까지)

5. 햇살론(사업자)

　　1) 대환자금

대출대상

- 기본요건: 햇살론 신청자격을 만족하는 자영업자, 농림어업인(성실상환자 제외)

- 추가요건

　　　○ 신청일 기준으로 3개월이 경과한 대부업체·저축은행·캐피탈사·신용카드사의 연이율 20%이상 고금리채무를 정상 상환중인 자

　　　○ 소득대비 채무상환액 비율이 40%를 초과하지 않을것

대상채무

- 대부업체, 캐피탈사, 저축은행의 정상상환중인 연이율 20%이상의 고금리 채무

대출한도

- 3천만원(대출원금 기준)이내에서 중앙회 및 재단의 기보증에 의한 대출금액을 차감한 금액과 대환대상 고금리 채무 잔액 중 적은 금액을 적용합니다.

- 추가요건

  o 신청일 기준으로 3개월 이전에 대출받은 연이율 20%이상 고금리채무를 정상 상환 중일 것

  o 소득대비 채무상황액 비율이 40%를 초과하지 않을것

개인신용등급에 따른 대출한도 적용배제

보증기간 및 상환방법

- 거치기간 없이 5년 이내에서 연 단위로 채무자가 정하는 기간동안 원금균등분할상환

기타

- 대출한도 이내에서 생계·운영자금과 중복대출허용

구비서류

구분	구비서류
자영업자	<ul><li>본인확인서류(주민등록등본)</li><li>사업사실확인서류(사업자등록증, 임대차계약서, 무등록소상공인</li></ul>

구분	구비서류
	확인서 등)
채권기관 준비 서류	• 대환대출 대상 채무내역서 • 신용정보 열람 신청서

2) 사업운영자금

대출대상

영업 중인 자영업자, 농림어업인

최소 경력요건 배제

대출한도

최고 2천만원 한도 내에서 '햇살론 소상공인 평가표'에 의해 평가된 점수별 평가등급에 따라 대출한도가 달라집니다.

사업운영자금 대출한도

평가점수*	평가등급	대출한도
249~384	1등급	2,000만원
184~248	2등급	1,500만원
147~183	3등급	1,200만원

평가점수*	평가등급	대출한도
119~146	4등급	1,100만원
98~118	5등급	1,000만원
73~97	6등급	800만원
56~72	7등급	700만원
30~55	8등급	600만원
12~29	9등급	500만원
0~11	10등급	400만원

햇살론 소상공인 평가표에 의해 평가된 점수

보증기간 및 상환방법

5년(1년 거치 4년 이내 원금 균등분할 상환)

보증료

대출금액의 연 1.0% 이내에서 결정

구비서류

구분	구비서류
자영업자	• 본인확인서류(주민등록등본)

구분	구비서류
	• 사업사실확인서류(사업자등록증, 임대차계약서, 무등록소상공인 확인서 등)

3) 창업자금

대출대상

- 정부·지방자치단체로부터 창업교육·컨설팅을 이수한 후 창업 중이거나, 개업일로부터 1년이내 창업자
- 무등록·무점포에서 유등록·유점포로 전환하여 창업 중이거나 창업을 완료한 사업자등록일로부터 3개월 이내의 자영업자

대출요건

- 창업교육 이수기준 12시간 (장애인 사업자 10시간)이상 이수
  - (교육기관)소상공인시장진흥공단, 창업진흥원, 서울산업진흥원 등
- 창업요건 : 사업장 확보 및 사업자등록을 마친 후 개업한지 1년 이내이어야 함 (단, 무등록 ·무점포 자영업자는 개업한지 3개월 이내)

대출한도

- 사업장 마련을 위한 임대차 계약서를 제출하는 경우 5천만원 범위 내에서 임차보증금을 대출하고,
- 필요한 경우 5천만원에서 임차보증금을 제외한 나머지 한도 내에서 운영자금까지 지원하여 창업을 지원

  임차보증금이 1천만원을 초과하는 경우에 도덕적 해이를 방지하기 위해 임대인의 승낙서를 접수하여 임차보증금 반환청구권을 담보로 취득

보증기간 및 상환방법

- 5년(1년 거치 4년 이내 원금 균등분할 상환)

보증료

- 대출금액의 연 1.0% 이내에서 결정

구비서류

구분	구비서류
자영업자	- 본인확인서류(주민등록등본) - 사업사실확인서류(사업자등록증, 임대차계약석, 무등록소상공인 확인서 등)

Ⅲ. 재보증

1. 재보증 업무개요

원보증기관(지역신용보증재단)의 기본재산 건전성 유지를 위해 원보증기관이 소상공인등에 대하여

보증한 금액의 일정비율을 재보증기관(중앙회)이 재보증하고, 원보증기관이 금융기관에

대위변제후, 회수하지 못한 채권에 대하여 재보증비율에 해당하는 금액을 재보증기관이

원보증기관에 지급하는 제도

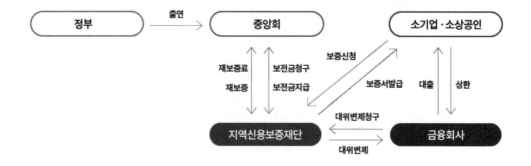

2. 재보증 운영체계

근거법률

지역신용보증재단법 제 35 조의 5

운영체계

- 지역신용보증 재단법령
- 재보증업무방법서 (운영위원회 의결 및 궁가청장 승인)
- 재보증업무방법서 (운영위원회 의결)
- 재보증계약서

계약방식

중앙회와 재단간 개별 및 포괄 약정방식 계약

재보증 계약의 주요내용

- 재보증 계약기간 : 1 년 (매년 재계약)

- 재보증 대상 : 소기업 등의 금전채무에 대한 보증

- 재보증한도 : 업체당 4 억원

- 재보증 비율 : 일반 30% ~ 50%, 특례 80%이내

- 보전금 청구시기 : 원보증채무 이행일로부터 2 개월 경과 후, 5 년 이내

서울신용보증재단

Ⅰ. 신용보증

1. 보증이용안내

1) 신용보증 이용안내

담보가 부족한 소기업/소상공인 등이 금융회사로부터 사업장 운전자금을 대출받고자 할때, 재단에서의 종합적 심사를 통한 신용보증서를 발급, 금융회사에 담보로 제공합니다. 따라서 금융회사로부터 대출을 받을 때 필요한 담보문제를 해소하여 보다 원활하게 자금을 융통하실 수 있습니다.

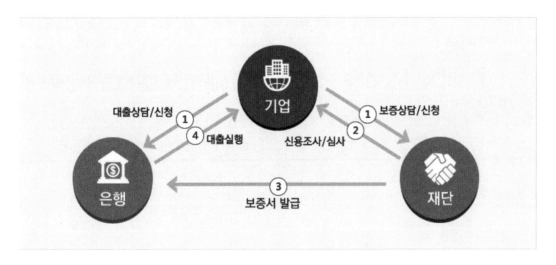

01. 상담 및 신청

• 신용보증을 위한 기초심사 후 평가에 필요한 서류 제출
• 상담방법 : 지점 방문상담, 인터넷을 통한 무방문 보증상담

02. 신용조사

• 기업의 경영상태, 자금상황, 경영진의 경영능력 등을 종합적으로 파악 (예비조사, 현장조사)

03. 보증심사

• 기업의 신용상태 및 사업성 등을 종합적으로 검토
• 신용보증 지원여부 및 지원가능 금액 결정
  - 보증금액 5천만원 이하 : 소액심사
  - 보증금액 5천만원 초과 : 일반심사

04. 보증서 발급

• 보증약정체결, 보증료 납부
• 신용보증서 발급

2) 신청자격

   (1) 보증대상기업

      대상기업

- 「중소기업본법」제 2 조에따른중소기업및「소상공인보호및지원에관한법률」제 2 조에따른소상공인으로,
- - '본점과주사업장(공장)이서울특별시에소재하는소기업등' 또는
- - '본점은서울특별시에있고주사업장(공장)은경기도및인천광역시내에소재하는소기업등'

      대상 업종

- - 전업종대상

- 단재보증이성립되지않는사치성, 불건전오락사업,
  산업파급효과및국민경제기여도가낮은불요불급한업종은제외

(2) 보증금지기업

다음에해당하는기업에는신용보증을금지하고있습니다.

- 저희재단또는다른지역신용보증재단, 신용보증기금,
  기술신용보증기금이보증채무를대신갚아준 (대위변제)후채권을
  회수하지못한기업
- 위기업의이사(또는업무집행사원)
  중과점주주(또는무한책임사원)이영위하는기업또는이들이대표자로되어있는법인기업
- 위기업이개인기업인경우그개인(공동대표자포함)이대표자로되어있는기업

(3) 보증제한기업

다음에해당하는업종은보증을제한하고있습니다.

보증제한기업

- 휴업중인기업
- 금융기관의대출금을빈번히연체하고있는기업- **최근 3 개월이내**
  30 일이상계속된연체대출금을보유하였거나또는 10 일이상계속된연체대출금을
  4 회이상보유한기업
- 금융기관의금융거래확인서기준일현재연체중인기업
- 기업또는대표자가전국은행연합회의
  "신용정보관리규약"에의한신용도판단정보가등록되어있는기업
- 저희재단, 다른지역신용보증재단및신용보증기금,
  기술보증기금이보증채무를이행한후채권을회수하지못한기업의연대보증인인기업및연대보증
  인이대표자로되어있는법인기업
- 부실자료제출기업으로서보증제한기간이경과하지아니한기업
- 다른지역신용보증재단에서이미보증을받고있는기업
- 저희재단과신용보증기금, 기술보증기금이규제중인신용보증사고기업-
  이기업의연대보증인이거나연대보증인이대표자인법인기업포함
- 재보증기관과체결한재보증기본계약서에서정한
  "재보증제한대상업종"에대하여보증신청한기업

제한대상채무

- 기대출금(이미발생한대출금을보증하는경우, 지급보증포함)
- 기대출금(지급보증및지급보증대급금포함)회수를위한신규대출금(지급보증포함)
- 시설대여가개시된시설대여채무

기타제한 대상

- **중복보증제한**- 다른보증기관(신용보증기금, 기술보증기금)에보증잔액이있는기업
- **신용력악화징후기업에대한보증제한**

  - 보증신청기업의당해기업, 대표자, 실제경영자가신청일기준최근
  3개월이내여신전문업법및상호저축은행법에의해
  설립된기관모두합하여 3개이상의기관으로부터대출받은경우

  - 보증신청기업의당해기업, 대표자, 실제경영자가심사일현재
  4개이상의기관으로부터신용카드현금서비스받았거나,
  그받은금액의합계액이 10백만원을초과하는경우

- **최근결산재무제표상자기자본전액잠식기업**
- **보증심사기본항목에저촉되는기업**

  - 신청일현재연체대출금을보유한기업

  - 당해기업, 대표자, 실제경영자가당좌부도있는경우

  - 당해기업, 대표자, 실제경영자가신용도판단정보에등록된경우

  - 당해기업, 대표자,
  실제경영자가자가사업장또는자가주택에가압류등권리침해사실이있는경우

(4) 보증제한업종

- 담배중개업
- 골동품, 귀금속중개업
- 잎담배도매업
- 주류도매업 - 다만,
  주류중개업면허(나)를보유하고체인사업자지정서또는소상공인진흥원의체인사업자평가서
  를받은경우제외
- 담배도매업
- 모피제품도매업. 단, 인조모피제품도매업제외
- 일반유흥주점업
- 금융업

- 부동산업. 단, 부동산관련서비스업은제외
- 보험및연금업
- 금융및보험관련서비스업. 단, 손해사정업, 보험대리및중개업제외
- 신용조사및추심대행업
- 무도장운영업
- 골프장운영업
- 기타갬블링및베팅업
- 터키탕업및안마시술소
- 방문판매등에관한법률제2조제6호의다단계판매자가동조제5호에서정한다단계판매(업)
  를영위하는경우
- 무도유흥주점업
- 업종을변형하여운영되는도박, 향락등불건전업종, 기타국민보건,
  건전문화에반하거나사치·투기조장등우려가있다고중앙회장이지정한업종

3) 보증종류

구분	내용	보증대상채무	보증상대기관
대출보증	은행을비롯한금융회사로부터각종자금을대출받 을경우담보로이용되는보증입니다.	• 할인어음, 당좌대출등을포함한금융회사의운전자금및 • 시설자금대출	시중은행, 특수은행
비은행대출보증	비은행금융회사또는기타대출기관으로부터각종 자금을대출받을경우담보로이용되는보증입니다.	할인어음, 당좌대출등을포함한비은행금융회사의운전자금및시설자금대출	여신전문금융회사, 농협, 수협, 중소기업진흥공단등
이행보증	기업이공사, 물품의공급, 용역의제공등을위한 계약의체결에수반하여부담하는각종보증금의 지급채무에대한보증입니다.	이행입찰보증이행계약보증 이행차액보증이행지급보증 이행하자보수보증	금융회사정부지방자치단체 정부투자기관
어음보증	기업이상거래와관련하여주고받는지급어음, 받을어음및담보어음에대해지급을보증하여 드림으로써기업이편리하고안전하게상거래를 할수있도록도와드리는보증제도입니다.	받을어음보증지급어음보증 담보어음보증	상거래상대처

구분	내용	보증대상채무	보증상대기관
지급보증의보증	금융회사로부터각종대내외지급보증을받기위한 담보로이용되는보증입니다.	금융회사의각종 대내외지급보증	금융회사
시설대여보증	기업이시설대여업자등으로부터기계, 기구등의 시설을대여받는경우담보로활용되는보증입니다	기업이시설대여계약에의해 시설대여업자등에부담하는 규정손해금	여신전문금융회사 중소기업진흥공단
납세보증	기업이납부하여야할국세, 지방세와관련, 세무관서로부터납세고지유예, 징수유예및 분할납부등의혜택을받고자할경우담보로이용되 는보증입니다.	기업이납부해야할국세와 지방세	국세,지방세세무서세관장 또는지방자치단체의장

4) 이용기업 필독사항

신용보증서 담보 대출금의 기일내 상환 및 신용관리 철저

- 신용보증서를담보로한보증부대출의원금및이자기일내상환
- 신용보증이용기간중에기업경영, 금융거래등신용관리철저

보증료

- 신용보증서에대하여법령에서정한일정율의보증료등을납부

휴/폐업 및 사업장이전 등 변경내용 신고의무

- 사업자등록의휴/폐업신고, 대표자및상호변경,
  사업장및거주지이전,전화번호변경등의사유발생시
  재단담당자에게통지, 관련서류제출

가압류 등 사전구상권 행사사유 (신용보증약정서 제5조 사전구상 내용)

- 고객님께서재단의보증이용중다음의사항이발생되면부득이고객님과고객님을위해연대보증하신분의
  재산에대하여사전안내없이가압류등의채권보전조치를할수있습니다.

- 고객님의재산에압류, 가압류, 가처분, 경매의신청또는회생절차, 파산절차, 개인회생절차 개시의신청이있는때또는청산에들어간때
- 폐업하였거나조업중단등으로계속적인영업이곤란한때
- 어음교환소로부터거래정지처분을받을사유가발생한때
- 전국은행연합회의
  "신용정보관리규약"에의한연체·대위변제·대지급·부도정보(관련인정보포함), 금융질서문란정보, 공공기록정보의등록사유가발생한때
- 신용회복위원회에개인신용회복지원을신청하였거나절차가진행중인때
- 금융기관으로부터신용보증사고통지또는보증채무이행청구가있을때
- 기타신용상태가크게악화되어객관적으로채권보전이필요하다고인정되는때

2. 보증절차안내

1) 보증상담신청

보증상담신청

- **인터넷보증상담신청**고객이서울신용보증재단홈페이지 (사이버지점)를통해신용보증상담을신청하는방법입니다.

무방문신용보증 신청

무방문신용보증신청개요

고객님께서영업점방문없이편리하고신속하게신용보증을이용할수있는절차입니다. 인터넷으로기본심사항목, 기업체및대표자정보를입력하여신용보증신청을하시면재단을방문하지않고도신용보증서 를발급받을수있습니다.

이용조건

범용또는은행/보험용공인인증서가필요합니다(아이디/비밀번호로그인의경우이용하실수 없습니다).

이용절차

인터넷보증신청을하기위해서는공인인증기관이발급한공인인증서가필요하며, 보증의종류에따라인터넷및직접방문의절차에의하여보증서를발급받을수있습니다.

무방문 신용보증신청	① 범용 및 은행/보험용 공인인증서로 로그인 ② 1차 심사기준표 작성 ③ 개인(신용)정보조회, 행정정보이용, 전자금융거래 확인서 발급 등 동의업무 진행 ④ 기업체 및 대표자 정보 입력 ⑤ 영업현황 및 자산/부채 항목 입력
재단 확인	무방문 신용보증신청서 내용확인 → 전화상담을 통한 추가 정보 수집 → 결과 및 서류안내
상담결과 확인(고객)	사이버지점을 통한 상담결과 확인
현장방문	① 방문일자 사전협의 후 사업장 방문 ② 현장확인 후 신용보증약정서 체결, 준비서류 징구
보증승인 및 대출실행	보증심사 > 보증승인 > 은행방문 및 대출실행

- 지점보증상담신청

  - 고객이 사업장과 가까운 지점을 직접 방문하여 상담받는 방법으로 보증상담예약이 필수입니다.

  - 보증상담예약방법은 홈페이지의 "예약상담"을 통한 방법과 고객센터(1577-6119)를 통한 방법이 있습니다.

  상담준비서류

보증상담에 필요한 기본적인 서류를 안내해 드립니다.

- **개인사업자**:사업자등록증사본, 부가가치세과세표준증명원(면세사업자는 "부가가치세면세사업자수입금액증명원", 국세청(홈택스)홈페이지에서 출력가능), 신분증 등
- **법인기업**: 사업자등록증사본, 법인등기사항전부증명서(말소사항포함), 주주명부, 재무상태표(3개년), 대표자신분증 등

2) 상담 및 보증접수

상담 및 보증접수

고객과의보증상담을통해서기본적인신용상태및영업현황등을검토하여보증계속진행여부및보증심사에필요한
서류를안내해드립니다

- 지점방문상담고객이서울신용보증재단의영업점으로직접방문하여상담받게되고,
  상담후에심사에필요한서류를안내받게됩니다.
- 인터넷보증상담서울신용보증재단사이버지점을통해보증상담을신청하신고객분들은사이버중앙지점에서전화상담이진행되고, 유선(전화)과
  이메일로심사에필요한서류를안내받게됩니다.

보증심사 준비서류

보증심사에필요한서류는다음과같으며,
고객의서류준비불편을최소화하기위해고객의동의가있을경우에는일부서류를재단에서준비하고있습니다. 아래의서류는기본적인필요서류이고, 보증상담이후심사에필요한경우,
추가서류를요청드릴수있습니다.

	준비서류	유의사항
공통서류 (개인, 법인)	1. 신용보증신청서 원본(은행날인)	-대출예정은행날인, 담당자성명, 연락처기재
	2. 사업자등록증사본	
	3. 사업장임차계약서	• -본인및가족(관계증명가능시) 소유시미제출 • -무상인경우 "무상사용확인서", "확인자신분증" • -실제거주지와등본이다를경우실제거주지기준으로제출
	4. 거주지임차계약서	

준비서류		유의사항
	5. 주민등록등본	• -접수일기준 1 개월이내발급분 • -(배우자분리거주시) 배우자주민등록등본 • -고객의사전동의시재단에서준비가능
	6. 부가세과세표준 증명서	• -면세사업자의경우 "부가가치세면세사업자수입금액증명" -국세청(홈택스)홈페이지에서출력가능
	7. 금융거래확인서	• - 주요은행은고객의사전동의시재단에서준비가능(향후확대예정)
법인 추가서 류	1. 법인등기부등본	• -접수일기준 1 개월이내발급분 • -말소사항포함및주민등록번호표시
	2. 주주명부사본	• -법인 "원본대조필"날인
	3. 재무제표(최근 3개년)	

3) 신용조사

신용조사

신용조사에는예비조사와현장조사가있습니다.

예비조사

• 예비조사는현장조사에앞서조사대상기업체에대한신용조사자료를수집하고,
수집된자료의사전검토를통해현장조사시
중점조사사항을파악하는현장조사준비단계를말합니다.

   ○ - 신용조사자료의누락및위·변조여부검토

- o - 조사대상기업의개요및특성
- o - 보증심사사항저촉여부
- o - 현장조사에서중점조사할사항점검등

현장조사

- 현장조사는조사대상기업의본사(주사무소포함)
  및주사업장을방문하여신용상태를확인하는단계의조사를말합니다.
  저희서울신용보증재단은보증신청이있는경우,
  현장조사를실시하는것을원칙으로하고있습니다.
    - o - 신용조사자료와관련증빙자료와의대사, 확인
    - o - 대표자등경영진의경영능력
    - o - 가동및영업상황, 자금상황
    - o - 예비조사에서중점조사가필요하다고판단한사항등

4) 보증심사

보증심사

보증심사는보증신청에대하여보증지원여부를결정하기위해필요한사항을검토하는일련의과정으로서보증신청기업에대하여
보증대상이되는지여부와신청기업의신용상태, 사업전망, 보증신청금액의적정여부등을검토,
심사하여보증지원여부를
결정하고있습니다.

보증심사방법

보증심사는같은기업에대한심사보증금액(기존이용하고있는보증금액포함)에따라구분합니다.

보증의 승인 및 거절

- 보증심사결과보증을승인한경우에는즉시구두또는전화,
  서면등으로승인내용을통지해드리고있습니다.
- 신용조사및보증심사결과보증취급이부적당하다고판단되는경우에는보증거절또는보증불승인
  될수있습니다.

5) 보증서발급

신용보증약정체결

보증서를발급할때에는보증기업및연대보증인이직접작성한신용보증약정서를제출합니다.
고객님들의편의를위해보증원금, 보증기간, 채권자,
보증종류등의필수기재사항이모두확정된경우에는상담시또는현장조사시에
미리약정을받을수있습니다.
약정시제출서류는신분증사본, 인감증명서, 사전동의서등이있습니다.

<약정서주요내용>

- 신용보증금액과기한
- 사전구상
- 연대보증인의책임등
- 자금용도준수의무
- 보증료납부
- 통지의무
- 협조의무

더자세한사항은이곳을클릭해주세요.

※ 약정체결시약정서사본을교부하고있습니다.

보증서발급

고객편의와위조방지등을위해보증서발급은전자보증서로채권기관에직접발급하고있습니다. 다만,
아직전자화되지않은경우에는
서면보증서를발급합니다.

6) 기한연장

기한연장

1년만기보증서를이용하신고객님의경우,
기일이도래되었으나전액상환이어려우실때원금의일부를상환한후
기한연장이가능합니다.

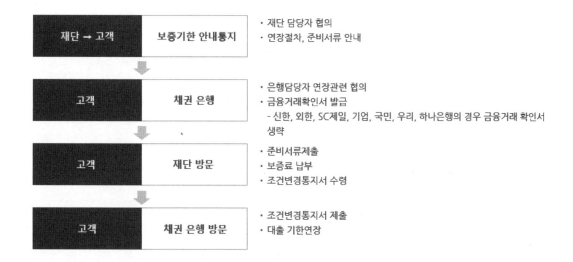

재단 → 고객	보증기한 안내통지	• 재단 담당자 협의 • 연장절차, 준비서류 안내
고객	채권 은행	• 은행담당자 연장관련 협의 • 금융거래확인서 발급 　- 신한, 외한, SC제일, 기업, 국민, 우리, 하나은행의 경우 금융거래 확인서 　　생략
고객	재단 방문	• 준비서류제출 • 보증료 납부 • 조건변경통지서 수령
고객	채권 은행 방문	• 조건변경통지서 제출 • 대출 기한연장

사이버기한연장

- 신용보증사고사실및사고사유가없으며,
  연대보증인이없는경우에재단방문없이기한연장가능합니다.
- 문의 : 영업점담당자 자세히보기▶ 고객센터(1577-6119)

녹취에의한기한연장

- 연장대상보증액이 5 천만원이하이며,
  연대보증인이없는경우재단방문없이기한연장가능합니다(유선전화를통한동의절차필요)
- 문의 : 영업점담당자 자세히보기▶ 고객센터(1577-6119)

3. 보증운용내용

　1) 보증한도

　　　동일 기업당 보증한도

- 동일기업당운전자금과시설자금을합하여 8 억원이하
- 재단의보증금액과다른신용보증기관의보증금액을합하여총 8 억원이하
- 다른신용보증기관을이용중인기업은산출된금액에서다른신용보증기관의운전자금보증금액을
  차감한범위이내

보증심사 방법

- 동일기업당보증금액은연간매출액기준으로신용도및기보증금액(신보, 기보포함),
  상환능력등을감안하여산출
- 소액보증 : 5천만원이하소액보증의경우실제발생매출액을기준으로재정상태, 자금수지상태,
  신용등급등에의한소액보증금액한도표에서산출
- 일반보증

구분	보증금액산출방법
제조업, 전기, 가스및수도사업, 통신업, 정보처리및기타컴퓨터운용관련업	연간매출액의 1/4 이내최근분기매출액이내
기타업종	연간매출액의 1/6 이내최근 2개분기매출액의 1/3 이내
중소기업의할인어음에대한보증	연간매출액의 1/2 이내최근 2개분기매출액이내
벤처기업등에대한보증	연간매출액의 1/3 이내최근 2개분기매출액의 2/3 이내

시설자금

- 당해시설소요금액의 90% 이내에서산출

2) 보증심사방법

· 업무 효율성과 고객님의 편의를 위하여 보증신청금액에 따라 2가지 심사방법을 채택하고 있습니다.
· 각각의 심사는 1차, 2차로 단계적으로 진행됩니다.

보증심사의 구분

구분	소액심사	일반심사
보증금액	5천만원이하	5천만원초과

구분	소액심사	일반심사
심사방법	소액심사신용평가표	일반심사신용평가표
한도사정	세무서신고매출액기준 (증빙가능시실제발생매출액인정)	세무서신고매출액기준

보증심사의 방법

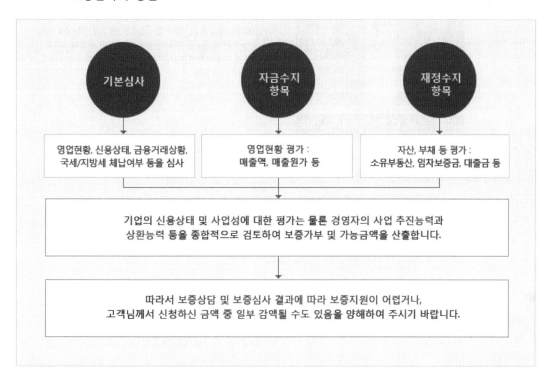

- 업무와관련하여브로커또는재단직원의위법,
  부당요구가있다면우리재단클린신고센터로신고하여주시기바랍니다. (감사실 : 2174-5053 , http://www.seoulshinbo.co.kr - 클린신고센터)

3) 부분보증

부분보증

- 부분보증은보증부대출에대한책임을보증기관과금융회사가일정비율로분담하는보증제도입니다.

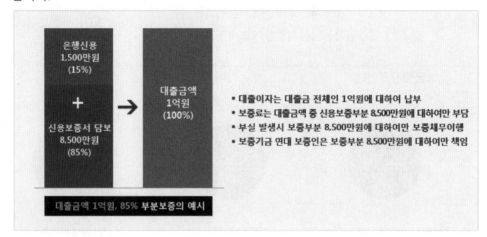

부분보증비율

- 신규보증의보증비율은 85%를적용합니다.
- 예외운용
    - ○ - 소상공인창업특별보증 : 90%
    - ○ - 회생지원보증 : 100%
    - ○ - 별도로협약을체결하여취급하는경우 : 별도협약에서정한비율
    - ○ - 따로정하는특례조치에따른보증 : 특례조치에서정한비율

4) 보증료

보증료

- 보증서발급시보증금액에일정비율의보증료율을곱한금액인보증료를납부

    -보증료납부대상기간 : 보증서발급일~보증만기

- 기준보증료율연 1.0%를기준으로최저 0.5%~최고 2.0% 범위내에서차등적용
- 보증료율산출방법

| 신용등급별 차등보증료율 | + | 가산보증료율 (아래항목 참조) | − | 차감 보증료율 (아래항목 참조) |

- 보증료율가산

가산대상	가산요율	
보증금액별	1억원초과	0.1%
	2억원초과	0.2%
보증기간별	3년초과 5년이하	0.1%
	5년초과 7년이하	0.2%
	7년초과	0.3%
신용보증기금/기술보증기금거래중인기업	0.1%	

- ※ 전체보증료또는가산적용제외기간(보증적수기준납부기간 + 60일)의보증료를일시납부하는경우, 보증기간에따른보증료율가산적용제외
- 보증료율차감

차감대상	차감요율
1. 고용창출기업	-0.2%
2. 장애인기업및국가유공자가영위하는기업	-0.3%
3. 착한가격업소인증기업	-0.1%
4. 다자녀.다문화.한부모가족소상공인	-0.2%
5. 가족친화인증기업	-0.1%
6. 전액해지조건의신규시설자금보증	-0.1%

연체 보증료

- 보증료를내야할날짜에납부하지못한경우연체보증료를부담
- 대상금액 : 납부해야할보증료
- 연체보증료율 : 연 10%

- 납부기간 : 납부해야할날의다음날 ~ 납부당일 (연체된기간동안)

추가 보증료

- 보증만기에대출금이상환되지않은경우,
  상환되지않은보증금액에대하여내야할보증료율에추가보증료를가산하여부담
- 대상금액 : 보증만기에상환되지않은보증금액
- 추가보증료율 : 보증료율 + 0.5%
- 납부기간 : 보증만기다음날 ~ 상환일

보증료 납부

- 보증료는만기일까지일시수납원칙
- 신규또는추가보증인경우, 보증실행시금융회사를통해납부
- 기한연장인경우, 계좌이체·신용(체크)카드(BC, 신한, 국민카드에한함) 수납가능
- *결제구분 : 일시불, 할부최장 3 개월가능(할부수수료고객부담)

보증료 환급

- 보증기간내대출금을전액미리상환한경우, 남은보증기간에상응하는보증료환급
- 본인명의(개인은대표자, 법인은법인) 계좌로만환급가능

5) 연대보증인

연대보증인

- 재기기회박탈등연대보증제도로인해발생하는폐해방지를위해원칙적으로연대보증을세우지않습니다. 다만,
  개인사업자로서실제경영자에대하여는신용질서및기업의건전성유지등을위하여예외적으로연대보증을운용하고있습니다.

연대입보대상자

구분	연대입보대상자
개인기업	**[원칙] 연대보증없음** **[예외] 아래어느하나에해당하는실제경영자** - 공동대표

구분	연대입보대상자
	- 대표자의배우자 - 위에해당하지아니한실제경영자인경우, 공동대표로사업자등록후연대보증요청
법인기업	- 연대보증입보면제. 단내규에의한면제기준에부합하지않은경우보증취급불가

4. 특별보증상품

1) 창업 등 일자리창출 기여기업

소상공인창업자금및사업장임차자금특별보증

구분	창업자금특별보증	사업장임차자금특별보증
대상기업	서울산업진흥원등의창업교육및컨설팅을받은분으로서, - 서울지역에사업자등록후 1년이내의소상공인 - 업종전환및사업장이전등경영개선이필요한소상공인	
보증한도	업체당 5천만원이내	업체당 5천만원이내
보증기간	최대 5년	
보증비율	90%	100%
보증료	연 1.0%	연 1.0%
대출금리	서울시자금이용시은행금리에서 1%~1.5% 차감(서울시부담)	

* 예비창업자(사업자등록이전)가컨설팅을수료하고창업및보증신청하신경우,
우대한도를받을수있습니다.

일자리창출및고용안정우수기업특례보증

구분	일자리창출및고용안정우수기업특례보증
대상기업	- 사업자등록후 3개월이경과한기업으로, 다음각호의 1에해당하는기업 1) 신용보증접수일기준직전분기말대비, 상시근로자수증가한기업

구분	일자리창출및고용안정우수기업특례보증
	2)"고령자고용촉진법"에의한기준고용률을 3개월이상준수한기업 ※고령자는만 55세이상인자임 3)"장애인고용촉진및직업재활법"에의한의무고용률을 3개월이상준수한기업 4) "Hi-Seoul 공동브랜드사업" 참여기업 5) 여성가장또는한부모가정(부또는모)을 3개월이상고용하고있는기업 6) 일자리플러스프로그램참여기업 ☞향후보증심사시관련증빙서류제출필요
보증한도	보증한도산출금액의 150%
보증기간	최대 5년
보증비율	85%
보증료	연 0.8%
대출금리	서울시자금이용시은행금리에서 1%~1.5% 차감(서울시부담)

2) 서민금융

서울형 마이크로크레딧 특별보증

- 서울형마이크로크레딧특별보증은사업수행기관에서선정한업체를대상으로하고있습니다.
- 문의처 : 사업수행기관

- **- (사)사회연대은행 : 02-2274-9637**
- **- 신나는조합 : 02-365-0330**

- **- 민생경제정책연구소 : 02-734-6503**
- **- 열매나눔재단 : 02-2665-0718~9**

- **- 서울광역자활센터 : 02-318-4140**
- **- 대한불교조계종사회복지재단 : 02-723-5101~2**

구분	서울형마이크로크레딧특별보증
대상기업	사업수행기관의창업교육(서울시또는정부기관산하기관창업교육포함), 현장실사등을받은업체로다음중에해당하는기업 - 기초생활보장수급자또는차상위계층 - 저소득층(연소득 30 백만원이내) - '서울꿈나래통장' 저축완료자 - 실직자·장애인·여성가장·한부모가정·다둥이가정·다문화가정·새터민
보증한도	- 창업자금 : 동일기업당 3 천만원이내 - 경영개선자금 : 동일업체당 2 천만원이내
보증기간	최대 5년
보증비율	100%
보증료	연 0.5%
대출금리	은행금리에서 1.5%차감(서울시부담)

※
**창업자금의경우다른보증기관또는공공기관으로부터창업자금을지원받아종료되지않은경우취급이
불가능합니다.**

※ **경영개선자금의경우에는타보증기관또는타서민금융지원을받은경우보증한도에영향을미칩니다.**

장애인기업 특별보증

구분	장애인기업특별보증

대상기업	사업자등록을한후영업(가동)중인장애인기업
	
	* 장애인기업 : 개인기업또는법인기업대표자가다음어느하나에해당하는기업
	
	• 가) 장애인복지법제 2 조및동법시행령제 2 조에의거지자체로부터장애인등록증을받은자
	• 나) 국가유공자등예우및지원에관한법률제 6 조의 4
	  및동법시행령제 14 조 3 항에의거국가보훈처로부터
	   상이등급을받은자
	• 다)

구분	장애인기업특별보증
	고엽제후유의증등환자지원및단체설립에관한법률제 7 조제 7 항에의거장애등급에해당하는것으로 　판정된자
보증한도	업체당 1억원이내(기보증잔액포함)
보증기간	최대 7년
보증비율	20 백만원이하(기보증금액포함) : 100% 20 백만원초과(기보증금액포함) : 90%
보증료	연 0.7%
대출금리	서울시자금이용시은행금리에서 1%~1.5% 차감(서울시부담)

3) 사회적경제분야 영위기업

사회적경제기업 특례보증

구분	사회적경제기업특례보증
대상기업	다음중하나에해당하는기업 - 사회적기업(지자체및정부부처지정예비사회적기업포함) - 협동조합기본법제2조에의한협동조합, 협동조합연합회, 사회적협동조합, 사회적협동조합연합회 - 행정안전부가지정한마을기업 - 국민기초생활보장법에의한자활기업
보증한도	같은기업당 4억원이내 (본건, 재단기보증, 신·기보보증잔액포함)
보증기간	최대 5년
보증비율	100%
보증료	연 0.5%
대출금리	자금에따라상이 서울시자금이용시은행금리에서 1% ~ 1.5% 차감(서울시부담)

4) 미래성장산업 영위기업

서울형 성장 유망업종 활성화 보증

구분	서울형성장유망업종활성화보증		
대상기업	서울시소재소기업·소상공인으로아래의성장유망업종을영위하는기업		
	대상	**주요내용**	
	서울형산업	벤처, 전통공예산업등	
	지식서비스산업	소프트웨어개발, 영상제작및과학기술서비스업등	
	고용노동부지정	제조, 디자인, 에너지·환경및정보통신업등	

구분	서울형성장유망업종활성화보증		
성장유망업종			
보증한도	같은기업당 4억원미만(기보증금액포함)		
보증기간	최대 5년		
보증비율	85%		
보증료	연 1.0%		
대출금리	자금에따라상이 서울시자금이용시은행금리에서 1%~1.5% 차감(서울시부담)		

태양광 발전시설 설치지원 특별보증

구분	태양광발전시설설치지원특별보증
대상기업	-발전사업허가증과사업자등록증을보유한서울시소재소기업등으로서울시내태양광발전시설설치기업. ※ 단, 기완공된발전시설의경우지원대상에서제외함. ※ 기존도소매업등을영위하였으나, 금차발전사업허가증에의해사업자등록증을변경(업종추가등)한경우에도지원가능
보증한도	같은기업당 4 억원이내(기보증금액포함)
보증기간	최대 8년
보증비율	85%
보증료	연 1.0%
대출금리	서울시기후변화기금금리에따름

5) 사회보험 직장가입 지원

사회보험 직장가입 지원 특별보증

구분	사회보험직장가입지원특별보증
대상기업	- 개업(설립) 후 3개월이경과된서울시소재소기업·소상공인으로서, 본특별보증시행일 ('17.05.11) 이후, 국민연금과고용보험모두직장가입완료하고 1년이내에보증신청한기업 ※ 시행일이전국민연금또는고용보험하나만직장가입하고, 시행일이후나머지를직장가입 완료한경우에도지원대상에포함
보증한도	동일기업당 5천만원이내
보증기간 (상환방법)	5년 (1년거치 4년균등분할상환)
보증비율	100%
보증료	연 0.5%
대출금리	은행금리에서 2.5% 차감(서울시부담)

6) 최저임금 인상에 따른 경영애로기업 지원 특례보증

최저임금 인상에 따른 경영애로기업 지원 특례보증

구분	최저임금인상에따른경영애로기업지원특례보증	
	Track1	Track2
대상기업	- 보증신청접수일현재사업자등록후가동(영업) 중으로, - 정부의 "일자리안정자금"을수급중인소기업등	- 보증신청접수일현재사업자등록후가동(영업) 중으로, - '18년최저임금준수근로자를 1개월이상고용중인소기업·소상공인(단, 근로자가배우자인경우제외)
보증한도	본건최대 1억원이내	본건최대 7천만원이내
보증기간	최대 5년	
보증비율	100%	

구분	최저임금인상에따른경영애로기업지원특례보증
보증료	연 0.8%
대출금리	자금에따라상이 서울시자금이용시은행금리에서 1% ~ 1.5% 차감(서울시부담)

5. 편리한 보증제도

1) 행정정보 공동이용서비스

행정기관과 공공기관이 직무상 작성 취득하여 유지 관리하는 자료를 전자적 체계를 통하여 연계함으로써 이를 조회, 전송할 수 있는 서비스입니다.
고객님의 준비서류 간소화를 위해 행정정보 공동이용이 가능한 서류는 신청서류 제출시 생략합니다.

대상서류

- 주민등록정보, 지방세납세증명, 건설기계등록원부(갑/을), 토지(임야)대장등

안정성

- 정보열람은고객님의동의하에열람권한이있는담당자만가능
- 모든정보열람사실은빠짐없이기록, 관리
- 누가, 언제, 어떤목적으로사용하였는지확인가능 (http://www.egov.go.kr)

2) 재무자료 온라인전송

고객님께서 거래하시는 회계/세무사사무소의 회계프로그램에 저장된 내용을 재무자료 중개사이트로 전송하도록 하여(자체 기장의 경우 직접 전송) 재단에서 활용할 수 있는 제도입니다.
또한 팩스/우편을 통해서도 재무제표를 제출하실 수 있습니다. (화면 하단의 「이용방법 자세히 보기」참조) 따라서 보증심사시 필요한 재무제표 및 부가세 관련 자료를 서면으로 접수 생략하여 고객님께서 준비하시는 신청서류를 줄일 수 있습니다.

업무절차

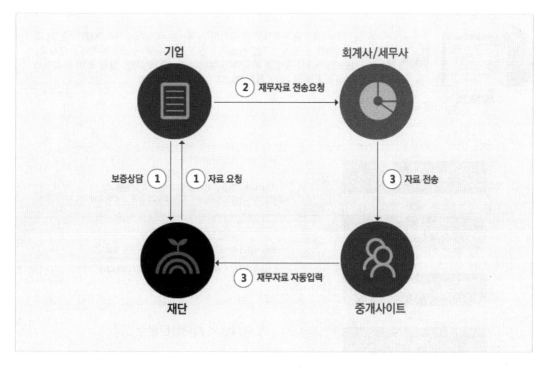

재무자료 종류

재무제표	부가세관련자료
대차대조표	부가세신고서
손익계산서	매입매출처별세금계산서합계표
제조원가명세서	매입매출처별계산서합계표
이익잉여금처분계산서	

활용가능한 회계 프로그램 (5종)

Neoplus1,2 / SA-WIN / SMS 회계 / 얼마에요

3) 무방문신용보증

고객이 인터넷(서울신용보증재단 홈페이지-사이버센터)통해서 <자가진단>을 받고 보증상담을 신청할 수 있으며 재단직원이 신용조사를 위해 사업장 방문시 신청서류 접수와 신용보증약정서 작성을 동시에 진행하여, 고객님의 재단 방문 없이 편리하게 보증서를 발급받으실 수 있는 제도입니다.

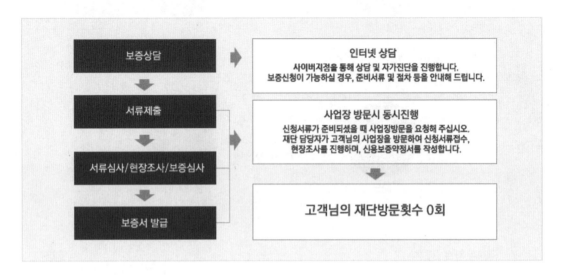

* 보증서발급시고객님께서재단을방문하시는번거로움을덜어드리기위하여재단담당자가현장조사시신용보증약정서를보증서발급전에미리작성해드립니다. 이는보증심사결과보증지원이불가능하거나신청금액중일부만지원될수도있사오니이점유념하여주시기바랍니다.

6. 서민금융제도 안내

1. 국민행복기금

국민행복기금개요

- 제도권금융에서소외된분들께서경제적회생을하실수있도록연체채권채무조정, 자활프로그램제공및복지지원을위한종합신용회복지원기관입니다.

- '13.2.28 현재연체기간이 6개월이상이고, 채권규모가 50만원이상
  1억원이하인신용대출채권
  (협약가입금융회사기준)에대해 30~50%채무감면및최장
  10년까지분할상환하도록상환기간을조정

- 문의처 : 국민행복기금
  (전화 : 1397, 홈페이지 : http://www.happyfund.or.kr)

2. 저금리대출

사업자금과생계자금을낮은금리로대출해드립니다.

미소금융

- 재활의지가확고한분들에게창업자금은 5천만원까지, 운영자금은
  1천만원까지연 4.5%의낮은금리로대출해드리는제도입니다.

- 개인신용등급이
  7등급이하이거나기초수급자또는차상위계층중에서세부요건을충족하는분을
  대상으로전국미소금융지점에서대출해드립니다.

- 문의처 : 미소금융중앙재단및지점
  (전화 : 1600-3500, 홈페이지 : www.smilemicrobank.or.kr)

햇살론

- 생계자금및사업운영자금이필요하신분들에게생계자금은 1천만원, 사업운영자금은
  2천만원까지연 10~14%의금리로대출해드리는제도입니다.

- 개인신용등급이 6등급이하이거나연소득
  2,600만원이하인분중에서세부요건을충족하는
  근로자및자영업자를대상으로서민금융회사에서대출해드립니다.

- 문의처 : 가까운지역농협, 새마을금고, 신협, 수협, 산림조합,
  상호저축은행점포또는지역신용보증재단
  (전화 : 1600-3500, 홈페이지 : www.sunshineloan.or.kr)

새희망홀씨

- 생계및사업자금등이필요하신분들에게은행에서최고 2 천만원까지통상연 11~14%로
  대출해드리는제도입니다.

- 신용평가회사의신용등급 5 등급이하로연소득 4 천만원이하이거나연소득
  3 천만원이하인분중에서
  세부요건을충족하시는분을대상으로전국의은행지점에서대출해드립니다.

- 문의처 : 가까운은행지점또는전국은행연합회
  (전화 : 02-3705-5000, 홈페이지 : www.kfb.or.kr)

3. 이자부담을 덜어 드립니다.

바꿔드림론

- 연 20% 이상의고금리대출을받아이자부담이큰분들이연 10%대초반금리의
  대출로갈아탈수있는제도입니다.

- 개인신용등급이 6 등급이하이거나연소득
  2,600 만원이하인분중에서세부요건을충족하는분을
  대상으로은행이나서민금융회사(상호금융및저축은행)에서대출해드립니다.

- 문의처 : 국민행복기금
  (전화 : 1397, 홈페이지 : http://www.happyfund.or.kr)

4. 신용회복지원

채무조정

- 불가피하게금융회사대출금을연체하고있는분들에게채무상환기간을연장해드리거나 상환금액을감면하여정상적인경제활동이가능하도록지원해드리는제도입니다.

긴급소액대출

- 채무조정이후 1 년이상(12 회이상) 성실하게변제금을납입중인분이질병, 생계, 학업등으로긴급하게자금을필요로하는경우 4%의낮은금리로대출해드리는제도입니다.

- 문의처 : 신용회복위원회 (전화 : 1600-5500, 홈페이지 : www.ccrs.or.kr)

- 문의처 : 한국자산관리공사 (전화 : 1588-1288, 홈페이지 : www.hopenet.or.kr)

5. 신용관리 상담 및 교육

신용관리와관련한교육및상담을해드립니다.

신용관리교육원

- 신용관리방법, 현금및부채관리방법, 건전한소비생활등에대하여청소년, 대학생,군장병, 일반인등을대상으로무료로교육과상담을해드립니다.

- 문의처 : 신용회복위원회신용관리교육원 (전화 : 1600-5500, 홈페이지 : www.educredit.or.kr)

6. 불법사채 및 금융사기 피해 구제

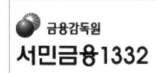

서민금융 1332

- 불법사채또는전화금융사기(보이스피싱) 등으로피해를입은분들을도와드립니다.
- 문의처 : 금융감독원서민금융 1332/ 경찰청
  (전화 : 1332, 홈페이지 : www.fss.or.kr/s1332)

7. 신용정보

관리하는신용정보의이용목적및종류

- **이용목적**
  - - 해당신용정보주체가신청한신용보증등상거래설정및유지여부판단
  - - 서울시중소기업육성자금추천여부판단
  - - 채권추심
  - - 기타동법및다른법률의규정에서정한경우
- **신용정보의종류**
  - - **식별정보**개인의성명, 주소, 주민·법인등록번호, 사업자등록번호, 성별, 국적등
  - - **신용거래정보(개인, 기업및법인포함)** 대출현황, 채무보증현황, 당좌거래현황, 신용공여현황등
  - - **신용도판단정보**연체정보, 대위변제·대지급정보, 부도거래현황, 신용질서문란정보
  - - **신용능력정보**개인의재산·채무·소득등과기업및법인의개황, 사업의내용, 재무에관한사항등
  - - **공공정보**국세·지방세체납정보, 채무불이행자정보, 회생·파산·면책정보등
  - - **서울시중소기업육성자금지원현황**

제공대상자, 제공받는자의이용목적및제공하는신용정보의종류

- **제공대상자**

- 신용정보집중기관(한국신용정보원등), 신용조회회사(한국신용평가정보(주) 등), 신용정보제공·이용자, 기타동법및 다른법률에의해제출을요구하는공공기관등

제공받는자의이용목적

- 금융기관에대한신용정보를집중·수집·보관·제공
- 기타동법및다른법률의규정에서정한경우

제공하는신용정보의종류

- 식별정보, 개인신용정보, 기업신용거래정보, 신용도판단정보, 신용능력정보

신용정보주체의권리등

신용정보제공사실의통보요구권

- 신용정보주체는최근 1년간본인에관한신용정보를제공한내역을통보하도록요구할수있습니다.

본인신용정보의제공·열람청구권

- 신용정보주체는최근 1년간본인에관한신용정보를제공한내역을통보하도록요구할수있습니다.

본인신용정보의정정청구권

- 신용정보주체는제공또는열람한본인의신용정보가사실과다른경우에는신용정보회사 등에게정정을청구할수있습니다.

개인신용정보제공·이용동의철회권

- 신용정보주체는본인의신용도등을평가하기위한목적외의목적으로제공동의를한경우 인터넷홈페이지, 유무선통신, 서면등을통하여개인신용정보의제공동의를철회할수있습니다. 다만, 이경우에는관련기업의신용보증부대출금을전액상환하여야합니다.

신용정보관리·보호인

- 성명 : 왕인석부장
- 부서 : 보증지원부
- 전화번호 : 1577-6119

8. 이용가이드

신용보증지원, 이렇게 진행됩니다

1.상담
- 상담신청서를 기재하시고 안내석에 제출하신 뒤 잠시 기다려 주시기 바랍니다.
  - 정확한 상담을 위해 고객님의 신용정보 등을 조회해야 하므로 약간의 시간이 소요될 수 있습니다.
- 상담은 사업의 현황, 금융거래상황, 업력·경력 등 신용평가에 관련된 내용과 자금용도나 신청가능금액 등에 대해 상의합니다.
- 상담을 마치면 신청에 필요한 서류를 안내해 드립니다.
- ※ 은행에서도 서류제출을 요구하오니 서류는 가급적 2부씩 준비하시어 1부는 저희 재단에 내시고 1부는 은행 제출용으로 이용하시면 좋습니다.

2.서류접수
- 신청 서류는 안내직원에게 제출하시면 접수됩니다.
- 서류접수시에 다음 절차와 예상처리기간을 안내받을 수 있습니다.
- 서류접수 후에는 문자메시지로 접수 사실을 확인해드립니다.

3.사업장 현장방문
- 지정된 담당자가 사전에 별도로 연락을 드리고 시간을 정한 뒤 직접 찾아갑니다.
- 사업장방문을 통해 사업의 전반적인 실태를 파악하고 심사에 필요한 사항을 확인하며 누락된 서류 등을 추가로 받습니다.

4.보증심사
- 담당자는 각종 정보조회, 제출된 자료, 현장방문결과 등을 종합하여 심사하게 됩니다.
- 심사는 심사기준을 적용한 신용평가모형에 따라 전산으로 평가됩니다.

5.승인통지·약정체결
- 담당자가 승인여부와 금액을 전화와 문자메시지로 통지하여 드립니다.
- 보증서를 발급받기 위해서는 재단을 방문하여 약정서를 작성하고 보증료를 납부하셔야 합니다.

6.대출은행 방문
- 보증서 발급이 끝나고 대출은행을 방문하시면 됩니다.
- 대출은행에서도 서류제출을 요구하오니 방문전에 은행에 확인하시기 바랍니다.

Ⅱ. 자금지원

1. 중소기업육성자금

1) 중소기업육성자금 안내

서울시 중소기업육성자금이란?

- 서울시에소재하는중소기업·소상공인의경쟁력강화및지역경제활성화를위해장기저리로지원하는정책자금

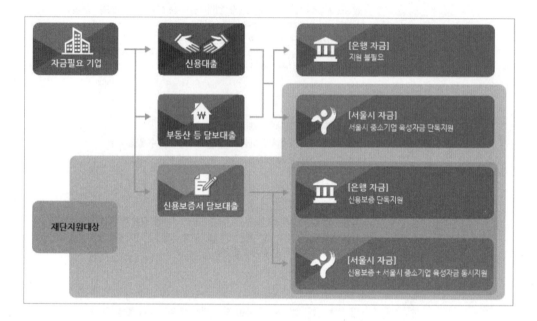

※ 신용보증서의경우자금추천과별도로신용조사/심사등보증평가절차필요

접수기간

- 상시운영 (단, 자금소진시까지)

접수처

- 서울신용보증재단각지점
- 단, 시설자금 10 억원이상소요사업및기술형창업기업자금은서울신용보증재단본점자금지원팀

지원대상

- 서울시소재중소기업기본법상중소기업자
- 단, 융자제한및지원제한업종은제외

상담 및 문의

- 1577-6119

지원절차

자금추천절차	업무처리내용 요약

자금상담 및 서류안내
- 상담 : 재단 지점
- 상담내용 : 자금추천 대상 및 가능여부 확인

신청서류접수
- 신청서류
  - 필수서류 : 융자신청서, 사업자등록증명원, 사업장 임차계약서 사본
  - 50백만원 초과 및 시설자금의 경우 별도 서류 필요
- 신청서류 점검 및 접수

자금 추천 심사
- 서류심사
  지원한도 : 운전자금 : 5억원 이내, 시설자금 : 최고 100억원 이내
  자금범위
  - 운전자금 : 연간 매출액의 1/2 ~ 1/6 [more▶]
  - 시설자금 : 지원사업별 소요자금의 75 ~ 100% [more▶]

자금추천 통지
- 신청기업 및 대출은행에 자금추천 통지(실물 또는 전자)

융자 및 상환
- 대출은행에서 **보증서·부동산·신용 등**을 통해 대출
- 대출은행으로 원리금 상환

유효기간

- 융자추천일로부터 3개월(시설자금 - 6개월) 이내대출실행
- (기한내대출이되지않을경우추천건은자동적으로실효됨)

2) 협약대출기관

자금별 대출가능 기관

승인통지방법	대출기관명	시중은행협력자금	경영안정자금	시설자금
전자통지기관 (승인후재단방 문불필요)	KB	○	○	○
	IBK기업은행	○	○	○
	NH농협은행	○	○	○
	신한은행	○	○	○
	citibank	○	-	○
	우리은행	○	○	○
	Standard Chartered	○	○	○
	KEB 하나은행	○	○	○
	MG새마을금고	○	-	-
실물통지기관 (재단방문후추 천서수령)	수협	○	-	○
	kdb산업은행	○	○	○
	BNK 부산은행	○	-	○
	신협	○	-	-

- 단, 새마을금고는 서울시와 협약이 체결된 곳에서만 대출이 가능합니다.

3) 융자제한업종

융자 제한

- 서울특별시중소기업육성기금관련조례시행규칙에 따라 다음에 해당하는 경우 융자가 제한됩니다.

• 금융기관의 신용정보관리규약에 의한 신용정보에 따라 금융기관으로부터 규제를 받고 있는 자.
• 금융기관여신운용규정상의 계열기업군에 속하는 자

- **휴업또는폐업중인자**

  - 다만기존재래시장, 공장및관광호텔, 수상관광호텔, 한국전통호텔,
  가족호텔및서울특별시에서시행하는관광숙박

  단지화사업에참여하는숙박시설등을재개발, 재건축,
  증/개축또는개/보수하기위하여휴얼또는폐업중인자는제외

- **이미융자받은자금을융자받은목적외의용도로사용한자**

  지원제한업종

-
  융자지원대상은서울특별시관할지역안에서중소기업을영위하여야하며아래와같은융자지원제한업종에해당하지
  아니하여야합니다.

표준산업분류코드	지원제한업종
46109중	골동품, 귀금속중개업
46416중	모피제품도매업. 단, 인조모피제품도매업제외
561	건평 330m²를초과하는영업장을가진식당업(다만, 다음각호의경우는제외) • 가. 기관구내식당 • 나. '관광진흥법'에의하여지정된관광지, 관광단지및관광특구소재식당업 • 다. 시장, 군수, 또는구청장의지정을받아 "좋은식단"을실시하는모범업소 • 라. 소기업/소상공인에대한여신
5621	주점업 (단, 56219 기타주점업은제외)
9112	골프장및스키장운영업
91291	무도장운영업
91249	기타갬블링및베팅업
96121	욕탕업중증기탕
96122	마사지업

표준산업분류코드	지원제한업종
68	부동산업. 다만, 부동산관련서비스업(682) 제외
46102 중	담배중개업
46209 중	잎담배도매업
46331	주류도매업
46333	담배도매업
64	금융업
65	보험및연금업
66	금융및보험관련서비스업. 다만손해사정업(66201), 보험대리및중개업(66202)은제외
75993	신용조사및추심대행업
기타	업종을변형하여운영되는도박·향락등불건전업종, 기타국민보건·건전문화에반하거나 사치·투기조장업종으로서울신용보증재단의보증제한업종

4) 융자지원현황

[중소기업육성자금 융자지원 현황]

(단위 : 억원, %)

구 분	계 획	지 원 액	계획대비 지원비율
합계	10,000	9,547	**95.5**
중소기업육성기금	2,000	1,692	**84.6**

구 분		계 획	지 원 액	계획대비 지원비율
시설자금		500	348	69.6
경영안정자금	소계	1,500	1,344	89.6
	성장기반자금	690	664	96.2
	기술형창업자금	100	78	78.3
	긴급자영업자금	600	602	100.3
	재해중소기업지원	100	0	0
	개성공단입주기업자금	10	0	0
시중은행협력자금 (경영안정자금)		8,000	7,855	**98.2**
일반자금지원	소계	7,860	7,711	98.1
	경제활성화자금	6,760	6,612	97.8
	창업기업자금	1,000	1,000	100
	일자리창출우수기업	100	99	99.4

구 분		계 획	지 원 액	계획대비 지원비율
특별자금지원	소계	140	144	102.5
	사회적기업자금	40	1	100.8
	여성고용우수기업		40	
	사회보험가입자금	100	103	103.2

[2018.09.30 기준]

은행별 전월 한달간 대출 실적

(단위 : 건, 억원)

은행명	건수	금액
KEB하나은행	317	93
국민은행	289	88
기업은행	265	82
농협은행	110	30
부산은행		
산업은행		
새마을금고		
수협은행	1	4
SC은행	30	10
신한은행	492	134

은행명	건수	금액
씨티은행		
외환은행		
우리은행	510	145
계	2,014	585

[2018.08.01 ~ 2018.08.31 기준]

2. 자금지원공고

1) 중소기업육성자금 지원계획

2018년 중소기업육성자금 융자지원 계획

중소기업육성기금 : 2,150억원(단위 : 억원, %)

구분		지원규모	금리	지원대상및상환조건	비고
시설자금	일반시설비	500	2.5	• - 구조조정사업, 입지지원사업, • 유통구조개선사업, 시장재개발사업, • 외국인투자사업, 건설사업, • 호텔·숙박사업, 중소기업공동사업, • 운송업구조개선사업등 • - 100 억원이내, • - 3(5 년)거치 5(10)년균분상환	준고정성변동금리
경영안정자금	성장기반자금	690	2.5	• - 5 억원이내 • - 1 년거치 4 년균분상환	준고정성변동금리
	기술형창업기업지원	100	2.5	• - 설립후 3 년이내의기술형창업기업 • - 1 년거치 2(3,4)년균분상환또는 • - 2 년만기일시상환	준고정성변동금

구분	지원규모	금리	지원대상및상환조건	비고
				리
긴급자영업자금	750	2.0	• - 생계형영세자영업자 • · 기초생활보장수급자, 차상위계층 • · 실직자(수급자격일정일로부터 3 년내), • 장애인, 여성가장, 한부모가정, • 다둥이가정, 다문화가정, 새터민 • (북한이탈주민) • - 여성가장또는한부모가정 • (부또는모)을 3 개월이상고용하고 • 있는기업 • - 신청일기준직전분기·반기대비매출액이 • 이전분기·반기대비 20%이상급감한 • 소상공인, 간이과세자, 신청일기준 • 6 개월이내임차료(월세)가 30% 이상 • 상승한소상공인 • - 송인서적부도피해업체 • - 5 천만원이내 • - 1 년거치 4 년균분상환	준고정성변동금리
재해중소기업지원	100	2.0	• - 수해등재해피해중소기업 • - 2 억원이내 • - 1 년거치 4 년균분상환	준고정성변동금리
개성공단 입주기업자금	10	2.0	• - 서울시소재개성공단입주기업 • - 업체당 5 억원이내 • - 1 년거치 4 년균분상환	준고정성변동금리

시중은행협력자금 : 8,000억원(단위 : 억원, %)

구분		지원 규모	금리	지원대상및상환조건	비고
일반지 원	소계	7,860	• 2.4 • ~ • 3.4	• - 이차보전(1.0 ~ 1.5%) • - 1 년거치 2~4 년균등분할및 2 년만기일시 • - 2 년거치 3 년균등분할상환	변동 금리
	경제활 성화자 금	6,760		• - 서울시소재중소기업및소상공인 • - (유흥업소등융자지원제한업종은제외)	
	창업기 업자금	1,000		• - 서울시자영업지원센터(서울신용보증재단) 등의 • 창업교육을받고, 창업후 1 년이내기업 • (외국인관련교육자포함) • - 1 인창조기업, 서울시청·장년보육센터입주기업 • 및졸업 2 년이내기업 • - 5 천만원이내	
	일자리 창출 우수기 업	100		• - 일자리우수 '서울형강소기업' 인증기업 • - 직전분기말또는직년년도말대비 상시종업원수증가기업 • - 여성가장,한부모가정,장애인,고령자를 3 개월이상고용기업 • - "Hi-Seoul 공동브랜드사업" 참여기업 • - 고성장기업, 고용구조우수기업 • - 청년고용기업, 경력단절여성고용기업 • - 생활임금적용기업 • - 5 억원이내(1 억원이하는매출액심사제외) • - 보증혜택	

구분		지원 규모	금리	지원대상및상환조건	비고
특별자 금지원	소계	140	1.4 ~ 2.4	- 이차보전(2.0 ~ 2.5%), 5 억원이내 - 1 년거치 4 년균등분할상환 - 2 년거치 3 년균등분할상환	변동 금리
	사회적 기업			- 고용노동부또는서울시인증사회적기업	
	여성고 용 우수기 업	40		- 산업업종별여성근로자고용비율기준 이상인기업, 서울시가족친화경영컨설팅 참여우수기업, 가족친화인증기업 (여성가족부) - 5 억원이내	
	사회보 험가입 촉진자 금	100		- 사업주와근로자가신청일이전 1 년이내 국민연금및고용보험에신규직장가입한 서울소재소기업 · 소상공인 - 5 천만원이내	

※ 중소기업육성기금은시정책에의해변경될수있음

※ 시중은행협력자금의변동기준금리는 CD(91 일물)임

2) 현재 진행중인 공고

서울특별시공고 제 2018 - 2177 호

2018년도 서울특별시 중소기업육성자금 융자지원 계획 변경 공고

「서울특별시 중소기업육성기금의 설치 및 운용에 관한 조례」제16조의 규정에 의하여 2018년도
서울특별시 중소기업육성자금 융자지원 계획 변경을 다음과 같이 공고합니다.

2018년 9월 28일 서 울 특 별 시 장

1. 융자지원액 : 10,150억원

가. 중소기업육성기금 : 2,150억원

나. 시중은행협력자금 : 8,000억원

구 분		2018년 융자지원 계획		비 고
		당 초	변 경	
합 계		10,000	10,150	
중소기업육성기금		2,000	2,150	
경영안정자금	시설자금	500	500	
	성장기반자금	690	690	
	기술형창업기업자금	100	100	
	긴급자영업자금	600	750	증 150
	재해중소기업자금	100	100	
	개성공단입주기업자금	10	10	
시중은행협력자금		8,000	8,000	
일반자금	경제활성화자금	6,760	6,760	
	창업기업자금	1,000	1,000	
	일자리창출우수기업자금	100	100	
특별자금	사회적기업	40	40	
	여성고용우수기업			
	사회보험가입촉진자금	100	100	

2. 융자대상 가. 공통사항 : 서울특별시 관할구역 안에 사업자등록을 필한 중소기업체

※ 단, 융자지원 제한업종은 제외 (별첨 1)

나. 자금별 융자대상

1) 시설자금

서울시 중소기업 육성기금의 설치 및 운용에 관한 조례. 시행규칙 별표2에 해당하는 서울 소재 중소기업 및 소상공인

- 구조조정사업, 입지지원사업, 시장재개발사업, 유통구조개선사업, 중소기업공동사 업, 운송업구조개선사업 등 2) 경영안정화자금

서울시 중소기업 육성기금의 설치 및 운용에 관한 조례. 시행규칙 별표1에 해당하는 서울 소재 중소기업 및 소상공인

3) 기술형창업기업 자금

설립후 3년 이내의 기술 및 지식을 기반으로한 성장 및 발전 가능성이 높은 기술형 창업기업

4) 긴급자영업자금

생계형 영세자영업자 - 기초생활보장 수급자, 차상위 계층 - 실직자(수급자격 인정일로부터 3년 내), 장애인, 여성가장, 한부모가정, 다둥이가정, 다문화 가정, 새터민(북한이탈주민)

여성가장 또는 한부모가정(부 또는 모)을 3개월 이상 고용하고 있는 기업

신청일 기준 직전분기. 반기 대비 매출액이 이전분기. 반기 대비 20% 이상 급감한 소상공인, 간이과세자, 신청일 기준 6개월 이내 임차료(월세)가 30% 이상 상승한 소상공인

송인서적 부도 피해업체 ※ 송인서적과 거래한 서울시 소재 중. 소 출판사 및 지역서점으로서 , 매입. 매출처별 세금계산서 합계표 및 거래계약서 등 객관적인 자료에 의해 거래관계가 증명된 기업

5) 재해중소기업자금

자연재해로부터 피해를 입은 서울 소재 중소기업 및 소상공인

6) 개성공단입주기업자금

서울 소재 개성공단 입주기업

7) 시중은행협력자금

일반지원(경제활성화 자금, 창업기업 자금, 일자리창출우수기업 자금)

특별지원(사회적기업 자금, 여성고용우수기업 자금, 사회보험가입촉진 자금)

※ 구체적인지원대상은서울신용보증재단홈페이지(www.seoulshinbo.co.kr) 참조

3. 융자조건

가. 시설자금 : 금리 2.5%

나. 경영안정화자금 : 금리 2.5%, 업체당 5억원 이내, 1년거치4년균등분할상환

다. 기술형창업자금 : 금리 2.5%, 1년거치 4년 균등분할상환 및 2년 만기 일시상환 중 업체의 희망에 따름

라. 긴급자영업자금 : 금리 2.0%, 1년거치 4년 균등분할 상환

마. 재해중소기업자금 : 금리 2.0%, 1년거치 4년 균등분할상환

바. 개성공단입주기업자금 : 금리 2.0%, 1년거치 4년 균등분할상환

사. 시중은행협력자금

1) 한도 및 조건 : 업체당 5억원 이내, 1년거치 2(3,4년) 균등분할상환 및

2년 만기 일시상환 중 업체의 희망에 따름

2) 대출금리 : CD연동금리에서울시가금리 1.0~2.5%을보전한

금리(변동금리) ※ 일반자금(4년 이내) : 5천만원 이하 1.5%, 5천만원 초과 1.0% 이차보전 ※ 특별자금(5년 이내) : 5천만원 이하 2.5%, 5천만원 초과 2.0% 이차보전

4. 융자금액 범위 :「서울특별시중소기업육성기금의 설치 및 운용에 관한 조례 시행규칙」제12조 적용

5. 융자 신청서류 접수

가. 신청기간 : 2018. 9. 28.(금) ~ 자금소진시 까지

나. 접 수 처 : 서울신용보증재단(본점, 17개지점)

6. 융자 상담 및 접수 문의

가. 기타 자세한 사항은 서울신용보증재단(☎1577-6119) 문의

7. 융자신청 접수처 : 사업장 소재 서울신용보증재단 각 영업점

(별첨1)

융자지원제한업종

표준산업분류	지 원 제 한 업 종
561	건평 330㎡를 초과하는 영업장을 가진 식당업 다만, 다음 각호의 경우는 제외 　가. 기관구내식당 　나. 『관광진흥법』에 의하여 지정된 관광지, 　　　관광단지 및 관광특구소재 식당업 　다. 시장, 군수, 또는 구청장의 지정을 받아 　　　"좋은식단"을 실시하는 모범업소 　라. 소기업, 소상공인에 대한 여신
46109 중	골동품, 귀금속 중개업
46416	모피제품 도매업. 단, 인조모피제품 도매업 제외
5621	주점업 (단, 56219 기타주점업은 제외)
9112	골프장 및 스키장 운영업
91291	무도장운영업
91249	기타 갬블링 및 베팅업
96121	욕탕업 중 증기탕
96122	마사지업
68	부동산업. 다만, 부동산관련 서비스업(682) 제외
46102 중	담배 중개업
46209 중	잎담배 도매업
46331	주류 도매업
46333	담배 도매업
64	금융업
65	보험 및 연금업
66	금융 및 보험관련 서비스업. 다만 손해사정업(66201), 보험대리 및 중개업(66202)은 제외
75993	신용조사 및 추심대행업
기타	업종을 변형하여 운영되는 도박·향락 등 불건전업종, 기타 국민보건·건전문화에 반하거나 사치·투기조장 업종으로 서울신용보증재단의 보증제한업종

서울신용보증재단 영업점(지점) 현황

자치구	영업점	위 치	전화번호
마포구, 용산구	마포지점	서울시 마포구 마포대로 163(공덕동 168번지) 6층 애오개역(5호선) 1번출구, 공덕역(5·6호선, 공항철도) 3번출구	
강남구	강남지점	서울시 강남구 선릉로 514 5층 503호(삼성동 141 성원빌딩) 선릉역(2호선, 분당선) 8번출구	
종로구	종로지점	서울시 종로구 종로 189(종로4가 11) 기업은행 동대문지점 3층 종로5가역(1호선) 12번출구	
영등포구	영등포지점	서울시 영등포구 경인로 775(문래동3가 55-20) 에이스하이테크시티 4동 301호, 문래역(2호선) 7번출구	
강북구, 성북구 내 (정릉,길음,월곡, 장위,석관동)	강북지점	서울시 강북구 도봉로 364(번동 463-57) 신한은행 강북금융센터 4층, 수유역(4호선) 1번출구	
구로구 내 (구로동,신도림동), 관악구	구로지점	서울시 구로구 디지털로32가길 16(구로동 1128-3) 파트너스타워 2차 2층(203호), 구로디지털단지역(2호선) 2번출구	
광진구, 성동구	성수지점	서울시 성동구 성수이로22길 37(성수동2가 277-43) 성수IT 종합센터 104-108호 1층, 성수역(2호선) 2번출구	
중랑구, 노원구 (상계동 제외)	중랑지점	서울시 중랑구 동일로 757(중화동 301-29) 국민은행 중화동 지점 4층, 중화역(7호선) 3번출구	
강서구, 양천구	강서지점	서울시 강서구 공항대로 535(염창동 274-8) 대림자동차빌딩 8층, 등촌역 2번출구	1577-6119
송파구	송파지점	서울시 송파구 중대로 97(가락동 99-5) 효원빌딩 15층 가락시장역(3호선, 8호선) 4번출구	
은평구, 서대문구	은평지점	서울시 은평구 통일로 830(불광동 304-2) 파레제케빌딩 302호 연신내역(3호선, 6호선) 3번출구	
강동구	강동지점	서울시 강동구 양재대로 1553(천호동 44-1) 선진빌딩 6층 굽은다리역(5호선) 1번출구	
중 구	명동지점	서울시 중구 퇴계로 131(충무로2가 64-5) 신일빌딩 3층 명동역(4호선) 8번출구	
서초구, 동작구	이수지점	서울시 서초구 동작대로 132(방배동 1751) 안석빌딩 8층 총신대입구역(4호선, 7호선) 1번출구	
동대문구, 성북구 (정릉,길음,월곡, 장위,석관동 제외)	신설동지점	서울시 동대문구 난계로 252(신설동 117-5) 산삼송빌딩 2층 신설동역(1호선, 2호선) 6번출구	
금천구, 구로구 (구로동,신도림동 제외)	금천지점	서울시 금천구 벚꽃로 234(가산동 60-25) 에이스하이앤드 타워 6차 1603호, 가산디지털단지역(1호선, 7호선) 4번출구	
도봉구, 노원구(상계동)	도봉지점	서울시 도봉구 방학로 136(방학동 691-7) 신한은행 방학동지점 2층 방학역(1호선) 3번출구	

※ 중소기업육성자금 운영관련 업무처리방법 및 금리는 서울시 정책에 따라 변동될 수 있습니다.

3. 운전자금

1) 운전자금 안내

운전자금

- 기업의운영을위하여소요되는자금지원

융자총액 : 9,650억원

시중은행 협력자금:8,000억원

성 장 기 반 자 금:690억원

기술형 창업기업자금:100억원

긴 급 자 영 업 자 금:750억원

재해중소기업 자금:100억원

개성공단입주기업자금:10억원

운전자금 융자지원 계획

(단위:억원)

자금구분	규모	지원조건	지원대상등	증빙서류
성장기반지금	890	- 1 년거치 4 년분할상환	• 서울시소재중소기업및소상공인	영업점상담
기술형	100	• - 금리 2.5% • - 업체당 3 억원이내 • (기지원금액포함	• ○ 설립후 3 년이내의기술및지식을기반으로한성장및발전가능성이높은	기술신

자금규모	지원조건	지원대상등	증빙서류

창업기업지금	5 억이내)
	• ※ 예비창업자및설립후 1 년
	• 이내기업은 1 억원이내
	• - 2 년만기일시상환
	• 또는 1 년거치 4 년분할상환
	• - 보증비율 90%
	• (기술보증기금보증지원)
	• ※ 예비창업자및설립후 1 년
	• 이내초기기업은 100%
		• 기술형창업기업
		  •
		    ○ ◆기술혁신선도형기업
		    ○ ○벤처·이노비즈기업
		    ○ ○차세대성장동력산업 (디지털 TV/방송, 디스플레이, 차세대이동통신등),
		    ○ ○미래성장유망산업(6T- IT, BT, NT, CT, ET, ST 기술분야산업)
		    ○ ○조세특례제한법시행령에따른기술집약산업,
		    ○ ○지식기반제조업및서비스산업
		    ○ ○문화콘텐츠선도산업 (영상, 게임, 소프트웨어, 방송, 출판등)
		    ○ ○지식재산권창업(특허권, 디자인권등지식재산권보유, 사업화기업) 등
		    ○ ※ 기술보증지원대상에대한세부사항은기술보증기금내규적용
		    ○ ◆서울시특화산업분야및시책사업추진사업자중기술보증수요기업
		    ○ - 서울개발진흥지구내출판, 디자인, 보건서비스, IT, R&D 기업등
		• ※ 기술신용보증기금신청 바로가기
			용보증상담

긴급지원 600	• - 금리 2.0% • - 업체당 5 천만원이내 • - 1 년거치	• ○ 생계형영세자영업자 • - 기초생활보장수급자, 차상위계층 • - 실직자, 장애인, 여성가장, 한부모가정, 다둥이가정, 다문화가정, 새터민등 • 생계형영세자영업자	영업점상담

자금규모	지원조건	지원대상등	증빙서류
지급	4년균분상환	○ 여성가장또는한부모가정(부또는모)을 3개월이상고용하고있는기업 ○ 신청일기준직전분기.반기대비매출액이이전분기.반기대비 20%이상 급감한소상공인,간이과세자,신청일기준 6개월이내임차료(월세)가 30%이상상승한소상공인 ○ 송인서적피해기업	
지히 중소기업 100	- 금리 2.0% - 2억원이내 ※ 소상공인:5천만원이내 - 1년거치 4년균분상환	○ 자연재해로부터피해를입은중소기업 - 서울소재중소기업및소상공인으로자치구주민센터등을통해 재해확인(증)을받은사업장 ※ 지원시기 : 서울지역에 '특별재난지역선포또는이에준하는경우' 시장이 판단하여특별지원이필요하다고인정하는경우	재해확인증
기성공단 입주기업 지급 10	- 금리 2.0% - 업체당 5억원이내 - 1년거치 4년균분상환	○ 서울시소재개성공단입주기업	영업점상담

자금규모	지원조건	지원대상등	증빙서류
경저활성호지금 6,760	- 대출은행금리에이차보전 (1.0~1.5%, 최대 4년간) - 5억원이내 (기지원금액포함 5억이내) - 2년만기일시상환 또는 1년거치 2,3,4년분할상환 또는 2년거치 3년균분상환	○ 서울시소재중소기업및소상공인 ※ 소상공인맞춤형집중지원업종(10개) 우선지원 : 한식음식점업, 가정용품도매업, 기계장비및관련물품도매업, 음·료품도매업, 기타전문도매업, 섬유·의복·신발및가죽제품소매업, 기타상품전문소매업, 음·식료품소매업, 기타음·식료품위주종합소매업, 두발미용업	사업자등록증및융자신청서
청업기업지금 1,000	- 대출은행금리에이차보전 (1.0~1.5%, 최대 4년간) - 1억원이내 　※대상별지원규모 1. 소상공인창업자금 : 100백만원이내 · 사업장임차자금	○ 일반창업 : 서울시자영업지원센터(서울신용보증재단)등의창업교육을 받고, 창업후 1년이내기업(외국인관련교육자포함)	수료증, 창업소요자금증빙등
		○ 1인창조및청·장년창업자금지원 - 신청일현재 1인창조기업 more - 신청일현재서울시청년창업관련보육센터입주기업및	사업자등

자금규모	지원조건	지원대상등	증빙서류
	○ : 업체당 50 백만원이내 ○ · 창업자금 ○ : 업체당 50 백만원이내 ○ 2. 1 인창조및청·장년창업자금 ○ : 50 백만원이내 • - 1 년거치 2(3,4)년균분상환 • 또는 2 년만기일시상환 • 또는 2 년거치 3 년균분상환	졸업 2 년이내기업 • - 신청일현재서울시장년창업관련보육센터입주기업및 졸업 2 년이내기업	록증융자신청서입주관련서류(SBA)
일자리창출10 0	• - 대출은행금리에이차보전 • (1.0~1.5%, 최대 4 년간) • - 5 억원이내 • - 1 년거치 2(3,4)년균분상환 • 또는 2 년만기일시상환	• ○ 여성가장또는한부모가정(부또는모)을 3 개월이상고용하고있는기업 • ○ 접수일기준직전분기말또는직전년도대비하여상시근로자수증가한기업 • ○ 고령자고용촉진법에의한기준고용률을 3 개월이상준수한기업 • (고령자: 만 55 세이상) • - 제조업 : 상시근로자수의 100 분의 2 • - 운수업, 부동산및임대업: 상시근로자수의	증빙서류 <u>mor e</u>

자금규모	지원조건	지원대상등	증빙서류
	• 또는 2 년거치 3 년균분상환	100 분의 6 • - 그외기타업종: 상시근로자수의 100 분의 3 • ○ 장애인고용촉진및직업재활법에의한의무고용률을 3 개월이상 • 준수한기업 (의무고용률: 상시근로자수의 100 분의 2) • ○ 일자리우수 ‘서울형강소기업’인증기업 17 개사(’16 년선정) • ○ “Hi-Seoul 공동브랜드사업” 참여기업 ○ 고성장기업 ○ 청년고용기업 ○ 고용구조우수기업 ○ 경력단절여성고용기업 ○ 생활임금적용기업	
사회적기업특별자금 통합운용 (40억)	• - 대출은행금리에이차보전 • (2.0~2.5%) • - 5 억원이내 • - 1 년거치 4 년균분상환 • 또는 2 년거치 3 년균분상환	• ○ 고용노동부 '인증사회적기업',서울시지정 '지역형예비사회적기업' • 중앙부처지정 '부처형예비사회적기업'	인증서
여성고		• ○ 해당업종별여성고용비율기준이상인여성고용우수기업 • (산업업종별여성근로자고용비율산정·적용)	증빙서

자금 구분	규모	지원조건	지원대상등	증빙 서류
우수기업특별지금			• ※ 생계형여성기업은중소기업육성기금으로특별지원	류 mor e
			• ○ 서울시가족친화경영컨설팅참여우수기업 (여성정책담당관) • ○ 가족친화인증제에따른 '가족친화인증기업' (여성가족부)	지 원 대 상 공 문
사회보험기입촉진특별지금	특별자금(100억)	• - 대출은행금리에이차 보전 • (2.5%) • - 5천만원이내 • - 1년거치 4년균분상환 또는 2년거치 3년균분상환	• ○사업주와근로자가신청일이전1년이내국민연금및 고용보험에 • 신규직장가입한서울소재소기업・소상공인	영 업 점 상 담

※ 자금추천대상및지원한도는재단의상담·평가후최종결정됩니다.

융자한도

- 업체당최대 5 억원이내 (단, 공동사업추진중소기업 10 억원이내)

2) 대상 및 한도

제조업영위자

선정요건

서울특별시 관할구역안에 사업자 등록을 한 업체로서 제조업 전업률이 30%이상이고 융자신청일 현재 공장등록을 하고 가동 중인 중소기업

융자범위

최근 재무제표 또는 전년도 부가가치세신고서상의 연간 매출액의 1/4 또는 최근 3개월분 부가가치세 신고서상의 매출액

제조업관련지식서비스산업영위자

선정요건

중소기업청장이 지원대상으로 결정한 제조업관련 서비스업, 지식기반서비스업, 지식기반제조업영위자

융자범위

최근 재무제표 또는 전년도 부가가치세신고서상의 연간 매출액의 1/4 또는 최근 3개월분 부가가치세 신고서상의 매출액

중소기업지원시설입주자

선정요건

서울특별시(자치구 포함)에서 설치, 운영하고 있는 중소기업지원시설 입주업체

융자범위

최근 재무제표 또는 전년도 부가가치세신고서상의 연간 매출액의 1/4 또는 최근 3개월분 부가가치세 신고서상의 매출액

소기업자및소상공인

선정요건

「소기업 및 소상공인지원을 위한 특별조치법」제2조의 규정에 의한 소기업자 및 소상공인

융자범위

최근 재무제표 또는 전년도 부가가치세신고서상의 연간 매출액의 1/4 또는 최근 3개월분 부가가치세 신고서상의 매출액

서울형산업영위자

선정요건

패션, 디자인, 애니메이션, 소프트웨어, 문화관광상품산업, 벤처기업, 국제회의기획업 영위자

융자범위

최근 재무제표 또는 전년도 부가가치세신고서상의 연간 매출액이나 추정매출액의 1/2 또는

최근 6개월분 부가가치세세 신고서상의 매출액

창업기업

선정요건

창업 후 3년이 경과되지 않은 중소기업

융자범위

최근 재무제표 또는 전년도 부가가치세신고서상의 연간 매출액이나 추정매출액의 1/2 또는

최근 6개월분 부가가치세신고서상의 매출액

여성기업

선정요건

「여성기업지원에 관한 법률」제2조의 규정에 의한 여성 기업

융자범위

최근 재무제표 또는 전년도 부가가치세신고서상의 연간 매출액이나 추정매출액의 1/2 또는

최근 6개월분 부가가치세신고서상의 매출액

장애인기업

선정요건

「장애인기업활동촉진법」제2조의 규정에 의한 장애인 기업

융자범위

최근재무제표 또는 전년도 부가가치세신고서상의 연간매출액이나 추정매출액의 1/2 또는

최근 6개월분 부가가치세신고서상의 매출액

중소무역업체

선정요건

「전자무역 촉진에 관한 법률」제2조 제2호에서 정하는 중소무역업체 중 수출비중이 30% 이상인
업체

융자범위

최근 재무제표 또는 전년도 부가가치세신고서상의 연간 매출액의 1/4 또는 최근 3개월분

부가가치세 신고서상의 매출액

공동사업추진중소기업관련단체

선정요건

중소기업협동조합, 공공기관(국가, 지방자치단체, 투자기관, 출연기관), 법인(공익법인, 비영리법인),

중소기업관련단체, 3개이상의 중소기업 규합체

융자범위

최근 재무제표 또는 전년도 부가가치세신고서상의 연간 매출액의 1/4 또는 최근 3개월분

부가가치세 신고서상의 매출액

유통업, 건설업영위자

선정요건

도, 소매 및 상품 중개업,「건설산업기본법」에 의한 건설업

융자범위

최근 재무제표 또는 전년도 부가가치세신고서상의 연간 매출액의 1/6 또는 최근 2개월분

부가가치세 신고서상의 매출액

"Hi Seoul" 공동브랜드화사업참여자

선정요건

"Hi Seoul" 공동브랜드사업 참여자 또는 "Hi Seoul" 브랜드인증사업 참여자

융자범위

최근 재무제표 또는 전년도 부가가치세신고서상의 연간 매출액이나 추정매출액의 1/2 또는

최근 6개월분 부가가치세신고서상의 매출액

여객자동차운송사업

선정요건

서울지역안에 주사무소를 두고 「여객자동차 운수사업법 시행령」제3조의 규정에 의한 시내버스운송사업 또는 일반택시운송사업을 영위하는 중소기업

융자범위

최근 재무제표 또는 전년도 부가가치세신고서상의 연간 매출액의 1/4 또는 최근 3개월분 부가가치세 신고서상의 매출액

산업개발진흥지구·특정개발진흥지구내권장업종영위자

선정요건

산업개발진흥지구·특정개발진흥지구내 권장업종 영위자

융자범위

최근 재무제표 또는 전년도 부가가치세신고서상의 연간 매출액이나 추정매출액의 1/2 또는

최근 6개월분 부가가치세신고서상의 매출액

4. 시설자금

1) 시설자금 안내

시설자금

- 기계설비구입, 사업장설치등시설에소요되는자금지원

융자총액 : 500억원

융자기간및대출금리

- 3(5)년거치 5(10)년분할상환, 연 2.5%

시설자금이용업체사후관리협조의무

- 시설자금을대출받으신업체는
  대출받은연도의다음연도부터대출금의상환을완료하는때까지사후관리에협조해주셔야하며,
  대출받은연도의다음연도부터
  2년간은실적서를당재단서식에의거작성하여제출하셔야합니다
- 시설자금은목적이외의용도로사용하실수없으며,
  자금이용중용도외사용업체로적발되었을경우대출금전액상환조치와
  함께향후서울시중소기업육성자금에대한추가융자가제한될수있습니다.

융자한도

- 최대 100 억원(단, 지원사업별융자기간및융자비율, 총한도상이함)

지원사업별융자기간, 융자비율및총한도

- **구조조정지원사업**

  시설자금

융자기간

  :3년거치 5년균등분할

융자비율

  : 소요자금의 100%이내

한도

:8억원이내

경영안정자금(구조조정사업중)

융자기간

:1년거치 2년균등분할

융자비율

:1회전소요자금의 100% 이내(시설업무안내범위내)

한도

:3억원이내

- **산업단지입주지원사업**

융자기간

:3년거치 5년균등분할

융자비율

: 용지매입비및건축비의 75%이내

한도

:8억원이내

- **벤처기업입주지원사업**

융자기간

:3년거치 5년균등분할

융자비율

: 입주자금의 75%이내

한도

:8억원이내

- **균형발전촉진지구사업**

융자기간

: 3년거치 5년균등분할

융자비율

: 건축비의 75%이내

한도

: 100억원이내

- **임시시장설치사업**

융자기간

: 5년거치 10년균등분할

융자비율

: 사업비의 75%이내

한도

: 10억원이내

- **공동창고설치사업**

융자기간

: 3년거치 5년균등분할

융자비율

: 소요자금의 75%이내

한도

: 15억원이내

- **외국인투자기업지원사업**

융자기간

:3년거치 5년균등분할

융자비율

: 외국인투자금액범위이내의임차료,
건축비또는건물매입비및이에부대하는
기계등설비비

한도

:20억원이내

- **건설사업**

융자기간

:3년거치 5년균등분할

융자비율

: 건설장비매입또는임차비의 75%이내

한도

:5억원이내

- **호텔사업**

건설,증·개축

융자기간

:3년거치 5년균등분할

융자비율

: 호텔건설비, 증·개축비의 75% 이내

한도

:10억원이내

개·보수

융자기간

: 3년거치 5년균등분할

융자비율

: 호텔개·보수비의 75% 이내

한도

: 5억원이내

- **자산화사업**

융자기간

: 1년거치 4년균분상환
2년거치 8년균분상환
3년거치 12년균분상환

융자비율

: 건물매입비의 75%이내

한도

: 50억원이내

- **지식산업센터건설사업**

융자기간

: 3년거치 5년균등분할

융자비율

: 지식산업센터건설비의 75%이내

한도

: 200억원이내

- **지식산업센터입주지원사업**

융자기간

:3년거치 5년균등분할

융자비율

: 입주자금의 75%이내

한도

:8억원이내

- **공장용지임대사업**

융자기간

:3년거치 5년균등분할

융자비율

: 용지매입비의 75%이내

한도

:20억원이내

- **벤처기업집적시설및소프트웨어진흥시설설치사업**

융자기간

:3년거치 5년균등분할

융자비율

: 건축경비의 75%이내

한도

:200억원이내

- **공장및사업장설치사업**

융자기간

:3년거치 5년균등분할

융자비율

: 사업비의 75%이내

한도

:50억원이내

- **시장재개발사업**

융자기간

:5년거치 10년균등분할

융자비율

: 사업비의 75%이내

한도

:100억원이내

- **시장시설개선사업**

융자기간

:5년거치 10년균등분할

융자비율

: 소요자금의 75%이내

한도

:10억원이내

- **점포시설개선사업**

융자기간

:3년거치 5년균등분할

융자비율

: 소요자금의 100%이내

한도

: 1억원이내

- **중소기업연구소설립사업**

시설자금

융자기간

: 3년거치 5년균등분할

융자비율

: 건물매입또는건축비와이에부대되는
기계설비비의 75%이내

한도

: 5억원이내

공동연구소

융자기간

: 3년거치 5년균등분할

융자비율

: 건물매입또는건축비와이에부대되는
기계설비비의 75%이내

한도

: 10억원이내

- **숙박사업**

건설,증·개축

융자기간

: 3년거치 5년균등분할

융자비율

: 숙박시설건설비, 증·개축비의 75%이내

한도

: 5억원이내

개·보수

융자기간

: 3년거치 5년균등분할

융자비율

: 숙박시설개·보수비의 75%이내

한도

: 3억원이내

- **중소기업공동사업**

융자기간

: 3년거치 5년균등분할

융자비율

: 사업비의 75%이내

한도

: 100억원이내

- **운송업구조개선사업**

융자기간

: 3년거치 5년균등분할

융자비율

: 소요자금의 75%이내

한도

:8억원이내

2) 대상 및 한도

구조조정사업

자동화사업

선정요건

제조업전업률이 30% 이상이며, 신청일 현재 가동중인 중소기업 (공장등록증 보유중소기업)

융자범위

중소기업자가 생산성 및 품질의 향상을 위하여 각종 자동화 설비 등 생산과정을 합리적으로

개선하기 위한 시설자금 및 이와 직결된 경영안정자금

정보화사업

선정요건

제조업전업률이 30% 이상이며, 신청일 현재 가동중이거나 (공장등록증 보유 중소기업), 또는

제조업 관련지식서비스산업을 영위하는 중소기업

융자범위

컴퓨터 또는 각종 제어장치를 이용하여 경영관리 및 유통관리를 전산화하는 등 중소기업의

전산망을 구축하거나 재구축 또는 보수하기 위한 시설자금 및 이와 직결된 경영안정자금

기술개발사업화사업

선정요건

제조업전업률이 30% 이상이며, 신청일 현재 가동중이거나 (공장등록증 보유 중소기업), 또는

제조업관련지식서비스산업을 영위하는 중소기업

융자범위

연구개발의 성과를 이용한 시설자금 및 이와 직결된 판로 개척비 등을 포함한 경영안정자금

기술개발연구개발사업

선정요건

제조업전업률이 30% 이상이며, 신청일 현재 가동중이거나 (공장등록증 보유 중소기업), 또는

제조업관련지식서비스산업을 영위하는 중소기업

융자범위

중소기업자가 생산, 판매 또는 서비스를 제공하는 기술에 관한 연구개발을 지원하는 자금

창업지원사업

선정요건

- 창업 후 3년이 경과되지 않은 제조업 영위자

- 제조업관련지식서비스산업을 창업하는 중소기업

융자범위

창업 중소기업으로 사업추진에 필요한 시설자금 및 이와 직결된 경영안정자금

사업전환사업

선정요건

신청일 현재 제조업을 영위하는 중소기업 또는 제조업으로 사업을 전환하는 중소기업

융자범위

「중소기업진흥 및 제품구매촉진에 관한 법률」제2조 제5호, 동법 시행령 제2조 제3항의 규정에 따라 중소기업자가 영위하고 있는 업종의 사업을 폐지 또는 축소하고 새로운 업종의 사업으로 전환하거나 새로운 업종의 사업을 추가하는 사업 추진에 필요한 시설자금 및 이와 직결된 경영안정자금

경영안정지원사업

선정요건

- 제조업 또는 제조업관련지서비스산업 중 수출비중이 20%이상인 기업, 재해기업, 노동자 인수기업

- 중소기업지원시설 입주자

- 소기업자

- 서울형산업 영위자

- 중소무역업체

- 공동사업추진 중소기업관련단체

융자범위

기업활동에 필요한 경영안정자금

패션사업

선정요건

한국표준산업분류에 따른 의복제조업(181) 및 모피제조업체(182) 중

- 해외에 판매장, 전시장 등을 설치하거나 국내 및 해외에서 전시회, 컬렉션 등에 참가 또는 참가 승인 등을 받은 업체

- 국내 또는 해외에서 등록된 자기상표(의장)로 수출 또는 매출실적이 있는 업체

융자범위

시설자금 및 이와 직결된 경영안정자금

디자인사업

선정요건

「산업디자인진흥법」의 규정에 의한 전문회사

- 제조업체 및 제조업관련지식서비스산업업체 에 공급하기 위한 목적으로 제품 디자인을 개발한 경우

(단, 제조업체 및 제조업관련 지식서비스산업업체와 산업디자인 개발 계약을 체결한 전문회사의

산업디자인 개발 사업 및 전문회사가 다른 전문회사로부터 하청받은 산업디자인 개발사업은 제외)

-「산업디자인진흥법」의 규정에 의한 전문회사, 산업디자인 관련기업부설연구소, 대학, 전문대학 및

한국산업디자인진흥원과 산업디자인 개발계약을 체결한 제조업체

- 자체 디자인 전담부서를 운영하면서 산업디자인을 개발하는 제조업체 (단, 디자인 전담부서내에 아래의 자격을 갖춘 디자이너를 3명이상 보유하고 있어야 함) [대학 또는 전문대학 산업디자인 관련학과 졸업자로서 실무경력이 4년제 졸업자는 1년이상, 전문대학졸업자는 2년이상인 자]

- 주무관청의 허가·추천 등을 득한 기관· 법인·단체로서 산업디자인의 경쟁력을 제고하는 색채·소재 등을

연구 개발하는 연구소

융자범위

시설자금 및 이와 직결된 경영안정자금

애니메이션사업

선정요건

「부가가치세법」 제5조의 규정에 의해 세무서에 사업자 등록을 필한 애니메이션 업체로서

- 융자 신청일 기준으로 창작 애니메이션을 제작 중에 있는 업체

- 국내외 애니메이션 공모전 및 공모대상 수상실적이 있는 업체

- 애니메이션 수출 및 작품 제작 실적이 있는 업체

융자범위

시설자금 및 이와 직결된 경영안정자금

소프트웨어사업

선정요건

한국표준산업 분류 중 아래 분류에 해당하는 자

- 컴퓨터설비자문업(72100)

- 소프트웨어 자문, 개발 및 공급업(72200)

- 자료처리업(72300)

- 데이터베이스업(72400)

- 기타 정보처리 및 컴퓨터 운용 관리업(72900)

-「소프트웨어산업 진흥법」에 의한

소프트웨어사업자 신고기업

융자범위

시설자금 및 이와 직결된 경영안정자금

문화관광상품산업

선정요건

국가 또는 지방자치단체 주관 공예품경진대회에 1회 이상 입상경력이 있는 공예품 생산업체

융자범위

시설자금 및 이와 직결된 경영안정자금

벤처기업

선정요건

「벤처기업육성에 관한 특별조치법」에 의거 벤처기업으로 확인된 기업

융자범위

시설자금 및 이와 직결된 경영안정자금

국제회의기획업

선정요건

「관광진흥법 시행령」 제2조의 규정에 의한 국제회의기획업을 영위하는 중소기업

융자범위

시설자금 및 이와 직결된 경영안정자금

입지지원사업

지식산업센터건설사업

선정요건

「산업집적활성화 및 공장설립에 관한 법률」 제28조의2 규정에 의하여 구청장의 설립허가를 받은 지식산업센터 건설사업자

융자범위

건설자금

지식산업센터입주지원

선정요건

지식산업센터에 입주하여 사업장으로 사용하고자 하는 기업

융자범위

입주자금

공장용지임대사업

선정요건

산업단지의 관리기관과 입주계약을 체결한 임대사업자

융자범위

용지매입비

산업단지입주지원사업

선정요건

산업단지의 관리기관과 입주계약을 체결한 중소기업

융자범위

용지매입비 및 건축비

벤처기업집적시설 및 소프트웨어진흥시설 설치사업

선정요건

벤처기업집적시설 및 소프트웨어진흥시설 설치자.

단, 공공기관(국가, 지방자치단체, 투자기관, 출연기관),

비영리법인, 벤처기업육성촉진지구 내 사업자가 시행하는 사업에 한함.

융자범위

건축비

벤처기업입주지원사업

선정요건

벤처기업집적시설 및 소프트웨어진흥시설에 입주하여 사업장으로 사용하고자 하는 벤처기업

융자범위

입주자금

공장 및 사업장 설치사업

선정요건

제조업, 제조업관련지식서비스산업, 중소기업지원시설입주자, 소기업자, 서울형산업을 영위하는 자

또는 준비 중인 자

융자범위

공장 및 사업장의 부지·건물의 매입비, 신축비, 증축비, 개축비 및 임차보증금

균형발전촉진지구사업

선정요건

균형발전촉진지구안에서 다음 각호의 용도로 건축허가를 받은 사업자

- 전국에 2개소 이상의 지점

또는 분사무소를 두고 동일한 건물에서 상법 제169조의 규정에 의한 회사의 본점 또는

주사무소의 용도로 사용하는 연면적이 700㎡이상인

부동산

-「유통산업발전법」제2조제3호의 규정에

의한 대규모 점포 중 백화점, 쇼핑센타,

대형점으로서 동일한 건물에 설치된

매장면적의 합계가 6,000㎡ 이상인

부동산

-「학원의 설립·운영 및 과외교습에 관한

법률」제2조제1호의 규정에 의한 학원시설의

용도로 동일한 건물에서 사용하는 연면적이

1,500㎡ 이상인 부동산 -「문화예술진흥법」제2조제1항제3호의

규정에 의한 문화시설 중「영화 및 비디오물

의 진흥에 관한 법률」제36조의 규정에 의한

영화상영관의 용도로 동일한 건물에서

사용하는 연면적이 2,000㎡ 이상인 부동산

-「의료법」제3조제2항 규정에 의한

의료기관 중 종합병원, 병원 또는 한방병원의

용도로 동일한 건물에서 사용하는

연면적이 2,000㎡ 이상인 부동산

융자범위

건축비

산업개발진흥지구·특정개발진흥지구내 권장업종 시설관련

선정요건

건설사업

- 산업개발진흥지구 및 특정개발진흥지구 내 권장업종시설 건설 사업자

증·개축사업

- 산업개발진흥지구 및 특정개발진흥지구 내 권장업종 시설 증·개축 사업자

입주지원사업

- 산업개발진흥지구 및 특정개발진흥지구 내에서 권장업종을 영위하거나 또는 영위하고자 하는 자

융자범위

증·개축사업

- 건설자금

증·개축사업

- 증·개축자금

입주지원사업

- 시설매입비 또는 임차보증금

자산화 사업

선정요건

서울시에서 사업자 등록 후 3년 경과하고 동일 사업장에서 1년 이상 사업 영위중인 자

융자범위

건물매입비

유통구조개선사업

시장시설개선사업

선정요건

- 시장개설자 또는 관리자

- 「유통산업발전법」의 규정에 의하여

설립된 상점가 진흥조합

- 중소백화점 및 중소 쇼핑센터

개설자 또는 관리자

융자범위

시장(정기시장 포함), 상점가 등의 영업환경을 개선하기 위하여 기존시설을 개·보수하거나 공동시설을

신규로 설치하는 사업

※시장시설의 범위

- 화장실, 급배수시설, 오물처리시설, 환기시설 등 위생시설

- 냉·난방시설, 전기시설 등 안전시설

- 주차시설,휴게소,안내소(소비자 상담실) 등 소비자 편익제공 시설

- 진입로, 하수구 등 주변 시설

- 기타 영업환경의 개선을 위하여 시장이 필요하다고 인정하는 시설

공동창고설치사업

선정요건

상업조합, 상점가진흥조합 또는 그 단체

- 「유통산업발전법」의 규정에 의한 체인 사업자

- 3개 이상의 중소유통업체가 공동으로 사업을 추진하는 경우 당해 중소유통업체

- 시장재개발,재건축사업자

융자범위

조직화된 중소유통업체들이 물류비용을 절감할 수 있도록 공동 창고를 건립하는 사업

(기존 건물을 매입하거나 임차 하는 경우를 포함)

점포시설개선사업

선정요건

- 체인사업 가맹점, 직영점

- 상업조합 및 상점가진흥조합의 조합원

-「유통산업발전법」에 의한 지정 체인사업 지정대상 소매업을 영위하는 자

- 재개발, 재건축시장에 입점하는 소매업자

- 지역특화상품 유통업자

-「부가가치세법」제5조에 의해 사업자 등록을 필한 도·소매업 및 상품중개업자

융자범위

기존점포의 시설 또는 구조를 개선하여 현대적 시설,구조로 전환하는 사업(점포 이전 포함)

※ 점포시설의 범위 : 내부구조, 판매시설, 외부간판, 유통정보화시설(판매시점 정보관리시스템,

　　자동 수발주 시스템, 전자문서교환시스템, 매장관리시스템, 무선데이터통신시스템 등) 등

시장재개발사업

시장재개발사업

선정요건

-「재래시장 및 상점가 육성을 위한 특별법」에 의해 시장 재개발·재건축사업시행구역 으로 선정된 시장을 재개발· 재건축하는 사업자

- 건축허가 등을 받아 시장을 재개발· 재건축하거나 증·개축하는 사업자

- 건축허가 등을 받아 이미 시장을 재개발, 재건축하거나 증·개축중인 사업자로서 자금조달상의

어려움 등으로 사업이 지연되어 자금지원이 필요하다고 시장이 인정하는 사업자

- 기존의 정기시장을 중심으로 상권이 형성되어 당해 정기시장을 상설시장 으로 재개발·

재건축 하는 것이 필요 하다고 시장이 인정하여 재개발· 재건축하는 사업자

- 자연발생적으로 형성된 무등록 시장이나 임시 시장을「유통산업발전법」에 의한 대규모점포로 재개발·재건축 하는 사업자

- 시장이 지역경제의 발전을 위해 필요 하다고 인정하는 중·소백화점, 중·소쇼핑센터를 재건축하거나 증·개축하는 사업자

융자범위

시장(정기시장 포함), 상점가 등의 영업환경을 개선하기 위하여 기존시설을 개·보수하거나 공동시설을 신규로 설치하는 사업

※시장시설의 범위

- 화장실, 급배수시설, 오물처리시설, 환기시설 등 위생시설

- 냉·난방시설, 전기시설 등 안전시설

- 주차시설,휴게소,안내소(소비자 상담실) 등 소비자 편익제공 시설

- 진입로, 하수구 등 주변 시설

- 기타 영업환경의 개선을 위하여 시장이 필요하다고 인정하는 시설

임시시장설치사업

선정요건

시장재개발, 재건축 사업자로서 입점상인을 위하여 임시시장을 설치하는 사업자

융자범위

시장의 재개발, 재건축 기간 동안 입점상인의 영업계속을 위하여 임시시장을 설치하는 사업

(대지 및 기존건물을 임차하는 경우를 포함

외국인투자기업

선정요건

외국인이 투자한 기업 중 아래업종 영위 또는 준비 중인자

- 외국인 투자 등에 대한 조세감면규정고시(재정경제부 고시 제1999-14호)에 정한 업종

- 제조업관련지식서비스 산업

융자범위

건물매입 또는 건축비·임차료·부대설비비

중소기업연구소 설립

부설연구소

선정요건

- 「기술개발촉진법」 제7조 제1항 제2호 및 같은법 시행령 제15조의 규정에 의해 한국 산업

기술진흥협회로부터 기업 부설연구소 인정서를 교부받은 중소제조업자

- 「산업기술 촉진법」제19조 제2항의 규정에 의한 기관·법인 및 단체

융자범위

건물매입 또는 건축비

공동연구소

선정요건

「산업기술연구조합 육성법」제8조 및 「산업 기술 혁신 촉진법」제42조의 규정에 의하여
주무관청의 허가를 받은 중소기업관련단체

융자범위

건물매입 또는 건축비

건설사업

선정요건

건설산업기본법」제9조에 의해 건설업등록을 필한 중소건설업자

융자범위

건설장비 매입 또는 임차비

호텔사업

선정요건

- 「관광진흥법 시행령」제2조에 의한 관광호텔업, 수상관광 호텔업, 한국전통호텔업 및 가족 호텔업

- 관광호텔, 수상관광호텔, 한국전통호텔 및 가족 호텔을 건축하는 중소기업자

융자범위

건설자금, 증·개축자금, 개·보수자금

숙박사업

선정요건

「공중위생관리법」제2조의 규정에 따른 숙박업으로서 서울특별시에서 시행하는 관광숙박단지화

사업에 참여하는 중소기업자

융자범위

건설자금, 중·개축자금, 개·보수자금

중소기업 공동사업

선정요건

중소기업의 경쟁력 강화를 위해 판로·입지·기술·경영분야 등에 관한 공동사업 추진단체

융자범위

건물·부지의 매입비·임차비·건축비,시설·장비의 설치비·부대설비비 및 이와 직결된 경영안정자금

운송업구조개선사업

선정요건

서울지역안에 주사무소를 두고 「여객자동차 운수사업법 시행령」 제3조의 규정에 의한 시내버스 운송사업 또는 일반택시운송사업을 영위하는 중소기업

융자범위

차고지와 복지시설의 부지매입비, 신축비, 증·개축비, 개·보수비, 임차보증금 및 차량구입비

5. 대출금리

1) 시중은행 협력자금

유의사항안내

- 서울시중소기업육성자금중**시중은행협력자금**으로, **이차보전차감전평균금리**입니다.
- 본비교공시정보는**전월및전주**에전송된각은행별신규대출금리를가중평균하여은행별로비교할수있는 참고자료입니다.

  공란의경우해당금융기관에서해당금액구간에대한대출건이없는것입니다.

  ※ 출처 : 서울드림머니(각은행별대출금리전송방식, 전주대출실행건기준)

- 은행별신용등급산정기준차이등으로동일고객이라도은행에따라금리가다를수있으며, 현재의금리등상세내용은

반드시해당은행으로문의하시기바랍니다.

- 2017 년중소기업육성자금추천금액상위은행의평균금리입니다.
전체금융회사의금리정보를알고싶으신경우**전체대출금리조회**를
클릭해주세요.

시중은행협력자금이란?

- 시중은행자금으로대출하고,
대출이자중일부에대하여서울시에서이차보전하는자금으로대출기관이책정한대출금리

에서일부를시에서보전하므로업체는시중금리에서 1.0% ~ 2.0%
더저렴하게대출을받으실수있습니다.

담보별시중은행협력자금상한금리

구분		기준금리	가산금리
신용보증서	100%	CD	2.0%
	90%이상		2.3%
	85%		2.5%
	85%미만		3.0%
부동산등담보			2.5%
전액신용			3.5%

- CD 금리 : 1.9% (전주목요일 2018 년 12 월 13 일기준.)

금액별이차보전율

금액구간	보전이율
5천만원이하	1.5%
5천만원초과	1%

예시) 고객님이 100% 신용보증서로 5천만원 이하를 대출 받을 경우

기준금리(CD 91일물) (A)	가산금리 (B)	이차보전이율 (C)	고객부담금리 (D=A+B-C)
1.66%	2.0%	1.5%	2.16%

2) 중소기업 육성기금

금리안내

서울특별시에서조성한기금을은행을통하여대출해주는중소기업육성기금에는경영안정자금과시설자금이있습니다.
대출금리는고정금리형식으로기금조성을위한차입금리·시중금리및경제여건등을반영하여책정되며,
시의중점지원사업과특별사업에대해서는별도공고를통해금리를우대하여운용합니다.

(특별자금지원예 : 재해중소기업자금지원등)
경영안정자금은자금종류별로금리가다르게지원되고있습니다.

금리변동추이

(단위 : %)

구분		'09년	'10년	'15년		'16년	'17년
		4월~	1월~	1월~	8월6일~	1월~	1월~
중소기업 육성기금	경영안정자금	자금종류별상이				(하위내용참조)	
	시설자금	4.0		3.5	2.5		
시중은행 협력자금	상한금리	CD 연동제					
	이차보전율	0.5~1.5	1.0~2.0	1.0~1.5			

경영안정자금종류별대출금리('18년)

(단위 : %)

종류	금리
긴급자영업자금	2.0
재해중소기업지원자금	
개성공단입주기업자금	

종류	금리
성장기반자금	2.5
기술형창업자금	

Ⅲ. 경영지원

1. 자영업 클리닉 지원

서울시소상공인의성장과경영안정에필요한현장맞춤형컨설팅을제공합니다.

접수기간및지원규모

- **접수기간** : 사업공고일 ~ 사업종료시까지(선착순마감)
- **지원규모** : 1,500 개
- **지원절차**

※ 선착순지원으로조기마감가능

지원내용

- 경영지도, 전문지도중선택분야기본 2 회지원

구분	지도내용	비고
경영지도	• ①마케팅②손익분석(원가관리, 비용절감) • ③프랜차이즈④매장운영	필요시 1회추가지원
전문지도	• ⑤메뉴·제품개발⑥SNS(인터넷마케팅) ⑦매장연출(인테리어,디스플레이,VMD) ⑧세무, ⑨노무, ⑩법률	•

신청자격

- '18 년서울시생계밀접형 20 개업종운영중인소상공인

업종	세부업종
제조업	• ①떡집(떡제조) ②봉제의복제조업
도소매업	• ③실내장식업④슈퍼·편의점⑤식료품점⑥직물·의류도소매업⑦컴퓨터주변장치·통신기기점⑧신발가게⑨서점·문구점⑩화장품·방향제소매점
음식업	• ⑪음식점(음식점, 치킨점, 피자·샌드위치, 제과점, 떡카페등)⑫기타주점업(치킨호프, 간이주점등) ⑬비알콜음료점(커피, 생과일쥬스등)
서비스업	• ⑭일반교과학원(입시, 보습)/외국어학원⑮예술학원·체육학원(태권도등) ⑯노래연습장운영업 ⑰당구장운영업⑱자동차수리업⑲이·미용·두피관리업⑳개인세탁소

- 지원대상
  20개업종에해당하지않으나지원필요성이현저한것으로판단되는경우예외적으로지원가능

지원제외

- 유흥주점및호화사치의류소매점등소상공인정책자금지원제외업종
- 동일점포내이업종겸업시'18년서울시생계밀접형 20개업종(선정) 중매출이 60% 미만인경우

신청서류및접수처

신청서류 (시스템등록)	• 컨설팅종합지원신청서 1부 • 개인및기업정보수집.이용/제공동의서 1부 • 중소기업지원사업통합관리홈페이지정보활용동의서 1부 • 사업자등록증사본 1부 • 기타(필요시)

접수처	• 서울시소상공인종합지원포털(http://www.seoulsbdc.or.kr) 또는 서울신용보증재단지점 • 문의처 : 1577-6119

2. 사업정리 지원

폐업전후의어려움을겪고있는소상공인의원활한사업정리지원과조기생계안정을위한재창업, 재취업등재기지원컨설팅을지원합니다.

접수기간및선정규모

- **접수기간** : 사업공고일 ~ 사업종료시까지(선착순마감)
- **지원규모** : 400 개 (비용지원: 점포원상복구또는영업양도광고비 225 개)
- **선정절차**

지원신청 홈페이지 접수	▷	예비진단 컨설팅 분야진단	▷	컨설팅 철거 사업정리전문가 점포원상복구공사	▷	이행점검 고객만족조사

※ 선착순지원으로조기마감가능

지원내용

- 폐업절차및미신고시주의사항, 사업정리, 시설등자산매각공정견적등지원
- 컨설팅지원업체중점포원상복구또는영업양도광고비필요업체에비용일부추가지원

구분	컨설팅내용	추가지원
사업정리컨설팅	• ▶사업정리(폐업)컨설팅 • ①점포진단, 신용관리, 폐업시절세, 신고사항, 신용관리, 노무, 상가임대차보호법등법률분야지원 • ②시설.집기처분관련견적산출및자산매각지원 • ▶업종전환, 사업장이전(사업타당성,	• ▶①~③중택 1, 부가세본인부담 • ①점포원상복구비 100 만원내 • ②영업양도광고비 50 만원내 • ③점포원상복구비및영업양도광고비합계 100 만원내

구분	컨설팅내용	추가지원
(자산·시설매각) (재취업지원)	상권분석)컨설팅 • ▶재취업상담및일자리지원, 상담연계지원등	

신청자격

- 서울시사업자로, 사업정리, 업종전환검토중인소상공인, 소상공업폐업후 6 개월이내자
- ※ 업종제한없음

지원제외

- ① '18 년협업사업선정자지원제외
- ②자가건물사업자점포원상복구비또는영업양도광고비지원제외

신청서류및접수처

신청서류 (시스템등록)	• 컨설팅종합지원신청서 1 부(폐업기업의경우, 폐업사실증명원 1 부) • 개인및기업정보수집.이용/제공동의서 1 부 • 중소기업지원사업통합관리홈페이지정보활용동의서 1 부 • 사업자등록증사본 1 부

	• 점포임대차계약서사본 1 부(점포원상복구비, 영업양도광고비신청시) • 기타(필요시)
접수처	• ·서울시소상공인종합지원포털(www.seoulsbdc.or.kr) 또는자영업지원센터 • ·문의처 : 1577-6119

3. 자영업 협업화

공동이익을추구하는 3 개이상의자영업자로구성된협업체를대상으로공동이용시설, 공동브랜드, 공동운영시스템구축등에소요되는사업비를최대 90%까지무상으로지원해드립니다.

접수기간및선정규모

- **접수기간** : 사업공고참조(서울신용보증재단홈페이지, 자영업지원센터홈페이지공지사항)
- **선정규모** : 20 개사업이상(지원예산총 600 백만원)

지원내용

- 선정된협업체를대상으로공동이용시설, 공동브랜드, 공동운영시스템구축에소요되는사업비의 90% 이내지원

대상사업	사업비지원한도
공동이용시설구축 **(기계설비, 보관설비등)**	5천만원이내 (사업비 90% 이내)
공동운영시스템구축사업 **(공동구매, 판매, 고객관리시스템등)**	3천만원이내 (사업비 90% 이내)
공동브랜드개발및활용 **(BI·CI, 포장디자인, 홍보등)**	2천만원이내 (사업비 90% 이내)

※ 위세부내용은협업체신청현황에따라일부조정될수있음

※ 기지원협업체중모범적으로협업사업을수행한협업체를대상으로최대 5 천만원이내에서

추가지원할수있음. (상세내용별도문의)

지원절차

신청접수 〉 〈1차〉 선정평가 〉 〈2차〉 평가위원회 심의 〉 선정자 개별통보 〉 사업지원 〉 사후관리

신청자격

- 아래의조건을충족하는서울시소재소상공인협업체
    1. ① 3 개이상의자영업체가참여할것.
    2. ②모든참여업체가소상공인일것.
    3. ③협업참여업체간기능별로역할분담이되어있을것.
    4. ④참여업체간투자, 수익배분등이수평적협업형태의계약으로되어있을것.
    5. ⑤협업사업계획은참여업체전원동의의방식으로수립될것.
    6. ⑥재단이실시한 2018 년협업사업설명회에참석하여 '참가확인증'을교부받을것.

지원제외

- 타기관에서자영업협업화사업지원받은경우
- 참여기업또는대표자가아래에해당하는경우

    - 휴·폐업기업및재보증제한업종영위기업

    - 신용도판단정보보유자인경우

    - 신용보증기관의사고및대위변제기업, 그의연대보증인및연대보증인이대표자인기업

    - 세무당국에의하여국세, 지방세등의체납처분을받은경우

    - 민사집행법에기하여채무불이행자명부에등재된경우

    - 파산·회생절차·개인회생절차의개시신청이이루어진경우

신청서류안내

구분	신청서류
협업체기준	<ul><li>자영업협업화지원사업참여신청서</li><li>자영업협업화사업추진계획서</li></ul>
참여업체기준	<ul><li>사업자등록증사본</li><li>최근 2 개년도부가가치세과세표준증명원</li></ul>

구분	신청서류
	• 개인·기업신용정보수집·이용·제공동의서 • 신분증사본

접수처

- 서울신용보증재단자영업지원센터방문또는등기접수

- 주소 : (04130) 서울특별시마포구마포대로 163 서울신용보증재단 7 층자영업지원센터
- 팩스 : 02 - 3278 - 8121

4. 현장체험 지원

창업준비중인예비창업자또는업종전환(경영개선)을희망하는기존사업자가실제성공점포를방문하여현
장체험과노하우를전수받을수있는기회를제공합니다.

접수기간및선정규모

- **접수기간** : 사업공고일 ~ 사업종료시까지(선착순마감)
- **선정규모** : 500 명 (기본 400 명, 심화 100 명)
- **선정절차**

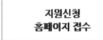

지원신청 홈페이지 접수 → 멘토·멘티 매칭 사업운영자 → 현장체험 멘토·멘티 → 결과보고 사업운영자

지원내용

구분	기본멘토링	심화멘토링
지원기간	2일이내	20일이내
지원내용	경영전반에관한정보.지식공유,현장견학, 경영노하우학습	멘토업체에서점포운영과고객서비스,경영전반에관한 경영실전현장체험학습
기타	• 1:1 멘토링원칙 • 기본멘토링이수후, 심화멘토링가능	•

신청자격

- 서울시소재소상공인및서울시창업예정자

구분	기본멘토링	심화멘토링
지원대상	예비창업자및기존소상공인	기본멘토링이수자
지원자격	예비창업자 : 2017~2018 년서울시자영업지원센터창업교육수료자또는 2017~2018 년창업컨설팅수진자 기존사업자 : 2017~2018 년서울시자영업지원센터경영개선교육수료자또는 2017~2018 년종합컨설팅(사업정리또는자영업클리닉) 수진자	

신청서류및접수처

신청서류 (시스템등록)	<ul><li>컨설팅종합지원신청서 1 부</li><li>개인및기업정보수집.이용 / 제공동의서 1 부</li><li>중소기업지원사업통합관리홈페이지정보활용동의서 1 부</li><li>교육수료증또는컨설팅보고서사본 1 부</li></ul>※ 온라인신청시신청서류업로드가능<ul><li>※ 종합컨설팅수진업체는제출서류생략가능(별도확인가능)</li></ul>
접수처	<ul><li>종합지원포털홈페이지(www.seoulsbdc.or.kr)</li><li>문의처 :1577-6119, (02)2174-5694. 5663</li></ul>

경기신용보증재단

Ⅰ.신용보증

1. 보증이용안내

신용보증이란?

소상공인 및 중소기업 등이 금융기관으로부터 사업자금을 대출받고자 할 때 사업성 및 수익성 등을 종합적으로 평가하여 신용상태가 양호하다고 판단될 경우 신용보증기관이 신용을 담보로 금융기관에 보증을 서주는 제도입니다.

금융기관으로부터 대출을 받을 때 담보문제를 해소할 수 있어 기업이 보다 원활하게 자금을 융통하실 수 있습니다.

보증이용흐름

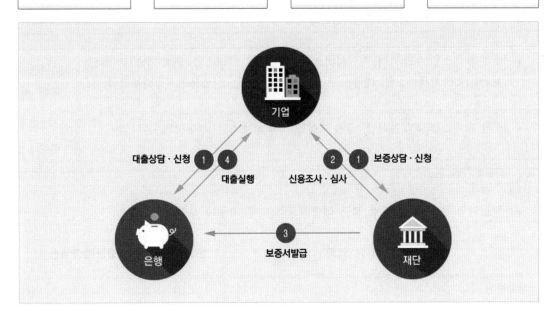

STEP 1.
상담 및 신청
가까운 지점을 직접방문하여 상담하시거나, 사이버보증센터를 통해 상담 후 서류를 제출합니다.

STEP 2.
신용조사
재단 직원이 직접 사업장을 방문하여 신용 상태를 파악합니다.

STEP 3.
보증심사 및 결정통지
기업의 신용도 및 사업성 등을 평가 후 보증지원 여부를 결정하여 통보하여 드립니다.

STEP 4.
약정체결 및 보증서 발급
보증약정을 체결하고 보증료 및 신용조사 수수료를 납부하시면 보증서를 발급하여 드립니다.

2. 보증신청자격

보증대상기업

- 경기도 내에 본점 및 사업장이 존재하고 있는 중소기업, 소상공인
- 업종별 기업 규모 분류 기준

중소기업 범위

업종	중소기업

업종	중소기업
• 6개 제조업(전기장비, 의복, 가방·신발, 펄프, 종이, 1차금속, 가구)	1,500억원 이하
• 12개 제조업(담배, 자동차, 화학, 금속가공, 식표품, 섬유, 목재, 석유정제품, 고무·플라스틱, 전자·컴퓨터·영상·통신, 기계·장비, 기타운송장비) • 건설업, 광업, 도·소매업, 농·임·어업, 전기·가스·수도 사업	1,000억원 이하
• 6개 제조업(음료, 인쇄·복제기, 의료물질·의약품, 비금속광물, 의료·정밀, 기타제품 제조) • 운수업, 하수처리·환경복원업, 정보통신업	800억원 이하
• 6개 서비스업(수리·기타 개인서비스업, 사업지원 서비스업, 과학·기술서비스업, 보건·사회복지서비스업, 예술·스포츠 관련 서비스업, 산업용기계장비수리업)	600억원 이하
• 5개 서비스업(숙박·음식업, 금융·보험업, 교육서비스업, 부동산업, 임대업)	400억원 이하

소기업 범위

• 중소기업 중 주된 업종별 평균 매출액등이 다음 기준에 부합할 것

해당 기업의 주된 업종	분류기호	평균매출액등
1. 식료품	C10	
2. 음료	C11	
3. 의복, 의복악세사리, 모피	C14	
4. 가죽, 가방, 신발	C15	120억원 이하
5. 코크스, 연탄, 석유정제품	C19	
6. 화학물질, 화학제품(의약품 제외)	C20	
7. 의료용 물질, 의약품	C21	

해당 기업의 주된 업종	분류기호	평균매출액등
8. 비금속 광물제품	C23	
9. 1차 금속	C24	
10. 전자부품, 컴퓨터, 영상, 통신장비	C26	
11. 전기장비	C28	
12. 자동차, 트레일러	C30	
13. 전기·가스·수도사업	D	
14. 농업, 임업 및 어업	A	
15. 광업	B	
16. 담배	C12	
17. 섬유제품(의복 제외)	C13	
18. 목재, 나무제품(가구 제외)	C16	
19. 펄프, 종이, 종이제품	C17	
20. 인쇄 및 기록매체 복제	C18	80억원 이하
21. 고무제품, 플라스틱 제품	C22	
22. 금속가공제품(기계, 가구 제외)	C25	
23. 의료, 정밀, 광학기기, 시계	C27	
24. 기타 기계, 장비	C29	
25. 기타 운송장비	C31	
26. 가구	C32	

해당 기업의 주된 업종	분류기호	평균매출액등
27. 기타 제품	C33	
28. 건설업	F	
29. 운수업	H	
30. 금융·보험업	K	
31. 도·소매업	G	50억원 이하
32. 출판·영상·정보	J	
33. 하수·폐기물 처리업	E	30억원 이하
34. 부동산·임대업	L	
35. 전문·과학·기술	M	
36. 사업서비스업	N	
37. 예술·스포츠·여가	R	
38. 숙박·음식점업	I	10억원 이하
39. 교육서비스업	P	
40. 보건·사회복지	Q	
41. 개인서비스업	S	

비고 : 해당 기업의 주된 업종의 분류 및 분류기호는 「통계법」제 22 조에 따라 통계청장이 고시한 한국표준산업분류에 따른다.

소상공인 범위

업종	소상공인

업종	소상공인
• 광업, 제조업, 건설업, 운수업	10인 미만
• 그 외 업종	5인 미만

기타제한사항(아래에 해당되는 기업은 신규보증이 제한 될 수 있습니다.)

보증 금지 및 제한사항

보증금지기업

- 경기 신용보증재단 또는 타지역 신용보증재단, 신용보증기금, 기술신용보증기금의 보증채무를 이행한 후 대신 갚아준(대위변제) 후 채권을 회수하지 못한 기업
- 위 기업의 이사(또는 업무집행사원) 중 과점주주와(또는 무한책임사원)이 영위하는 기업 또는 이들이 대표자로 되어 있는 법인기업
- 위 기업이 개인기업인 경우 그 개인(공동대표자 포함)이 대표자로 되어있는 기업

보증제한기업

- 휴업중인 기업
- 금융기관의 대출금에 대해 최근 3개월 이내 1개월 이상 연체대출금을 보유하였거나 또는 10일 이상 계속된 연체대출금을 4회이상 보유한 기업
- 금융기관의 금융거래확인서 기준일 현재 연체중인 기업
- 기업 또는 대표자(실제경영자 포함)가 신용판단정보 및 공공정보를 보유하고 있는 기업
- 재단(타재단포함), 신용보증기금, 기술신용보증기금의 보증채무를 이행한 후 채권을 회수 하지 못한 기업의 연대 보증인인 기업 및 연대보증인이 대표자(실제경영자)로 되어 있는 법인 기업
- 신용상태가 극히 불량하거나 보증제한이 필요하다고 인정되어 이사장이 따로 정한 기업
- 부실자료 제출기업으로서 보증제한 기간이 경과하지 아니한 기업
- 재단과 신용보증기금, 기술신용보증기금이 보증부실기업으로 규제중인 기업
- 재보증기관과 체결한 재보증 기본계약서에서 정한 "재보증제한대상업종"에 대하여 보증신청한 기업
- 신용보증기금, 기술신용보증기금의 신용보증을 모두 이용하고 있는 기업
- 보증제한 업종을 영위하고 있는 기업

제한 대상 채무

- 기대출금(이미 발생한 대출금을 위한 보증, 지급보증 포함)
- 기대출금(지급보증 및 지급보증 대급금 포함)을 상환하기 위한 신규대출금(지급보증 포함)
- 시설대여가 개시된 시설대여채무

기타 제한사항(아래에 해당되는 기업은 신규보증이 제한됩니다.)

- 자기자본 전액 잠식기업
- 최근 2년 연속 당기 순손실 발생 기업
- 총 차입금이 매출액을 초과하는 기업
- 운전자금 차입금이 매출액의 75% 초과기업
- 심사일 이후 지급어음, 당좌수표, 가계수표 결제도래액이 객관적으로 확인 가능한 최근 3개월간 매출액을 초과하는 기업
- 부채비율 600% 초과기업
- "다만, 일부 특례보증 등의 경우, 위 항목 중 일부 또는 전부에 대하여 제한사항 완화하여 시행되고 있습니다."

보증제한 업종

아래의 업종을 영위하는 기업에 대해서는 신규보증이 제한됩니다.

산업분류	업종명
56211	일반유흥 주점업
56212	무도유흥 주점업
68	부동산업 (단, 부동산관련 서비스업(682)는 제외)
91121	골프장 운영업
91291	무도장 운영업
91249	기타 사행시설 관리 및 운영업
9612 중	증기탕 및 안마시술소

산업분류	업종명
46102 중	담배 중개업
46107 중	골동품, 귀금속 중개업
46209 중	잎담배 도매업
46331	주류 도매업 (단, 주류중기업면허(나)를 보유하고 체인사업자 지정서 또는 소상공인시장진흥공단의 체인사업자 평가서를 받은 경우 제외)
46333	담배 도매업
46416 및 46417 중	모피제품 도매업 (단, 인조모피제품 도매업 제외)
64	금융업
65	보험 및 연금업
66	금융 및 보험관련 서비스업 (단, 손해사정업(66201), 보험대리 및 중개업(66202)은 제외)
75993	신용조사 및 추심대행업
기타	방문판매 등에 관한 법률 제2조 제6호의 다단계판매자가 동조 제5호에서 정한 다단계판매(업)를 영위하는 경우 업종을 변형하여 운영되는 도박, 향락 등 불건전업종, 기타 국민보건, 건전문화에 반하거나 사치, 투기조장 등 우려가 있다고 지정된 업종

3. 보증종류

재단에서 취급하고 있는 보증종류는 아래와 같습니다.

구분	내용	보증대상채무	보증대상
대출	은행을 비롯한 금융기관으로부터 각종 자금을 대	할인어음, 당좌대출 등	시중은행, 특수

구분	내용	보증대상채무	보증대상
보증	출받을 경우 담보로 이용되는 보증입니다.	을 포함한 금융기관의 운전자금 및 시설자금 대출	은행
비은행대출보증	비은행 금융기관 또는 기타 대출기관으로부터 각종 자금을 대출받을 경우 담보로 이용되는 보증입니다.	할인어음, 당좌대출 등을 포함한 비은행 금융기관의 운전자금 및 시설자금대출	여신전문 금융기관, 농협, 수협, 중소기업진흥공단 등
어음보증	기업이 상거래와 관련하여 주고받는 지급어음, 받을어음 및 담보어음에 대해 지급을 보증하여 드림으로서 기업이 편리하고 안전하게 상거래를 할 수 있도록 도와 드리는 보증제도입니다.	담보어음보증	상거래 상대처
지급보증의 보증	금융기관으로부터 각종 대내외 지급보증을 받기 위한 담보로 이용되는 보증입니다.	금융기관의 각종 대내외 지급보증	금융기관

4. 보증평가기준

소상공인 평가기준

소상공인 평가기준(소상공인 평가모형)

- 내부정보 평점구성

정보역역	창업기업	일반기업
사업장정보	23%	26%
거주지정보	50%	40%

정보역역	창업기업	일반기업
신용거래정보	27%	34%

창업기업과 일반기업은 설립 후 1년을 기준으로 구분되며(설립 후 1년 미만은 창업기업, 설립 후 1년 이상은 일반기업), 내부정보와 대표자 신용정보를 결합하여 최종등급 산출하며, 평점구성

주요 평가항목

정보영역	항목설명
사업장정보	개인/법인구분
	업종
	업력
	사업장임차보조금
거주지정보	직권말소여부
	거주기간
	소유부동산종류
	주택임차보증금
신용거래정보	차입금금액
	차입기관수
	현금서비스사용금액

중소기업 평가기준

중소기업 신용평점표

평가방법

구분	외감기업	비외감기업	소기업
대상기업	총자산 100억원 이상 법인	총자산 10억원 이상 ~ 100억원 미만 법인	• 총자산 10 억 미만 • 개인기업
평가항목과 가중치	• 재무 60% • 비재무 40%	• 재무 40% • 비재무 40% • 대표자 20%	• 재무 20% • 비재무 60% • 대표자 20%

주요평가지표

구분		내용
재무항목	안정성	부채비율, 유동비율
	성장성	매출액증가율, 자기자본증가율
	수익성	금융비용대매출액비율, 매출액영업이익율, 차입금대매출액
	활동성 및 생산성	매출채권회전율, 재고자산회전율
비재무항목	산업위험	산업전망, 경쟁상황
	경영위험	경영관리능력, 경영주체에 대한 신뢰도
	영업위험	판매의 안정성, 매출채권의 안정성
	재무융통성	자금조달능력, 자산처분가능성
	신뢰도	업체신뢰도, 금융거래신뢰도
대표자 항목		한국신용평가정보(주)의 개인 CB 스코어 적용
가감점(±7점)	가점	자가공장, 기술력우수기업
	가점	감사의견이 한정 등, 대출은행 과다, 당좌거래

신용등급 산출(총10등급)

신용등급	설명	비고
AAA	재무안정성과 현금흐름이 매우 좋아서 신용위험이 거의 없는 업체	보증가능
AA	재무안정성과 현금흐름이 좋아서 신용위험이 매우 낮은 업체	
A	신용상태가 좋고 재무구조가 우수한 우량기업	
BBB	영업손실을 스스로 개선할 능력이 확실하고 평균보다 우량한 업체	
BB	평균수준의 업체	
B	신용위험이 축소되지 않을 경우 문제기업으로 분류될 가능성이 큰 평균 이하의 업체	
CCC	현금흐름이 재무조달비용에 미달하여 잠재적인 부실화 가능성이 있는 기업	보증불가
CC	현금흐름이 취약하며 명확한 신용위험이 존재하는 기업	
C	부도가 임박한 업체	
D	부도업체	

5. 보증절차

소상공인

소상공인 보증절차

보증상담 및 신청

방문상담

- 사업장 소재지 관할 지점에 방문
- 지점에 비치된 상담표 작성후 상담진행
- 상담가능시간 : 09:00 ~ 16:00
- 준비서류
    - 개인사업자 : 사업자등록증 사본, 매출증빙서류, 신분증 등
    - 법인사업자 : 개인사업자 서류외 추가로 법인등기부등본, 주주명부

사이버보증센터 상담

재단 홈페이지 "사이버보증센터" 방문하여 보증대상기업 여부를 확인 후 사이버보증지원절차에 의하여 보증상담 및 신청 내용을 입력 합니다.

본인확인 필요 및 지점방문이 필요할 경우 발생 가능

신용조사 및 보증심사

상담 신청후 재단에 접수하신 서류(재단직원으로부터 안내받으세요)를 검토한 이후 아래와 같은 신용조사 및 보증심사 절차가 진행됩니다.

신용조사

영업상황 등을 파악하기 위하여 재단 직원이 직접 사업장을 방문하여 아래 사항을 확인합니다.

- 가동상태 및 재무상황
- 사업내용 및 주요 영업현황
- 시설수준 및 거래내역

보증 심사 및 결정 통지

기업의 사업성 및 신용도등을 종합적으로 검토하여 평가 후 보증지원 여부를 결정하여 통보하여 드립니다.

- 소상공인의 보증심사를 위한 "평가기준"은 보증종류 및 대상의 평가기준 중 '소상공인 평가'를 참조하시기 바랍니다.

약정체결 및 보증서 발급

신용보증서를 발급 받기 위해서 다음의 절차가 수반됩니다.

- 신용보증 약정체결
- 약정 시 준비서류 : 신분증 등
- 보증료 및 신용조사 수수료 납부

발급 후 사후관리

보증료 안내

- 기한도래에 따른 납부 보증료 안내
- 보증해지에 따른 기납입보증료 환급 안내

보증기한도래 안내

- 기보증의 만기도래에 따른 연장 사항 안내

변동사항 통지(소상공인 포함)

- 기보증업체의 일반적인 변동사항이 있을 시 재단에 변경사항 통보후 변경에 따른 처리 (예:법인전환,사업장이전,대표자변경,자본금변동 등)

기타

- 기타 기보증에 관련된 문의사항

6. 보증상품

1) 정부정책 보증상품

서민대출 협약보증(햇살론)

지원목적

대부업 등 사금융권에서 고금리를 부담하는 저신용, 저소득 서민에게 저금리 자금을 지원하여 이들의 생활안정 도모를 꾀함.

지원내용

구분	내용
지원대상	신용등급 6~10등급(연간소득 45백만원 초과자 제외) 또는 연간소득 35백만원 이하의 자영업자, 농림어업인 등
지원한도 (총 지원금액은 업체당 5천만원 이내)	• 운전자금 : 업체당 2 천만원 이내 (햇살론 소상공인 평가표에 의해 평가된 점수별 평가등급에 따라 적용) • 창업자금 : 업체당 5 천만원 이내 {정부, 공공기관의 창업교육을 12 시간(장애인의 경우 10 시간)이상 이수하거나, 무등록, 무점포 사업자가 사업자 등록후 점포를 구비하는 경우만 지원가능} • 대환자금 : 업체당 3 천만원 이내 (대부업체, 캐피탈사, 저축은행 등에서 연이율 20%이상의 고금리 대출을 상환하기 위한 경우만 지원가능
대출은행	농업협동조합, 수산업협동조합, 산림조합, 새마을금고, 신용협동조합, 상호저축은행
취급기간	• 운전자금 및 창업자금 : 5 년 이내 (1 년거치 4 년 분할상환 또는 거치기간 없이 분할상환) • 대환자금 : 5 년 이내 (거치기간 없이 분할상환)
융자금리	대출금리 상한 이내에서 대출은행(단위농협,수협,신협,산림조합,저축은행,새마을금고)가 금리를 자율적으로 결정합니다. 금리상한은 조달금리(1 년만기 정기예금) 변동에 따라 변동 가능 | 상호금융	저축은행	

구분	내용	
	7.17%(상한)	8.64%(상한)
	(18년 12월 현재)	
	저축은행 및 대부업체의 신용대출을 이용하던 분들이 '햇살론'을 받게 될 경우. *금리수준이 30%대에서 10%대로 낮아져* 이자부담이 크게 떨어질 것으로 기대됩니다.	
융자기간	2010.07.26~자금소진 시	
보증비율	95 %	
보증료율	연 1%	

유의사항

- 소득확인 불가한 자 및 연간소득 4 천 5 백만원 초과하는 자에 대한 지원 불가

  단, 신용등급이 6 등급 이하인 자로서 무등록 사업자(인적용역제공자 및 농림어업인 제외) 또는 신용등급이 6 등급 이하인 자로서 10 백만원 이하의 대환자금을 신청한 자에 한해 소득 확인 생략 가능)

- 법인기업 지원 불가

  최저임금 인상에 따른 경영애로기업 지원 특례보증

  지원목적

  o 최저임금 보장으로 인한 인건비 부담으로 경영애로를 겪는 기업들의 경영안정을 위한 특례보증

  지원내용

구분	내용
지원대상	(Track1)일자리안정자금 수급기업 (Track2)최저임금 준수기업

구분	내용
지원기간	2018.02.09 부터 시행
지원한도	(Track1)업체당 1억원 이내 (Track2) 업체당 7천만원 이내
대출은행	농협, 우리, 하나, 기업, 국민, 신한, SC, 대구, 부산, 경남, 제주, 전북, 광주
취급기간	5년 이내(1년만기상환 또는 1년거치 4년분할상환)
융자금리	금융기관별 상이(연 3.2~3.55% 수준)(18.12기준)
보증료율	0.8%이내

사회적경제기업 전용 특례보증

지원목적

- 사회적기업의 경쟁력 제고와 취약계층 지원

지원내용

구분	내용
지원대상	사회적기업, 예비사회적기업, 마을기업, 자활기업
지원기간	2018.02.22부터 시행
지원한도	업체당 4억원 이내
대출은행	국민, 기업, 농협, 신한, 우리, 하나, 경남, 광주, 대구, 부산, 전북
취급기간	5년 이내(1년만기일시상환 또는 1년거치 4년 분할상환)
융자금리	금융기관별 상이(연 3.2~3.55% 수준)(18.12기준)
보증비율	100%
보증료율	연 0.5%

장애인기업 특례보증

지원목적

- 장애인의 사회, 경제적 자립을 위하여 장애인기업을 지원

지원내용

구분	내용
지원대상	대표자가 장애인으로 정상 영업중인 기업 * 보증금액 5천만원 초과 기업은 업력 6개월 이상
지원기간	2008.07.22부터 시행
지원한도	동일기업당 1억원 이내
대출은행	일반 시중은행
취급기간	7년 이내
융자금리	장애인 정책자금 적용금리, 그 외의 경우 기업 신용도에 따른 은행책정금리
보증비율	산출보증료의 0.3% 감면

재도전지원 특례보증

지원목적

- 도덕성에 문제가 없는 성실실패자에 대한 재기 가능성 평가하여 재도전 기회 제공

지원내용

구분	내용
지원대상	재단 대위변제기업 또는 대위변제기업의 대표자(공동경영자, 실제경영자, 무한책임사원 포함)가 별도로 운영하는 기업으로서 "성실실패자 재도전지원 심의위원회"의 최종 심의·지원결정을 받은 기업

구분	내용
지원기간	2014.5.28부터 시행
지원한도	동일기업당 1억원 이내
대출은행	일반 시중은행
취급기간	5년 이내
융자금리	기업 신용도에 따른 은행책정금리
보증비율	100%
보증료율	2%

창업기업 지원 특례보증

지원목적

- 제조업 및 지식기반서비스업 중심의 창업기업 육성 및 지속적 성장 도모를 위한 제도적 기틀 마련

지원내용

구분	내용
지원대상	창업 후 7년 이내 중소기업으로 제조업 또는 지식기반서비스업 영위
지원기간	2015.10.01 부터 시행
지원한도	업체당 1억원 이내 (제조업 2억원)
대출은행	일반 시중은행
취급기간	5년 이내(시설 8년)
융자금리	기업 신용도에 따른 은행책정금리

구분	내용
보증료율	0.5%

수출기업 지원 특례보증

지원목적

- 수출환경 악화로 경영애로를 겪고 있는 수출기업에 대한 신속한 자금지원

지원내용

구분	내용
지원대상	수출실적이 있는 수출기업 및 수출예정인 잠재수출기업
지원기간	2016.07.18 부터 시행
지원한도	업체당 2억원 이내
대출은행	농협, 우리, 하나, 신한, 기업, 국민, 대구, 부산, 광주, 경남, 제주, 전북
취급기간	5년 이내 (1년 또는 5년)
융자금리	금융기관별 상이(연 3.31~3.51% 수준)(18.12기준)
보증료율	0.8%

2) 특별협약에 의한 지원

금융기관 특별출연 협약보증

지원목적

고유가, 구제역 발생, 물가상승 등으로 어려움을 겪고 있는 소기업 소상공인에 대한 금융지원 강화

지원내용

구분	내용
지원대상	경기도내 본점 또는 사업장이 소재하고 있는 중소기업 및 소상공인
지원한도	동일기업당 8억원 이내
대출은행	협약체결 시중은행
융자기간	5년이내 (시설자금은 5년초과 가능)
융자금리	각 은행의 우대금리를 적용하여 기업의 신용도에 따라 차등 적용
취급기간	2011.03.14 ~ 자금소진시 또는 사업종료시
보증비율	50백만원 이하 100%, 50백만원 초과 90%
보증료율	최종산출보증료율에서 0.2% 차감, 최저 1% 로 운용

기술신용평가 협약보증

지원목적

기술성 우수기업에 대한 보증지원을 확대

지원내용

구분	내용
지원대상	기술신용평가 기술등급 T-6등급 이상인 기업
지원기간	2015.07.31 부터 시행
지원한도	업체당 2억원 이내
대출은행	신한은행, 하나은행
취급기간	5년이내

구분	내용
융자금리	기업신용도에 따른 은행 책정금리
보증료율	최종 산출보증료율에서 0.2% 차감, 최저 1% 로 운용

북한이탈주민 특별보증

지원목적

북한이탈 주민들의 정적으로 정착과 경제적 자립 및 자활 지원

지원내용

구분	내용
지원대상	사업자의 대표자가 북한이탈주민이거나, 북한이탈주민의 배우자가 사업자인 소상공인
지원기간	2015.06.16부터 시행
지원한도	업체당 5천만원 이내
대출은행	일반 시중은행
취급기간	5년
융자금리	기업신용도에 따른 은행 책정금리
보증료율	0.5%

전통시장 특례보증

지원목적

전통시장 내 상인들을 지원함으로써 경기침체 극복 및 전통시장 활성화를 도모

지원내용

구분	내용

구분	내용
지원대상	전통시장 또는 상점가 내 소상공인
지원기간	2016.01.15 부터 시행
지원한도	업체당 2천만원 이내
대출은행	일반 시중은행
취급기간	5년 이내
융자금리	기업신용도에 따른 은행 책정금리
보증료율	0.7%

한국은행 경기본부 중소기업 지원자금 연계보증

지원목적

유망성장기업에 대한 금융지원 강화

지원내용

구분	내용
지원대상	경기도내(부천시,김포시 제외) 본점 또는 사업장이 소재하며 아래 요건을 충족하는 중소기업 및 소상공인 • 중소기업 : 기업신용평가 B 등급 이상 • 소상공인 : 대표 CB 5 등급 이상 또는 소상공인평가등급 B 등급 이상
지원한도	같은 기업당 8억원 이내(소상공인은 1억원 이내)
대출은행	기업, 우리, 국민, 농협, 신한, KEB하나은행 중 서울시 및 경기도(부천시,김포시 소재 은행 제외) 소재 영업점
융자기간	1년(만기일시상환, 1년단위 4회까지 기한연장 가능)

구분	내용
융자금리	기준금리 + 보증비율에 따른 가산금리 요율 | 구분	내용
기업, 우리	100%보증 : KORIBOR(3개월) + 1.35% (90%보증 1.45%)
국민, 농협, 신한, KEB 하나	100%보증 : 금융채 6개월물 + 1.33% (90%보증 1.43%)	
취급기간	2016.07.11 ~ 자금소진시
보증비율	50백만원 이하 100%, 50백만원 초과 90%
보증료율	연 1% 고정

지역상권 활성화를 위한 특별출연 협약보증

지원목적

민간기업의 출연을 통하여 지역상권 활성화와 일자리창출에 기여

지원내용

구분	내용
지원대상	• 해당 시군이 추천한 도내 사업 영위중인 기업 • 고양시, 파주시, 시흥시 시행 중
지원기간	2016.12.22.부터 시행
지원한도	업체당 2천만원 이내
대출은행	일반 시중은행
취급기간	5년 이내

구분	내용
융자금리	은행책정금리
보증료율	연 0.7%

3) 경기도 및 개별시군지원

경기도 소상공인 지원자금

다음에서 자세히 다룸

시군(추천) 특례보증

시·군이 관내 중소기업 및 소상공인을 위해 재단에 특별출연하고 재단은 이를 재원으로 심사를
완화하여 보증지원 하는 특별(특례) 보증임

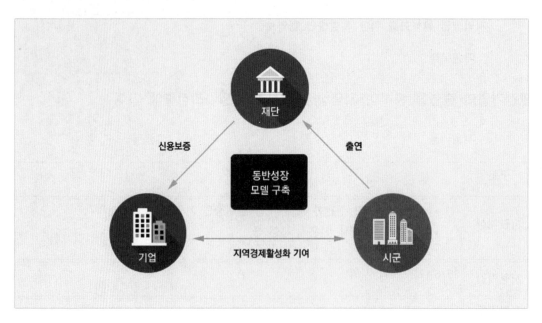

지원내용

구분	내용
지원대상	사업장 소재지 시군이 추천한 중소기업

구분	내용
지원규모	시군출연금의 4배 또는 10배 이내
지원한도	업체당 3억원 이내(시군별 상이)
대출은행	전 은행
융자금리	자금종류, 기업 신용도 등에 따라 다름
보증료율	기업의 신용도에 따라 차등적용

시군추천 소상공인 특례보증

지원대상

- 사업장 소재지 시군이 추천한 소상공인으로 아래 요건을 모두 충족한 자

지원내용

구분	내용
지원대상	<ul><li>해당 시군이 추천한 도내 사업 영위중인 기업 중 아래 요건은 모두 충족하는 자</li><li>사업자등록증상 개업일 및 사업자등록일로부터 각 2개월 이상 경과한 사업자</li><li>신청일 현재 신용보증기금, 기술보증기금 보증잔액(승인건 포함)이 없을 것</li></ul>
지원규모	출연금의 10배 이내
지원한도	업체당 50백만원 이내
대출은행	전 은행
융자금리	자금종류, 기업 신용도 등에 따라 다름
보증료율	연 1%

콘텐츠기업 지원 특례보증

지원목적

- 양질의 고용을 창출하는 미래신성장동력인 콘텐츠산업을 집중 육성

지원내용

구분	내용
지원대상	- 사업장이 수원시, 부천시, 안산시, 안양시, 평택시, 시흥시, 화성시, 광명시, 군포시, 광주시, 김포시, 하남시, 의왕시, 여주시, 양평군, 고양시, 의정부시, 파주시, 연천군, 과천시, 가평군, 안성시, 양주시, 용인시, 남양주시, 성남시 등 26개 시군에 위치한 콘텐츠기업 콘텐츠기업 : 출판산업, 음악·영화비디오·애니메이션산업·방송산업, 게임산업, 광고산업, 캐릭터산업, 정보서비스산업 등에 종사하는 기업
지원규모	1,000억원
지원한도	업체당 5억원 이내
대출은행	전 은행
보증비율	보증비율 100% (전액보증)
보증료율	최종 산출보증료율에서 0.2% 차감

경기도 사회적기업 특례보증

지원목적

- 사회적기업의 건전한 육성과 경영안정을 도모하여 저소득층의 사회적일자리와 사회서비스 제공을 독려

지원내용

구분	내용

구분	내용
지원대상	• 아래에 해당하는 도내 사회적경제기업으로 인증받은 기업 사회적기업, 예비사회적기업(영리사업자만 가능), 협동조합, 마을기업(영리사업자만 가능)
지원한도	같은 기업당 2억원

같은 기업당 2억원

구분	보증한도
사회적기업	200백만원 이내
예비사회적기업	200백만원 이내
협동조합	200백만원 이내
마을기업	200백만원 이내

구분	내용
융자금리	은행책정금리 - 2.0% 이차보전
보증료율	연 0.5%(고정)

창업실패자 재도전 희망특례보증

지원목적

• 불가피한 사정으로 부도가 발생하여 신용이 악화되었으나, 계속사업을 통해 재기를 희망하는 창업실패자에게 재도전 기회 부여

지원내용

구분	내용
지원대상	• 대표자(실제경영자 포함)의 신용이 불량하나, 특허 등 기술력을 이용하여 제품을 생산하거나, 사업성이 양호하여 재기 가능성이 높다고 판단되는 기업으로, 다음 각 호중 어느 하나에 해당하는 자 (다만, 대출취급은행 계좌가 채권자에 의해 압류중인 경우는 지원불가) 특허권(전용실시권 포함), 실용신안권, 정부인증기술 보유기업(별첨 2),

구분	내용
	이노비즈기업, 벤쳐기업

구분		세부대상	요건
신용회복절차 진행자		회생인가결정 후 변제 진행중인 기업의 대표	관할법원의 허가와 1회차 이상성실변제
		신용회복위원회의 신용회복지원 확정자	3회차 이상 성실변제 (기일 전 일시선납분 불인정)
		개인회생 인가결정 후 변제절차 진행중인 자	3회차 이상 성실변제 (기일 전 일시선납분 불인정)
		국민행복기금 채무조정 후 상환진 행중인 자	3회차 이상 성실변제 (기일 전 일시선납분 불인정)
		파산·개인회생 면책자	면책결정일로부터 1년이상 경과
소액채무자		총 채무액이 50백만원 이하인 자	총 채무 기준
재단 구상 권 업체		재단 구상권업체 중 재단채권을 포함한 총 채무액이 1억원 이하이 고, 재단채권을 제외한 총채무가 30백만원 이하인 자	타 보증기관의 보증잔액 또 는 구상채권 잔액 無
연체정리자		은행연합회 신용도판단정보 연체 이력보유자	연체해제

총 채무액 : 확인가능한 체납원금, 연체이자, 보증채무, 국세, 지방세 체납액 포함

지원기간	2014.11.01.부터 시행
지원규모	50억원(2018년)

구분	내용
지원한도	업체당 1억원 이내
대출은행	농협은행
취급기간	3년이내
융자금리	은행금리 - 이차보전 (2%)
보증료율	1.0%

경기도 기술성 우수 스타트업 특례보증

지원목적

- 기술력이 우수한 스타트업 기업을 지원하여 도내 고용창출과 미래 성장잠재력 도모

지원내용

구분	내용

지원대상	창업 후 3년 이내의 도내 소기업/소상공인으로 아래 지원대상 중 어느 하나에 해당되는 기업
	
	• 신기술기업
	   ○ 신청일 기준 2년 이내 등록(출원 포함)된 특허권/실용신안권(전용실시권 포함) 보유기업(특허권 매입 포함)
	   ○ 부품/소재 전문 확인기업(한국산업기술진흥원 확인)
	   ○ 신기술인증(NET, 한국산업기술진흥협회 확인) 보유기업
	   ○ 신제품인증(NEP, 국가기술표준원 확인) 보유기업
	• 창업경진대회 입상기업
	   ○ 신청일 기준 2년 이내 정부, 도 또는 시/군, 공공기관, 대학 등에서 주관한 창업경진대회 입상기업
	• 창업지원기관 입주기업
	   ○ 경기도 내 벤처센터, 테크노파크, 창조경제혁신센터,

구분	내용
	스타트업캠퍼스, 창업보육센터 등 공공 지원기관 입주기업
지원기간	2016.05.27 부터 시행
지원한도	업체당 1억원 이내
대출은행	NH농협은행
취급기간	4년
융자금리	은행금리 - 이차보전 1.6% - 금리우대 0.4%
보증료율	1.0%

4) 경기도 굿모닝론

경기도 굿모닝론 이란?

고금리 대부업과 불법사금융 피해에 노출되어 있는 금융소외자(저소득, 저신용자) 또는 사회적약자를 집중 지원하기 위하여 경기도에서 지원하는 특별금융 프로그램입니다.

지원개요

자금지원

구분	내용
지원규모	196억원 (일반지원 186억원, 특별지원 10억원)
지원한도	<ul><li>(창업자금) 3,000 만원 이내</li><li>(경영개선자금) 2,000 만원 이내</li><li>(특별지원자금) 5,000 만원 이내</li></ul>
지원기간	2018.03.28. ~ 2018.12.31. (또는 자금 소진 시까지)

구분	내용
대출은행	경기도 소재 농협은행 지점
융자금리	연 2.99% 고정금리 (경기도 0.5% 이차보전)
융자기간	• (창업자금) 3개월 거치 57개월 원리금 균분상환 • (경영개선자금) 거치기간 없이 60개월 원리금 균분상환 • (특별지원자금) 거치기간 없이 60개월 원리금 균분상환
보증비율	100%
보증료율	연 0.5% (고정)

사후관리

- 경영개선, 매출증대 등 맞춤형 컨설팅 지원
- 경영애로 사항 청취 및 경영지도 등

인센티브(페이백, Pay Back)

- (지원대상) 굿모닝론 전액 상환자
- (지원내용) 전액상환까지 총 부담한 정상이자의 일부를 계산하여 환급

지원대상

아래 요건을 모두 충족하는 소상공인 (법인제외)

- 사업장 소재지가 경기도인 자
- 접수일 현재 대표자가 만 20세 이상인 자
- 금융소외자(저소득,저신용자) 또는 사회적 약자 또는 특별지원자금 대상자
- 금융소외자 : 연소득이 43백만원 이하이면서 신용 6등급 이하
- 사회적약자 : 50대 가장(은퇴자, 실직자), 장애인, 다문화가정, 한부모가정, 다둥이가정, 북한이탈주민, 차상위계층, 기초생활수급자
- 특별지원자금 대상자 : 경기도내 사회복지사(시·군 사회복지공무원)가 굿모닝론 지원이 필요하다고 추천하는 자로 내부 평가위원회 심의를 통과한 자
- 교육이수(온라인 포함 6시간 이상) 요건을 충족하는 자

운수업, 방문판매업 등 일부 업종의 경우 지원대상에서 제외될 수 있습니다.

사회적 약자 대상 확인

구분	내용
50대 가장	• 접수일 기준 3년 이내 은퇴 또는 실직 가장으로 6개월 이상 만 65세 이하 직계존속, 만 19세 미만 직계비속을 부양중인 자 (단, 주민등록등본 상 부양가족이 등재된 경우에 한함)
다문화가정	• 대한민국 국민과 혼인관계에 있는 재한외국인(국적취득자 포함) 또는 외국인과 혼인관계에 있는 대한민국 국민 • 국적미취득 외국인의 경우, 외국인등록증 상 F-6(결혼이민자)만 해당
다둥이가정	• 세 자녀 이상을 둔 가정 중 만 19세 미만의 자녀가 2명 이상인 자

장애인, 한부모가정, 북한이탈주민, 기초생활수급자, 차상위계층은 국가기관 등에서 발급한 대상임을 확인할수 있는 서류 제출자

지원절차

사회복지사는 경기도 시·군 사회복지 공무원으로 한정함

5) 회생지원보증

지원목적

재단이 대위변제한 후, 단기간에 채무상환이 어려운 채무자에 대하여, 재단의 구상채무를
정상적인 대출로 전환하여 상환하도록 지원하는 보증

지원내용

구분	세부내용
지원대상	재단이 대위변제한 채무자
지원한도	• 구상채권 잔액(특수채권 포함) 이내 보증금액 전액이 구상채권회수에 충당되어야 함
대출은행	시중은행
융자금리	시중금리
융자기간	보통 1년 이내 (단, 조정 가능함)

유의사항

회생지원보증에 관한 자세한 사항은 "구상권" 을 관리하는 영업점에 문의하시기 바랍니다.

7. 대출금리안내

번호	은행	지점	보증비율	최저금리	최고금리	평균금리
1	우리은행	반월중앙금융센터	85	3.78	3.91	3.84
2	우리은행	성남하이테크 (지)	100	3.35	3.35	3.35
3	신한은행	판교테크노밸리금융센터	85	4.03	4.03	4.03
4	신한은행	삼성서울병원지점	100	3.35	3.35	3.35
5	우리은행	수원시청역 (지)	85	4.54	4.54	4.54
6	신한은행	안산스마트허브기업금융 1 센터	100	4.93	4.93	4.93
7	국민은행	동수원종합금융센터	100	4.1	4.1	4.1
8	신한은행	범박동	100	3.35	3.35	3.35

9	신한은행	판교	100	3.35	3.55	3.41
10	신한은행	수지 (지)	90	4.33	4.33	4.33
11	농협은행	경기영업부	85	4.33	4.56	4.44
12	중소기업은행	인덕원 (지)	100	3.45	3.53	3.47
13	국민은행	수지성복	85	5.77	5.77	5.77
14	우리은행	고강동	85	4.28	4.28	4.28
15	국민은행	마두역	100	3.35	3.35	3.35
16	중소기업은행	군포 (지)	100	3.46	3.46	3.46
17	중소기업은행	수원고색	85	4.62	4.62	4.62
18	농협은행	여주남	100	3.35	3.35	3.35
19	하나은행	구미동	100	3.43	3.55	3.47
20	중소기업은행	송내동 (지)	100	3.45	3.45	3.45
21	우리은행	부천중앙	85	4.2	4.2	4.2
22	국민은행	의왕	100	3.35	3.35	3.35
23	중소기업은행	삼정동	100	3.45	3.53	3.49
24	신한은행	행신 (지)	85	3.9	3.9	3.9
25	농협은행	송죽동	85	4.28	4.58	4.38
26	국민은행	분당백궁	85	4	4.88	4.56
27	하나은행	영통중앙	100	3.35	3.35	3.35
28	국민은행	일산장항동	90	4.36	4.36	4.36
29	중소기업은행	도당동 (지)	100	3.6	3.6	3.6
30	우리은행	서수원 (지)	85	4.96	4.96	4.96
31	국민은행	분당백궁	100	3.35	3.35	3.35
32	국민은행	곤지암	85	4.87	4.87	4.87
33	국민은행	역곡역	100	3.35	3.35	3.35
34	국민은행	행신역	85	4.3	4.3	4.3
35	신한은행	봉담금융센터	85	4	4	4
36	하나은행	주엽역	100	3.3	5.44	4.25
37	우리은행	광명 7 동	100	3	4.18	3.4
38	하나은행	성남 (지)	85	4.59	4.59	4.59
39	농협은행	이천시 (지부)	100	3.3	4.91	3.78
40	국민은행	행신역	100	3.3	3.35	3.33
41	농협은행	안정	100	3.35	3.35	3.35
42	농협은행	광명서	100	3.35	3.35	3.35
43	우리은행	호평 (지)	100	3.3	4.56	4.22

44	국민은행	성남중앙로	85	4.25	4.25	4.25
45	우리은행	오산금융센터	100	3.3	4.96	4.45
46	신한은행	수지신봉 (지)	100	3.3	3.91	3.47
47	국민은행	이천	100	3.3	3.35	3.33
48	신한은행	퇴계원 (지)	100	3.3	3.65	3.4
49	스탠다드차타드은행	구성지점	100	3.34	3.39	3.36
50	신한은행	역곡 (지)	100	3.3	3.55	3.42
51	우리은행	평촌금융센터	100	3.35	4.54	3.82
52	신한은행	포천금융센터	100	3.35	4.1	3.62
53	농협은행	이매동	100	3.35	3.35	3.35
54	농협은행	안성시 (지부)	100	3.3	4.79	3.88
55	우리은행	월피동 (지)	100	3.55	4.3	4.12
56	농협은행	군포용호	100	3.35	4.34	4.08
57	국민은행	선부동	85	5.23	5.23	5.23
58	국민은행	용인대로	100	3	4.8	3.47
59	우리은행	평촌스마트스퀘어 (지)	100	3.2	4.12	3.47
60	우리은행	신갈	100	3.35	4.46	4.15
61	농협은행	연천군 (지부)	100	3.3	4.3	3.6
62	국민은행	남양주	85	4.51	4.51	4.51
63	스탠다드차타드은행	호계동 (지)	100	3.28	3.63	3.37
64	우리은행	동두천 (지)	100	3.3	4.33	3.82
65	국민은행	고촌	100	3.3	3.35	3.33
66	하나은행	일산백마	100	3.3	4.23	3.77
67	농협은행	안산도매시장	85	3.8	4.64	4.25
68	중소기업은행	부천 (지)	100	3.37	3.46	3.42
69	농협은행	파주시 (지부)	85	4.19	5.24	4.46
70	우리은행	시화공단금융센터	100	3.3	4.24	3.48
71	신한은행	여주	100	3.55	4.47	4.12
72	국민은행	포일	85	4.37	4.37	4.37
73	우리은행	풍무동 (지)	100	3.15	3.71	3.52
74	우리은행	하남미사지점	100	3.3	4.49	3.74
75	우리은행	오산남 (지)	85	5.81	5.81	5.81
76	하나은행	평택 (지)	100	4.22	4.51	4.4
77	하나은행	성남공단	100	3.35	4.18	3.7
78	하나은행	구리역	100	3.98	4.23	4.1

79	신한은행	반월서금융센터	100	3.3	3.3	3.3
80	국민은행	시흥	100	3.95	4.19	4.07
81	우리은행	구리	100	3.9	4.76	4.11
82	국민은행	안양 1 번가	100	3.3	4.91	3.92
83	하나은행	주엽역	85	4.24	4.4	4.29
84	신한은행	판교테크노밸리금융센터	100	3.3	3.35	3.31
85	신한은행	하안동	90	3.72	3.72	3.72
86	중소기업은행	양주고읍	100	3.39	3.42	3.4
87	우리은행	대화역	85	3.76	3.76	3.76
88	신한은행	수원대학교	85	4.31	4.31	4.31
89	국민은행	용인종합금융센터	90	3.97	6.26	5.03
90	농협은행	서둔동	100	3.3	3.35	3.33
91	농협은행	남양주시 (지부)	100	3.35	3.79	3.57
92	신한은행	야탑역 (지)	85	3.97	4.58	4.27
93	신한은행	분당정자동 (지)	85	3.74	4.5	4.12
94	국민은행	춘의역	100	3.34	3.34	3.34
95	국민은행	김포대곶	100	3.34	3.35	3.34
96	국민은행	호계동종합금융센터	100	3.98	3.98	3.98
97	중소기업은행	화성병점	100	3.46	3.46	3.46
98	신한은행	이매동 (지)	100	3.3	4.7	3.77
99	중소기업은행	파주광탄	100	3.42	3.45	3.43
100	우리은행	호계동 (지)	100	3.3	4.5	3.8
101	국민은행	원당	100	3.34	3.35	3.34
102	하나은행	파주	100	3.35	3.55	3.45
103	중소기업은행	김포통진	100	3.33	3.46	3.41
104	국민은행	김포	100	3.3	5.25	3.69
105	우리은행	동탄 (지)	100	4.06	5.09	4.57
106	농협은행	동탄중앙	85	4.68	4.68	4.68
107	국민은행	남양주	100	3.3	3.35	3.32
108	농협은행	파주시 (지부)	100	3	4.53	3.52
109	우리은행	평택금융센터	100	3.3	4.8	4.09
110	우리은행	도농 (지)	100	3.35	5.06	4.13
111	우리은행	하안동	100	3.35	5.06	3.91
112	중소기업은행	광명테크노	100	3.1	3.47	3.28
113	우리은행	수원금융센터	100	4.27	4.68	4.49

114	신한은행	부천상동	100	3.3	3.8	3.46
115	신한은행	평촌	100	3.3	3.75	3.55
116	중소기업은행	평택비전동	100	3.4	4.84	3.9
117	우리은행	별내신도시 (지)	100	3	4.59	3.85
118	국민은행	평택중앙종합금융센터	85	4.01	4.31	4.12
119	하나은행	구갈	90	4.19	4.19	4.19
120	신한은행	교하 (지)	100	3.35	3.7	3.43
121	신한은행	안산스마트허브	100	3.3	4.69	3.76
122	신한은행	시화	100	3.3	4.02	3.54
123	하나은행	천천동 (지)	100	3.34	4.49	4.09
124	농협은행	오산시지부	85	4.34	4.34	4.34
125	중소기업은행	용인동백	100	3.19	4.31	3.6
126	국민은행	민락동	100	3.16	3.98	3.45
127	신한은행	의정부	100	3.35	4.04	3.56
128	우리은행	성남공단 (지)	100	3.9	4.17	4.07
129	농협은행	하남시 (지부)	100	3.3	4.54	3.63
130	신한은행	구리금융센터	100	3.35	4.76	4.17
131	국민은행	평택중앙종합금융센터	100	3.16	5.22	3.94
132	중소기업은행	경안 (지)	100	3.19	4.93	3.82
133	우리은행	의왕	85	3.97	3.97	3.97
134	중소기업은행	화성발안 (지)	85	4.49	4.51	4.5
135	우리은행	분당중앙금융센터	85	4.27	4.27	4.27
136	중소기업은행	부천테크노	100	3.42	4.95	3.71
137	국민은행	의정부	100	3	3	3
138	신한은행	호계동 (지)	100	3.33	3.8	3.65
139	신한은행	팔탄금융센터	100	3.2	4	3.47
140	우리은행	수지동천 (지)	100	3.87	4.64	4.42
141	농협은행	시화비즈니스지점	100	3.3	4.61	3.78
142	농협은행	고양시 (지부)	85	4.13	4.64	4.4
143	신한은행	평촌	90	3.8	3.8	3.8
144	신한은행	부천역 (지)	100	3.85	3.98	3.91
145	하나은행	일산	100	3.35	4.47	4.18
146	국민은행	성남하이테크밸리종합금융센터	100	3.3	3.35	3.31
147	중소기업은행	범계역 (지)	100	4.83	4.83	4.83
148	신한은행	고잔 (지)	100	3.3	3.55	3.4

149	신한은행	분당시범단지 (지)	100	3.3	3.72	3.43
150	중소기업은행	일산풍동	100	3.37	3.45	3.39
151	국민은행	인덕원종합금융센터	100	3.34	5.23	4.28
152	국민은행	화정역종합금융센터	85	3.98	4.56	4.19
153	중소기업은행	호평	100	3.05	3.46	3.29
154	국민은행	산본역	100	3	4.1	3.48
155	신한은행	덕소 (지)	100	3.3	3.96	3.67
156	신한은행	파주금융센터	85	3.98	4.7	4.34
157	신한은행	관양동 (지)	90	4.1	4.18	4.14
158	신한은행	성남중앙 (지)	85	3.9	4.05	3.97
159	하나은행	마두역	100	3.55	4.5	4.15
160	우리은행	원당 (지)	85	3.94	3.94	3.94
161	신한은행	김포	90	3.97	4.6	4.44
162	하나은행	관양동	100	3.3	4.13	3.89
163	국민은행	일산종합금융센터	100	3.3	4.23	3.65
164	국민은행	야탑역	100	3.34	3.35	3.34
165	국민은행	월피동	100	5.14	5.14	5.14
166	신한은행	월피동 (지)	100	3.3	4	3.58
167	농협은행	평촌중앙	100	3.3	3.3	3.3
168	신한은행	양주금융센터	85	5.42	5.42	5.42
169	중소기업은행	일산덕이 (지)	100	3.32	3.8	3.51
170	신한은행	안산금융센터	85	3.99	4.17	4.05
171	국민은행	광교상현역	90	3.81	3.81	3.81
172	하나은행	탄현역	100	3.3	4.5	4.09
173	중소기업은행	화정역	85	4.65	6.58	5.61
174	우리은행	토평 (지)	100	3.55	4.65	4.21
175	국민은행	문산	100	3.35	3.35	3.35
176	우리은행	동수원	85	4.12	4.26	4.19
177	우리은행	일산	85	4.29	4.32	4.3
178	하나은행	시화 (지)	100	3.3	3.69	3.49
179	우리은행	남양주지점	100	3.81	4.38	3.96
180	중소기업은행	소하동 (지)	85	4.48	5.45	4.96
181	농협은행	도당동	85	4.95	4.95	4.95
182	중소기업은행	용인 (지)	85	5.16	5.16	5.16
183	우리은행	수원시청역 (지)	100	3.34	4.59	4.25

184	중소기업은행	평택 (지)	85	4.3	4.97	4.7
185	중소기업은행	성남 (지)	100	3.33	3.36	3.34
186	우리은행	동의정부 (지)	85	4.46	4.67	4.56
187	농협은행	동탄남	100	3.35	4.43	3.89
188	신한은행	광명 (지)	100	3.3	3.35	3.32
189	신한은행	백궁 (지)	100	3.35	3.35	3.35
190	농협은행	송내동	100	3.3	3.3	3.3
191	하나은행	영통	85	4.12	4.8	4.41
192	신한은행	월피동 (지)	85	4.18	4.18	4.18
193	농협은행	단대	85	4.24	4.24	4.24
194	우리은행	화성정남 (지)	100	3.3	3.35	3.32
195	우리은행	경기광주금융센터	85	4.21	4.21	4.21
196	농협은행	송우	90	4.54	5.39	4.96
197	국민은행	역곡역	85	3.88	3.88	3.88
198	농협은행	파주시 (지부)	90	4.17	4.17	4.17
199	우리은행	시흥지점	85	4.33	4.33	4.33
200	신한은행	부천송내	90	4.23	4.23	4.23
201	국민은행	김포한강	100	3.2	4	3.43
202	중소기업은행	고잔중앙 (지)	85	3.13	5.23	3.88
203	국민은행	동탄능동	100	3.4	3.4	3.4
204	우리은행	분당시범단지	100	3	3.85	3.55
205	농협은행	오산시지부	95	4.04	4.04	4.04
206	중소기업은행	부천내동	100	3.45	3.54	3.5
207	우리은행	안산남	90	4.65	4.65	4.65
208	하나은행	부천시청역	95	4.34	4.34	4.34
209	중소기업은행	광명테크노	85	4.29	4.29	4.29
210	농협은행	ＮＨ금융ＰＬＵＳ분당	90	3.95	3.95	3.95
211	우리은행	서판교 (지)	100	4.03	4.04	4.03
212	우리은행	송우지점	85	4.22	4.3	4.24
213	국민은행	수지상현	100	3.3	4.11	3.58
214	농협은행	용인동백역	90	4.47	4.82	4.64
215	우리은행	서현동 (지)	100	3.93	4.06	3.99
216	신한은행	성남공단금융센터	100	3.3	3.35	3.32
217	중소기업은행	화성봉담	100	3.32	4.56	3.67
218	우리은행	덕소삼패 (출)	100	4.18	4.18	4.18

219	농협은행	신갈	90	4.25	4.48	4.38
220	신한은행	상봉역	100	3.3	3.3	3.3
221	농협은행	평택장당	100	3.3	3.3	3.3
222	국민은행	산본사거리	100	3.3	3.3	3.3
223	스탠다드차타드은행	평택 (지)	100	3.57	3.57	3.57
224	우리은행	교하 (지)	100	3.3	4.24	3.63
225	우리은행	분당정자 (지)	100	3	4.72	3.62
226	신한은행	수지 (지)	100	3.3	3.3	3.3
227	신한은행	일산가좌 (출)	90	4.65	4.65	4.65
228	우리은행	수지신정 (지)	100	3.3	3.55	3.42
229	농협은행	동평택지점	100	3	4.27	3.44
230	농협은행	일산덕이	100	3.35	4.2	3.77
231	중소기업은행	발안산단	85	3.35	4.85	4.1
232	신한은행	부천테크노금융센터	85	4.6	4.6	4.6
233	국민은행	덕정	90	4.51	4.51	4.51
234	국민은행	파주종합금융센터	100	3.3	3.3	3.3
235	국민은행	안산종합금융센터	85	3.93	4.34	4.13
236	중소기업은행	성남디지털	100	3.37	3.37	3.37
237	신한은행	반월공단금융센터	100	3.3	3.3	3.3
238	중소기업은행	분당수내역	100	3.41	3.41	3.41
239	중소기업은행	구리 (지)	100	3.42	3.45	3.43
240	신한은행	용산금융센터	100	3.35	3.35	3.35
241	국민은행	판교종합금융센터	90	4	4	4
242	중소기업은행	위례	85	4.48	4.48	4.48
243	중소기업은행	포승공단	85	4.84	4.84	4.84
244	신한은행	부천송내	85	3.9	4.07	3.98
245	국민은행	일산종합금융센터	85	3.87	4.8	4.24
246	하나은행	야탑동	100	4.27	4.27	4.27
247	중소기업은행	일산마두 (지)	100	3.11	3.46	3.34
248	우리은행	산본	85	4.3	4.3	4.3
249	중소기업은행	영통대로	100	3.45	3.45	3.45
250	중소기업은행	평촌 (지)	100	3.46	3.46	3.46
251	농협은행	화정역	85	4.4	4.69	4.54
252	농협은행	성남공단	100	3.35	3.35	3.35
253	하나은행	분당중앙 (지)	85	4.58	4.58	4.58

254	신한은행	수원금융센터	85	4.1	4.1	4.1
255	중소기업은행	역곡 (지)	100	3.45	3.45	3.45
256	국민은행	문산	85	5.06	5.06	5.06
257	중소기업은행	영통신동	100	3.46	3.46	3.46
258	하나은행	구리역	85	4.32	4.32	4.32
259	신한은행	남가좌동 (지)	100	3.8	3.8	3.8
260	국민은행	도농	85	3.87	4.37	4.12
261	국민은행	L H	100	3.35	3.35	3.35
262	중소기업은행	동탄남	85	4.59	4.59	4.59
263	중소기업은행	성남 (지)	85	4.15	4.15	4.15
264	중소기업은행	죽전 (지)	100	3.45	3.45	3.45
265	농협은행	수원연무	85	4.26	4.26	4.26
266	우리은행	석수동 (지)	90	4.69	4.69	4.69
267	국민은행	신갈	90	5.6	6.39	5.99
268	우리은행	일산호수 (지)	85	4.29	4.29	4.29
269	중소기업은행	부천테크노	85	4.75	4.75	4.75
270	농협은행	율전	85	3.99	3.99	3.99
271	신한은행	여주	85	4.38	4.38	4.38
272	국민은행	광교상현역	100	3.35	3.35	3.35
273	국민은행	회룡역	85	4.01	4.01	4.01
274	농협은행	화성시 (지부)	100	3.48	3.48	3.48
275	중소기업은행	일산풍동	85	4.6	4.6	4.6
276	중소기업은행	김포대곶 (지)	90	3.91	3.91	3.91
277	국민은행	미사강변	100	3.91	3.91	3.91
278	중소기업은행	경안 (지)	85	4.87	4.87	4.87
279	중소기업은행	발안산단	100	3.53	4.08	3.8
280	중소기업은행	분당수내역	85	4.74	4.74	4.74
281	우리은행	동평택 (출)	85	4.52	4.52	4.52
282	농협은행	발안	100	3.55	3.55	3.55
283	신한은행	광교상현금융센터	85	4.26	4.26	4.26
284	우리은행	구성 (지)	90	4.13	4.13	4.13
285	신한은행	원당금융센터	85	4.08	4.08	4.08
286	우리은행	수지동천 (지)	90	4.99	4.99	4.99
287	하나은행	별내신도시	85	4.57	4.57	4.57
288	농협은행	가평군 (지부)	100	3.3	4.22	3.62

289	중소기업은행	파주헤이리	100	3.45	4.81	4.13
290	농협은행	광주시지부	100	3.3	4.84	3.77
291	중소기업은행	시화중앙 (지)	100	3.42	3.42	3.42
292	하나은행	우만동	100	3.33	4.19	3.9
293	우리은행	정왕동	100	3.85	5.05	4.04
294	하나은행	용인동백	100	3	4.03	3.43
295	우리은행	인덕원 (지)	100	3.35	4.49	3.78
296	우리은행	상록수 (지)	100	3.33	4.87	3.88
297	하나은행	평촌역 (지)	100	3.3	4.47	3.69
298	중소기업은행	안성 (지)	85	4.8	4.8	4.8
299	국민은행	원종동	100	3.3	5.23	3.97
300	중소기업은행	김포 (지)	100	3.42	3.53	3.46
301	신한은행	시화공단금융센터	90	4.17	4.17	4.17
302	우리은행	선부동 (지)	100	3.3	5.06	4.01
303	우리은행	한일타운	100	3.3	3.96	3.66
304	우리은행	송우지점	100	3	4.4	3.7
305	우리은행	수지상현 (지)	100	3.67	4.17	3.96
306	농협은행	권선동	100	3.35	4.24	3.84
307	농협은행	ＮＨ금융ＰＬＵＳ분당	100	3.3	4.45	3.64
308	우리은행	한일타운	90	3.97	3.97	3.97
309	농협은행	시화비즈니스지점	85	4.35	4.39	4.37
310	농협은행	반월공단	85	3.86	3.86	3.86
311	우리은행	경기광주금융센터	100	3.3	5.06	4.09
312	하나은행	포승공단	85	4.69	4.69	4.69
313	중소기업은행	상동 (지)	100	3.38	3.41	3.39
314	신한은행	이천금융센터	100	3.3	4.04	3.57
315	하나은행	죽전	100	3.35	3.8	3.57
316	농협은행	파주금빛로	100	3.3	4.02	3.66
317	국민은행	수원	85	4.28	4.84	4.64
318	신한은행	양주금융센터	100	3.3	4	3.47
319	하나은행	호수마을	100	3.35	4.43	3.82
320	국민은행	고양동	100	3.2	3.83	3.45
321	농협은행	의왕갈미	100	4.14	4.14	4.14
322	우리은행	김포 (지)	90	4.58	4.58	4.58
323	신한은행	김포한강금융센터	100	3.3	3.93	3.45

324	국민은행	용인대로	90	3.95	4.05	4
325	신한은행	상록수 (지)	100	3.3	4.4	3.71
326	신한은행	영통역금융센터	85	4.8	4.8	4.8
327	국민은행	평촌범계	100	3.16	4.43	3.68
328	중소기업은행	하안동 (지)	100	3.34	3.43	3.38
329	농협은행	화정역	100	3.35	3.55	3.45
330	신한은행	송탄금융센터	100	3.55	3.85	3.7
331	우리은행	광교도청역 (지)	100	3.3	4.3	3.75
332	신한은행	용인금융센터	100	3.31	4.3	3.63
333	하나은행	부천상동역	100	3.35	4.23	3.94
334	농협은행	동의정부	100	3.35	3.98	3.55
335	국민은행	모란역	85	4.21	4.21	4.21
336	중소기업은행	화정역	100	3.34	4.71	3.83
337	우리은행	분당테크노파크 (지)	100	3.16	3.95	3.41
338	신한은행	산본중앙금융센터	100	3.35	4.48	3.73
339	국민은행	별내	100	3.35	3.89	3.53
340	국민은행	평택	85	3.97	4.53	4.25
341	중소기업은행	소사 (지)	85	3.85	5.27	4.56
342	농협은행	안성공도	85	4.05	4.05	4.05
343	국민은행	의정부중앙종합금융	100	3.3	3.35	3.32
344	하나은행	수원정자동	100	3.3	4.43	3.66
345	국민은행	일산장항동	100	3.15	5.23	3.64
346	농협은행	송탄남	85	4.25	4.72	4.48
347	하나은행	수내동	85	4.08	4.08	4.08
348	농협은행	안양남	100	3.3	4.6	3.65
349	중소기업은행	명학	100	3.32	4.9	3.86
350	신한은행	미금동 (지)	100	3.5	3.75	3.62
351	국민은행	화성팔탄	100	3.35	4.95	3.88
352	국민은행	하남	100	3.84	4.57	4.31
353	신한은행	시화	85	4.15	4.15	4.15
354	신한은행	동탄역금융센터	100	3.35	4.35	3.88
355	국민은행	선부동	100	3.35	5.22	4.12
356	중소기업은행	화성봉담	85	4.57	4.57	4.57
357	농협은행	포천시지부	85	4.51	4.51	4.51
358	하나은행	분당금융센터	100	3.35	3.73	3.54

359	우리은행	평택금융센터	85	4.61	4.61	4.61
360	국민은행	야탑동	100	3.2	3.35	3.31
361	농협은행	수원북문	85	4.66	4.8	4.73
362	중소기업은행	태전동	100	3.32	3.46	3.43
363	국민은행	영통	85	3.88	4.79	4.33
364	국민은행	수원	100	3.35	3.96	3.65
365	신한은행	매탄동	100	3.3	4.77	3.75
366	중소기업은행	동탄중앙	100	4.95	4.95	4.95
367	우리은행	분당중앙금융센터	100	3.3	4.52	3.81
368	중소기업은행	흥덕	100	3.42	3.42	3.42
369	하나은행	세류동	100	3.35	4.49	3.92
370	신한은행	상록수 (지)	85	3.89	4.31	4.12
371	우리은행	서현남 (지)	90	3.84	3.84	3.84
372	농협은행	가능역	100	3.55	3.55	3.55
373	하나은행	정자동 (지)	100	4.18	4.22	4.2
374	우리은행	권선	85	4.11	6.28	4.84
375	농협은행	수원북문	100	3.35	3.35	3.35
376	농협은행	수원시 (지부)	85	4.17	4.17	4.17
377	중소기업은행	성남하이테크	85	4.91	4.91	4.91
378	국민은행	양주회천	100	3.3	5.23	3.79
379	농협은행	북변	90	3.91	3.99	3.95
380	신한은행	구성	100	3.55	3.94	3.74
381	하나은행	구리	100	3.35	3.35	3.35
382	농협은행	구리도매시장	100	3.35	3.35	3.35
383	하나은행	본오동	85	4.2	4.2	4.2
384	우리은행	시화스틸랜드 (지)	100	3.85	4.2	3.96
385	농협은행	호계동	90	5.1	5.1	5.1
386	국민은행	신중동역종합금융센터	85	4.31	4.31	4.31
387	신한은행	잠실남	100	3.35	3.35	3.35
388	농협은행	의왕시 (지부)	100	3.3	3.55	3.38
389	중소기업은행	남양주	100	3.37	3.44	3.39
390	국민은행	안양동	100	3.2	5.24	4
391	중소기업은행	분당미금역	100	3.45	3.45	3.45
392	하나은행	신중동역	85	4.12	4.32	4.22
393	중소기업은행	경기테크노파크	100	3.19	3.46	3.34

394	우리은행	분당테크노파크 (지)	90	3.6	3.6	3.6
395	국민은행	도당동	90	4.14	4.14	4.14
396	중소기업은행	반월공단지점	100	3.4	3.94	3.6
397	신한은행	군포	100	3.31	3.98	3.71
398	우리은행	수리동	100	3.3	4.36	3.67
399	우리은행	화성봉담 (지)	85	4.69	4.82	4.75
400	하나은행	분당시범단지	100	3.35	3.35	3.35
401	우리은행	행신동지점	100	3.3	3.35	3.31
402	농협은행	상동중앙	100	3.3	3.3	3.3
403	농협은행	신갈	100	3.55	4.53	4.04
404	스탠다드차타드은행	의정부 (지)	90	3.7	3.7	3.7
405	하나은행	용인	100	3.3	4.03	3.66
406	국민은행	은행동	100	3.35	4.32	3.83
407	신한은행	영통역금융센터	100	3.35	3.35	3.35
408	우리은행	반월중앙금융센터	100	3	3	3
409	하나은행	별내신도시	100	3.31	4.24	3.51
410	우리은행	미금역 (지)	100	3.76	3.76	3.76
411	중소기업은행	수원 (지)	100	3.44	3.9	3.65
412	농협은행	안중	100	4.17	4.49	4.33
413	우리은행	화성봉담 (지)	100	3.35	4.19	3.63
414	국민은행	과천	100	3.3	3.35	3.32
415	국민은행	일동	100	3.3	3.3	3.3
416	농협은행	수원영통	100	3.35	3.59	3.49
417	우리은행	김포장기 (지)	85	4.42	4.42	4.42
418	우리은행	일산덕이 (지)	100	4.41	4.41	4.41
419	국민은행	파주종합금융센터	90	3.97	3.97	3.97
420	중소기업은행	반월중앙 (지)	100	3.41	3.41	3.41
421	우리은행	영통 (지)	100	3.67	3.9	3.78
422	국민은행	삼송	85	4.01	5.58	4.79
423	국민은행	백마	100	3.3	3.3	3.3
424	신한은행	신갈 (지)	85	4.4	4.4	4.4
425	하나은행	산본역	85	4.32	4.32	4.32
426	국민은행	회룡역	100	3.3	3.35	3.32
427	하나은행	수내역	85	4.33	4.33	4.33
428	농협은행	문화로	85	4.48	4.91	4.68

429	신한은행	평촌남	90	3.9	4.31	4.1
430	우리은행	서판교 (지)	85	4.48	4.48	4.48
431	우리은행	탄현	85	4.67	4.67	4.67
432	신한은행	수원시청역	85	4.24	4.64	4.42
433	우리은행	광명사거리역 (지)	100	3.55	4.04	3.79
434	국민은행	도당동	100	3.3	3.35	3.33
435	하나은행	안성금융센터	85	4.09	4.09	4.09
436	하나은행	판교	100	3.35	3.35	3.35
437	농협은행	광명시 (지부)	90	4.2	4.2	4.2
438	하나은행	화성병점	100	3.35	3.35	3.35
439	농협은행	평택장당	85	4.12	4.12	4.12
440	하나은행	송탄	85	4.28	4.42	4.35
441	신한은행	김포장기	90	4.02	4.02	4.02
442	신한은행	일산위시티	100	3.35	3.35	3.35
443	하나은행	수지	100	3.35	3.35	3.35
444	스탠다드차타드은행	수지지점	100	3.35	3.35	3.35
445	국민은행	시화	100	3.77	3.77	3.77
446	신한은행	광교상현금융센터	100	3.35	4.06	3.7
447	하나은행	부천 (지)	85	4.22	4.22	4.22
448	신한은행	화정지점	85	4.35	5.72	5.03
449	우리은행	분당구미동 (지)	100	4.48	4.48	4.48
450	농협은행	남양주	90	4.5	4.5	4.5
451	하나은행	서현역 (지)	85	4.08	4.08	4.08
452	국민은행	본오동	100	3.35	3.35	3.35
453	국민은행	송탄	100	4.16	4.16	4.16
454	중소기업은행	영통 (지)	100	3.45	3.45	3.45
455	중소기업은행	김포산단기업금융지점	100	3.45	3.45	3.45
456	중소기업은행	파주운정	85	4.57	5.46	5.01
457	국민은행	서현역	85	4.44	4.44	4.44
458	신한은행	매탄동	85	4.25	4.25	4.25
459	하나은행	안산	85	4.08	4.08	4.08
460	국민은행	위례	100	3.35	3.55	3.41
461	중소기업은행	동탄서	100	3.46	3.46	3.46
462	국민은행	이천	85	4.58	4.58	4.58
463	신한은행	김포한강금융센터	90	4.55	4.55	4.55

464	우리은행	남양주지점	85	5.15	5.15	5.15
465	농협은행	양평군 (지부)	85	4.23	4.72	4.47
466	하나은행	상록수	100	4.56	4.56	4.56
467	하나은행	수지신봉	90	4.81	4.81	4.81
468	중소기업은행	오산남	100	3.53	3.53	3.53
469	하나은행	평촌범계역	90	4.24	4.24	4.24
470	농협은행	상동역	100	3.55	3.55	3.55
471	하나은행	수지	90	4.44	4.44	4.44
472	농협은행	동탄중앙	90	4.48	4.48	4.48
473	농협은행	동수원	100	3.55	3.55	3.55
474	중소기업은행	포천 (지)	100	4.52	4.52	4.52
475	우리은행	석수동 (지)	85	3.81	3.81	3.81
476	농협은행	광명시 (지부)	85	4.28	4.28	4.28
477	중소기업은행	용인 (지)	100	3.36	4.38	3.65
478	국민은행	도농	100	3.16	3.35	3.31
479	하나은행	이천	85	4.32	4.62	4.47
480	우리은행	용인금융센터	100	3.31	3.97	3.5
481	우리은행	일산백마 (지)	100	4.2	4.3	4.24
482	농협은행	용인시 (지부)	100	3	3.35	3.28
483	중소기업은행	동수원 (지)	100	3.44	4.92	3.92
484	국민은행	호계남	100	3.35	3.35	3.35
485	중소기업은행	원종동 (지)	100	3.37	3.53	3.44
486	중소기업은행	부천 (지)	85	4.38	4.38	4.38
487	우리은행	동의정부 (지)	100	3.3	4.86	3.92
488	스탠다드차타드은행	이천 (지)	100	3.34	3.35	3.34
489	농협은행	서현아이원	100	3.33	3.55	3.39
490	우리은행	상동역지점	85	4.43	4.43	4.43
491	우리은행	안양벤처 (지)	100	3.81	4.88	4.3
492	우리은행	안중 (지)	100	3.55	4.26	3.97
493	신한은행	수내역지점	100	3.3	3.3	3.3
494	농협은행	죽전보정	100	3.35	3.48	3.41
495	신한은행	경기대학교 (출)	100	3.32	3.32	3.32
496	신한은행	시흥대로금융센터	100	3.35	3.35	3.35
497	하나은행	안산	90	4.49	4.51	4.5
498	하나은행	우만동	85	4.12	4.35	4.23

499	하나은행	영통	100	3	4.23	3.52
500	국민은행	신갈	100	3.2	3.55	3.36
501	우리은행	일산중앙 (지)	85	3.52	4.11	3.85
502	우리은행	덕소	100	3.35	4.06	3.77
503	하나은행	안산금융센터	100	3.98	4.23	4.1
504	중소기업은행	구리 (지)	85	6.03	6.03	6.03
505	국민은행	분당효자촌	100	4.32	4.32	4.32
506	우리은행	탄현	100	3.35	4.14	3.74
507	하나은행	정자중앙	100	3.3	3.35	3.32
508	신한은행	병점금융센터	90	4.5	4.5	4.5
509	국민은행	수내역종합금융센터	100	4.2	4.2	4.2
510	농협은행	시흥시 (지부)	100	3.35	4.32	3.83
511	우리은행	판교벤처밸리금융센터	100	3.55	3.55	3.55
512	신한은행	분당수내동	100	3.35	4.73	3.81
513	우리은행	민락동지점	90	4.1	4.1	4.1
514	하나은행	산본역	100	3.35	3.35	3.35
515	농협은행	과천시 (지부)	100	4.56	4.56	4.56
516	신한은행	죽전중앙	100	3.3	3.85	3.5
517	우리은행	민락동지점	100	3.35	4.4	3.93
518	국민은행	안양비산동	100	3.35	3.35	3.35
519	하나은행	평촌스마트	100	3.3	3.55	3.42
520	국민은행	송우종합금융센터	85	4.28	4.28	4.28
521	중소기업은행	군포공단	100	3.34	4.79	4.01
522	신한은행	국립암센터지점	85	4.57	4.57	4.57
523	중소기업은행	수지동천	100	3.28	3.54	3.43
524	중소기업은행	김포산단	100	3.43	3.45	3.44
525	중소기업은행	삼송테크노지점	100	3.39	3.45	3.43
526	중소기업은행	광명테크노	95	5.07	5.07	5.07
527	국민은행	백마	85	3.96	3.96	3.96
528	우리은행	곤지암 (지)	90	4.15	4.15	4.15
529	국민은행	망포역	100	3.35	3.35	3.35
530	우리은행	성남하이테크 (지)	85	3.9	4.46	4.18
531	국민은행	천천동	100	3.34	3.35	3.34
532	중소기업은행	화성마도(지)	100	3.1	3.1	3.1
533	중소기업은행	평촌아크로타워	90	3.53	3.53	3.53

534	중소기업은행	일산장항	100	3.45	3.45	3.45
535	우리은행	삼성반도체 (지)	100	3.77	3.77	3.77
536	국민은행	야탑역	85	4.66	5.37	5.01
537	중소기업은행	곤지암	85	4.34	5.11	4.77
538	국민은행	반월산업단지	100	3.2	3.2	3.2
539	농협은행	분당테크노파크	100	3.35	3.35	3.35
540	우리은행	신중동역지점	100	3.35	3.35	3.35
541	신한은행	소공동금융센터	100	3.55	3.55	3.55
542	농협은행	일산호수	85	4.19	4.19	4.19
543	농협은행	수원역	100	4.54	4.54	4.54
544	신한은행	소사 (지)	100	3.35	3.35	3.35
545	우리은행	과천	100	4.35	4.35	4.35
546	농협은행	구리시 (지부)	85	4.3	4.3	4.3
547	국민은행	행신동	100	3.35	3.35	3.35
548	하나은행	후곡마을 (지)	85	4.42	4.42	4.42
549	중소기업은행	평택비전동	85	4.29	4.29	4.29
550	국민은행	위례	85	3.67	4.21	3.94
551	국민은행	부천내동	100	3.35	3.35	3.35
552	우리은행	화정역금융센터	85	3.8	4.47	4.13
553	중소기업은행	반월성곡	100	3.46	3.46	3.46
554	국민은행	안성	85	4.01	4.01	4.01
555	농협은행	문산	85	4.43	4.69	4.56
556	중소기업은행	광적	100	3.47	3.47	3.47
557	중소기업은행	화성팔탄	100	3.47	3.54	3.51
558	하나은행	과천	85	4.32	4.32	4.32
559	우리은행	안성 (지)	85	4.8	4.8	4.8
560	농협은행	서판교	100	3.55	3.55	3.55
561	하나은행	효자촌	100	3.55	4.43	3.99
562	농협은행	시흥장현	100	3.55	3.55	3.55
563	하나은행	시화기업센터	85	4.22	4.22	4.22
564	우리은행	여주	85	4.96	4.96	4.96
565	농협은행	안양남	85	4.47	4.47	4.47
566	신한은행	안산금융센터	100	3.3	4.96	3.86
567	우리은행	분당	100	3.3	4.99	4.44
568	신한은행	용인동백 (지)	90	3.92	4.55	4.12

569	농협은행	심곡동	100	3.3	3.35	3.33
570	우리은행	양주	100	3.3	4.63	3.68
571	농협은행	권선동	85	4.29	4.29	4.29
572	농협은행	향남	85	4.14	4.8	4.47
573	하나은행	도당동	100	3.32	4.23	3.98
574	신한은행	야탑역 (지)	100	3.3	3.95	3.63
575	하나은행	수원	85	4.35	4.81	4.58
576	하나은행	송탄	100	3.3	4.29	3.92
577	우리은행	광명	100	3.2	4.75	3.9
578	중소기업은행	마석	100	3.41	3.54	3.47
579	신한은행	후곡마을 (지)	100	3.31	3.35	3.33
580	국민은행	하남시청	100	3.73	4.54	4.07
581	하나은행	수원서문	85	4.32	4.5	4.41
582	우리은행	동탄중앙 (지)	100	3.35	5.06	4.1
583	우리은행	진접 (지)	100	3.3	4.5	3.77
584	농협은행	포승공단	100	3.33	4.81	4.01
585	농협은행	광교테크노밸리	85	4.1	5.17	4.57
586	중소기업은행	고잔중앙 (지)	100	3.18	3.54	3.41
587	농협은행	군포시 (지부)	85	4.75	4.75	4.75
588	우리은행	군포	100	3.3	4.99	4.21
589	신한은행	부천송내	100	3.48	3.61	3.53
590	우리은행	곤지암 (지)	100	3.32	5.01	4.03
591	우리은행	매탄동 (지)	100	3.84	4.85	4.18
592	농협은행	신금오	100	3.35	4.31	3.73
593	스탠다드차타드은행	구성지점	90	3.97	3.97	3.97
594	우리은행	성남	100	3.3	4.75	4.1
595	농협은행	송탄	100	3.93	4.67	4.27
596	우리은행	비산동	100	3.3	4.22	3.78
597	국민은행	의정부홈플러스	100	3.3	5.38	3.72
598	신한은행	의왕 (지)	100	3.3	3.3	3.3
599	국민은행	안중	85	3.78	4.33	3.99
600	국민은행	우만동	85	4.12	4.46	4.23
601	하나은행	원당 (지)	100	3.3	4.77	4.19
602	농협은행	시흥옥구	100	3.58	3.58	3.58
603	하나은행	부천남	100	3.55	4.03	3.98

604	농협은행	양주시 (지부)	100	3.35	4.31	3.78
605	우리은행	수지 (지)	100	3.42	4.57	4.15
606	신한은행	죽전 (지)	100	3.35	4.64	3.84
607	중소기업은행	평택 (지)	100	3.33	4.45	3.78
608	농협은행	성남시 (지부)	85	3.87	3.87	3.87
609	국민은행	김포	90	4.24	4.49	4.33
610	하나은행	성남중앙 (지)	100	3.35	3.35	3.35
611	국민은행	명학	100	3.64	5.22	4.39
612	중소기업은행	평촌아크로타워	100	3.34	4.88	3.68
613	농협은행	동탄중앙	100	3.2	4.93	3.8
614	국민은행	성남	100	3.3	3.35	3.31
615	국민은행	퇴계원	100	3.3	3.35	3.31
616	신한은행	안중금융센터	100	3.3	4.03	3.7
617	우리은행	동수원	100	3.32	4.18	3.79
618	신한은행	신영통 (지)	100	3.3	4.2	3.53
619	농협은행	평촌	100	3.62	3.8	3.71
620	신한은행	호계동 (지)	90	4.54	4.54	4.54
621	우리은행	부천테크노파크 (출)	100	3.35	3.88	3.61
622	우리은행	김포양촌지점	100	3.3	4.59	3.97
623	중소기업은행	화성남양	100	3.46	3.46	3.46
624	중소기업은행	남수원 (지)	100	3.53	3.53	3.53
625	국민은행	안중	100	3.34	5.25	3.83
626	하나은행	안양	100	3.35	4.43	4.12
627	국민은행	시흥	90	6.11	6.11	6.11
628	국민은행	정자역	100	3.35	3.35	3.35
629	신한은행	산본 (지)	100	3.48	4.51	3.79
630	신한은행	관양동 (지)	100	3.3	4	3.6
631	국민은행	김포골드밸리종합금융센터	100	5.23	5.23	5.23
632	신한은행	중동 (지)	100	3.35	4	3.68
633	농협은행	안산중앙동	100	3.3	3.79	3.42
634	우리은행	이매동지점	85	5	5	5
635	신한은행	백마 (지)	100	3.75	3.75	3.75
636	신한은행	시흥능곡	100	3	3.8	3.47
637	우리은행	병점 (지)	100	3.3	4.64	3.63
638	우리은행	대화역	100	3.3	4.06	3.59

639	국민은행	양주테크노	100	3.3	3.35	3.33
640	신한은행	별내	100	3.35	3.8	3.45
641	신한은행	운정	100	3.33	3.96	3.54
642	우리은행	선부중앙 (지)	85	4.65	4.65	4.65
643	우리은행	죽전역 (지)	100	3.97	4.25	4.11
644	하나은행	서현역 (지)	90	4.29	4.46	4.37
645	신한은행	안성금융센터	100	3.35	3.9	3.74
646	신한은행	하안동	100	3	3.35	3.17
647	우리은행	반월공단금융센터	85	4.36	4.36	4.36
648	농협은행	구리시 (지부)	100	3.3	3.36	3.33
649	신한은행	안산법원	100	3.35	3.35	3.35
650	중소기업은행	하남풍산	100	3.42	3.42	3.42
651	신한은행	하안동	85	4	4	4
652	신한은행	행당동 (지)	100	3.3	3.35	3.32
653	농협은행	남양주시 (지부)	85	5.43	5.43	5.43
654	국민은행	서시화	100	3.3	3.3	3.3
655	농협은행	광주시지부	85	4.51	4.99	4.75
656	우리은행	서수원 (지)	100	3.3	4.22	3.76
657	농협은행	교하중앙	100	3.3	3.33	3.31
658	국민은행	병점중앙	85	4.27	4.51	4.39
659	농협은행	안양 1 번가	85	4.69	5.14	4.91
660	중소기업은행	하남 (지)	100	3.38	3.46	3.43
661	신한은행	잠실금융센터	100	3.75	4.35	4.05
662	국민은행	은행동	85	4.53	4.53	4.53
663	농협은행	소래	100	3.92	3.92	3.92
664	하나은행	용인동백	90	3.66	4.49	4.2
665	농협은행	장호원	100	3.3	3.56	3.38
666	중소기업은행	소사 (지)	100	3.53	3.53	3.53
667	농협은행	원미동	100	3.55	3.55	3.55
668	국민은행	본오동	95	4.29	4.29	4.29
669	신한은행	미금역 (지)	100	3.35	3.75	3.58
670	농협은행	시화비즈니스지점	90	4.25	4.66	4.45
671	신한은행	하남금융센터	100	3.3	4.33	3.69
672	우리은행	삼송지점	100	3.35	4.56	4.02
673	하나은행	신갈	100	4.13	4.13	4.13

674	국민은행	동탄다은	85	3.69	3.69	3.69
675	우리은행	역곡	100	4.12	4.15	4.13
676	국민은행	화성남양	100	3.3	3.3	3.3
677	농협은행	오산시지부	90	4.58	4.58	4.58
678	국민은행	양주고읍	100	3.3	3.3	3.3
679	우리은행	교하 (지)	85	4.01	4.01	4.01
680	국민은행	일산가좌	85	4.16	4.32	4.24
681	우리은행	상동역지점	90	4.31	4.41	4.36
682	신한은행	해군 2 함대 (출)	100	3.7	3.7	3.7
683	중소기업은행	안산 (지)	100	3.45	4.61	3.84
684	국민은행	송탄남	100	3.76	3.76	3.76
685	신한은행	북수원 (지)	100	3.3	4.3	3.61
686	신한은행	김포고촌	100	3.74	4.5	4.05
687	국민은행	당정동	100	3.71	3.71	3.71
688	하나은행	수원정자동	85	4.13	4.23	4.19
689	신한은행	분당중앙금융센터	100	3.3	3.34	3.32
690	하나은행	중산	85	4.22	4.22	4.22
691	국민은행	포일 I T 밸리	100	3.34	3.34	3.34
692	신한은행	평택금융센터	90	3.66	3.66	3.66
693	국민은행	운정	100	3.3	3.3	3.3
694	우리은행	동탄테크노밸리	100	3.35	3.35	3.35
695	우리은행	일산중앙 (지)	90	3.9	4.26	4.08
696	우리은행	안산남	85	4.36	4.39	4.37
697	농협은행	인덕원	100	3.31	3.31	3.31
698	우리은행	용인금융센터	90	4.1	4.81	4.45
699	신한은행	평촌	85	4.05	4.05	4.05
700	신한은행	행신 (지)	100	3.35	3.35	3.35
701	국민은행	수지동천	100	3.35	3.35	3.35
702	신한은행	영화동 (지)	85	4.05	5	4.52
703	국민은행	신중동역종합금융센터	100	3.2	3.34	3.24
704	중소기업은행	광교중앙	100	3.46	3.46	3.46
705	중소기업은행	의정부 (지)	100	3.54	5.12	4.33
706	우리은행	죽전역 (지)	90	5.91	5.91	5.91
707	농협은행	동탄산단	100	3.35	3.35	3.35
708	국민은행	운정남	100	3.35	3.35	3.35

709	하나은행	수지동천	100	4.23	4.23	4.23
710	국민은행	동탄시범단지	100	3.35	3.35	3.35
711	중소기업은행	동시화 (지)	100	3.47	3.92	3.69
712	우리은행	분당시범단지	85	3.83	3.99	3.91
713	국민은행	망포역	85	3.82	3.82	3.82
714	우리은행	행신동지점	85	4.62	5.06	4.84
715	농협은행	수원영통	85	4.48	4.51	4.49
716	신한은행	의정부기업금융센터	100	4.32	4.32	4.32
717	국민은행	의정부홈플러스	85	4.53	4.53	4.53
718	하나은행	민락동	85	4.58	4.58	4.58
719	국민은행	일산식사	85	4.12	4.38	4.25
720	하나은행	천천동 (지)	85	4.51	4.51	4.51
721	하나은행	오산	100	3.35	3.35	3.35
722	하나은행	반월기업센터	100	4.23	4.23	4.23
723	농협은행	파주운정북	85	4.48	4.48	4.48
724	우리은행	정왕동	85	3.94	4.22	4.08
725	우리은행	중산 (지)	85	4.66	4.66	4.66
726	중소기업은행	일산마두 (지)	85	4.92	4.92	4.92
727	중소기업은행	일산웨스턴돔	85	3.98	3.98	3.98
728	중소기업은행	문산	100	3.53	3.53	3.53
729	중소기업은행	산본역 (지)	85	4.49	4.49	4.49
730	우리은행	동탄산단지점	100	3.3	4.38	3.6
731	농협은행	동두천시 (지부)	100	3.33	4.29	3.89
732	하나은행	대화역	100	4.03	4.5	4.23
733	농협은행	여주시 (지부)	100	3.3	4.42	3.72
734	신한은행	안중금융센터	85	4.36	4.36	4.36
735	하나은행	이천	100	3.3	4.43	3.61
736	신한은행	모란역지점	100	3.35	3.6	3.5
737	신한은행	시화공단금융센터	100	3.3	3.87	3.6
738	신한은행	행신중앙 (지)	85	3.81	3.91	3.86
739	하나은행	수원금융센터	100	3.35	4.18	3.58
740	국민은행	오포	100	3.3	4.74	3.73
741	우리은행	안성 (지)	100	3.7	4.32	4.13
742	신한은행	수원시청역	100	3.3	4.72	4.07
743	우리은행	죽전 (지)	100	3.3	4.15	3.78

744	우리은행	오리역 (지)	85	4.5	4.5	4.5
745	중소기업은행	소사본동	100	3.46	3.47	3.46
746	국민은행	산본	85	3.72	3.72	3.72
747	농협은행	안양 1 번가	100	3.3	4.9	3.7
748	우리은행	안양중앙금융센터	100	3.3	4.48	3.96
749	중소기업은행	용인동백	90	4.9	6.11	5.27
750	우리은행	의정부금오 (지)	100	3.3	4.62	3.98
751	신한은행	반포터미날 (지)	100	3.3	3.3	3.3
752	신한은행	평택금융센터	100	3.3	4.6	3.86
753	하나은행	신중동역	100	3.35	4.23	3.93
754	농협은행	선부동	100	3.3	4.09	3.61
755	우리은행	산본	100	3.3	5.08	3.88
756	신한은행	평택금융센터	85	3.9	4.84	4.4
757	우리은행	동백 (지)	100	3.3	4.99	4.34
758	국민은행	기흥구청지점	90	3.88	3.98	3.93
759	우리은행	일산위시티지점	100	3.35	4.14	3.69
760	국민은행	성남중앙로	100	3.35	3.35	3.35
761	국민은행	의정부시청역	100	3.3	3.35	3.31
762	농협은행	김포시 (지부)	100	3.3	4.26	3.55
763	스탠다드차타드은행	용인지점	100	3.33	3.35	3.34
764	농협은행	안양 1 번가	90	3.81	4.59	4.25
765	우리은행	김포 (지)	100	3.35	4.99	4.32
766	하나은행	영통	90	4.49	4.49	4.49
767	국민은행	안산사동	100	3.35	3.35	3.35
768	농협은행	수원시 (지부)	100	4.09	4.09	4.09
769	하나은행	용인	90	4.29	4.71	4.49
770	우리은행	안산남	100	3.33	4.93	3.93
771	중소기업은행	반월유통단지	100	3.02	4.36	3.61
772	하나은행	화정역	100	3.35	4.52	4.24
773	중소기업은행	분당야탑역	100	3.34	4.45	3.67
774	하나은행	운정	100	3.3	4.43	3.81
775	신한은행	부천테크노금융센터	100	3.35	4.96	3.87
776	하나은행	매탄	85	4.22	4.22	4.22
777	신한은행	서현역 (지)	100	3.3	3.9	3.56
778	농협은행	광명시 (지부)	100	3.3	4.4	3.81

779	신한은행	화도금융센터	100	3.3	3.82	3.45
780	국민은행	진접금곡	100	3.35	5.24	4.29
781	신한은행	수지동천 (지)	100	3.3	4.15	3.6
782	중소기업은행	공도	100	3.53	3.99	3.76
783	국민은행	덕정	100	3.15	4	3.43
784	스탠다드차타드은행	야탑역지점	100	3.35	3.35	3.35
785	우리은행	안양중앙금융센터	85	4.08	4.5	4.29
786	우리은행	발안 (지)	100	3.2	4.71	3.65
787	국민은행	송탄남	90	4.77	4.77	4.77
788	우리은행	서현남 (지)	100	3.3	4.2	3.84
789	스탠다드차타드은행	수지지점	90	3.72	3.72	3.72
790	하나은행	우만동	90	4.5	4.5	4.5
791	우리은행	성남남부 (지)	100	4.42	4.58	4.48
792	국민은행	화정	100	3.35	3.35	3.35
793	농협은행	경기도교육청 (출)	100	4.42	4.42	4.42
794	국민은행	일산식사	100	3.3	4.21	3.51
795	우리은행	중산 (지)	100	3.35	4.57	4.1
796	농협은행	행신중앙	85	4.39	4.39	4.39
797	우리은행	신영통 (지)	100	3.65	3.65	3.65
798	국민은행	내손동	100	3.69	3.69	3.69
799	우리은행	김포장기 (지)	100	3.32	4.91	4.13
800	신한은행	부천	100	3.8	3.8	3.8
801	하나은행	광교신도시	90	4.25	4.49	4.37
802	중소기업은행	화성정남	100	3.45	3.54	3.47
803	중소기업은행	성남 I T	100	3.46	3.54	3.5
804	국민은행	곤지암	100	3.2	3.3	3.25
805	국민은행	평택	100	3.34	5.26	3.65
806	국민은행	시화공단종합금융센터	100	3.34	4.21	3.63
807	국민은행	철산역	100	3.35	4.4	3.91
808	하나은행	과천	100	3.31	4.53	3.73
809	우리은행	일산중앙 (지)	100	3.33	4.47	4.1
810	국민은행	고잔	100	3.35	4.32	3.83
811	국민은행	화성봉담	100	4.67	4.67	4.67
812	국민은행	가평	100	5.23	5.23	5.23
813	국민은행	화정역종합금융센터	100	3.3	3.86	3.5

814	국민은행	수지성복	90	3.69	3.69	3.69
815	신한은행	고읍	100	3.91	4.8	4.2
816	신한은행	일산금융센터	100	3.3	4.01	3.5
817	신한은행	동탄솔빛나루 (지)	100	3.3	3.8	3.48
818	스탠다드차타드은행	영통지점	85	3.52	3.52	3.52
819	농협은행	금곡	85	4.48	4.48	4.48
820	신한은행	부천시청역	100	4.1	4.61	4.37
821	신한은행	용인보라 (지)	100	3.3	3.35	3.33
822	신한은행	일산문촌 (지)	85	3.9	4.13	4.01
823	우리은행	구성 (지)	100	3.91	4.46	4.25
824	하나은행	평택 (지)	85	4.77	4.77	4.77
825	중소기업은행	인덕원 (지)	85	3.62	3.62	3.62
826	국민은행	군포당동	85	4	4	4
827	신한은행	일산가좌 (출)	100	3.97	3.97	3.97
828	중소기업은행	파주 (지)	100	3.08	3.97	3.47
829	신한은행	행신중앙 (지)	100	3	3.7	3.39
830	우리은행	진접 (지)	85	4.61	4.61	4.61
831	하나은행	운정	85	4.24	4.24	4.24
832	하나은행	탄현역	85	4.39	4.39	4.39
833	하나은행	호계동	90	4.3	4.3	4.3
834	우리은행	화성남양 (지)	100	3.35	5.09	4.11
835	중소기업은행	진접	85	5.04	5.04	5.04
836	하나은행	교하	100	3.55	4.43	3.99
837	농협은행	킨텍스 < 출 >	100	4.61	4.61	4.61
838	신한은행	봉담금융센터	100	3.55	3.95	3.7
839	신한은행	포천금융센터	85	3.93	5.17	4.39
840	우리은행	김포구래지점	100	3.3	4.46	4
841	우리은행	서정동 (지)	100	3.77	4.61	4.03
842	국민은행	분당구미동	100	4.4	4.4	4.4
843	우리은행	반월공단금융센터	100	3	3.84	3.53
844	우리은행	파주금융센터	100	3.3	4.56	3.82
845	우리은행	구성역 (지)	100	3.3	4.76	3.67
846	우리은행	원당 (지)	100	3.86	3.97	3.91
847	신한은행	고잔 (지)	85	4.06	4.06	4.06
848	국민은행	진접종합금융센터	100	3.3	3.3	3.3

849	우리은행	일산백마 (지)	85	4.21	4.63	4.42
850	하나은행	안산	100	3	4.23	3.51
851	우리은행	일산풍동 (지)	100	3.3	4.71	3.84
852	신한은행	일산금융센터	85	3.9	4.56	4.32
853	하나은행	가능동	100	3.3	4.29	3.67
854	우리은행	인덕원 (지)	90	4.35	4.61	4.48
855	하나은행	중산	100	4.13	4.23	4.19
856	우리은행	수내역지점	100	3.3	3.55	3.4
857	우리은행	여주	90	4.73	4.73	4.73
858	중소기업은행	일산주엽 (지)	95	5.07	5.07	5.07
859	하나은행	의정부역 (지)	100	3.35	4.51	3.77
860	농협은행	부천테크노	85	4.43	5.01	4.72
861	신한은행	중계동	100	3.3	3.3	3.3
862	국민은행	교하	100	3.3	3.35	3.33
863	신한은행	김포	100	3.35	4.65	3.82
864	중소기업은행	평촌남	100	3.42	3.46	3.44
865	중소기업은행	서정리역 (지)	85	4.57	4.81	4.69
866	신한은행	반월금융센터	100	3.33	4.07	3.58
867	농협은행	광주시지부	90	4.54	4.54	4.54
868	농협은행	분당수내동	100	3.35	3.35	3.35
869	국민은행	일산동	85	4.08	4.08	4.08
870	농협은행	성남위례	90	4.25	4.25	4.25
871	신한은행	과천 (지)	100	3.3	3.65	3.42
872	농협은행	월피동	90	3.81	3.81	3.81
873	우리은행	오산금융센터	90	5.07	5.07	5.07
874	중소기업은행	동탄역	85	4.11	4.11	4.11
875	중소기업은행	행신동	100	3.33	3.46	3.39
876	국민은행	곡선동	100	4.37	4.37	4.37
877	우리은행	발안 (지)	85	4.43	4.43	4.43
878	신한은행	시흥	100	3.35	3.35	3.35
879	국민은행	동백	90	4.46	6.37	5.41
880	신한은행	풍무동 (지)	100	3.35	3.55	3.41
881	신한은행	장암 (지)	100	3.3	3.55	3.39
882	국민은행	벽제	85	4.84	4.84	4.84
883	국민은행	백석역	85	3.85	4.2	4.02

884	중소기업은행	반월 (지)	100	3.42	3.42	3.42
885	우리은행	성남중앙 (지)	100	3.3	4.35	3.66
886	하나은행	후곡마을 (지)	100	3.3	3.35	3.33
887	신한은행	수지신봉 (지)	90	3.94	3.94	3.94
888	신한은행	반월역	100	3.3	3.75	3.57
889	국민은행	마석	100	3.3	3.35	3.33
890	하나은행	백궁	100	4.45	4.45	4.45
891	농협은행	분당정자역	100	3.3	3.55	3.46
892	농협은행	선부동	85	4.42	4.42	4.42
893	국민은행	안산단원	100	3.3	3.3	3.3
894	하나은행	도당동	85	4.11	4.11	4.11
895	국민은행	교하	85	5.22	5.22	5.22
896	신한은행	북수원 (지)	85	3.85	3.85	3.85
897	농협은행	교하중앙	85	4.29	4.82	4.55
898	하나은행	호계동	100	3.33	4.61	3.76
899	우리은행	광명사거리역 (지)	90	4.42	4.42	4.42
900	중소기업은행	성남하이테크	100	3.45	3.46	3.45
901	농협은행	성남위례	100	3.35	3.35	3.35
902	국민은행	권선동	85	4.81	4.81	4.81
903	국민은행	곡선동	85	4.38	4.57	4.5
904	국민은행	분당정자	85	4.28	4.28	4.28
905	농협은행	모란	100	3.35	4.56	3.95
906	우리은행	선부동 (지)	85	4.14	4.14	4.14
907	하나은행	야탑동	85	4.13	4.33	4.23
908	농협은행	성남중앙로	100	3.35	3.35	3.35
909	신한은행	송탄금융센터	85	3.7	4.03	3.86
910	신한은행	동두천	100	3.55	3.9	3.76
911	국민은행	화성봉담	85	4.51	4.51	4.51
912	중소기업은행	오포	85	4.34	4.34	4.34
913	우리은행	부천내동	100	3.35	3.35	3.35
914	농협은행	일산덕이	85	4.65	4.65	4.65
915	농협은행	북변	100	3.48	3.48	3.48
916	농협은행	수지만현	100	3.55	3.55	3.55
917	농협은행	월피동	85	4.37	4.37	4.37
918	신한은행	서판교	100	3.6	3.75	3.67

919	국민은행	광명소하	100	4.16	4.16	4.16
920	국민은행	신흥동	90	4.38	4.38	4.38
921	농협은행	신매탄	85	4.43	5.25	4.69
922	우리은행	천천동 (지)	85	4.03	4.03	4.03
923	우리은행	분당	85	4.52	4.52	4.52
924	신한은행	뚝섬역	85	4	4	4
925	우리은행	김포장기 (지)	90	4.4	4.4	4.4
926	중소기업은행	선부동 (지)	100	3.53	4.4	3.75
927	우리은행	시화센트럴 (지)	85	4.43	4.43	4.43
928	우리은행	송탄	85	4.09	4.09	4.09
929	우리은행	매탄동 (지)	85	4.36	4.36	4.36
930	중소기업은행	오산	90	4.96	4.96	4.96
931	국민은행	김포한강	90	4.2	4.2	4.2
932	농협은행	평택시 (지부)	85	4.16	4.93	4.61
933	하나은행	시화공단	100	3	4.11	3.51
934	우리은행	성남	85	4.58	4.69	4.63
935	농협은행	안산시 (지부)	100	3.35	4.39	3.85
936	우리은행	수원북	100	3.3	4.2	3.86
937	국민은행	부천시청역	100	3.35	3.55	3.41
938	우리은행	이천 (지)	100	3.3	5	4.03
939	스탠다드차타드은행	분당중앙	85	3.42	3.42	3.42
940	국민은행	호평	100	3.3	5.22	3.8
941	농협은행	송탄남	100	4.18	4.55	4.34
942	신한은행	성남중앙 (지)	100	3.3	3.7	3.43
943	농협은행	소사남	100	3.43	3.79	3.61
944	하나은행	부천시청역	100	3.3	5.38	3.98
945	국민은행	수지종합금융센터	100	3.3	5.13	4.47
946	신한은행	향남금융센터	85	4	4.2	4.1
947	농협은행	이천시 (지부)	85	4.33	4.87	4.59
948	농협은행	상대원	100	3.35	4.22	3.87
949	신한은행	수원중앙지점	100	3.3	4.24	3.66
950	신한은행	경기광주금융센터	100	3.3	4.84	3.83
951	농협은행	남천	100	3.3	3.96	3.45
952	농협은행	부천테크노	100	3.3	4.59	3.67
953	우리은행	하남	100	3.3	4.73	4.04

954	국민은행	장기동	90	4.68	4.68	4.68
955	신한은행	화서동	100	3	5.04	3.8
956	우리은행	광적 (지)	100	3.3	4.14	3.79
957	농협은행	과천시 (지부)	85	3.59	4.27	3.92
958	신한은행	병점금융센터	100	3.3	4.75	3.84
959	국민은행	백마	90	3.67	3.67	3.67
960	우리은행	권선	100	3.3	4.97	3.87
961	농협은행	초지동	100	3.35	4.14	3.54
962	국민은행	구리종합금융센터	100	3.73	4.42	4.07
963	하나은행	수원	100	3.55	4.48	3.86
964	우리은행	일산후곡	100	3.3	4.59	3.95
965	중소기업은행	일산성석	85	4.82	4.82	4.82
966	신한은행	도농 (지)	100	3.95	3.98	3.97
967	우리은행	정자역지점	100	3.42	3.55	3.48
968	농협은행	군포시 (지부)	100	3.3	4.45	3.79
969	농협은행	김포시 (지부)	85	4.18	4.18	4.18
970	농협은행	남천	85	4.17	4.17	4.17
971	신한은행	용인동백 (지)	100	3.3	3.97	3.69
972	하나은행	일산대화	100	3.3	4.49	3.96
973	우리은행	부천중앙	100	3.31	3.55	3.39
974	우리은행	선부중앙 (지)	100	3.35	4.28	3.89
975	국민은행	모란역	100	3.34	4.62	3.88
976	산업은행	동탄(지)	90	3.36	3.36	3.36
977	신한은행	화정지점	100	3.3	3.75	3.46
978	중소기업은행	오포	90	3.91	4.94	4.42
979	농협은행	안산도매시장	100	3	4.16	3.69
980	우리은행	의정부 (지)	100	3.3	4.76	3.88
981	신한은행	산본래미안	100	3.3	3.7	3.39
982	우리은행	의왕	100	3.3	4.95	3.89
983	농협은행	경기영업부	100	3.35	4.48	3.77
984	중소기업은행	송탄 (지)	100	3.54	3.54	3.54
985	농협은행	안양시 (지부)	100	3.55	4.71	4.16
986	하나은행	서현역 (지)	100	3.3	4.44	3.71
987	하나은행	평촌범계역	100	3	4.03	3.54
988	국민은행	파장동	85	3.98	4.32	4.15

989	중소기업은행	호계동 (지)	100	3.45	3.54	3.47
990	신한은행	이천금융센터	85	4.41	4.41	4.41
991	국민은행	동두천	100	3.3	5.27	4.4
992	신한은행	동탄청계	100	3	3.35	3.3
993	신한은행	독산동금융센터	90	3.85	3.85	3.85
994	우리은행	안양중앙금융센터	90	4.17	4.9	4.43
995	중소기업은행	일산주엽 (지)	100	4.65	4.65	4.65
996	신한은행	강남대역	100	3.3	3.55	3.4
997	신한은행	수원금융센터	100	3.35	4.85	3.85
998	우리은행	포천 (지)	100	3	4.52	3.91
999	우리은행	파주남 (지)	100	3.3	4.88	3.64
1000	국민은행	금촌중앙	100	3.35	4.12	3.5

8. 보증시 알아두어야 할 사항

1) 보증신청전

보증을 이용하시려는 기업이 반드시 알아두셔야 할 사항

보증료

취급수수료 또는 보증위험 부담에 따른 보험료 성격으로 기업의 신용도에 따라 연 0.5%~2.0%까지 선납하게 됩니다.

발급소요기일

보증상담에서 보증서 발급까지 10 일내에 완료될 수 있도록 노력하고 있습니다. 좀더 심도 있는 조사 및 심사를 하게 되는 경우에는 다소 시일이 더 경과될 수 있습니다.

연대보증인은 세워야하나?

재단은 아래의 직접 경영에 참여하는 "실제경영자"외에는 연대보증인을 신규보증에 입보시키지 않습니다.

- 개인기업 : 실제경영자가 따로 존재하는 경우 실제경영자
- 법인기업 : 아래에 해당하는 법인의 실제 경영자
  - ○ 대표이사, 무한책임사원, (조합, 조합법인)이사장

- ○ 최대주주 또는 최다출자자
- ○ 본인과 다음 각 목의 자의 소유주식 또는 출자액의 합계액이 그 법인의 발행주식 총수 또는 출자 총액의 100 분의 30 이상인 주주 또는 유한책임사원
  - ▪ 「국세기본법시행령」 제 1 조의 2 제 1 항 제 1 호부터 제 3 호까지의 어느 하나에 해당하는 관계에 있는 사람
  - ▪ 「관계기업에 대한 보증취급기준」 제 2 조에 따른 관계기업

보증기간

해당대출금의 대출기한까지 보증해 드리며 대출기간이 연장될 때에는 보증기간도 연장됩니다. 단, 어음보증,시설대여보증 등의 경우는 보증업무의 특성상 기한 연장이 되지 않습니다.

재무자료 전송서비스

- 우리 재단에서는 재무데이터(재무제표, 부가가치세 자료 등) 제출과 관련하여 고객의 불편을 최소화하기 위하여 기존의 서류제출 방식에서 자료 중개 사이트를 이용한 온라인 제출방법을 운영하고 있습니다.
- *이용하실수 있는 회계프로그램 더존의 네오플러스 I.II, 키컴의 SA-WIN, SMS 회계* 입니다.
- 전산운용처 : 02-2051-8114 (엠씨지 컨설팅 운영팀)
- 재단문의처 : 보증사업부 박미진 대리 (031-259-7581)

재무데이터 온라인 제출 절차

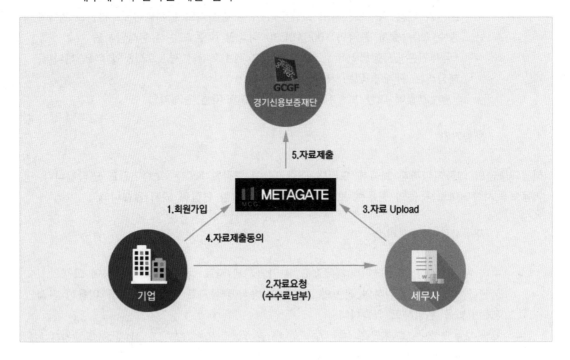

2) 보증서 발급후

보증이용 이후 기업이 반드시 알아두셔야 할 사항

신용관리 절차 및 원리금 상환 준수

보증서를 담보로 하여 대출을 받고 난 후에 원리금이 상환기일에 상환되지 않을 경우 또는 기업이나 대표자의 신용도에 커다란 하자가 발생할 경우에는 기업 및 연대보증인의 재산에 대해서 가압류등의 채권보전조치를 취할 수 있습니다.

보증료 납부 및 보증기한 연장

보증료는 매 1년 단위로 납부하여야 하는 바 납부기일 도래시 사전에 문의하여 기일내 보증료를 납부하여야 하며, 보증기한 만기도래시 상환이 어려울 경우 내방하여 기한연장을 위한 상담을 하여야 합니다.

휴,폐업 및 사업장 이전등 변경내용 신고

휴.폐업 신고, 대표자 및 상호변경 및 사업장 이전, 전화번호 변경등의 사유 발생시 변경사실을 반드시 서면으로 통보하여야 하며 통보 불이행시 불이익을 받을 수 있습니다.

다음의 경우에는 언제든지 가압류등 조치를 취할 수 있습니다.

- 고객님의 재산에 압류, 가압류, 가처분, 경매의 신청 또는 파산, 회의개시, 회사정리절차 개시의 신청이 있는 때 또는 청산에 들어간 때
- 폐업하였거나 3 개월이상 계속하여 영업을 하지 아니한 때
- 조세공과를 체납중이거나 이로인해 압류를 당한 때
- 어음교환소로부터 거래정지처분을 받았을 때
- 전국은행연합회의 "신용정보관리규약" 에 의한 연체, 대위변제,대지급, 부도정도(관련인 정보 포함), 금융질서문란 정보, 조세체납정보 및 채무불이행자 정보의 등록사유가 발생한 때
- 기한 내 재보증료 미납, 보증부대출금의 원금이나 이자연체, 담보제공 및 보증인 입보 등 신용보증과 관련하여 재단에 약속한 특약사항을 이행치 않을 경우
- 금융기관으로부터 신용보증사고 통지 또는 보증채무이행청구가 있을 때
- 기타 신용상태가 크게 악화되어 객관적으로 채권보전이 필요하다고 인정되는 때

3) 국세청 발급자료 제출안내

온라인 전송시스템(FIND SYSTEM, 한국기업데이터㈜)를 이용하여 제출 가능합니다.

국세청 증빙서류

사업자등록증명

납세증명서

납세사실증명서

부가가치세 과세표준증명

부가가치세 면세사업자 수입금액증명

표준재무제표증명

II.경기도 중소기업육성자금

1. 자금안내

1) 지원규모

경기도 중소기업육성자금이란?

경기도 소재 중소기업 · 소상공인에게 지원되는 저금리 정책자금입니다.
경기도 중소기업육성자금 지원이 결정된 기업은 금융기관으로부터 대출(부동산, 보증서, 신용)을
받을 때 시중금리 대비 낮은 금리혜택을 받으실 수 있습니다.

보증서 담보대출의 경우, 별도의 신용보증 평가절차가 필요합니다.

경기도 중소기업육성기금 설치 및 운용조례 제14조의 규정에 의하여 2018년도
중소기업육성자금 융자계획을 다음과 같이 공고합니다.

구분		지원규모	자금별	지원한도	상환기간
총계		19,200억원			
운전자금	운전자금	8,200억원			
	일반기업	5,700억원	인건비, 원부자재, 물품구입비 등 기술창업자 및 창업보육센터입주기업 창업자금 (지원한도 5천만원, 신기술기업에 한함)	5억원	3년 (1년 거치)
	신기술기업				
	벤처창업기업				
	여성창업기업				
	고성장기업	100억원			
	소상공인지원	1,500억원	창업·경영개선, 점포임차	1억원	4년 (1년 거치)
	사회적경제기업	100억원	운전자금	2억원	

구분		지원규모	자금별	지원한도	상환기간
	특별경영자금	800억원	별도 계획 수립		
창업 및경쟁력 강화자금	창업 및 경쟁력 강화자금	**11,000억원**			
	일반기업	11,000억원	공장(센터 및 집적시설) 임차비, 연구개발비	5억원	3년 (1년 거치)
			기숙사매입·임차비	2억원	
	신기술기업		시설설비구입비(부대비용) 및 건축비(공장,창고,기숙사,복지시설), 공장매입비	30억원	8년 (3년 거치)
			지식산업센터 등 입주비용	15억원	
	밴처창업기업		중소유통 및 상점가 시설개선	3억원 ~ 30억원	3년, 8년, 15년
	여성창업기업				
	지식산업센터 벤처집적시설 건립사업		지식산업센터 건립사업	300억원	8년 (3년 거치)
			벤처집적시설 건립사업	150억원	
	일반서비스기업		서비스업 시설설비, 건축	2억원, 10억원	3년 (1년 거치), 8년 (3년 거치)

2) 지원절차

경기도 중소기업육성자금의 지원절차를 안내합니다.

 **1. 자금상담** > 필요자금에 대한 지원대상, 지원한도 등 지원조건을 상담합니다.

 **2. 자금신청** > 경기도 중소기업육성자금 홈페이지(g-money.gg.go.kr)에서 온라인으로 신청하거나,자금별 접수처를 직접 방문하여 신청합니다.

 **3. 심사평가** > 자금별 기준에 따라 접수기관에서 평가를 실시합니다.
(평가기간 영업일 7일 이내, 보증심사가 함께 진행되는 경우 평가기간 영업일 10일 이내) 접수기관의 등록이 완료되면 대표자 휴대폰과 이메일로 접수번호가 전송됩니다.

 4. 결정통지 > 지원결정 결과를 대표자 휴대폰과 이메일로 전송하며 결정 통보서를 우편으로 발급합니다.(평가후 영업일 3일 이내) 단,온라인 신청기업은 인터넷으로 자체 출력 가능합니다.

 5. 융자신청 > 협약체결 은행에서 대출을 신청합니다.
(대출 취급기한 : 운전자금 3개월 이내 창업 및 경쟁력 강화자금 12개월 이내 소상공인 6개월 이내)

3) 지원제외대상 업종

경기도 중소기업육성자금 지원제외대상 업종을 안내합니다.

지원제외대상 업종 안내

업종	품목코드	해당업종
제조업	33402中	불건전 영상게임기 제조업
	33409中	도박게임장비 등 불건전 오락용품 제조업
도매 및 소매업	46102中	수류, 남배 중개업
	46109中	골동품, 귀금속 중개업
	46209中	잎담배 도매업
	46331, 3	주류, 담배 도매업

업종	품목코드	해당업종
	46416中	모피제품 도매업 (인조모피제품 도매업 제외)
	46463中	도박기계 및 사행성, 불건전 오락기구 도매업
	47640中	도박기계 및 사행성, 불건전 오락기구 소매업
	47859中	성인용품 판매점
	47911中	도박기계 및 사행성, 불건전 오락기구, 성인용품 도소매업
음식점 및 주점업	56211,2	일반(무도)유흥 주점업
잡지 및 정기간행물 발행업	58122中	경마, 경륜, 경정관련 잡지 발행업
게임 소프트웨어 및 공급업	5821中	불건전 게임소프트웨어 개발 및 공급업
그 외 기타 정보 서비스업	63999中	온라인게임아이템중개업, 게임아바타중개업
금융 및 보험업	64 ~ 66	금융 및 보험업. 다만, 손해사정업(66201), 보험대리 및 중개업(66202)은 제외
부동산업	68	부동산업. 다만, 부동산관련 서비스업(682)은 제외
산업용 기계 및 장비임대업	69390中	도박기계 및 사행성, 불건전 오락기구 임대업
전문서비스업	71531中	기획부동산업*
사업지원 서비스업	75330中	흥신소
	75993	신용조사 및 추심대행업
	75999中	경품용 상품권 발행업, 경품용 상품권 판매업

업종	품목코드	해당업종
스포츠 및 오락관련 서비스업	91113	경주장 운영업
	91121	골프장 운영업
	9122中	성인용게임장, 성인오락실, 성인PC방, 전화방
	91249	기타 갬블링 및 베팅업
	91291	무도장 운영업
기타 개인 서비스업	9612中	증기탕 및 안마시술소
	96992	점집, 무당, 심령술집 등
	96999中	휴게텔, 키스방, 대화방

(운영형태)부동산 판매를 목적으로 설립되어 개발가능성이 거의없는 지역의 임야나 농지를 대단위로 매수하여 소규모 단위(330 ㎡, 660 ㎡등)로 분할한 후, 다단계판매와 텔레마케팅(전화권유 판매)과 같은 조직적 판매망을 통해 부동산을 고가(시세의 3~5 배)에 매도하는 업체

4) 상담 및 접수처

경기도 중소기업육성자금 자금별 상담 및 접수처를 안내합니다.

상담 및 접수처

구분	자금별	상담 및 접수처	연락처
운전자금	**일반기업**	경기신용보증재단 각 지점	1577-5900
	신기술기업	경기신용보증재단 기술평가부	1577-5900
	벤처창업기업	경기신용보증재단 기술평가부 기술보증기금	1577-5900 1544-1120
	여성창업기업	경기신용보증재단 각 지점	1577-5900

구분	자금별	상담 및 접수처	연락처
	소상공인	경기신용보증재단 각 지점	1577-5900
	사회적경제기업	경기신용보증재단 기술평가부 경기신용보증재단 각 지점	1577-5900 1577-5900
	특별경영자금	경기신용보증재단 각 지점	1577-5900
창업 및 경쟁력 강화자금	**일반기업 (유통시설 개선사업 중 시장정비사업)**	경기신용보증재단 각 지점 (시·군 기업지원 담당과)	1577-5900
	신기술기업	경기신용보증재단 기술평가부	1577-5900
	벤처창업기업	경기신용보증재단 기술평가부 기술보증기금	1577-5900 1544-1120
	여성창업기업	경기신용보증재단 각 지점	1577-5900
	지식산업센터 및 벤처집 적시설 건립사업	시·군 기업지원 담당과	

5) 대출금리안내

경기도 중소기업육성자금 대출금리는 융자방식에 따라 아래와 같이 결정됩니다.

융자방식별 금리안내

기금융자

구분	지원대상 (기업구분)	기업부담금리	
		보증서 등	신용(100%)
변동금리 3개월	일반기업	3.00%	4.50%
	여성기업, 장애인기업, 경기도 유망중소기업, 일자리우수기업 인증기업, 일하기좋은기업 인증기업	2.70%	4.20%

구분	지원대상 (기업구분)	기업부담금리	
		보증서 등	신용(100%)
고정금리	신기술기업, 벤처창업기업	2.50%	4.00%
	일반기업	3.18%	4.68%
	여성기업, 장애인기업, 경기도 유망중소기업, 일자리우수기업 인증기업, 일하기좋은기업 인증기업	2.88%	4.38%
	신기술기업, 벤처창업기업	2.68%	4.18%

협조융자

은행금리(대출은행결정) - 이자지원(은행금리 구간에 따른 이자지원율 적용) = 최종금리

협조융자방식 이자지원제도

신청기업 은행금리에 따라 이자지원율 차등 지원

은행금리	이자지원율	은행금리	이자지원율
1.50%	0.3%	5.01% ~ 5.25%	1.2%
2.01% ~ 2.50%	0.5%	5.26% ~ 5.50%	1.3%
2.51% ~ 3.00%	0.6%	5.51% ~ 5.75%	1.4%
3.01% ~ 3.50%	0.7%	5.76% ~ 6.00%	1.5%
3.51% ~ 4.00%	0.8%	6.01% ~ 6.25%	1.6%
4.01% ~ 4.33%	0.9%	6.26% ~ 6.50%	1.7%
4.34% ~ 4.66%	1.0%	6.51% ~ 6.75%	1.8%
4.67% ~ 5.00%	1.1%	7.00% ~	2.0%

이자지원 상한율 및 추가지원율 운영

신청기업은 대출금액에 따른 이자지원 상한율을 초과할 수 없으며, 아래 지원대상에 해당하는 경우 추가지원율을 적용받을 수 있습니다.

대출금액별 이자지원 상한율		지원대상별 추가지원율	
이자지원 상한율 운영		지원대상별 추가지원율	
대출금액	이자지원 상한율	지원대상	이자지원율
2억원 이하	2.0%	신기술기업,벤처창업기업	0.5%
10억원 이하	1.5%	여성기업, 장애인기업, 유망중소기업, 일자리우수기업, 일하기좋은기업인증기업	0.3%
10억원 초과	1.0%		

[예시] A 기업, 지원대상 : 신기술기업, 대출금액 : 5 억원, 은행금리 : 5.26%

- 기본이자지원율 : 1.3%
- 이자지원 상환율 초과여부 확인 : 미초과, A 기업 이자지원 상한율(=1.5%)
- 추가지원율 확인 : 신기술기업(+0.5%)
- 최종 이자지원율 : 1.8%(=기본이자지원율(1.3%) + 추가지원율(0.5%))
- A 기업 기업부담금리 = 3.46% (=은행금리(5.26%) - 최종이자지원율(1.8%))

   6) 대출은행 안내

경기도 중소기업육성자금 대출은행(협약체결은행)을 안내합니다.

✳ KB 국민은행	국민은행	◎ 우리은행	우리은행
NH 농협	농협은행	IBK 기업은행	중소기업은행
KDB산업은행	산업은행	KEB 하나은행	KEB하나은행
☯ 수협은행	수협은행	Standard Chartered	한국스탠다드차타드은행
◉ 신한은행	신한은행	citibank	한국씨티은행

7) G-money 안내

경기도 중소기업육성자금 홈페이지 "G-money"를 안내 합니다.

G-money 란, 중소기업이 경기도중소기업육성자금을 손쉽게 이용할 수 있도록 융자지원 업무를 온라인에서 수행하는 시스템을 말합니다.

G-money 의미

경기도 와 GOOD 을 의미하는 'G"와 자금을 의미하는 "money"를 합성하여 경기도가 기업의 경영 안정과 우수 중소기업 육성을 위한 자금 주머니 역할을 한다는 의미를 부여하고 있습니다.

G-money 시스템 흐름도

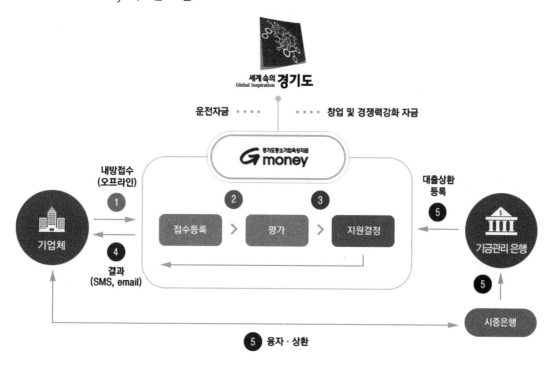

2. 지원자금

   1) 운전자금

      지원개요

- **융자규모** : 5,700 억원 (고성장기업 100 억원)
- **융자한도** : 업체당 5 억원 (특별지원 10 억원)
- **융자기간** : 3 년(1 년 거치 2 년 균분상환)
- **융자금리** : 은행금리(고성장기업 : 기금융자(2.5%고정)(0.5%금리할인))
- **고객부담금리** : 기업융자 또는 협조융자 금리 中에서 기업선택

      ※ 대출금리는 "자금안내 > 대출금리안내" 화면참조

- **지원체계**

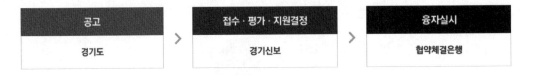

공고		접수 · 평가 · 지원결정		융자실시
경기도	>	경기신보	>	협약체결은행

- **융자취급은행 :** 업체별 주거래은행(협약체결 은행)

일반기업

지원 대상

『중소기업기본법』상의 중소기업

다만, 주된 사업의 업종이 지원제외 업종에 해당하는 경우 지원 제외

지원 제외기업

- 휴·폐업 중인 기업
- 지방세 체납 중인 기업
- 금융기관과 여신거래가 불가능한 기업
- 주사업장(자가사업장)에 권리침해가 있는 기업
- 신청일 현재 신청액을 포함하여 지원한도를 초과하는 기업
- 종업원 수 또는 자본금·매출액이 중소기업 범위를 초과한 기업
- 최근 4 년 이내에 운전자금으로 4 회 지원결정 받은 기업 등
- 중기벤처부 통합관리시스템(sims)에서 최근 5 년간 정부 지원 이력 금액과 본건 신청건을 포함하여 지원금액 100 억을 초과하는 기업
- 전수조사를 통해 자원이 중단된 기업은 중단일로 부터 1 년간 제한

우선지원대상 및 특별지원

- 경기도 전략산업 및 4 차산업혁명 관련업종 영위기업
- 뿌리산업 영위기업
- 문화콘텐츠산업 영위기업
- 재정이 열악한 10 개 시, 경기북부 또는 경기도 낙후지역 소재기업
    - 벤처기업 및 기술력이 우수한 기업, 수출비중이 높은 기업
    - 도 유망중소기업, 노사문화우수기업, 여성기업, 산업단지 입주기업, 에너지 절약기업 등
    - 재정이 열악한 10 개 시·군 소재 기업(고양,파주,부천,가평군,김포,광명,남양주,의정부,동두천,오산시)

- 특별지원 기업 : 융자한도의 최대 2 배까지 지원
  - 외국인 투자촉진법에 의한 외국인 투자기업(국내기업 발행 주식총수 또는 출자총액의 100 분의 10 이상 소유)
  - 타 시·도에서 도내로, 도내의 과밀억제권역에서 타 권역으로 이전한 기업(신청일 현재 도내 사업 개시일로부터 1 년 이내인 기업) 또는 이전 예정인 기업(이전 예정지의 공장설립승인서 및 공장건축허가서 또는 사업장 매입계약서 제출 기업)
  - 천재지변, 재해로 피해를 입은 기업 또는 대기업 부도로 인해 피해를 입은 협력 중소기업 단, 피해규모 범위 내에서 지원
  - 도내에서 가동 중인 중소기업으로서 대단위 택지개발계획에 의해 도내로 이전하는 기업

신청접수 및 지원결정

- 신청·접수 : 경기신보 각 지점 및 기술평가부
  - 기간 : 연중 수시(자금 소진시까지)
  - 구비서류

구분	서류명
공통서류	<ul><li>신청서(사업계획서 포함) 1 부</li><li>공장등록증 및 사업자등록증 사본 1 부</li><li>법인등기사항전부증명서(법인에 한함) 1 부</li><li>최근 3 개년도 재무제표 및 당해연도 부가세신고서 1 부</li><li>지방세납세증명서 1 부</li><li>금융거래 확인서</li></ul>
해당서류	<ul><li>최근 결산년도 수출실적증명(은행발급)</li><li>여성기업 또는 장애인기업임을 입증하는 서류</li><li>우선·특별지원대상 입증서류, 인증서 사본 등</li></ul>

- 평가·지원결정 및 통보 : 경기신용보증재단 각 지점
  - 평가항목 : 재무항목, 비재무항목, 가점
  - 지원결정 : 평가결과 60 점 이상 업체에 대하여 지원결정(일반기업), (평가결과 50 점 이상 업체(신기술,벤처,여성창업))
  - 결정통보 : 지원결정사항을 업체별로 개별통보

융자 취급기한 : 지원 결정일로부터 3 개월 이내

상담 및 문의

- 경기신용보증재단 기술평가부 및 각 지점 (1577-5900)

신기술기업

지원대상

- 최근 3 년 이내 경기도가 지원하는 산·학·연 협력 기술개발 완료기업
- 부처별 인증 신기술과 특허(실용신안) 받은 기술 중 시제품 개발을 완료하고 양산화 하려는 기업
- 소재·부품 전문 확인기업(발급기관 : 한국산업기술진흥원)
- 녹색인증기업
- 신기술기업 기술창업자로 대학졸업후 3 년 이내인자(예정 포함)
- 중기벤처부 장관이 지정한 경기도내 창업보육센터 입주기업으로 3 년 이내의 업체

우선·특별지원 및 지원제외 대상

- "일반기업"과 동일

신청접수 및 지원 결정

- 신청·접수 : 경기신보 기술평가부
  - 기간 : 연중 수시(자금 소진시까지)
  - 구비서류

구분	서류명
공통서류	<ul><li>신청서(사업계획서 포함) 1 부 - 소정양식</li><li>최근 3 개년도 재무제표 및 당해년도 부가세신고서 1 부</li><li>공장등록증(또는 공장설립승인서 및 건축허가증)사본 1 부</li><li>법인등기부 등본 및 사업자등록증 사본 1 부</li><li>금융거래 확인서(금융기관 발행)</li><li>지방납세증명서 1 부</li></ul>

구분	서류명
해당서류	▪ 기술개발협약서(기술협력사업) 또는 특허(실용신안) 기술지정서 ▪ 특허기술정보센터 선행 기술조사 결과 ▪ 기타 평가에 필요한 서류 등

- 평가·지원결정 및 통보 : 경기신보 기술평가부
  - ○ 평가항목 : 재무항목, 기술개발능력, 사업타당성, 가점
  - ○ 지원결정 : 평가결과 50점이상 업체에 대하여 지원결정
  - ○ 결정통보 : 지원결정사항을 업체별로 개별통보

    융자 취급기한 : 지원 결정일로부터 3개월 이내

    상담 및 문의

- 경기신용보증재단 기술평가부 (031-888-5561, 5563)

벤처창업기업

    지원대상

- 「벤처기업육성에 관한 특별조치법」에 따라 벤처기업 확인을 받은 도내 소재한 중소기업으로서 다음 사항을 모두 충족하는 기업
  - ○ 「중소기업창업 지원법」에 따라 창업 중소기업(창업 7년 이내)
  - ○ 벤처기업 확인을 받은 기술(제품)을 직접 또는 이용하여 사업화하거나 기술개발을 하고자 하는 기업
- 경기도에서 조성한 벤처센터 입주기업

    우선·특별지원 및 지원제외 대상

- "일반기업"과 동일

    신청접수 및 지원 결정

- 신청·접수 : 경기신보 기술평가부
  - ○ 기간 : 연중 수시(자금 소진시까지)
  - ○ 구비서류

구분	서류명
공통서류	▪ 신청서(사업계획서 포함) 1 부 ▪ 최근 3 개년도 재무제표 및 당해년도 부가세신고서 1 부 ▪ 법인등기사항전부증명서 및 사업자등록증 사본 1 부 ▪ 벤처기업확인서 1 부 ▪ 금융거래 확인서(대출은행 발행) ▪ 지방납세증명서 1 부
해당서류	▪ 기타 평가에 필요한 서류 등

- 평가·지원결정 및 통보 : 경기신용보증재단 기술평가부
  - ○ 평가항목 : 재무항목, 기술개발능력, 사업타당성, 가점
  - ○ 지원결정 : 평가결과 50 점이상 업체에 대하여 지원결정
  - ○ 결정통보 : 지원결정사항을 업체별로 개별통보

    융자 취급기한 : 지원 결정일로부터 3 개월 이내

    상담 및 문의

- 경기신용보증재단 기술평가부 (031-888-5561, 5563)

여성창업기업

지원대상

- 창업 7 년 이내의 「여성기업 지원에 관한 법률」에 의한 여성 기업으로서 주된 사업의 업종이 지원제외 업종에 해당하지 않는 기업

    우선·특별지원 및 지원제외 대상

- "일반기업"과 동일

    신청접수 및 지원결정

- 신청·접수 : 경기신용보증재단 각 지점
  - ○ 기간 : 연중 수시(자금 소진시까지)

o 구비서류

구분	제출서류
공통서류	<ul><li>신청서(사업계획서 포함) 1 부</li><li>사업자등록증사본 1 부</li><li>공장등록증 사본(미등록인 경우 건축물 대장) 1 부</li><li>법인등기사항전부증명서(해당시)</li><li>최근 3 개년도 재무제표 및 당해연도 부가세신고서</li><li>금융거래 사실확인서 1 부</li><li>지방세완납증명서 1 부</li></ul>
해당서류	<ul><li>우선, 특별지원대상 입증서류, 각종 인증서 사본</li><li>소득세징수액집계표(1 년간), 공장사용권리를 증명하는 서류</li><li>외주가공계약서(공장등록기업과 계약) 등 외주가공입증서류</li><li>시설 구입계약서(또는 견적서 등)</li></ul>

- 평가·지원결정 및 통보 : 경기신용보증재단 각 지점
    o 평가항목 : 재무항목, 비재무항목, 가점
    o 지원결정 : 평가결과 50 점 이상 업체에 대하여 지원결정
    o 결정통보 : 지원결정사항을 업체별로 개별통보

       융자 취급기한 : 지원 결정일로부터 3 개월 이내

    신청접수 및 지원결정

- 경기신용보증재단 각 지점 (1577-5900)

    고성장기업

    지원대상

- [중소기업 기본법] 제 2 조 규정에 따른 업력 4 년 이상의 중소기업으로 다음 하나에 해당하는 기업
    o 최근 4 년간 상시근로자수가 평균 20% 이상 증가한 기업
    o 단, 상시근로자수가 최근 4 개년의 시작년도에 3 인 이상인 기업

       o   최근 4년간 매출액 증가율이 평균 20% 이상 증가한 기업

우선·특별지원 및 지원제외 대상

- "일반기업"과 동일

신청접수 및 지원결정

- 신청·접수 : 경기신용보증재단 각 지점
  - o 기간 : 연중 수시(자금 소진시까지)
  - o 구비서류

구분	제출서류
공통서류	• 신청서(사업계획서 포함) 1부 • 사업자등록증사본 1부 • 법인등기사항전부증명서(해당시) • 최근 3개년도 재무제표 및 당해연도 부가세신고서 • 금융거래 사실확인서 1부 • 지방세완납증명서 1부
해당서류	• 4개년 매출액 상승을 증명할 수 있는 서류(재무제표 등) • 수출실적을 증명할 수 있는 서류 • 상시근로자 수 확인에 필요한 서류(국민연금가입자명부 등)

- 평가·지원결정 및 통보 : 경기신용보증재단 각 지점
  - o 평가항목 : 재무항목, 비재무항목, 가점
  - o 지원결정 : 평가결과 50점 이상 업체에 대하여 지원결정
  - o 결정통보 : 지원결정사항을 업체별로 개별통보

융자 취급기한 : 지원 결정일로부터 3개월 이내

신청접수 및 지원결정

- 경기신용보증재단 각 지점(1577-5900)

청년혁신 창업기업

지원대상

- 중소기업기본법 제 2 조에 따른 "중소기업"으로 도내기업으로 대표자(실제경영자 포함)가 만 20 세 이상~39 세 이하 업력 7 년 이내의 아래 하나에 해당하는 기업

구분	지원요건	지원한도
Track1 (혁신형 창업기업)	○ 보증신청 접수일 현재 최근 2 년 이내 등록(출원 포함)된 특허권 또는 실용신안권(전용실시권 포함) 보유기업 ○ 부품.소재 전문 확인기업(한국산업기술진흥원 확인) ○ 신기술인증(NET, 한국산업기술진흥협회 확인) 보유기업 ○ 신제품인증(NEP, 국가기술표준연구원 확인) 보유기업 ○ 창업경진대회 입상기업 : 보증신청 접수일 현재 최근 2 년 이내 정부, 도, 또는 시.군, 공공기관, 대학 등에서 주관한 창업경진대회 입상기업 ○ ※ 단, ①~④ 의 경우, 만 40 세 이상 업력 3 년 이내의 기업도 지원가능	업체당 최대 4 억원 이내
Track2 (벤처형 창업기업)	○ 창업지원기관 입주기업 : 경기도 내 벤처센터, 테크노파크, 창조경제혁신센터, 스타트업캠퍼스, 창업보육센터 등 공공지원 기관 입주기업 ○ 새로운 성장 동력 창출이 기대되는 기업	업체당 최대 3 억원 이내

지원 제외 대상 업종

표준산업분류	업 종	표준산업분류	업 종
A.01~03	농업, 임업 및 어업	K.64~66	금융 및 보험업
B.05~08	광업	L.68	부동산업 및 임대업
F.41~42	건설업	N.74~76	사업시설 관리, 사업지원 및 임대 서비스업
G.45~47	도매 및 소매업	P.85	교육 서비스업

표준산업분류	업 종	표준산업분류	업 종
H.49~52	운수 및 창고업	R.90~91	예술, 스포츠 및 여가관련 서비스업
I.55~56	숙박 및 음식점업	S.94~96	협회 및 단체, 수리 및 기타개인서비스업

- 평가방법 및 한도사정 : 경기신보 특례보증 연계에 따른 평가 생략

<특례보증>

- (보증한도) 업체당 최대 4억원 한도
- (보증기간) 5년(2년 거치, 3년 균분상환)
- (보증비율) 90%(단, 보증금액 20백만원이하의 경우 100%
- (보증료율) 연 0.7%(고증) ※ 기준 보증료율 1.0%

신청접수 및 지원결정

- 경기신용보증재단 각 지점(1577-5900)

2) 소상공인 지원자금

지원개요

- **융자규모** : 1,500억원
- **융자한도** : 업체당 최대 1억원
- **융자기간** : 4년(1년 거치 3년 균분상환)
- **융자금리** : 은행금리
- **고객부담금리** : 은행금리 - 이차보전율(1.7%, 경영개선자금에 한해 2.0%)
- **지원내용 및 기준**

구분	지원범위	지원한도	상환기간	비고
경영개선 자금	소요금액 범위이내	7천만원	4년 (1년거치 3년 균분상환)	창업자금과 경영개선자금 동시신청 불가
창업자금	소요금액 범위이	5천		

구분	지원범위	지원한도	상환기간	비고
	내	만원		
점포 임차 보증금	소요금액 90% 범위 이내			

- **지원체계**

- **융자취급은행 :** 농협은행, 신한은행, 우리은행, 하나은행, SC 은행

지원대상

- 경기도내 「소상공인 보호 및 지원에 관한 법률」에 의한
  소상공인으로서 "교육인정기관"에서 실시하는 창업경영교육을 12 시간 이상 이수 하거나
  또는 경기도 소상공인 컨설팅을 2 일 이상 이수한
  자

  집합교육을 원칙으로 하되, 예외적으로 온라인교육을 인정할 수 있음

지원제외 대상

- 금융기관으로부터 여신거래가 불가능한 자
- 자가 사업장 및 자가 거주지 부동산이 등기사항전부증명서상 권리침해 중인 경우
- 사치향락업종을 영위하는 업체(골프장, 무도장) 또는 부동산 관련업 등 재보증 제한 업종
- 신용보증재단, 신용보증재단중앙회, 신용보증기금, 기술보증기금에 보증잔액이 있는
  창업자금 신청 소상공인
- 상시근로자 수가 소상공인 범위를 초과하는 사업자
- 정부 및 공공기관으로부터 창업과 관련하여 자금 또는 점포지원을 받고 있는 자

'정부 및 공공기관으로부터의 지원'을 '보조금' 형식의 무상 지원(반대급부 없는)으로 한정함 (보증지원, 기관 또는 센터 입주[임차료有]지원은 '정부 및 공공기관 지원'에서 제외)

- 휴 · 폐업중인 사업자
- 무점포 사업자
- 기타 허위 또는 부정한 방법으로 신청한 자
- 국세 및 지방세 체납 중인 자
- 경기도 소상공인 지원자금을 상환중에 있는 자

신청접수 및 지원결정

- 신청·접수 : 경기신보 각 지점
  - 기간 : 연중 수시(자금 소진시까지)
  - 구비서류

구분	서류명
공통서류	▪ 소상공인지원자금 신청서 ▪ 사업자등록증 사본 1부 ▪ 개인·기업(신용)정보 등 수집·이용·제공·조회 동의서 ▪ 창업, 경영교육 및 소상공인 컨설팅 이수증빙서류 ▪ 지방세완납증명서 1부 ▪ 국세납세증명서 1부
해당서류	▪ 사업장 임차계약서 1부 (임차자금에 한함) ▪ 임대차 및 권리내용 확인서 ▪ 기타 평가에 필요한 서류 ▪ 금융거래확인서

- 평가·지원결정 및 통보 : 경기신보 각 지점
  - 지원결정 : 신청기업에 대하여 지원대상 적격여부 평가 후 결정
  - 결정통보 : 지원결정사항을 업체별로 개별통보

융자 취급기한 : 지원 결정일로부터 6개월 이내

창업교육 인정기관

- 경기도경제과학진흥원
- 소상공인시장진흥공단
- 경기도의 교육기관 인증을 받은 기관

상담 및 문의

- 자금지원 및 보증서 발급 문의
  - ○ 경기신용보증재단 각 지점 (1577-5900)

3) 사회적 경제 기업

지원개요

- **융자규모** : 100 억원
- **융자한도** : 업체당 2 억원
- **융자기간** : 4 년(1 년 거치 3 년 균분상환)
- **융자금리** : 은행금리
- **고객부담금리** : 은행금리 - 이차보전율(2.0%)
- **지원체계**

- **융자취급은행** : 농협은행, 신한은행, 우리은행, 하나은행, SC 은행

지원대상

- 「중소기업기본법」에 의한 중소기업으로서 사업장이 경기도내에 소재하며 다음에 해당하는 경우
- 「사회적기업 육성법」 제 2 조에 의한 사회적기업으로서 사업장이 경기도에 소재하고 있는 경우
- 「경기도 사회적경제 육성 지원에 관한 조례」 제 2 조에 의하여 경기도가 지정한 예비사회적기업(영리기업)

- 「협동조합 기본법」제2조에 따른 "협동조합", "협동조합연합회", "사회적 협동조합", "사회적 협동조합 연합회"
- 행정자치부「마을기업 육성 시행지침」에 의해 지정된 마을기업 中 영리기업

지원제외 대상

- 휴·폐업 중인 기업
- 금융기관과 여신거래가 불가능한 기업 (금융거래확인서 기준일 현재 연체중인 기업, 기업 또는 대표자(실제경영자 포함)가 신용관리정보를 보유하고 있는 기업 등)
- 주사업장(자가사업장)에 권리침해가 있는 기업
- 신청일 현재 신청액을 포함하여 지원한도를 초과하는 기업
- 지방세 체납, 임금체불 중인 기업
- 사회적기업 인증 또는 예비사회적기업 지정이 취소된 기업
- 협동조합관련 법령을 위반하여 과태료 등 처분을 받은 조합
- 마을기업 육성 시행지침을 위반하거나 지정이 취소된 기업
- 지원결정 후 대출이 진행 중이거나, 융자취급 기한 내에 재신청하는 기업 등

신청접수 및 지원결정

- 신청·접수 : 경기신보 기술평가부 및 각 지점
    - 기간 : 연중 수시 (자금 소진시까지)
    - 구비서류

구분	제출서류
공통서류	<ul><li>신청서(사업계획서 포함) 1부</li><li>사업자등록증 사본 1부</li><li>사회적기업, 협동조합, 마을기업 확인서류 1부</li></ul> 고용노동부 인증서 또는 경기도 예비사회적기업 지정서, 협동조합등록증, 마을기업 지정서 <ul><li>지방세납세증명서 1부</li><li>금융거래확인서</li></ul>
해당서류	<ul><li>기타 평가에 필요한 서류 1부</li></ul>

- 지원결정 및 통보 : 경기신용보증재단 기술평가부 및 지점
- 지원결정 : 신청기업에 대하여 지원대상 적격여부 평가 후 결정
- 결정통보 : 지원결정사항을 업체별로 개별통보

  융자 취급기한 : 지원 결정일로부터 3개월 이내

  상담 및 문의

- 경기신용보증재단 기술평가부 및 각 지점 (1577-5900)
- 경기도 공유경제과(031-8008-3590)

4) 창업 및 경쟁력 강화자금

  지원개요

- **융자규모** : 11,000 억원
- **융자한도** : 업체당 30억원(특별지원 60억원)
- **융자기간** : 3년(1년 거치 2년 균분상환), 8년(3년 거치 5년 균분상환)
- **융자금리** : 은행금리
- **고객부담금리** : 은행금리 - 이차보전율
- **지원내용 및 기준**

구분	지원범위	지원한도	상환기간	비고
복지시설 매입 기숙사 매입·임차비	소요자금 80%이내	2억원 (4억원)	3년 (1년거치 2년균분상환)	상시종업원수 5인이상(또는 외국인근로자 2인이상) 기업에 한함
건축비(기숙사, 복지시설)	소요자금 80%이내	3억원	3년 (1년거치 2년균분상환)	상시종업원수 5인이상(또는 외국인근로자 2인이상) 기업에 한함
연구개발비	소요자금 범위이내	5억원 (10억원)	3년 (1년거치 2년균분상환)	기업부설연구소 또는 연구개발 전담부서 설치·운영기업에 한함
공장 임차비	임차비의	5억원 (10억원)	3년 (1년거치	임차보증금 증액분에 대한 지원은

구분	지원범위	지원한도	상환기간	비고
	80%이내		2년균분상환)	사업자등록증과 기존/신규 계약서를 참고
매입비 (공장,창고, 산단부지)	임차비의 80%이내	5억원 (10억원)	3년 (1년거치 2년균분상환)	
건축비 (공장,창고, 기업부설연구소)	건축비의 80%이내	30억원 (60억원)	8년 (3년거치 5년균분상환)	
건축비 (일반서비스기업)	건축비의 80%이내	10억원	8년 (3년거치 5년균분상환)	
시설설비구입 (부대비용)	소요자금 범위이내	30억원 (60억원)	8년 (3년거치 5년균분상환)	시설부대비용은 설비지원액의 20%이내 지원(단, 신기술기업은 설비지원액의 50% 이내) 공장 외 사업장 근무환경 시설개선비 지원한도 : 3 억원
시설설비구입 (일반서비스기업)	소요자금 범위이내	2억원	3년(1년거치 2년균분상환)	시설부대비용은 설비지원액의 20%이내 지원(단, 신기술기업은 설비지원액의 50% 이내) 공장 외 사업장 근무환경 시설개선비 지원한도 : 3 억원
지식산업센터 입주비용	소요금액 80%이내	15억원 (30억원)	8년 (3년거치 5년균분상환)	지식산업센터, 벤처집적시설 임차자금의 경우 상환기간 3 년(1 년거치)
벤처집적시설 입주비용	소요금액 80%이내	15억원 (30억원)	8년 (3년거치 5년균분상환)	

구분	지원범위	지원한도	상환기간	비고
지식산업센터	건설자금의 75%이내	300억원	8년 (3년거치 5년균분상환)	
벤처집적 시설	건설자금의 50%이내	150억원	8년 (3년거치5년균분상환)	

- 지식산업센터 입주비용은 공장설립자금 융자잔액이 없는 시설에 한해 지원
- 융자규모는 중소유통 및 상점가 시설개선사업 포함
- **지원체계**

- **융자취급은행 :** 업체별 주거래은행(협약체결 은행)

  일반기업

    지원대상 및 우선·특별지원 대상

- "운전자금-일반기업"과 동일

    지원 제외기업

- 휴 · 폐업 중인 기업
- 지방세 체납 중인 기업
- 금융기관과 여신거래가 불가능한 기업
- 주사업장(자가사업장)에 권리침해가 있는 기업
- 신청일 현재 신청액을 포함하여 지원한도를 초과하는 기업
- 종업원 수 또는 자본금·매출액이 중소기업 범위를 초과한 기업
- 융자 진행 중이거나 자금사용 완료보고서 미제출 기업 등
- 외부감사법인의 감사의견서상 감사의견이 "적정" 이외의 기업

신청접수 및 지원결정

- 신청·접수 : 경기신보 각 지점
    - ｏ 기간 : 연중 수시(자금 소진시까지)
    - ｏ 구비서류

구분	서류명
공통서류	■ 신청서(사업계획서 포함) 1부 ■ 최근 3개년도 재무제표 및 당해년도 부가세신고서 1부 ■ 법인등기사항전부증명서 및 사업자등록증 사본 1부 ■ 지방납세증명서 1부 ■ 금융거래확인서
해당서류	■ [시설(기계)구입자금] 시설구입계약서(또는 견적서등) ■ [공장건축, 매입, 임차자금] 공장설립승인서, 공장건축허가증, 도급계약서, 매매계약서, 부동산거래계약 신고필증, 임차계약서, 수의계약서, 낙찰서류 ■ [입주자금] 지식산업센터 및 벤처집적시설 분양계약서, 매매계약서, 부동산거래계약 신고필증, 임차계약서, 수의계약서, 낙찰서류, 계약금 통장입금 내역서 ■ [연구개발비] 기업체부설연구소 또는 전담부서 지정확인서 ■ [창고,연구소,기숙사 매입·임차] 근로소득원천징수영수부, 기숙사 임대차·매매계약서(기업명의), 부동산거래계약 신고필증 ■ 우선·특별지원대상 입증서류, 인증서 사본 등 ■ 기타 평가에 필요한 서류 등

- 평가·지원결정 및 통보 : 경기신용보증재단 각 지점
    - ｏ 평가항목 : 재무항목, 비재무항목, 가점
    - ｏ 지원결정 : 평가결과 50점 이상 업체에 대하여 지원결정
    - ｏ 결정통보 : 지원결정사항을 업체별로 개별통보

    융자 취급기한 : 지원 결정일로부터 12개월 이내

상담 및 문의

- 경기신용보증재단 각 지점 (1577-5900)

  신기술기업

  지원대상, 우선·특별지원 및 지원제외 대상

- "운전자금-신기술기업"과 동일

  다만, 신기술 기술창업자로 대학졸업 후 3년 이내인 자(예정포함)

  신청접수 및 지원결정

- 신청·접수 : 경기신보 기술평가부
  - ○ 기간 : 연중 수시 (자금 소진시까지)
  - ○ 구비서류

구분	서류명
공통서류	<ul><li>신청서(사업계획서 포함) 1부</li><li>최근 3개년도 재무제표 및 당해년도 부가세신고서 1부</li><li>법인등기사항전부증명서 및 사업자등록증 사본 1부</li><li>지방세완납증명서 1부</li><li>금융거래확인서</li></ul>
해당서류	<ul><li>[시설(기계)구입자금] 시설구입계약서(또는 견적서등)</li><li>[공장건축, 매입, 임차자금] 공장설립승인서, 공장건축허가증,도급계약서, 매매계약서, 부동산거래계약 신고필증, 임차계약서, 수의계약서, 낙찰서류</li><li>[입주자금] 지식산업센터 및 벤처집적시설 분양계약서, 매매계약서, 임차계약서, 부동산거래계약 신고필증, 수의계약서, 낙찰서류</li><li>[연구개발비] 기업체부설연구소 또는 전담부서 지정확인서</li><li>[창고,연구소,기숙사 매입·임차] 근로소득원천징수영수부, 기숙사 임대차·매매계약서(기업명의), 부동산거래계약 신고필증(매입일경우)</li><li>기술개발협력서(기술협력사업) 또는 특허(실용신안) 기술지정서</li><li>특허기술정보센터 선행 기술조사 결과</li></ul>

구분	서류명
	▪ 기타 평가에 필요한 서류

- 평가 · 지원결정 및 통보 : 경기신보 기술평가부
  - ○ 평가항목 : 재무항목, 기술개발능력, 사업타당성, 가점
  - ○ 지원결정 : 평가결과 50점 이상 업체에 대하여 지원결정
  - ○ 결정통보 : 지원결정사항을 업체별로 개별통보

    융자 취급기한 : 지원 결정일로부터 12개월 이내

    상담 및 문의

- 경기신용보증재단 기술평가부 (031-888-5561)

  벤처창업기업

    지원대상, 우선·특별지원 및 지원제외 대상

- "운전자금-벤처창업기업"과 동일

    신청접수 및 지원결정

- 신청·접수 : 경기신보 기술평가부
  - ○ 기간 : 연중 수시 (자금 소진시까지)
  - ○ 구비서류

구분	서류명
공통서류	▪ 신청서(사업계획서 포함) 1부 ▪ 최근 3개년도 재무제표 및 당해년도 부가세신고서 1부 ▪ 법인등기사항전부증명서 및 사업자등록증 사본 1부 ▪ 벤처기업확인서 1부 ▪ 지방세완납증명서 1부 ▪ 금융거래확인서
해당서류	▪ [시설(기계)구입자금] 시설구입계약서(또는 견적서등)

구분	서류명
	▪ [공장건축, 매입, 임차자금] 공장설립승인서, 공장건축허가증,도급계약서, 매매계약서, 부동산거래계약 신고필증, 임차계약서, 수의계약서, 낙찰서류 ▪ [입주자금] 지식산업센터 및 벤처집적시설 분양계약서, 매매계약서, 부동산거래계약 신고필증, 임차계약서, 수의계약서, 낙찰서류 ▪ [연구개발비] 기업체부설연구소 또는 전담부서 지정확인서 ▪ [기숙사 매입·임차] 근로소득원천징수영수부, 기숙사 임대차·매매계약서(기업명의), 부동산거래계약 신고필증 ▪ 우선 · 특별지원대상 입증서류, 인증서 사본 등 ▪ 기타 평가에 필요한 서류 등

- 평가·지원결정 및 통보 : 경기신보 기술평가부
  - ○ 평가항목 : 재무항목, 비재무항목, 가점
  - ○ 지원결정 : 평가결과 50 점 이상 업체에 대하여 지원결정
  - ○ 결정통보 : 지원결정사항을 업체별로 개별통보

    융자 취급기한 : 지원 결정일로부터 12 개월 이내

  상담 및 문의

- 경기신용보증재단 기술평가부 (031-888-5561, 5563)

  여성창업기업

    지원대상, 우선·특별지원 및 지원제외 대상

- "운전자금-여성창업기업"과 동일

    신청접수 및 지원결정

- 신청·접수 : 경기신보 각 지점
  - ○ 기간 : 연중 수시 (자금 소진시까지)
  - ○ 구비서류

구분	서류명
공통서류	▪ 신청서(사업계획서 포함) 1부 ▪ 사업자등록증 사본 1부 ▪ 법인등기사항전부증명서(해당시) ▪ 최근 3개년 재무제표 및 당해년도 부가세신고서 ▪ 지방세완납증명서 1부 ▪ 금융거래확인서
해당서류	▪ [시설(기계)구입자금] 시설구입계약서(또는 견적서등) ▪ [공장건축, 매입, 임차자금] 공장설립승인서, 공장건축허가증, 도급계약서, 매매계약서, 부동산거래계약 신고필증, 임차계약서, 수의계약서, 낙찰서류 ▪ [입주자금] 지식산업센터 및 벤처집적시설 분양계약서, 매매계약서, 부동산거래계약 신고필증, 임차계약서, 수의계약서, 낙찰서류 ▪ [연구개발비] 기업체부설연구소 또는 전담부서 지정확인서 ▪ [기숙사 매입·임차] 근로소득원천징수영수부, 기숙사 임대차·매매계약서(기업명의), 부동산거래계약 신고필증 ▪ 우선 · 특별지원대상 입증서류, 인증서 사본 등 ▪ 기타 평가에 필요한 서류 등

- 평가·지원결정 및 통보 : 경기신보 각 지점
    - 평가항목 : 재무항목, 비재무항목, 가점
    - 지원결정 : 평가결과 50점 이상 업체에 대하여 지원결정
    - 결정통보 : 지원결정사항을 업체별로 개별통보

    융자 취급기한 : 지원 결정일로부터 12개월 이내

    상담 및 문의

- 경기신용보증재단 각 지점 (1577-5900)

3. 자금지원공고

지원규모 및 운용현황

12/20 일 기준

(단위:백만원)

지원자금	지원규모	지원실적	한도여유액	진행현황
총계	**1,920,000**	**1,832,217**	**87,783**	
운전자금	820,000	744,156	75,844	
일반기업	591,800	546,898	2,928	접수중
신기술기업		19,744		접수중
벤처창업기업		10,950		접수중
여성창업기업		11,280		접수중
고성장기업	10,000	9,955	45	접수중
소상공인지원	150,000	97,877	52,123	접수중
사회적경제기업	10,000	6,685	3,315	접수중
특별경영자금	48,200	38,772	9,428	
특별경영자금	4,675	0	4,675	추후시행
희망특례특별	5,000	4,318	682	접수중
푸드트럭특별	0	0	0	마감
기술성우수스타트업특별	5,000	5,000	0	마감
추석절 특별경영	27,200	27,170	30	접수중

지원자금	지원규모	지원실적	한도여유액	진행현황
총계	1,920,000	1,832,217	87,783	
재해피해 특별경영	5,000	959	4,041	접수중
AI 특별경영	325	325	0	마감
한국GM협력기업 특별경영	1,000	1,000	0	접수중
청년혁신창업기업	10,000	1,995	8,005	접수중
창업 및 경쟁력강화자금	1,100,000	1,088,061	11,939	
일반기업	1,100,000	944,797	11,939	접수중
신기술기업		64,581		접수중
벤처창업기업		70,965		접수중
여성창업기업		4,518		접수중
지식산업센터 및 벤처집적시설 건립사업		0		접수중
일반서비스기업		3,200		접수중
중소유통 및 상점가시설개선		0		접수중

※ 2017 년 창업및경쟁력강화자금 기금융자 1,746 억원은 미운영합니다.

Ⅲ. 사이버보증

1. NEXT 경기 스타트업 특례보증 지원

○ **(사업시행일)** 2016. 04. 08

○ **(지원대상)** 스타트업 콜라보레이션 선정 후 사업화 기간 완료 기업

○ **(지원규모)** 400 억원

○ **(대출은행)** NH 농협은행

○ **(대출금리)** (최초)변동금리 CD3 개월 유통수익률 + 1.20%, 고정금리 2.95%

○ **(우대사항)**
- **(지원등급 완화)** 6,7등급 저신용자 지원
- **(보증비율 우대)** 85% → 90%(30백만원 이하 100%)
- **(보증료율 우대)** 최종 산출 보증료율에서 0.3% 감면

2. 콘텐츠기업 지원 특례보증

○ **(사업시행일)** 2016. 05. 13

○ **(지원대상)** 콘텐츠기업 지원 협약 시·군내 콘텐츠업종 영위기업

○ **(협약당사자)** 경기도, 시·군*, 재단, 경기콘텐츠진흥원
  * (협약시·군) 수원, 부천, 안산, 안양 등 24 개 시군

○ **(지원규모)** 1,000 억원

○ **(우대사항)**
- **(보증심사 완화)** 콘텐츠기업 보증한도 완화
- **(보증비율 우대)** 85% → 100%
- **(보증료율 우대)** 최종보증료에서 0.2% 감면

3. 시군(추천)특례보증

○ **(사업시행일)** 2018.01.01

○ **(지원대상)** 사업장 소재지 시군이 추천한 중소기업

○ **(지원규모)** 시군출연금의 4 배 또는 10 배 이내

○ **(대출은행)** 전 은행

○ **(대출금리)** 자금종류, 기업 신용도 등에 따라 다름.

○ **(지원한도)** 업체당 3억원 이내(시군별 상이)

4. 경기도 사회적기업 특례보증

○ **(사업시행일)** 2018.01.01

○ **(지원대상)** 아래에 해당하는 도내 사회적경제기업으로 인증받은 기업

· 사회적기업, 예비사회적기업(영리사업자만 가능), 협동조합,
마을기업(영리사업자만 가능)

○ **(지원규모)** 100 억원

○ **(대출금리)** 은행책정금리 -2.0% 이차보전

○ **(우대사항)**
- **(보증료율 우대)** 연 0.5%(고정)

5. 시군추천 소상공인 특례보증

○ **(사업시행일)** 2018.01.01

○ **(지원대상)** 해당 시군이 추천한 도내 사업 영위중인 기업 중 아래 요건을 모두 충족하는 자

- 사업자등록증상 개업일 및 사업자등록일로부터 각 2 개월 이상 경과한 사업자

- 신청일 현재 신용보증기금, 기술보증기금 보증잔액(승인건 포함)이 없을 것

○ **(지원규모)** 출연금의 10 배 이내

○ **(대출기관)** 전 은행

○ **(대출금리)** 자금종류, 기업 신용도 등에 따라 다름

○ **(지원한도)** 업체당 50백만원 이내

6. 경기도 소상공인지원자금 보증

○ **(사업시행일)** 2018.01.01

○ **(지원대상)** 사업장이 경기도에 소재하면서 소정의 교육 또는 컨설팅 이수한
소상공인(무점포사업자제외)

·(교육) 창업교육인정기관에서 12시간 이상 창업 또는 경영교육 이수자

·(컨설팅) 경기중소기업지원센터에서 2일 이상 컨설팅 이수자

○ **(지원규모)** 1,500억원

○ **(지원한도)** 동일기업당 1억원까지

자금종료	지원대상	지원한도	비고
창업자금	업력 6개월 이내 소상공인	50백만원	창업자금과 경영개선자금은 중복하여 지원불가
경영개선자금	업력 6개월 초과 소상공인	70백만원	
점포임차자금	도내 소상공인	50백만원	

○ **(대출은행)** 농협, 신한, 우리, KEB 하나, SC은행

○ **(대출금리)** 은행금리 – 이차보전율(1.7%, 경영개선자금에 한해 2.0%)

○ **(우대사항)**

- **(지원등급 완화)** 6등급 이하의 저신용자도 지원가능

- **(보증비율 우대)** 85% → 90%(20백만원 이하 100%)

- **(보증료율 우대)** 연 1% 고정

7. 최저임금 인상에 따른 경영애로기업 지원 특례보증

○ **(사업시행일)** 2018.02.09

○ **(지원대상)** (Track 1)일자리안정자금 수급기업, (Track 2)최저임금 준수기업

○ **(지원규모)** 1조원

○ **(대출기관)** 농협,우리,하나,기업,국민,신한,SC,대구,부산,경남,제주,전북,광주

○ **(취급기간)** 5년 이내(1년만기상환 또는 1년거치 4년분할상환)

○ **(대출금리)** 연 2.95~3.30%수준, 금융기관별 상이

○ **(우대사항)**

- **(보증료율 우대)** 0.8% 이내

8. 경기도 굿모닝론

- ○ **(사업시행일)** 2018.02.09

- ○ **(지원대상)** (Track 1)일자리안정자금 수급기업, (Track 2)최저임금 준수기업

- ○ **(지원규모)** 1 조원

- ○ **(대출기관)** 농협,우리,하나,기업,국민,신한,SC,대구,부산,경남,제주,전북,광주

- ○ **(취급기간)** 5 년 이내(1 년만기상환 또는 1 년거치 4 년분할상환)

- ○ **(대출금리)** 연 2.95~3.30%수준, 금융기관별 상이

- ○ **(우대사항)**
- - **(보증료율 우대)** 0.8% 이내

부산신용보증재단

Ⅰ.신용보증안내

신용보증이란?

성장잠재력은 있으나, 담보가 부족한 소기업등 중소기업이 금융기관으로부터 자금을 손쉽게 조달할 수 있도록 신용보증기관이 신용보증서를 통해 공적인 신용을 공여해주는 것을 말합니다.

즉, 신용보증은 부동산 등의 물적담보는 없지만 기업의 미래성장성과 신용도 등에 대한 종합적인 평가를 하고, 신용이 우량한 기업에 대해서는 그 무형의 신용력을 바탕으로 신용보증기관이 금융기관 대출에 대해 보증을 함으로써, 원활한 자금조달을 가능케 하고 건전한 신용질서의 확립을 도모하는 제도입니다.

현재 부산광역시의 소기업, 소상공인 등에게 신용보증지원을 위하여 부산광역시와 정부의 주도하에 1997년 부산신용보증재단을 설립하여, 지역 소기업 . 소상공인등 중소기업에 대해 보증지원을 하고 있습니다.

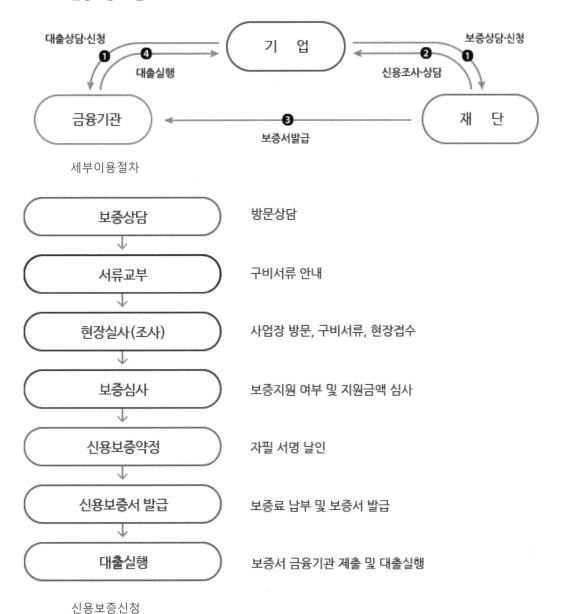

신용보증 흐름도

대출상담·신청 ❶ ❹ 대출실행

보증상담·신청 ❷ ❶ 신용조사·상담

기 업

금융기관

재 단

❸ 보증서발급

세부이용절차

보증상담	방문상담
서류교부	구비서류 안내
현장실사(조사)	사업장 방문, 구비서류, 현장접수
보증심사	보증지원 여부 및 지원금액 심사
신용보증약정	자필 서명 날인
신용보증서 발급	보증료 납부 및 보증서 발급
대출실행	보증서 금융기관 제출 및 대출실행

신용보증신청

「개인정보보호법」,「신용정보의이용및보호에관한법률」에 의거 신분증확인 및 "신용정보제공활용동의서" 접수 절차가 필요하므로 보증신청을 원하는 고객님께서는 아래의 서류를 지참하셔서 본인이 직접 가까운 재단 영업점을 방문해 주시기 바랍니다.

상기 법률에 의거 전화통화를 통해 재단직원이 임의로 신용정보를 열람하거나 개인정보를 활용하여 상세한 보증상담을 해드릴 수 없는 점 양해바랍니다.

보증상담시간

- 평일 09:00 ~ 16:00

상담 준비서류

- 개인기업 : 사업자등록증, 신분증
- 법인기업 : 사업자등록증, 신분증, 최근 재무제표, 주주명부, 부가가치세과세표준증명원

보증상담후 보증상품과 보증금액이 정해지면 보증심사에 필요한 준비서류 목록과 서류양식을 상담석에서 바로 준비해 드립니다.

창업기업의 경우 보증심사직원이 자금한도심사를 하기 위해 고객님께서 사업장에 투입한 임차보증금, 인테리어비용, 권리비 등의 창업지출내역(금융자료 포함)을 증빙해 주셔야 합니다.

창업자금증빙이 불가하거나 일부만 증빙이 가능할 경우 보증한도가 감액되거나 6개월 매출액신고 후 보증신청이 가능할 수 있습니다.

지점별 지역분담

지점	관할구역	연락처	주소
보증영업부	연제구, 양정동	051-860-6600	(47209) 부산광역시 부산진구 진연로 15(양정동) 부산신용보증재단 빌딩 3층
금정지점	금정구, 동래구, 철마면, 정관읍	051-860-6687	(46273) 부산시 금정구 중앙대로 1817 BN빌딩 5층
동부산지점	해운대구, 기장군 (철마, 정관 제외)	051-860-6750	(48092) 부산시 해운대구 해운대해변로 120 3층(우리은행 마린시티지점)
남부산지점	남구, 수영구	051-860-6780	(48496) 부산시 남구 수영로 234(대연동) 부산은행 대연동지점 2층
북부산	북구, 사상구	051-860-	(46972) 부산시 사상구 새벽로 223(괘법동) 신한은행 3

지점	관할구역	연락처	주소
지점		6700	층
중부산 지점	영도구, 중구, 서구	051-860-6800	(48982) 부산시 중구 구덕로 87-1(남포동6가) 하나은행 충무동지점 11층
서부산 지점	강서구, 사하구	051-860-6730	(49427) 부산시 사하구 낙동대로 428 으뜸빌딩 3층
부산진 지점	부산진구, 동구 (양정동 제외)	051-860-6880	(48744) 부산광역시 동구 범일로 92(범일동) 부산은행 범일동지점 7층

- 담당지역은 본사나 주사업장 기준입니다.
- 최초 상담은 담당지역 구분없이 본점과 지점 어느 곳에서나 할 수 있습니다.
- 대위변제업무는 회생지원센터(051-860-6820)에서 담당합니다.

Ⅱ.대상기업

1. 대상기업 및 업종

대상기업

구분	보증대상기업
소기업	"소기업및소상공인지원을위한특별조치법" 제2조(*)의 규정에 의한 기업을 말합니다. (*) 광업·제조업·건설업·운수업을 주된 사업으로 하는 경우에는 상시근로자 수가 50인 미만, 기타 업종은 10인 미만인 기업
소상공인	제조업, 건설업, 운송업, 광업 : 상시종업원 10인미만 도소매 및 서비스업 등 : 상시종업원 5인미만
중소기업	중소기업법 제2조의 규정에 의한 중소기업으로서 지역균형개발 및 지방 중소기업 육성에 관한법률 제40조의 규정에 의한 지방중소기업육성계획에 해당되는 중소기업을 말하며, 부산광역시의 경우 부산광역시역내에 소재하는 전 중소기업이 이에 해당

대상업종

재단은 원칙적으로 신용보증대상업종을 특정하지 않고 전업종을 대상으로 하고 있습니다.
다만 재보증이 성립되지 않는 사치성, 불건전 오락사업, 산업파급효과 및 국민경제 기여도가 낮은
불요불급한 업종은 보증대상이 되지 않습니다.

재보증제한업종 (2010.12.15 시행)

표준산업 분류	업종	비 고
56211	일반유흥 주점업	
56212	무도유흥 주점업	
68	부동산업. 다만, 부동산중개업등 부동산관련 서비스업은 일부허용	
91121	골프장운영업	
91291	무도장 운영업	
91249	기타 갬블링 및 베팅업	
9612 중	증기탕 및 안마시술소. 단, 의료법에 따른 안마사자격을 보유한 업체(연면적 기준 300제곱미터 이하, 안마사 수 : 4명 이하)는 제외	
46102 중	담배 중개업	
46109 중	골동품, 귀금속 중개업	
46209 중	잎담배 도매업	
46331	주류 도매업. 단, 주류중개업면허(나)를 보유하고 체인사업자 확인서 또는 소상공인 진흥원의 체인사업자 평가서를 받은 경우 제외	
46333	담배 도매업	
46416 중	모피제품 도매업. 단, 인조모피제품 도매업 제외	
64	금융업	

표준산업 분류	업종	비고
65	보험 및 연금업	
66	금융 및 보험관련 서비스업. 다만 손해사정업(66201), 보험대리 및 중개업(66202)은 제외	
75993	신용조사 및 추심대행업	
	방문판매등에관한법률 제2조제6호의 다단계판매자가 동조제5호에서 정한 다단계판매(업)를 영위하는 경우	
	업종을 변형하여 운영되는 도박·향락 등 불건전 업종, 기타 국민보건·건전문화에 반하거나 사치·투기조장 등 우려가 있다고 중앙회장이 지정한 업종	신설

중앙회장이 지정한 재보증제한업종

구분	한국표준산업분류	세부업종
도박 및 게임 관련	기타 오락용품 제조업(33409) 중 장난감 및 취미용품 도매업(46463) 중 게임용구, 인형 및 장난감 도매업(47640) 중 전자상거래업(47911) 중 기타 산업용 기계장비 임대업(69390) 중 게임 소프트웨어 개발 및 공급업(5821) 중 그외 기타 정보서비스업(63999) 중 그외 기타 분류안된 사업지원 서비스업(75999) 중 잡지 및 정기 간행물 발행업(58122) 중 경주장 운영업(91113) 점술 및 유사서비스업(96992)	도박기계 및 사행성, 불건전 오락기구 제조업 도박기계 및 사행성, 불건전 오락기구 도매업 도박기계 및 사행성, 불건전 오락기구 소매업 도박기계 및 사행성, 불건전 오락기구, 성인용품 도소매업 도박기계 및 사행성, 불건전 오락기구 임대업 도박 및 사행성, 불건전게임 소프트웨어 개발 및 공급업 온라인게임아이템중개업, 게임아바타중개업 경품용 상품권 발행업, 경품용 상품권 판매업 경마, 경륜, 경정 관련 잡지 발행업 경주장 운영업 점집, 무당, 심령술집 등
건전 문화 관련	그외 기타 분류안된 상품 전문 소매업(47859) 중	성인용품 판매점 흥신소

구분	한국표준산업분류	세부업종
	탐정 및 조사 서비스업(75330) 중 오락장 운영업(9122) 중 그외 기타 분류되지 않은 개인 서비스업(96999) 중	성인용게임장, 성인오락실, 성인 PC 방, 전화방 휴게텔, 키스방, 대화방
투기 조장	경영컨설팅업(71531) 중	기획부동산업^{주)}

주)(운영형태)부동산 판매를 목적으로 설립되어 개발가능성이 거의없는 지역의 임야나 농지를
대단위로 매수하여 소규모 단위(330 ㎡, 660 ㎡ 등)로 분할한 후, 다단계판매와
텔레마케팅(전화권유 판매)과 같은 조직적 판매망을 통해 부동산을 고가(시세의 3~5 배)에
매도하는 업체

2. 금지 및 제한기업

보증금지기업

1. 1 저희 신용보증재단 또는 타지역신용보증재단, 신용보증재단중앙회, 신용보증기금,
   기술신용보증기금이 보증채무를 이행한 후 채권을 회수하지 못한 기업
2. 2 위 기업의 이사 또는 업무진행사원 중 과점주주와 무한책임사원이 영위하는 기업 또는
   이들이 대표자(실제경영자 포함)로 되어 있는 법인기업

보증제한기업

1. 휴업중인 기업
2. 금융기관의 대출금을 빈번히 연체하고 있는 기업
   최근 3 개월 이내 1 개월 이상 계속된 연체대출금을 보유하였거나 또는 10 일 이상 계속된
   연체대출금을 4 회이상 보유한 기업
3. 금융기관의 금융거래확인서 기준일 현재 연체중인 기업
4. 기업 또는 대표자가 전국은행연합회의 "신용정보관리규약"에 의한 신용관리정보가 등록된
   기업
5. 저희 재단, 타지역신용보증재단 및 신용보증기금, 기술신용보증기금이 보증채무를 이행한
   후 채권을 회수하지 못한
   기업의 연대보증인인 기업 및 연대보증인 대표자로 되어 있는 법인기업
6. 부실자료 제출기업으로서 보증제한기간이 경과하지 아니한 기업

7. 재단과 신용보증기금, 기술신용보증기금이 규제중인 신용보증사고기업(사고 업체유보기업 포함)

8. 재보증기관과 체결한 재보증 기본계약서에서 정한 "재보증제한대상업종"에 대하여 보증신청한 기업

9. 위 신용보증사고기업의 연대보증인기업 또는 연대보증인이 대표자로 되어있는 법인기업

10. 파산, 화의개시, 회사정리절차개시신청 및 채무불이행자명부 등재의 신청이 있거나 청산에 들어간 기업

11. 기타 신용상태가 극히 불량하거나 또는 보증제한이 필요하다고 인증되는 기업

Ⅲ. 보증지원내용

1. 보증종류

보증 종류	내용
대출보증	기업이 금융기관으로부터 각종 운전 및 시설자금을 대출 받는데 따른 금전채무를 보증 - 일반운전자금, 무역금융, 구매자금융, Network Loan, 할인어음, 설비자금, 각종기술개발자금 등
비은행대출보증	기업이 기관 또는 기타 대출 기관으로부터 대출 받는데 따른 금전 채무를 보증 - 농수협(지역조합포함), 새마을금고, 신용협동조합, 상호신용금고, 중소기업진흥공단 등
지급보증의보증	금융회사(농.수협중앙회 포함)의 각종 대내외 지급보증(무역어음인수 포함)을 대상채무로 함 - 신용장 개설에 대한 지급보증의 보증 등
어음보증	기업이 상거래의 담보 또는 대금결제수단으로 주고 받는 어음에 대하여 지급을 보증 - 지급어음, 받을어음 및 담보어음에 대한 보증

2. 심사기준

업무의 효율성과 신청기업의 편의를 위하여 보증신청금액에 따라 보증심사방법을 다음과 같이 크게 **2 가지(소액심사, 표준심사)**로 나누어 심사합니다.

보증금액별 심사기준

구분	소액심사		표준심사
	창업기업	일반기업	
보증금액	동일기업당 5천만원 이하	동일기업당 1억원 이하	동일기업당 1억원 초과
업력	6개월미만	6개월이상	6개월이상
심사기준	소액심사검토표(창업기업용)	소액심사검토표(일반기업용) 표준심사검토표	표준심사검토표
주요검토항목	사업투입자금, 신용도(연체, 체납, 권리침해, 신용등급) 등	매출액, 신용도(연체, 체납, 권리침해, 신용등급) 등 ※ 표준심사시 심층심사	경영현황, 영업상황, 사업전망, 재무상황, 신용도 등 심층심사 ※ 재무제표 필수

보증금액별 신용평가시스템(평가모형) 적용

구분	신용평가시스템		비고
3천만원 이하	적용생략		
3천만원 초과	소상공인평가모형		보증지원여부와 보증금액 결정
5천만원 초과	소상공인평가모형	CCRS	
1억원 초과	CCRS		

3. 보증한도

> 보증한도

총 8억원 이내(다만, 관계기업군 소속기업인 경우 관계기업군 전체 합산 기준 8억원 이내임)

> 보증사정한도

구분	내용
제조업	당기 매출액의 1/3 또는 최근 4개월 매출액
기타업종	당기 매출액의 1/4 또는 최근 3개월 매출액
6개월이내 창업기업	최고 50백만원
중소기업의 할인어음	당기 매출액의 1/2 또는 최근 6개월 매출액

- 소상공인평가모형을 적용하는 경우 모형에서 산출한 보증한도로 지원합니다.
- 같은 기업당 운전자금 보증금액이 3천만원 이하인 보증은 매출액에 관계없이 심사후 지원 가능합니다.

4. 보증료

신용보증을 받는 경우에는 신용보증서 발급일에 보증료를 납부하여야 합니다.
보증료율은 신용평가등급별 **기준보증료율**에서 **가산 및 차감보증료율**을 순차적으로 적용하여 산출한 요율로 하며 보증잔액에 대해 최저 0.5%, 최고 2.0% 범위에서 납부해야 합니다.

> 신용평가등급별 기준보증료율

신용등급	적용요율	비고
AAA	0.8%	30백만원 이하 보증 등 신용등급을 평가하지 않거나, 신용등급을 산출할 수 없는 경우는 A등급의 기준보증료율(1.0%)을 적용합니다.
AA	0.9%	
A	1.0%	

신용등급	적용요율	비고
	(기준보증료율)	
BBB	1.1%	
BB	1.2%	
B	1.3%	
CCC 이하	1.4%	

보증료의 차감 및 가산 요소

차감요소

보증료율	내용
0.1%P	할인어음 "부산광역시 모범납세자 예우 및 지원조례"에 의한 모범납세자 '특별출연부 협약보증'을 체결하고 금융회사가 재단의 보증업무를 대행하여 보증신청이 접수된 건
0.2%P	부산시기업인예우조례 대상기업 가족친화인증기업 다자녀·다문화·한부모 가족 소상공인
0.3%P	지자체로부터 장애인 등록증을 받았거나, 국가보훈처로부터 상이등급을 받은 경우

가산요소

보증료율	내용
0.1%P	재단이 별도로 정하는 리스크 높은 업종 본건포함 신보, 기보, 재단의 보증금액이 1억원 이상인 경우
0.2%P	최근 1년이내 보증사고사실이 있는 경우 (금차 보증기한연장건에 가산하되, 다음 연장시 위 사항에 저촉이 없는 경우는 가산한 보증료를 차감할 수 있음) 본건포함 신보, 기보, 재단의 보증금액이 2억원 이상인 경우

보증거래기간별 보증료 가산

보증기간에 의한 가산보증료율은 최초 신규보증 취급일을 기준으로 매 1년 초과시 마다 0.1%P 씩 가산합니다.

보증기간	가산보증료율
1. 보증기간 1년이하	가산없음
2. 보증기간 1년초과 2년이하	0.1%p가산
3. 보증기간 2년초과 3년이하	0.2%p가산
4. 보증기간 3년초과 4년이하	0.3%p가산
5. 보증기간 4년초과 5년이하	0.4%p가산
6. 보증기간 5년초과	0.5%p가산

단, 할인어음, 어음보증, 당초보증금액의 10%이상 상환시(부분보증으로 인한 감액분은 제외) 기간별 가산보증료율을 적용하지 않습니다.

보증료의 일시수납

3년 이상의 보증기간에 대한 보증료를 일시에 수납하는 때에는 주채무가 원금균등분할상환인 경우에 한하여 보증기간에 대한 보증료를 아래의 수납 월수를 적용하여 수납할 수 있으며, 보증만기일까지 수납한 것으로 간주합니다.

※ 보증거래기간별 가산보증료율 적용 없음

보증기간	3년	4년	5년		7년
			소상공인 정책자금	기타자금	소상공인 정책자금
수납월수	32개월	39개월	54개월	51개월	72개월

연체보증료

납기에 납부되지 아니한 보증료에 대하여 연 10% 요율로 수납합니다.

추가보증료

약정 보증기한에 상환되지 아니한 주채무잔액에 대하여 계산된 보증료율에 0.5%를 가산한 요율로 수납합니다.

5. 연대보증인

신용보증제도는 물적담보 없이 신용을 공여하는 제도로써, 부산시 및 정부의 출연으로 조성된 기본재산의 유지확충, 신용질서 및 기업의 건전성 유지등을 위하여 기업경영에 직·간접으로 영향을 미치는 자들을 필수연대보증인으로 지정하여 운영하고 있습니다.

보증서 발급시 필수적으로 입보하셔야 할 분은 다음과 같습니다.

구분	입보대상
개인기업	실제경영자가 따로 존재하는 경우에는 다음 각 호와 같이 입보대상자를 운용. **실제경영자가 대표자의 배우자인 경우** **실제경영자가 대표자의 배우자가 아닌경우** 실제경영자가 사업자 등록증상의 공동대표로 등록한 후 입보대상자로 운용
법인기업	다음에 해당하는 실제경영자 1인. 다만, 실제경영자에 해당하는 대표자가 2인 이상인 경우에는 그 대표자 전원이 입보 **대표이사, 무한책임사원** **최대주주 또는 최대출자자** 본인과 다음 각 목의 자의 소유주식 또는 출자액의 합계액이 그 법인의 발행주식 총수 또는

구분	입보대상
	출자 총액의 100 분의 30 이상인 주주 또는 유한책임사원 가. 「국세기본법시행령」 제 1 조의 1 항 제 1 호부터 제 3 호까지의 어느 하나에 해당하는 관계에 있는사람. 나. 「관계기업에 대한 보증 종합관리기준」 제 2 조에 따른 관계기업

6. 연장 및 재발급

기한연장

보증기한을 연장하고자 할 경우에는 보증기한 20일 전에 **「신용보증 조건변경신청서」, 도장(법인의 경우 법인인감도장), 신분증, 신용보증료**를 지참하시고 관할영업점을 방문하시기 바랍니다.

「신용보증 조건변경신청서」의 경우 보증기한 만료 1개월전 재단에서 사업장으로 발송하여 드리오니 사업장의 이동이있으신 경우 저희 재단에 꼭 연락을 주셔야 합니다.

1. *1* 무방문 기한연장 안내
    1. ① 보증약정시 무방문 기한연장에 동의한 고객에게 재단 방문없이 정해진 계좌에 보증료 입금후 연장처리를 해드리고 있습니다.
    2. ② 개별보증으로서 연대보증인이 없는 업체에 한해 이 제도를 이용하실 수 있습니다.
2. *2* 전화음성 녹취를 이용한 기한연장 안내
    1. ① 부득이한 사정으로 재단방문이 어려운 고객을 위하여 재단에서는 전화음성 녹취를 이용한 기한연장 제도를 운영하고 있습니다.
    2. ② 대상 보증금액이 5 천만원 이하이고 연대보증이 없는 업체에 한해 이 제도를 이용하실 수 있습니다.
3. *3* 반드시 연대보증인도 도장, 신분증을 지참하시어 함께 방문하셔야 됩니다.

4. *4* 연대보증인이 있는 경우 신용보증료는 2006 년 5 월부터 1% 고정료율인 보증료가 신용도에 따라 차등 적용됩니다.

   신용도와 이용기간에 따라 최고 1.5%이내에서 차감 및 가산료율이 적용됩니다.

5. *5* 다음의 해당사항이 있으신 고객께서는 관련서류를 지참하시기 바랍니다.

   1. ① 사업장 이전이 있는 경우 - **사업자등록증 사본, 사업장 임대차계약서사본**
   2. ② 거주지 이전이 있는 경우 - **거주지 임대차 계약서사본, 주민등록등본**
   3. ③ 보증금액 오천만원 초과업체 - **매출액신고자료** (부가세 과세표준확인원, 부가세신고서사본, 재무제표 중 1)

   ※ 해당사항이 없으신 고객분께서는 준비하시지 않으셔도 됩니다.

   주의사항

전년 대비 매출 30%이상 감소, 소유재산에 대한 압류나 가압류 등 권리침해사실, 신용관리정보 등록 및 보증사고 발생여부 등

신용상태가 급격하게 하락된 경우에는 대출금의 일부를 상환하여야 합니다.

   신용보증서 재발급

신용보증서 최초 발급후 5년이 경과된 경우 대출금을 전액 상환하시거나 보증서를 재발급 받으셔야 합니다.

신용보증서를 재발급 받으시고자 할 경우에는 기한도래 20일 전에 관할영업점을 미리 방문하여 상담해주시기 바랍니다.

   방문시 준비서류

사업자등록증 사본, 최근 2 년간의 재무제표 또는 부가가치세과세표준확인원 (혹은 부가세신고서 사본), 신분증

인천신용보증재단

Ⅰ.신용보증

1. 신용보증이용안내

신용보증이란

보증기관이 중소기업·소상공인에 대한 신용평가 및 사업성평가를 통해 신용보증서를 발급하고

이 보증서로 금융기관에서 자금을 대출받는 제도

신용보증업무 흐름도

신용보증이용절차

보증상담	신용조사	보증심사	보증서발급	금융기관
재단에 직접 방문 및 보증상담	사업장을 방문하여 신용상태 및 보증지원 타당성 조사	신청서류 검토 후 신용보증지원여부 및 적정지원규모 결정	신용보증약정 체결, 보증료납부 후 보증서 발급	대출실행 (보증서담보)

2. 보증대상기업

지원대상기업

- 인천광역시 내에서 사업자등록(비영리기업 제외)을 한 후 가동 중이거나 가동이 확실시 되는 기업으로 사업성이있고,

  신용상태가 양호한 중소기업 및 소상공인, 인천광역시 중소기업지원자금을 융자받는 중소기업

보증제한대상기업

- 휴업중인 기업
- 대출금을 빈번하게 연체하고 있는 기업

  ·최근 3개월 이내 30일 이상 계속된 연체대출금을 보유하였거나 또는 10일 이상 계속된 연체대출금을 4회이상 보유한 기업

- 기업또는대표자(실제경영자 포함)가 전국은행연합회의 "신용정보관리규약"에 의한 신용도판단정보를 보유하고있는기업
- 보증제한업종을 영위하는 기업
- 부실자료 제출기업으로서 보증제한기간이 경과하지 아니한 기업
- 재단, 중앙회, 신보 및 기보의 보증사고기업(유보포함) 및 동 기업의 연대보증기업 또는 연대보증인이 대표자로 되어 있는 법인 기업
- 재단과 신용보증기금, 기술신용보증기금 보증금액 합계액이 8억원을 초과하는 기업
- 신용보증기금과 기술신용보증기금을 동시에 이용중인 기업

- 중앙회의 신용보증을 이용하고 있는 자가 영위하는 기업

보증제한업종

표준사업분류	업 종
56211	일반유흥 주점업
56212	무도유흥 주점업
68	부동산업. 다만, 부동산관련 서비스업(682)은 제외
91121	골프장 운영업
91291	무도장 운영업
91249	기타 갬블링 및 베팅업
9612 중	증기탕 및 안마시술소
46102 중	담배 중개업
46109 중	골동품, 귀금속 중개업

표준사업분류	업 종
46209 중	잎담배 도매업
46331	주류 도매업. 단, 주류중개업면허(나)를 보유하고 체인사업자 확인서 또는 소상공인진흥원의 체인사업자 평가서를 받은 경우 제외
46333	담배 도매업
46416 중	모피제품 도매업. 단, 인조모피제품 도매업 제외
64	금융업
65	보험 및 연금업
66	금융 및 보험관련 서비스업. 다만 손해사정업(66201), 보험대리 및 중개업(66202)은 제외
75993	신용조사 및 추심대행업
	방문판매등에관한법률 제 2 조제 6 호의 다단계판매자가 동조제 5 호에서 정한 다단계판매(업)를 영위하는 경우
	업종을 변형하여 운영되는 도박·향락 등 불건전 업종, 기타 국민보건, 건전문화에 반하거나

표준사업분류	업 종
	사치·투기조장 등 우려가 있다고 중앙회장이 지정한 업종

「중앙회장이 지정」한 재보증제한업종

구분	한국표준산업분류	세부업종
도박 및 게임 관련	기타 오락용품 제조업(33409) 중	도박기계 및 사행성, 불건전 오락기구 제조업
	장난감 및 취미용품 도매업(46463) 중	도박기계 및 사행성, 불건전 오락기구 도매업
	게임용구, 인형 및 장난감 도매업(47640) 중	도박기계 및 사행성, 불건전 오락기구 소매업
	전자상거래업(47911) 중	도박기계 및 사행성, 불건전 오락기구, 성인용품 도소매업
	기타 산업용 기계장비 임대업(69390) 중	도박기계 및 사행성, 불건전 오락기구 임대업
	게임 소프트웨어 개발 및 공급업(5821) 중	도박 및 사행성, 불건전게임 소프트웨어 개발 및 공급업
	그외 기타 정보서비스업(63999) 중	온라인게임아이템중개업, 게임아바타중개업
	그외 기타 분류안된 사업지원·서비스업(75999) 중	경품용 상품권 발행업, **경품용 상품권 판매업**
	잡지 및 정기 간행물 발행업(58122) 중	경마, 경륜, 경정 관련 잡지 발행업
	경주장 운영업(91113)	경주장 운영업
	점술 및 유사서비스업(96992)	점집, 무당, 심령술집 등
건전 문화 관련	그외 기타 분류안된 상품 전문 소매업(47859) 중성인용품 판매점	
	탐정 및 조사 서비스업(75330) 중	흥신소
	오락장 운영업(9122) 중	성인용게임장, 성인오락실, 성인 PC 방, 전화방
	그외 기타 분류되지 않은 개인 서비스업(96999) 중	휴게텔, 키스방, 대화방
투기조장	경영컨설팅업(71531) 중	기획부동산업 주)

주)(운영형태) 부동산 판매를 목적으로 설립되어 개발가능성이 거의없는 지역의 임야나 농지를 대단위로 매수하여 소규모 단위 (330 ㎡, 660 ㎡ 등)로 분할한 후, 다단계판매와 텔레마케팅(전화권유 판매)과 같은 조직적 판매망을 통해 부동산을 고가(시세의 3~5 배) 에 매도하는 업체

3. 보증이용시 필독사항

    1) 보증상담시

보증상담시

구 분	준비서류
개인사업자	신분증, 사업자등록증 전년도 재무제표 및 금년도 부가가치세 과세표준 확인(보유기업에 한함)
법인사업자	대표이사 본인 내방 대표이사 신분증, 사업자등록증 법인등기부등본 전년도 재무제표 및 금년도 부가가치세 과세표준 확인(보유기업에 한함)

• 재단에서 상담부터 보증서발급까지 진행되며 사업장 주소지로 관할지점에서 처리 가능하십니다.

사업장 주소	관할지점
연수구, 남동구, 옹진군	남동지점
부평구	부평지점

사업장 주소	관할지점
서구, 강화군	서인천지점
남구	남부지점
계양구	계양지점
중구, 동구	중부지점

2) 신청시 준비서류

●

신청시 준비서류

● 보증상담후 보증신청시 아래 서류를 준비하셔야 합니다.

제출서류명	발급기관
신용보증신청서(재단양식)	신청기업 및 채권금융기관 - 채권기관에서 확인 요함
사업자등록증 사본	신청기업 - 인허가가 필요한 업종의 경우는 허가증사본 첨부

제출서류명	발급기관
법인등기부등본(말소포함)	관할지방법원 및 온라인발급 - 법인기업에 한함
정관	신청기업 - 법인기업에 한함
주주명부	신청기업 - 법인기업에 한함
사업장 임대차계약서 사본	신청기업 - 임차인 경우에 한함
대표자(배우자) 주민등록등본	동사무소 및 온라인발급 - 배우자가 공부상 분리거주시 배우자 등본 추가
대표자(배우자) 거주주택임대차계약서 사본	신청기업 - 대표자가 임대인 및 임차인 경우에 한함
금융거래확인서(재단양식)	거래금융기관 - 제출대상 금융기관은 신청건 포함 대출거래금융기관(제 2 금융권 포함), 당좌(가계수표 포함)거래은행임.
부가세과세표준확인원	거래공인회계사 또는 세무사 및 온라인발급 부가세과세표준확인원은 세무서에 신고 매출실적이 있는 경우에 한함 면세사업자는 면세사업자수입금액확인원

제출서류명	발급기관
매출실적확인서	거래공인회계사 또는 세무사
기업실태표	재단 소정양식에 따라 신청기업이 작성
기타서류	신용조사를 위하여 특별히 필요한 서류

3) 보증료

보증료

- 법령에 따라 신청기업의 신용도, 보증이용기간, 보증금액 등을 고려하여 보증금액의 연 0.5% ~ 2%이내에서 보증료를 납부하여야 합니다.

신용등급별 보증료율	+	가산보증료율	-	감면보증료율	=	보증료율
표준보증료율			-	감면보증료율	=	보증료율

- 신용등급별 보증료율 : 재단 신용평가시스템에 의해 결정
- 가산보증료율 : 보증이용기간, 보증이용금액, 신용보증기금 또는 기술신용보증기금 이용여부등에 의해 결정
- 감면보증료율 : 장애인기업, 국가유공자기업, 고용창출기업등에 의해 결정

- **연체보증료**
  - 보증료를 납부해야할 날자를 경과한 경우 연체보증료 발생
  - 미납보증료의 10%
- **추가보증료**

- 보증만기경과후 보증부대출을 상환할 경우 추가보증료 발생

- 보증료율 + 0.5%

4) 연대보증인

연대보증인

구 분	필수 입보 대상자
개인기업	실제경영자
법인기업	대표이사, 무한책임사원 최대주주 또는 최다출자자 친족관계(관계기업 포함)의 합계지분이 30% 이상인 주주 또는 유한책임사원

※ 기타 신청기업의 신용도 보완이나 신용상태가 악화될 경우 추가로 연대보증인을 요청할 수 있습니다.

5) 보증이후 필독사항

보증이후 필독사항

- 보증이용기간중 신용관리를 철저히 하셔야 하며, 기일내 원리금 상환을 준수하셔야 합니다.

  - 고객님의 신용상태가 악화되거나 원리금 상환기일이 경과될 경우 보증사고기업으로 분류되어

    법적조치가 진행됩니다.

- 보증이용중 아래 사항이 발생되면 재단은 별도의 안내없이 가압류등의 채권보전조치를 진행하게 됩니다.

  - 압류, 가압류, 가처분 결정 또는 경매신청이 있는 때

  - 회생절차, 파산절차, 개인회생절차 개시의 신청이 있거나 청산에 들어간 때

  - 신용회복위원회에 신용회복지원을 신청하였거나 절차가 진행중인 때

  - 폐업을 하였거나 조업중단 등으로 계속적 영업이 곤란한 때

- 신용정보 관리규약에서 정한 연체정보, 대위변제(대지급 포함)·부도정보·관련인정보, 금융질서문란정보 및 공공기록정보 등록사유가 발생한 때

- 재단이 채권자로부터 신용보증사고통지 또는 보증채무이행청구를 받은 때

- 기타 신용상태가 크게 악화되어 채권보전조치가 필요한 때

- 연체이율(대위변제일 기준) : 12%

4. 보증서발급절차

1) 직접보증

직접보증

- 재단에서 상담부터 보증서발급까지 진행되며 사업장 주소지로 관할지점에서 처리 가능하십니다.

사업장 주소	관할지점
연수구, 남동구, 옹진군	남동지점
부평구	부평지점
서구, 강화군	서인천지점

사업장 주소	관할지점
남구	남부지점
계양구	계양지점
중구, 동구	중부지점

2) 위탁보증

위탁보증

은행상담 ▶ 은행에 서류접수 ▶ 재단에 서류 이관접수 ▶ 재단에서 심사 ▶ 보증서 발급 ▶ 대출 실행

- 위탁보증은 재단의 업무일부를 채권은행에 위탁하여 진행되며 재단은 최종심사를 통해 보증서 발급을 하고 있습니다.

5. 기한연장절차

기한연장절차

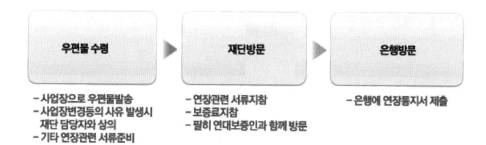

우편물 수령	재단방문	은행방문
- 사업장으로 우편물발송 - 사업장변경등의 사유 발생시 재단 담당자와 상의 - 기타 연장관련 서류준비	- 연장관련 서류지참 - 보증료지참 - 필히 연대보증인과 함께 방문	- 은행에 연장통지서 제출

- 채무관련인의 신용상태 악화나 사업자의 중대한 변경사항이 있을 경우 기한연장이 불가하며 필히 사전에 재단 담당자와 상담하여 안내를 받으시기 바랍니다.

Ⅱ.보증상품안내

1. 일반보증

일반보증이란

특례보증 및 협약보증 이외의 보증상품

대상기업

인천광역시에 소재하고 있는 신용상태가 양호한 중소기업 소상공인

보증제한기업

- 보증제한대상기업
- 사업성이 낮은 기업
- 신용상태가 불량하다고 판단되는 기업
- 기타 재단 내규상 보증제한기업

(신용보증기금 또는 기술신용보증기금을 이용 중일 경우 보증이 거절될 수 있습니다)

보증상대처

재단과 보증부여신 협약을 체결한 금융기관

보증한도

- 업체당 최고 8 억원이하

- 소상공인은 5 천만원이하

보증기간

5 년이내

보증비율

- 같은기업당 총보증금액 2 천만원이하 100%보증

- 같은기업당 총보증금액 2 천만원초과 85%보증

보증료

- 같은기업당 총보증금액 5 천만원이하 연 1.0%이내

- 같은기업당 총보증금액 5 천만원초과 연 1.2%이내

보증신청

재단방문후 직접신청

2. 특례보증

    1) 기초자치단체 특례보증

10 개 군·구와 협약을 통해 관내 중소기업 및 소상공인을 지원하기 위해 시행중인 보증상품

▶ 대상기업

사업장 관할 구청에서 특례보증 추천서를 발급 받은 자가 운영중인 기업

▶ 시행시기

2003.10.22. ~ 해당 군·구별 한도 소진시 까지

▶ 보증기간

3 년 ~ 5 년 이내

▶ 보증한도

해당 지자체 추천범위 이내

▶ 신청방법

아래의 서류 준비하여 "관할지점" 방문

준비서류	비고
개인 사업자	신분증, 사업자등록증 사본 전년도 재무제표 및 금년도 부가가치세 과세표준 확인 (보유기업에 한함)
법인 사업자	대표이사 본인 내방 대표이사 신분증, 사업자 등록증 법인 등기부 등본 전년도 재무제표 및 금년도 부가가치세 과세표준 확인 (보유기업에 한함)

2) 인천개항장 문화지구 융자에 관한 특례보증

▶ 인천개항장 문화지구 융자에 관한 특례보증이란 ?

인천시 중구 인천개항장 문화지구 활성화를 위해 시행하는 보증상품

▶ 대상기업

인천시 중구 인천개항장 문화지구내에서 사업을 영위중인 자로 중구청의 특례보증 추천서를
발급받은 자가 영위중인 기업

▶ 시행시기

'2012. 5. 30. ~ 현재 시행 중

▶ 보증기간

5년(1년 거치, 4년 균등분할 상환)

▶ 보증한도

같은 기업당 최고 5천만원 이내

▶ 신청방법

아래의 서류 준비하여 "관할지점" 방문

준비서류	비 고
개인	신분증, 사업자등록증 사본
사업자	전년도 재무제표 및 금년도 부가가치세 과세표준 확인 (보유기업에 한함)

법인 사업자	대표이사 본인 내방
	대표이사 신분증, 사업자 등록증
	법인 등기부 등본
	전년도 재무제표 및 금년도 부가가치세 과세표준 확인 (보유기업에 한함)

3) 장애인기업 특례보증

▶ 장애인기업 특례보증이란 ?

장애인의 창업지원을 통해 장애인의 사회적·경제적 자립을 도모하고 장애인기업에 대한 경영안정 및 성장지원을 통해 장애인의 고용 기회를 확대하기 위한 보증상품

▶ 대상기업

사업자등록을 한 후 영업(가동)중인 장애인기업

▶ 시행시기

'2013. 1. 25. ~ 현재 시행 중

▶ 보증기간

운전자금:7 년이내

시설자금:대출기한이내

▶ 보증한도

같은 기업당 최고 1 억원 이내(재단의 기보증금액 포함)

▶ 신청방법

아래의 서류 준비하여 "관할지점" 방문

준비서류		비 고
개인		신분증, 사업자등록증 사본
사업자		전년도 재무제표 및 금년도 부가가치세 과세표준 확인 (보유기업에 한함)
법인		대표이사 본인 내방
		대표이사 신분증, 사업자 등록증
사업자		법인 등기부 등본
		전년도 재무제표 및 금년도 부가가치세 과세표준 확인 (보유기업에 한함)

4) (사)함께하는 인천사람들 특례보증

▶ (사)함께하는 인천사람들 특례보증이란 ?

미취업자 및 창업예정자에 대한 창업지원을 통해 지역경제 활성화 및 서민생활 안정 도모하기

위한 보증상품

▶ 대상기업

(사)함께하는 인천사람들(이하 '(사)함인사'라 한다)에서 창업지원교육을 수료하였거나 수료중인

자로서 (사)함인사에서 추천서를 교부받은 자가 운영(창업)중인 기업

▶ 시행시기

'2013. 03. 04. ~ 현재 시행 중

▶ 보증기간

4년 이내

▶ 보증한도

같은 기업당 최고 2천만원 이내

▶ 신청방법

아래의 서류 준비하여 "관할지점" 방문

준비서류	비 고
개인	신분증, 사업자등록증 사본
사업자	전년도 재무제표 및 금년도 부가가치세 과세표준 확인 (보유기업에 한함)
법인	대표이사 본인 내방
	대표이사 신분증, 사업자 등록증
사업자	법인 등기부 등본
	전년도 재무제표 및 금년도 부가가치세 과세표준 확인 (보유기업에 한함)

5) 창업기업 연대보증 면제 특례보증

▶ 창업기업 연대보증 면제 특례보증이란?

창업기업에 대한 연대보증 부담을 면제하여 창업실패에 대한 부담을 완화하고, 우수기술이 적극 사업화될 수 있는 창업 환경 조성하기 위한 보증상품

▶ 대상기업

창업 3년 이내 법인기업으로 "충족요건" 만족 기업

■ 창업기업 연대보증 면제 특례보증 충족요건

◦ 아래의 요건을 모두 충족하는 창업 3년*이내 법인기업

* 법인등기사항전부증명서상 설립일로부터 보증신청접수일까지 기간

구 분	기본자격 요건(각 항목 모두 충족)
기업 요건	① 제조업, 지식서비스업을 영위하는 법인 중소기업 ② 소상공인평가모형 또는 기업신용평가시스템에 의한 신용평가등급이 A등급 이상인 기업 ③ 납입자본금이 5천만원 이상인 기업(단, 본건 포함 같은기업당 보증금액이 5천만원 이상인 경우에 한함)
개인 요건	① 창업자가 실제경영자로서 대표자일 것 * 실제 경영자가 2인 이상인 경우 모두 대표자(각자 대표이사 또는 공동 대표이사)로 등기되어 있을 것 ② 창업자(대표자) 개인신용등급(CB)이 5등급 이상일 것. * CB등급은 NICE 등 2개사 CB등급 중 낮은 등급을 적용하며 금융거래없는 무등급자는 요건 충족으로 간주 ③ 금융부조리 관련 사실이 없을 것

	* 보증브로커 개입, 보증관련 금품 등 제공, 허위자료제출 등 조사자료에의거 객관적으로 입증된 경우에 한함

▶ 시행시기

'2014.04.21. ~ 현재 시행 중

▶ 보증기간

5 년 이내

▶ 보증한도

같은 업체당 최고 1 억원 이내

▶ 신청방법

아래의 서류 준비하여 "관할지점" 방문

준비서류	비 고

	대표이사 본인 내방
법인	대표이사 신분증, 사업자 등록증
사업자	법인 등기부 등본
	전년도 재무제표 및 금년도 부가가치세 과세표준 확인 (보유기업에 한함)

6) 공중위생업소 시설개선 특례보증

▶ 공중위생업소 시설개선 특례보증이란 ?

인천의 공중위생업소 시설 개선으로 인천을 찾는 관광객에게 쾌적한 공중위생 환경 제공 및

글로벌 관광도시 기반 조성하기 위한 보증상품

▶ 대상기업

인천시 소재 숙박업, 목욕장업, 이용업, 미용업, 세탁업(위생관리용역업 제외)을 영위하는 기업 중

(시설자금)'공중위생업소 시설개선자금추천서'를 교부받은 자가 운영 중인 기업

(운전자금) 위의 해당업종을 영위 중인 기업(추천서 불필요)

공중위생업소 시설개선자금 추천서

각 군·구청 위생과에서 발급

준비서류: 융자사업신청서, 영업신고증, 사업자등록증, 공사견적서, 신분증

▶ 시행시기

2013. 5. 15 ~ 현재 시행 중

▶ 보증개요

구 분	보증한도	보증기간	추천서
시설자금	·숙박업, 목욕장업: 1 억원 이내 ·이용업, 미용업, 세탁업: 5 천만원 이내	5 년 이내 (2 년거치 3 년 또는 1 년거치 4 년 분할상환)	필요
운전자금	·2 천만원이내	3 년 고정 (1 년거치 2 년 분할상환)	불필요

※ 시설자금–운전자금 중복지원 불가

▶ 신청방법

아래의 서류 준비하여 "관할지점" 방문

준비서류	비 고
개인 사업자	신분증, 사업자등록증 사본 전년도 재무제표 및 금년도 부가가치세 과세표준 확인 (보유기업에 한함)
법인 사업자	대표이사 본인 내방 대표이사 신분증, 사업자 등록증 법인 등기부 등본 전년도 재무제표 및 금년도 부가가치세 과세표준 확인 (보유기업에 한함)

7) 송인서적 어음부도 피해업체 우대보증

▶ 송인서적 어음부도 피해업체 우대보증이란?

송인서적의 부도로 인해 자금난을 겪고 있는 출판업계에 신속한 유동성 공급을 지원하고자 한 특별보증

▶ 대상기업

인천 소재 송인서적과 물품, 용역을 직접 거래하는 기업으로서, 세금계산서 및 계약서 등 객관적 거래관계가 입증되는 기업

▶ 시행시기

2017. 1. 24 ~ 별도통보시까지

▶ 보증개요

구분	보증취급	보증한도	보증기간	보증비율	보증료	대출금리
보증개요	시중은행	5천만원 이내	5년이내	100%	연 0.5% 고정	시중은행금리

▶ 신청방법

아래의 서류 준비하여 "관할지점" 방문

신분증, 사업자등록증 사본, 송인서적과 객관적 거래관계를 입증할 수 있는 서류(세금계산서, 계약서등)

8) 수출기업 지원 특례보증

▶ 수출기업 지원 특례보증 이란?

수출환경 악화로 경영애로를 겪고 있는 수출기업에 대한 신속한 자금지원을 통해 수출경쟁력 강화 및 수출시장 기반을 확대하기 위한 특례보증

▶ 대상기업

보증신청 접수일 현재 사업자 등록 후 사업을 영위(가동)중인, 수출실적이 있는 수출기업 또는 수출예정인 잠재수출 기업

① 수출기업

- 당기 또는 최근 1년 이내에 수출실적이 있는 기업

- 중소기업청 선정 수출유망기업

② 잠재수출 기업

- 수출실적은 없으나, 신용장 또는 수출계약서 등을 보유한 기업

▶ 시행시기

2016. 7. 18 ~ 2016. 12. 31(또는 한도소진 시 까지)

▶ 보증개요

구분	보증취급	보증한도	보증기간	보증비율	보증료	대출금리
보증개요	시중 금융기관	2억원 이내	일시상환대출 1년	100%	연 0.8% 이내	일시상환대출 연 2.6%
			분할상환대출 5년			분할상환대출 연 2.8%

▶ 신청방법

아래의 서류 준비하여 "관할지점" 방문

구분	준비서류
개인사업자	신분증, 사업자등록증 사본
법인사업자	대표이사 본인 내방 대표이사 신분증, 사업자등록증 사본 법인 등기부 등본

9) 최저임금 보장에 따른 경영애로기업 지원 특례보증

▶ 최저임금 보장에 따른 경영애로기업 지원 특례보증이란?

최저임금 보장에 따른 인건비 부담으로 경영애로를 겪고 있는 소기업 및 소상공인등에 대한 적극적인 지원을 위한 특례보증

▶ 대상기업

일자리안정자금 수급기업 및 최저임금 준수 근로자 고용기업

▶ 시행시기

2012. 2. 9 ~ 2018. 12. 31(또는 한도소진시까지)

▶ 보증개요

구분	취급기관	보증한도	보증기간	보증비율	보증료	대출금리
보증개요	본특례보증 취급을위해 별도협약을 맺은 금융기관	7 천만원 이내	1 년 or 5 년	100%	연 0.8% 고정	금융기관 우대금리 적용

▶ 신청방법

아래의 서류 준비하여 "관할지점" 방문

신분증, 사업자등록증 사본

10) 사회적경제기업 특례보증

▶ 사회적경제기업 특례보증이란?

사회적기업 및 협동조합, 마을기업, 자활기업에 대한 보증지원을 통해 지역경제발전을 도모하는 특례보증

▶ 대상기업

사회적기업, 지자체 지정 예비사회적기업, 협동조합, 마을기업, 자활기업등

▶ 시행시기

2012. 2. 22 ~ 2018. 12. 31(또는 한도소진시까지)

▶ 보증개요

구분	취급기관	보증한도	보증기간	보증비율	보증료	대출금리
보증개요	본특례보증 취급을위해 별도협약을 맺은 금융기관	4 억원이내	1 년 or 5 년	100%	연 0.5% 고정	금융기관 협약금리 적용

▶ 신청방법

아래의 서류 준비하여 "관할지점" 방문

신분증, 사업자등록증 사본

11) 2018 인천광역시 유통경쟁력강화 특별보증

▶ 2018 인천광역시 유통경쟁력강화 특별보증이란?

유통시장의 개방으로 중소유통업체가 지속적으로 침체됨에 따라 점포시설 개선자금 및

운영자금대여를 통하여 경쟁력 향상을 지원하기 위한 특별보증

▶ 대상기업

인천 소재 도매 및 소매업 소상공인

▶ 시행시기

2018. 3. 19 ~ 한도소진시까지

▶ 보증개요

구분	보증취급	보증한도	보증기간	보증비율	보증료	대출금리

| 보증개요 | 신한은행 | 2천만원 이내 | 4년
(1년 거치, 3년 분기별 균등상환) | 100% | 연 1.0%
고정 | 연 2.13%
(변동금리) |

▶ 신청방법

아래의 서류 준비하여 "관할지점" 방문

신분증, 사업자등록증 사본

12) 폭염피해등 매출감소 기업 지원을 위한 소상공인 특례보증

▶폭염피해등 매출감소 기업 지원을 위한 소상공인 특례보증이란?

연일 기록적 폭염에 따른 매출감소 소상공인 지원을 위한 특례보증

▶ 대상기업

폭염피해 소상공인(개인기업)

▶ 시행시기

2018. 8. 22 ~ 2018. 9. 30(또는 100억 한도소진시까지)

▶ 보증개요

구분	취급기관	보증한도	보증기간	보증비율	보증료	대출금리
보증개요	시중금융기관	최대 2천만원 이내	1년	100%	연 0.7% 고정	금융기관 우대금리 적용

▶ 신청방법

아래의 서류 준비하여 "관할지점" 방문

신분증, 사업자등록증 사본

13) 인천광역시 일자리창출 특례보증

▶ 인천광역시 일자리창출 특례보증이란?

일자리창출 기업에 대한 보증지원 강화를 통해 고용촉진을 도모하고 실업난 해소를 위한

특례보증

▶ 대상기업

최근 6개월 이내 신규인력을 고용하여 유지중인 기업, 고용노동부의 고용유지 지원사업 대상기업,

3년이내 창업기업(무점포사업자는 업력 6개월 이상만 지원가능), 제조업을 영위중인 기업등

▶ 시행시기

2018. 9. 10 ~ 200억 한도소진시까지

▶ 보증개요

구분	취급기관	보증한도	보증기간	보증비율	보증료	대출금리
보증개요	KEB 하나은행	최대 1억원 이내	5년 (1년거치 4년 분할상환)	5천만원이하 100% 5천만원초과 90%	연 1.0% 고정	금융기관 우대금리 적용

▶ 신청방법

아래의 서류 준비하여 "관할지점" 방문

신분증, 사업자등록증 사본

법인등기부등본, 주주명부등(법인기업만 해당)

3. 협약보증

1) 보증부 서민대출 협약보증(햇살론)

▶ 보증부 서민대출 협약보증이란

신용 및 소득수준이 낮고 담보능력이 부족하여 은행 이용이 어려운 서민계층에 대한 보증지원을 통해 생활의 안정을 도모하기 위한 보증상품

▶ 대상기업

연소득 3 천만원이하 저소득자, 신용등급 6 등급이하의 저신용자가 영위중인 기업

▶ 시행시기

'2010. 7.26 ~ 현재 시행 중

▶ 보증기간

5 년 이내 균등 분할상환

▶ 보증한도

① 3 천만원 - "기보증등에 의한 대출금액"

② 대환 대상 고금리 채무 잔액(원금기준)

▶ 신청방법

햇살론 취급 금융기관 방문: 새마을금고, 지역농·수·축협, 신협, 저축은행, 산림조합 등

2) 시니어 창업기업 협약보증

▶ 시니어 창업기업 협약보증이란

베이비붐 세대의 본격적인 은퇴시기 진입에 따라 중장년층의 창업을 촉진·지원하여 일자리 창출 및 서민생활 안정 도모하기 위한 보증상품

▶ 대상기업

대표의 나이가 만 40세 이상으로 창업 후 3년 이내의 중소기업

▶ 시행시기

'2012. 04. 02. ~ 현재 시행 중

▶ 보증기간

5년(1년 거치 4년 매 3개월 원금균등분할상환)

▶ 보증한도

같은 기업당 최고 5천만원 이내

▶ 신청방법

아래의 서류 준비하여 "관할지점" 방문

준비서류	비 고
개인	신분증, 사업자등록증 사본
사업자	전년도 재무제표 및 금년도 부가가치세 과세표준 확인 (보유기업에 한함)

법인 사업자	대표이사 본인 내방
	대표이사 신분증, 사업자 등록증
	법인 등기부 등본
	전년도 재무제표 및 금년도 부가가치세 과세표준 확인 (보유기업에 한함)

3) 금융기관 출연부 협약보증(2017 신한은행)

▶ 신한은행 금융기관 특별출연부 협약보증이란

인천지역 물류산업 성장과 고도화를 위한 정책자금 지원

▶ 대상기업

통계청 한국표준산업분류상 H. 운수 및 창고업(49~52)을 영위하는 사업자등록후 3개월 이상

가동중인 인천관내 소기업 및 소상공인

▶ 시행시기

2017.12.11 ~ 한도소진시까지`

▶ 보증기간

1년(일시상환) 혹은 5년(분할상환)

▶ 보증한도

같은 기업당 최고 2억원 이내

▶ 지원규모

총 100억원

▶ 보증상대처

신한은행 인천광역시청 지점 및 인천광역시 군,구청내 영업점 및 출장소

▶ 신청방법

아래의 서류준비하여 "관할지점" 방문

준비서류	비 고
개인 사업자	신분증, 사업자등록증 사본 전년도 재무제표 및 금년도 부가가치세 과세표준 확인 (보유기업에 한함)
법인 사업자	대표이사 본인 내방 대표이사 신분증, 사업자 등록증 법인 등기부 등본 전년도 재무제표 및 금년도 부가가치세 과세표준 확인 (보유기업에 한함)

4) 창업 및 일자리창출 소상공인등 지원 협약보증

▶ 창업 및 일자리창출 소상공인등 지원 협약보증이란

최근 금리인상 및 최저임금 상승으로 경영애로를 겪고 있는 창업기업에게 저금리의 금융지원으로

금융부담을 완화

▶ 대상기업

창업 7 년이내의 기업, 일자리창출기업, 제조업, 지식기반서비스업을 영위중인 기업, 전통시장

소상공인등 기타 소상공인

▶ 시행시기

2018.2.6 ~ 2018.12.31(또는 한도소진시까지)

▶ 보증기간

1 년

▶ 보증료

산출된 보증료율에서 연 0.2%감면(산출된 보증료율이 연 1.0% 초과기업만 해당)

▶ 보증한도

같은 기업당 최고 5천만원 이내

▶ 지원규모

전국 2,000억원

▶ 보증상대처

기업은행

▶ 신청방법

아래의 서류준비하여 "관할지점"방문

준비서류	비 고
개인 사업자	신분증, 사업자등록증 사본 전년도 재무제표 및 금년도 부가가치세 과세표준 확인 (보유기업에 한함)
법인 사업자	대표이사 본인 내방 대표이사 신분증, 사업자 등록증 법인 등기부 등본 전년도 재무제표 및 금년도

5) 금융기관 특별출연부 협약보증(KEB 하나은행)

▶ KEB 하나은행 금융기관 특별출연부 협약보증이란

경기침체로 경영난을 겪고 있는 중소기업 및 소상공인에 대한 금융지원 확대

▶ 대상기업

KEB 하나은행의 추천을 받은 인천관내 중소기업 및 소상공인

▶ 시행시기

2018.7.16 ~ 한도소진시까지`

▶ 보증기간

5 년이내

▶ 보증료

연 1.0%

▶ 보증한도

같은 기업당 최고 1 억원 이내

▶ 지원규모

총 150 억원

▶ 보증상대처

인천관내 KEB 하나은행(출장소 포함)

▶ 신청방법

아래의서류준비하여"관할지점"방문

준비서류	비 고
개인 사업자	신분증, 사업자등록증 사본 전년도 재무제표 및 금년도 부가가치세 과세표준 확인 (보유기업에 한함)
법인 사업자	대표이사 본인 내방 대표이사 신분증, 사업자 등록증 법인 등기부 등본 전년도 재무제표 및 금년도

6) 금융기관 특별출연부 협약보증(우리은행)

▶ 우리은행 금융기관 특별출연부 협약보증이란

경기침체로 경영난을 겪고 있는 중소기업 및 소상공인에 대한 금융지원 확대

▶ 대상기업

우리은행의 추천을 받은 인천관내 중소기업 및 소상공인

▶ 시행시기

2018.7.27 ~ 한도소진시까지`

▶ 보증기간

5 년이내

▶ 보증료

연 1.0%

▶ 보증한도

같은 기업당 최고 1 억원 이내

▶ 지원규모

총 150 억원

▶ 보증상대처

인천관내 우리은행(출장소 포함)

▶ 신청방법

아래의 서류준비하여 "관할지점"방문

준비서류	비 고
개인 사업자	신분증, 사업자등록증 사본 전년도 재무제표 및 금년도 부가가치세 과세표준 확인 (보유기업에 한함)
법인 사업자	대표이사 본인 내방 대표이사 신분증, 사업자 등록증 법인 등기부 등본 전년도 재무제표 및 금년도

12. 재무비율 기본 용어 해설

위에서 알아본 기관과 은행에서는 기업의 등급과 업종별 상황에따라 보증한도 및 대출한도를 결정한다. 결국 업종별 상황은 어찌할 수 없는 변수이기 때문에 기업의 등급을 가능한한 높게 평가받는것이 곧 보증한도(대출한도)와 이자율을 결정하는 핵심요인이 된다. 이때 기업의 성적표인 재무제표(재무상태표, 손익계산서, 제조원가명세서, 이익잉여금처분계산서, 현금흐름표 등)가 평가기준이 되며, 대부분의 중소기업 경영자가 재무제표의 중요성을 인지하지 못하다가 피부에 와닿도록 중요성을 절감하게 되는 순간이 기관과 은행으로부터 낮은 대출한도를 부여받거나, 대출불가

통보를 받을 때이다.

종이 몇장일 뿐이지만 기업의 자금을 결정하므로 아무리 강조해도 지나치지 않기에, 기업의 경영자는 기본적으로 다음과같은 지표들이 중요한 역할을 한다는 것을 인지하고, 1년에 한번 재무제표가 확정되는 매년 3월 법인세신고 기한에는 책과 인터넷을 찾아봐서라도 담당 세무사 혹은 회계사에게 문의하고, 재무제표에 대한 평가를 미리 받는 것을 추천한다.

1.안정성분석

1)유동성비율

유동비율 =(유동자산/유동부채) × 100

유동비율이 높다는 것은, 자산을 쉽게 현금화할 수 있다는 장점을 가진다는 것이다. 또한 쉽게 현금화 될 수 있는 자산은 단기채무변재에도 용의하며, 이는 갑작스러운 재무위험에 유기적으로 대응 할 수 있다는 점을 시사한다.

당좌비율 =(당좌자산/유동부채) × 100

당좌비율은 재고자산에 의존하지 않고서도 단기 채무를 변제할 수 있는 능력을 측정하는 것으로 보통 100%면 적정한 수준.

그리고 유동비율과 당좌비율이 일치할수록 재고자산이나 선급비용이 없음을 의미하는데, 외부환경변수에 많은 영향을 받는 제조업체의 경우 유동비율과 당좌비율의 차이가 크다.

2)레버리지비율

부채비율 =(부채/자기자본) × 100

부채비율은 기업이 지급불능상태에 빠졌을 때 채권자의 채권이 보호를 받을 수 있는 정도를 판단할 수 있는 것으로서 100% 이하일 경우 자기자본이 상대적으로 더 많음을 의미하므로 채권자의 채권은 더 많은 보호를 받을 수 있다.

자기자본비율 =(자기자본/총자산) × 100

일반적으로 레버리지비율이 갖는 의미는 기업경영에 따르는 위험을 누가 부담하느냐? 에 대한 이야기를 많이 한다.

재무레버리지란, 지급이자와 같은 고정적 재무비용 때문에 영업이익의 변화율보다 순이익의 변화율이 확대 되는 현상을 의미한다.

부채가 많으면 이자부담이 커지므로 기업의 부채비율이 높을수록 재무레버리지가 높게 나타나고 기업의 재무위험도 높아진다.

즉, 부채비율이 낮을수록 기업의 안정성이 높다고 볼 수 있다. 다만 부채가 많더라도 이를 수익성이 좋은 사업에 투자하여 지급이자보다 더 많은 수익을 얻는 경우에는 기업의 이익창출에 기여할 수 있기 때문에 부채비율이 높다고 해서 반드시 나쁘다고는 할 수 없다.

즉, 부채는 기업에 고정적인 이자부담을 주기 때문에 기업의 안정성을 위협하는 요소지만 경기가 좋을때는 기업의 이익창출에 오히려 도움을 주는 이중성을 갖고있다는 것이다.

2.효율성분석

1)활동성비율 - 회전율

총자산회전율 = 매출액/총자산

총자산회전율이란 기업이 이익을 획득하는데 자산을 얼마나 효율적으로 이용하고 있는지 평가하는 것으로 제조업의 경우 1 회전, 유통업의 경우 2 회전이 기준인데 방송업의 경우 평균이 1 이하를 기록하고 있다.

재고자산회전율 =매출액/재고자산

재고자산 회전율은 당기 중에 재고자산이 몇 번 판매되었는지를 나타내는 것이다.

매출채권회전율 =매출액/매출채권

매출채권 회전율은 10 년 평균비율보다 대체로 높은 회전율을 기록하고 있는데, 이는 기업의 주된 영업활동과정에서 재화나 용역을 판매하는 것과 같은 수익창출활동으로부터 발생한 채권의 양이 많다는 것을 뜻한다. 또한 매출채권회전율은 채권의 현금화 속도를 측정하는 비율로 매출채권회전율이 빠를수록 기업은 판매대금을 빨리 회수하는 것을 알 수 있다. 이것은 매출채권의 질이 우수하고 유동성을 좋게 하는데 기여한다는 의미이다.

3.수익성분석

1)수익성비율 - 순이익률

매출액순이익률 =(당기순이익/매출액) x 100

매출액순이익률은 경상적, 비경상적인 모든 경영활동의 결과가 반영된 최종적인 경영성과를 측정하는 척도가 된다.

총자산순이익률(ROA) =(순이익/총자산) x 100

총자산순이익률은 경영자가 기업의 영업활동을 수행하기 위해 보유하고 있는 총자산을 얼마나 효율적으로 운영하였는지 나타내는 수익성 비율이다. 이 비율의 변동요인을 분석하기 위해서 매출액순이익률과 총자산회전율로 나눌 수 있다. (즉, 총자산순이익률은 매출액순이익률 x 총자산회전율 이다.)

자기자본순이익률 =(순이익/자기자본) x 100

자기자본 순이익률은 주주가 투자한 자본에 대한 수익성을 측정하는 척도로 주주의 투자수익률을 의미한다.

4.성장성분석 - 증가율

- 성장성 비율은 기업의 경영성과 또는 재무상태가 전기에 비해 당기에 얼마나 성장했는지를 보여주는 지표
- 성장성 비율에는 매출액증가율, 영업이익증가율, 당기순이익증가율, 총자산증가율 등

1. 매출액증가율(sales growth rate)
- 매출액증가율 = 당기매출액 / 전기매출액
- 전기 대비 당기매출액ㅇ의 증가 정도를 나타냄
2. 영업이익증가율(operating profit growth rate)
- 영업이익증가율은 당기영업이익을 전기영업이익으로 나눈 비율을 의미
- 전기대비 당기영업이익의 증가 정도를 나타냄
3. 당기순이익증가율 (net profit growth rate)
- 당기순이익증가율은 당기순이익을 전기순이익으로 나눈 비율을 의미
- 전기대비 당기순이익의 증가 정도를 나타냄.
4. 총자산증가율(asset growth rate)

- 총자산증가율은 당기말총자산을 전기말총자산으로 나눈 비율
- 전기 대비 당기총자산의 증가 정도를 나타냄.

13. 신용등급이란?

기업의 신용은 상거래 및 대출상환능력 등을 평가하기위해 등급별로 나뉘며, 국내 6~7개의 기업 신용평가기관 (한국기업데이터, 나이스신용평가, 나이스디앤비, 서울신용평가 등)에서 이를 진행하고 있다. 대기업과의 거래 혹은 조달청(나라장터)에 등록시 필요하며 보통 B등급을 마지노선으로 보는 것이 일반적이며 기업과 기관에따라 등급이 높을수록 가산점을 부여하기 때문에 한등급차이로 인하여 일감 수주량이 달라져 연간 수십억원씩 매출액이 차이나는 경우도 발생한다.

신용등급	등급 정의
AAA	상거래를 위한 신용능력이 최우량급이며, 환경변화에 충분한 대처가 가능한 기업
AA	상거래를 위한 신용능력이 우량하며, 환경변화에 적절한 대처가 가능한 기업
A	상거래를 위한 신용능력이 양호하며, 환경변화에 대한 대처능력이 제한적인 기업
BBB	상거래를 위한 신용능력이 양호하나, 경제여건 및 환경악화에 따라 거래안정성 저하가능성이 있는 기업
BB	상거래를 위한 신용능력이 보통이며, 경제여건 및 환경악화 시에는 거래안정성 저하가 우려되는 기업
B	상거래를 위한 신용능력이 보통이며, 경제여건 및 환경악화 시에는 거래안정성 저하가능성이 높은 기업
CCC	상거래를 위한 신용능력이 보통 이하이며, 거래안정성 저하가 예상되어 주의를 요하는 기업
CC	상거래를 위한 신용능력이 매우 낮으며, 거래의 안정성이 낮은 기업
C	상거래를 위한 신용능력이 최하위 수준이며, 거래위험 발생가능성이 매우 높은 기업

신용등급	등급 정의
D	현재 신용위험이 실제 발생하였거나, 신용위험에 준하는 상태에 처해 있는 기업
R	1년 미만의 결산재무제표를 보유하였거나, 경영상태 급변(합병, 영업양수도 등)으로 기업신용 평가등급 부여를 유보하는 기업

14. 신용등급별 분포

일반적인 중소기업의 대부분은 B- ~ BB+ 사이에 85%가량이 위치하고 있다.

등급	연도별 구성비		
	2015	2016	2017
AAA	0.00%	0.01%	0.01%
AA	0.21%	0.22%	0.20%
A	1.99%	2.16%	2.25%
BBB	8.70%	9.23%	9.43%
BB	39.46%	39.81%	40.41%
B	46.12%	45.78%	45.31%
CCC	3.46%	2.77%	2.37%
CC	0.05%	0.02%	0.02%
C	0.01%	0.00%	0.00%
전체	100%	100%	100%

15. 기업부설연구소/전담부서

Ⅰ. 개요

중소기업의 기업부설연구소 혹은 연구개발전담부서는 법인세 절감 측면에서 현존 세법상 가장 큰 혜택을 가진 제도이다. 최저한세의 배제대상에 해당하여, 중소기업특별세액감면을 받고도 나머지 법인세액에 대하여 법인세를 또 감면해주므로 실질적으로 중소기업에게 가장 도움이 되는 제도이므로 꼭 알아보고 설립하는 것을 추천한다. 신고 및 관리 역시 대표자가 직접 혹은 담당자를 지정한다면 큰 시간과 노력이 투입되지 않으므로 아래의 요건에만 해당한다면 꼭 설립하자. 반드시 몇 년동안 작게는 수백만원에서 크게는 수천만원의 법인세를 아껴줄 것이다.

Ⅱ. 제도 목적

연구소/전담부서 설립신고 제도는 일정 요건을 갖춘 기업의 연구개발전담조직을 신고, 인정함으로써 기업내 독립된 연구조직을 육성하고 인정받은 연구소/전담부서에 대해서는 연구개발활동에 따른 지원혜택을 부여하여 기업의 연구개발을 촉진하는 제도임

Ⅲ. 법적 근거

기업부설연구소 : 기초연구진흥 및 기술개발지원에 관한 법률 제14조 제1항, 동법 시행령 제16조

연구개발전담부서 : 기초연구진흥 및 기술개발지원에 관한 법률 제14조 제1항, 동법 시행령 제16조

Ⅳ. 담당 기관

(사)한국산업기술진흥협회는 기초연구진흥 및 기술개발지원에 관한 법률 제20조 및 동법 시행령 제27조 1항에 근거하여 연구소/전담부서 신고의 수리 및 인정 업무를 처리하고 있음

V. 신고주체

과학기술분야 또는 지식기반서비스 분야 연구개발활동을 수행하는 기업(개인기업 포함)

* 기업 외에 비영리기관, 의료법에 의한 의료법인 등은 신고대상에서 제외됨

VI. 신고방법

기업부설연구소/연구개발전담부서 설립신고는 기본적으로 先설립·後신고 체계이므로 이를 신고하고자 하는 기업은 신고 인정요건을 갖춘 상태에서 구비서류를 작성하여 (사)한국산업기술진흥협회에 신고

*온라인 시스템을 통해서만 신고할 수 있습니다

VII. 인정요건

인정요건 물적요건 신고요건 상세			
구분			신고요건
인적요건	연구소	벤처기업	연구전담요원 2 명 이상
		연구원창업중소기업	
		소기업	연구전담요원 3 명이상 단, 창업일로부터 3 년까지는 2 명이상

인정요건 물적요건 신고요건 상세			
구분			**신고요건**
		중기업	연구전담요원 5 명 이상
		국외에 있는 기업연구소 (해외연구소)	연구전담요원 5 명 이상
		중견기업	연구전담요원 7 명 이상
		대기업	연구전담요원 10 명 이상
	연구개발전담부서	**기업규모에 관계없이 동등적용**	연구전담요원 1 명 이상
물적요건	**연구시설 및 공간요건**		연구개발활동을 수행해 나가는데 있어서 필수적인 독립된 연구공간과 연구시설을 보유하고 있을 것

Ⅷ. 연구전담 요원 자격

1) 기업규모 등에 관계없이 모두 인정되는 경우

-자연계(자연과학·공학·의학계열)분야 학사 이상자로서, 연구개발활동 분야 전공자 OR 해당 연구개발경력 1년 이상 보유

-연구개발활동과 관련된 국가기술자격법에 의한 기술·기능분야 기사 이상

2) 중소기업에 한해 인정되는 경우

-연구개발활동과 관련된 자연계분야 전문학사로 해당 연구분야 2년 이상 경력자(3년제는 1년 이상 경력자)

-연구개발활동과 관련된 국가기술자격법에 의한 기술·기능분야 산업기사로 해당 연구분야 2년 이

상 경력자

-마이스터고 또는 특성화고 졸업자로 해당 연구분야 4년이상 경력자

-기능사 자격증 소지자의 경우, 관련 연구개발 경력 4년이상인 경우 연구전담요원 인정 가능

* 창업 3년 미만 소기업 : 대표이사가 연구전담요원 자격을 갖춘 경우 연구전담요원 인정 가능

 3) 중견기업에 한해 인정되는 경우

 -중소기업 당시 연구전담요원으로 등록되어 해당 업체에 계속해서 근무하는 경우는 중소기업에 한해 인정되는 자격을 중견기업이 되었어도 인정

 4) 산업디자인 분야 및 지식기반서비스 분야를 주업종으로 하는 경우

 -학사(비자연계분야 전공자도 가능) 이상자로서, 연구개발활동 분야 전공자 OR 해당 연구개발경력 1년 이상 보유

-전문학사로 해당분야에서 2년(비관련 전공자는 3년)이상 근무한자

-국가기술자격법 제9조제2호에 따른 서비스분야 1급 이상의 자격을 가진자

-국가기술자격법 제9조제2호에 따른 서비스분야2급 소유자로서 해당분야에서 2년이상 근무한자

IX. 독립된 연구공간

사방이 다른 부서와 구분될 수 있도록 벽면을 고정된 벽체로 구분하고 별도의 출입문을 갖춘 독립공간을 확보해야 함

면적은 객관적으로 볼 때 해당 연구소에서 연구기자재를 구비하고 연구원이 관련분야의 연구개발을 수행하는 데 적절한 크기를 확보해야 함

소기업 및 지식기반서비스 분야의 중소기업 연구소가 독립공간(방)을 연구공간으로 확보하지 못할 경우, 소규모(전용면적 30㎡이하) 연구공간을 별도의 출입문을 갖추지 않고 다른 부서와 칸막이 등으로 구분하여 운영할 수 있음 (연구소 현판을 칸막이에 부착)

X. 연구시설

연구기자재(연구전담요원 또는 연구보조원이 연구개발활동에 직접 사용하는 기계, 기구, 장치 및 재료를 말한다)는 연구공간에 위치할 것

[기업부설연구소/전담부서 혜택]

1. 조세지원
   - 연구 및 인력개발비 세액공제 (일반연구/인력개발비)
   - 연구 및 인력개발비 세액공제 (신성장동력/원천기술연구개발비)
   - 연구 및 인력개발설비투자 세액공제
   - 기업부설연구소용 부동산 지방세 감면
   - 기술이전, 취득 및 대여 등에 대한 과세특례
   - 외국인기술자 소득세 감면
   - 연구개발관련 출연금 등 과세특례
   - 연구개발특구 첨단기술기업 등 법인세 감면
2. 관세지원
   - 산업기술 연구개발물품 관세감면
3. 자금지원
   - 사업별 자금 지원
4. 인력지원
5. 판로지원
6. 기술지원
7. 기타지원

16. 벤처기업

벤처확인신청절차

- 벤처확인 신청 및 결과 조회 등의 절차는 벤처인 웹사이트를 통해 인터넷으로만 이루어 집니다.

회원가입

처음 벤처확인 신청을 하시는 분들은
반드시 벤처인 사이트에 회원가입을 먼저
하셔야 합니다.

회원가입

벤처기업 확인신청

회원가입을 완료하신 분들은
"벤처확인 신청" 메뉴에서 신청서를 작성
하여 주시기 바랍니다.

벤처확인신청

벤처확인서식 다운로드

벤처확인 신청이 필요하신 분들은
벤처확인에 필요한 서식을 다운로드 받아
사용하시면 됩니다.

벤처확인서식 다운로드

◎ 온라인 벤처확인신청 진행절차 흐름도

표시된 부분을 클릭하시면 해당 항목의 상세설명을 보실 수 있습니다. **벤처 확인 평가단 구성 기준**

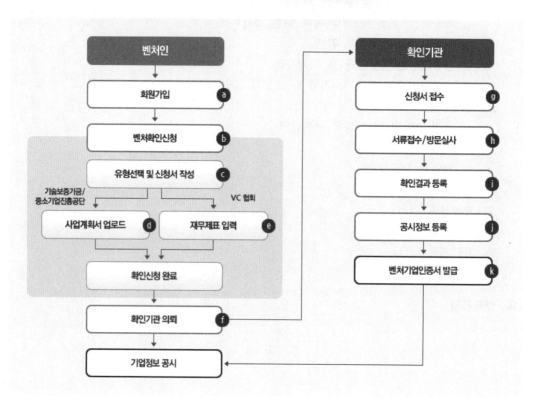

● 벤처확인 신청관련 유의사항 및 문의처

① 평가수수료 안내 : 확인기관 및 확인유형에 따른 확인평가료는 아래와 같습니다.

(단위 : 천원, 부가세별도)

구분	벤처투자기업	연구개발기업	기술평가보증기업 예비벤처기업	기술평가대출기업
확인평가료	-	200	200	200
확인수수료	100			

- 기술평가보증·대출기업 신규취급 6개월 내 신청시 확인평가료 면제

Ⅰ. 벤처기업 확인요건

유형 1 - 벤처투자기업

1. **벤처투자기관**으로부터투자받은금액이자본금의 **10%**이상일것**(**단, 문화상품을제작하는법인은자본금의

   7%이상일것**)** ※ 벤처투자기관 : 중소기업창업투자회사, 중소기업창업투자조합, 신기술사업금융업자,

   신기술사업투자조합, 한국벤처투자조합, 투자전담회사, 기타대통령령으로정하는기관

2. 투자금액이 **5 천만원**이상일것

확인기관

　　　　한국벤처캐피탈협회

유형 2 - 연구개발기업

1. 기초연구진흥및기술개발지원에관한법률제 **14** 조제 **1** 항 **2** 호에의한**기업부설연구소보유**

   (한국산업기술진흥협회에서인증한기업부설연구소인증서보유**)**

2. 업력에따라아래기준을충족할것

   1. ①창업 **3** 년이상기업 **:** 벤처확인요청일이속하는분기의직전

      4 분기의연간연구개발비가 **5 천만원이상**이고, 연간매출액대비연구개발비비율이정한기준이상일것

   2. ②창업 **3** 년미만기업 **:** 확인요청일이속하는분기의직전

      4 분기의연간연구개발비가 **5 천만원이상**일것 **(**연구개발비비율적용제외**)**

3. 연구개발기업사업성평가기관으로부터사업성이우수한것으로평가

확인기관

  기술보증기금, 중소기업진흥공단

유형 3 - 기술평가보증기업

1. 기보로부터기술성이우수한것으로평가

2. 기보의보증(보증가능금액포함)또는중진공의대출(보증가능금액포함,
  직접취급한신용대출에한함)을순수신용으로받을것

3. 상기 ② 의보증또는대출금액의각각또는합산금액이 **8 천만원이상**이고,
  당해기업의총자산에대한보증또는대출금액비율이 **5%** **이상**일것

확인기관

  기술보증기금

유형 4 - 기술평가대출기업

1. 중진공으로부터기술성이우수한것으로평가

2. 중진공의대출(대출가능금액포함,
  직접취급한신용대출에한함)또는기보의보증(보증가능금액포함)을순수신용으로받을것

3. 상기 ② 의보증또는대출금액의각각또는합산금액이 **8 천만원이상**이고,
  총자산에대한보증또는대출금액의비율이 **5%** **이상**일것

확인기관

  중소기업진흥공단

유형 5 - 예비벤처기업

1. 법인설립또는사업자등록을준비중인자

2. 상기 ① 의해당자의기술및사업계획이기보, 중진공으로부터기술성이우수한것으로평가

확인기관

기술보증기금, 중소기업진흥공단

Ⅱ. 벤처기업 우대제도

	구분	주요지원내용	근거
창업	교수·연구원창업	· 교수·연구원(교육공무원등)이벤처기업을창업 하거나근무하기위해휴직가능 (5년이내) · 교수·연구원(교육공무원등)이벤처기업의대표 또는임직원 겸임·겸직가능	벤처기업육성에관한특별조치법 제16조, 16조2
	산업재산권 출자	· 벤처기업에 대한 현물출자 대상에 특허권, 실용신안권, 디자인권등의권리포함	벤처기업육성에관한특별조치법 제6조
세제	지원대상	**· 창업 후 3년이내에 벤처확인 받은 기업에 한함 (이하 '창업벤처중소기업'이라 함)** ▪ 창업중소기업 및 창업벤처중소기업 범위에 해당되는 업종 **『별표1』(다운로드)**	조세특례제한법 제6조 1항, 2항
	법인세, 소득세50% 감면	· 창업벤처중소기업이 벤처확인받은 이후 최초로 소득이 발생한 과세연도와 그 다음 과세연도부터 4년간 50% 세액감면 ('21.12.31.까지 벤처확인 받은기업에 한함) · 수도권과밀억제권역 이외의 지역에서 창업중소기업으로 중복세액감면적용은 불가 · 감면기간중 벤처확인이 취소된 경우 취소일이 속하는 과세연도부터 감면을 적용하지 않음	조세특례제한법 제6조 1항, 2항
	취득세 75% 감면	· 창업벤처중소기업이 창업일로부터 4년이내에 취득하는 사업용재산에 대한 취득세 75%감면	지방세특례제한법 제58조3 1항
	재산세 50% 감면	· 창업벤처중소기업이 해당 사업에 직접사용하는 부동산에 대해 창업일로부터 3년간 재산세를 면제하고, 그다음 2년간은 재산세의 50% 감면	지방세특례제한법 제58조3 2항
금융	코스닥 상장	· 등록심사시 우대(자본금 및 자기자본기준 하향 적용, 설립연수, 부채비율등 적용면제) *자본금 및 자기자본기준 이익률 기준 하향 적용, 설립 후 경과년 수 및 부채비율 적용면제 등	코스닥시장상장규정(한국거래소)
	정책자금	· 중소기업정책자금 심사시 우대	중진공 규정 (기업금융처)
	신용보증	· 신용보증 심사시 우대 (보증한도 확대, 보증료율 0.2% 감면)	기술보증기금 기술보증 규정
입지	실험실 공장	· 교수·연구원의 실험실공장설치 허용	벤처기업육성에 관한 특별조치법 제18조 2
	창업보육센터입주기업에 대한 도시형공장 등록 특례	· 창업보육센터 입주 벤처기업의 경우 건축법 14조, 대덕연구단지관리법 6조의 규정에 불구 하고 도시형공장을 설치할 수 있는 특례 인정	벤처기업육성에 관한 특별조치법 제18조 3
	벤처기업전용단지의 건축금지에 대한 특례	· 건축법에서 건축제한하는 규정에도 불구하고 벤처기업 전용단지내에서는 건축물을 건축할 수 있는 특례 인정	벤처기업육성에 관한 특별조치법 제21조
	집적시설입주벤처기업특례	· 과밀억제권역내에서의 취득세, 재산세 중과세율 적용 면제	지방세특례제한법 제58조
특허	우선심사	· 벤처기업이 특허 및 실용신안 등록출원시 우선 심사대상	특허법시행령 제9조 실용신안법시행령 제5조
기술임치	수수료 감면	벤처기업이 기술자료 임치제도 이용시 임치수수료 1/3 감면 (신규) 300,000원/년 → 200,000원/년 (갱신) 150,000원/년 → 100,000원/년	기술자료 임치제도 운용요령 제15조
마케팅	방송광고	· 벤처기업에 대해 TV, 라디오 광고지원 (광고비 70% 감면) ※ 한국방송광고진흥공사 내부기준에 의거 선정	한국방송광고진흥공사 내부지침
기타	주식교환	· 벤처기업의 경우 주식교환 가능 (전략적 제휴 및 신주발행을 통한 주식교환)	벤처기업육성에 관한 특별조치법 제15조

맺음말

중소벤처기업 수출액이 1200억 달러에 육박하는 시대가 되었다. 기술개발에서도 성과를 내고 있다. 수입에 의존하던 금속절삭가공 장비를 국산화하여 동유럽까지 진출하거나, 친환경 소재 신발로 미국 시장을 개척해 지역 경제와 일자리 창출에 기여하기도 했다. 그럼에도 불구하고 경제 전망은 좋지 않다. 세계 경제가 회복되는데 부정적인 의견이 끊임 없이 들려오고 있다.

정부에서는 중소기업을 위한 예산을 추가로 편성하고 신성장동력 창출에 노력하겠다는 의지를 밝혔다. 하지만 이러한 정부의 정책을 통한 자금의 지원이 어떤 경로로, 어떻게 진행되는지조차 모르시는 분들이 많다. 시중 은행보다 훨씬 좋은 조건으로 자금을 조달할 수 있지만 그런 것이 존재하는 지도 모르는 경우가 허다하다. 필자를 찾아주시는 고객분들께는 좋은 정책과 방법을 소개해드릴 수 있지만 모든 분들을 만나뵐 수 없고, 중소기업이 대한민국 경제의 근간임을 알기 때문에 도움을 드릴 수 있는 방법을 고민하던 중 이 책을 집필하게 되었다.

필자가 확인한 바에 의하면, 아직 시중에 중소기업 정책자금을 전문으로 다룬 서적은 전혀 찾을 수 없었다. 중소기업 자금조달 컨설팅을 위한 일부 서적이 있으나 현실과는 동떨어진 원론적인 이야기만이 담겨있는 경우가 전부였다. 중소기업이 실질적으로 도움을 받을 수 있는 거의 모든 분야와 기관을 다룬 책은 이것이 처음일 것이다. 부디 많은 분들이 이 책을 읽고 자금조달에 성공하여 궁극적으로 기업의 성공으로 이어지시길 바란다.

늘 그렇듯, 경기가 좋았던 적은 없으나 더욱 좋지 않을 것이다. 지금와서 보기에는 중국의 경제성장으로 인하여 2010년 즈음에는 호황이었으나, 막상 그 당시 기사를 찾아보거나 기억을 되돌려 보면 그 당시에도 불황이었던 것과 맥락을 같이한다. 왜냐하면 그보다 더 호황기였던 1980년도를 비교대상으로 삼았기 때문일 것이다. 따라서, 최대의 호황기는 현재이며 앞으로 경기는 악화될 것이다. 더욱 늦어지기 전에 사업을 운영하는 대한민국의 여러 대표님들이 정부의 혜택을 십분 활용하여, 꼭 성공이라는 결승선을 통과하시길 바라며 글을 마친다.

2021년 4월 20일 여의도 사무실에서

세무법인 배 대표세무사 **배 장 근**